开放式教育，
培养"师出以律，教思无穷"的教师，
培育"蒙以养正，文明以健"的学生，
让教育因"开放"而充满力量。

———张云鹰

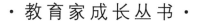

· 教育家成长丛书 ·

张云鹰
与开放式教育

ZHANGYUNYING YU KAIFANGSHI JIAOYU

中国教育报刊社·人民教育家研究院 组编

张云鹰 著

北京师范大学出版集团
BEIJING NORMAL UNIVERSITY PUBLISHING GROUP
北京师范大学出版社

图书在版编目（CIP）数据

张云鹰与开放式教育 / 张云鹰著；中国教育报刊社人民教育家
研究院组编 . —北京：北京师范大学出版社，2020.9（2020.12 重印）
（教育家成长丛书）
ISBN 978-7-303-26120-8

Ⅰ.①张… Ⅱ.①张… ②中… Ⅲ.①开放教育－研究
Ⅳ.①G728

中国版本图书馆 CIP 数据核字（2020）第 136166 号

营　销　中　心　电　话　　010-58802135　010-58802786
北师大出版社教师教育分社微信公众号　　京师教师教育

出版发行：北京师范大学出版社　www.bnup.com
　　　　　北京市西城区新街口外大街 12-3 号
　　　　　邮政编码：100088
印　　刷：天津旭非印刷有限公司
经　　销：全国新华书店
开　　本：787 mm×1092 mm　1/16
印　　张：25
字　　数：403 千字
版　　次：2020 年 9 月第 1 版
印　　次：2020 年 12 月第 2 次印刷
定　　价：89.00 元

策划编辑：伊师孟　　　　责任编辑：马力敏　李灵燕
美术编辑：焦　丽　　　　装帧设计：焦　丽
责任校对：康　悦　　　　责任印制：马　洁

教育家成长丛书

编委会名单

总　序

　　教育是国家发展的基石，教师是基石的奠基者。古人云："国将兴，必贵师而重傅。"兴国必先强教，强教必先重师。党中央、国务院高度重视教师队伍建设。2013 年教师节，习近平总书记在给全国广大教师的慰问信中指出："百年大计，教育为本。教师是立教之本、兴教之源，承担着让每个孩子健康成长、办好人民满意教育的重任。"2014 年，在第 30 个教师节前夕，习总书记到北京师范大学视察并发表重要讲话，指出："一个人遇到好老师是人生的幸运，一个学校拥有好老师是学校的光荣，一个民族源源不断涌现出一批又一批好老师则是民族的希望。"《国家中长期教育改革和发展规划纲要（2010—2020 年）》也明确提出，"有好的教师，才有好的教育"，要"努力造就一支师德高尚、业务精湛、结构合理、充满活力的高素质专业化教师队伍"。"倡导教育家办学"，要创造有利条件，鼓励教师和校长在实践中大胆探索，创新教育思想、教育模式和教育方法，形成教学特色和办学风格，造就一批教育家。"两个一百年"奋斗目标的实现、中华民族伟大复兴中国梦的实现，归根结底要靠人才、靠教育，而支撑起教育光荣梦想的，是千百万的教师。

　　时代呼唤好老师。有一流的教师，才有一流的教育；有一流的教育，才有一流的国家。出名师、育英才、成伟业，是时代赋予我们教育战线的神圣使命。"所谓大学者，非谓有大楼之谓也，有大师之谓也。"好学校、好教育的最重要标准，就是要有好老师。一所学校、一个地区，乃至一个国家，如果教师有理想、有爱心、有学识、有高超的教育艺术，那么即使硬件设施有些简陋，家长、学生也会心向往之。教师是中国梦的奠基者。教师的重要使命，就是为每个孩子播种梦想、点燃梦想，并帮助他们实现梦想。每一间平凡的教室，每一节朴实的课，都不仅是知识的传递，而且是人类文明精神的接续、人生梦想的起航。正是有亿万个孩子梦想的放飞、绽放，中国梦才更加光彩夺目。如果说中国梦最坚实的土壤是学校，那么教师就是最伟大的"筑梦师"，他们用默默无闻、孜孜不倦的智慧劳动，让每一颗年轻的心灵都与中国梦激情相拥。

倡导教育家办学，造就一批好老师，首先要尊重、珍惜我们的本土智慧、本土创造。教育家不是凭空产生的，而是扎根于自己的民族文化土壤，同时吸收人类文明成果，从而创造出独特而生动的教育实践、教育智慧和教育文明。五千年源远流长的中华文明，不但形成了有我们民族特色的教育理论体系，而且涌现出了千千万万优秀的教育家，有被推崇为"大成至圣先师""万世师表"的孔子，有"匹夫而为百世师，一言而为天下法"的韩愈，有"捧着一颗心来，不带半根草去"的人民教育家陶行知，等等。改革开放40年来，随着教育改革的不断深入，教育战线涌现出了一大批杰出教师。他们痴情于教育事业，坚守理想信念和教育良知，在三尺讲台上默默耕耘、刻苦钻研，同时以敢为天下先的精神大胆创新，不断进取、不断超越，形成了各具特色的教育思想和教学风格。正是他们的成功探索和实践，创造了具有中国风格的教育经验，丰富了具有中国特色的教育理论宝库。原由教育部师范教育司组织编写，现由中国教育报刊社人民教育家研究院组织编写的"教育家成长丛书"，就是要向这些宝贵的本土创造性的教育经验致敬。

当前，教育领域综合改革正在深入推进，考试招生制度改革的大幕已经拉开，立德树人、培育和践行社会主义核心价值观成为大中小学教育的头等任务。可以预见，中国教育将发生深刻的变革，将从"中国制造"向"中国创造"转变。"没有革命的理论，就没有革命的运动。"没有适合中国土壤、具有中国智慧的教育理论，就不可能为未来的中国教育改革提供有效的指导。我们的教育要向"中国创造"飞跃，必然要首先创造属于我们自己的教育理论，而不是"言必称希腊"或者老是贩卖欧美的教育理论。170 多年前，美国思想家、诗人爱默生发表了著名演说《美国学者》，号召美国知识界："我们依赖旁人的日子，我们师从他国的长期学徒期时代即将结束。在我们周围，有成百上千万的青年正在走向生活，他们不能老是依赖外国学识的残余来获得营养。"由此，美国迈入精神立国阶段。

如今，我们也面临与爱默生同样的情形。随着我国 GDP 已从世界第二向第一迈进，我们的经济崛起已成为事实，但在道德文明、文化精神等方面，我们还需奋起直追。没有文明的崛起，经济崛起就难以持续。当务之急，是我们需要化解内心深处的文化自卑情结，摆脱对他国文明的精神依附，自觉养成强烈的"中国意识"，独立的中国文化品格，并由此去俯视世界，去改造本土实践，去创造属于我们自己的精神养料——这在教育界显得尤为紧迫。"教育家成长丛书"，旨在把我们本土教育实践中蕴含的中国智慧提炼出来，从而形成具有时代意义的中国特色的教育话语体系，再以此去观照、引领、改造中国的教育实践，为伟大的教育改革提供经验、理论支持，也为未来的教育家提供丰富、可资借鉴的精神养料。

让我们为中国教育的伟大未来一起努力吧！

郑成道

2018 年 3 月 9 日

前　言

　　见证着中国基础教育半个世纪的春华秋实，代表着中国基础教育教学成果的最高成就——"首届基础教育国家级教学成果奖"，闪耀着李吉林、窦桂梅、吴正宪、张思明、洪宗礼、唐江澎、邱学华、于永正、孙双金、薄俊生、龚春燕等一大批优秀教师的名字。而上述这些教师杰出代表恰恰都是《人民教育》"名师人生"栏目中最受读者喜爱的名师，都是"教育家成长丛书"的作者。

　　"教育家成长丛书"（以下简称"丛书"），是在第 20 个教师节前夕，为了研究、总结、宣传和推广我国众多优秀中小学教师的先进教育思想和鲜活的宝贵的教育教学经验，培养造就一大批德才兼备的优秀教师和杰出的教育家，促进教师队伍整体素质的提高，根据教育部党组安排，由师范教育司组织编写的一套凝聚着一大批教育家成长智慧的大型教育丛书。

　　"丛书"自 2006 年问世以来，不但得到国务院和教育部领导同志的高度重视，而且先后印刷多次尚不能满足广大读者的需求。这其中的奥秘何在？

　　当你翻开"丛书"，每一部著作都讲述着一位教育家成长的故事。这些著作主要从"成长历程""思想概述""课堂实录"和"社会反响"等方面全景式反映其教育思想、教育智慧、专业精神和专业人格的形成过程与教学实践过程。这是教育家成长的基本素质所在。

　　当你沿着教育家成长的足迹走近他们的时候，你会融入这些带有"草根色彩",扎根中华教育实践大地,充满田野芳香的真实感人的教育故事中。

当你从"丛书"中,从这些当年和自己一样的普通教师,成长为今天受人尊敬的教育家的成长过程中受到启迪,当你触摸着自己的心,把学生的成长和祖国的未来紧紧连在一起的时候,你会真切地感受到教育家离我们并不遥远。

当你用整个身心蘸着自己的生活积累去品味"丛书"中的每一部著作的"成长历程"时,在一位位名师不断学习、不断超越自我、不断超越学科教学的求索足迹中,你会读懂"教育是事业,其意义在于奉献"的丰富内涵。

当你研读"丛书"中的每一部著作的"思想概述",和每一位名师展开心灵对话的时候,都会深深地感受到,一名教师对教育独立的理解与执着的追求有多么重要。从一名普通的教师成长为受人尊敬的教育家的过程中,你会读懂"教育是科学,其价值在于求真"的深刻含义。透过"丛书",你会看到一代代教师用爱与智慧塑造民族未来的教育理想。

随着我们从"知识核心时代"走向"核心素养时代",教师教育教学活动的视野已拓展到人的生存与发展的方方面面。教师要结合自己的教学实践去感悟"教育理念是指导教育行为的思想观念和精神追求",应该把爱化为自己的教育行为,让爱充盈课堂,触摸到一个个灵动的生命,让爱产生智慧,让爱与智慧在学生心中留下岁月抹不去的美好回忆,让教育者和受教育者都感受到教育的幸福。这是"丛书"给我们的启示,也是每位教师应有的胸怀和视野。

时代呼唤教育家。为了进一步把我们本土教育实践中蕴含的中国智慧提炼出来,从而形成具有时代意义的中国特色的教育话语体系,以此去观照、引领、创新中国的教育实践并在更大范围加以推广,"丛书"将由中国教育报刊社人民教育家研究院继续组织编写,希望能够在更广大教师的心田中播种教育家成长的智慧,从而出更多的名师,育更多的英才,成就中华民族复兴的伟业。这是时代赋予广大教育工作者的神圣使命。如果广大教师能在每位教育家成长、探索教育智慧的过程中受到启迪,形成自己的教育智慧,则实现了我们编辑这套"丛书"的初衷。

"教育家成长丛书"
编 委 会
2018 年 3 月

目 录
CONTENTS
张云鹰与开放式教育

[我的人生历程]

[我的开放式教育观]

[我的开放式教学课堂]

社会反响

附录·思想索引

我的人生历程

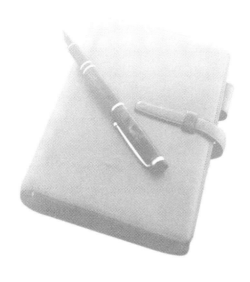

1964年2月，我出生于湖南省长沙市。我毕业于华中师范大学，现任深圳市宝安区海旺学校校长。我从教近40年，人生角色经历了几次具有飞跃性的转变。每次转变不仅为我的成长和发展赢得了难得的机遇与挑战，也为提升、重塑自己创造了更新更高的平台。

做教师，我把一个实验班从一年级一直带到初中毕业，语文成绩在全市遥遥领先，每个孩子都博览群书，眼界开阔，后劲十足；做教师培训，我用几年时间改变了教师的精神面貌和教学状态；做语文教学研究员，我创建了"开放式语文教学"体系，影响广泛，全国传播；做百年老校校长，我把一所默默无闻的农村小学创建成了省一级示范学校，让学校声名远扬；做新校创校校长，在短短几年时间里，我斩获各级各类荣誉3564项，引来国内外同行参观学习交流。《人民教育》《中国教育报》《中国教师报》《南方周末》等多家报刊争相报道我的教育管理经验和教学经验。

近40年来，无论是当中小学语文教师，还是做专职小学语文教研员；无论是做专职小学语文教师培训的"教头"，还是做一校之长，我对教育事业的热爱痴心不改，对小学语文教学研究的热情与日俱增。就算在离职业生涯的终点越来越近的时候，我也仍然怀着这份热情与执着，把自己近些年来的一些践行过程和探索经验记录下来，奉献给所有关心、帮助、指导过我的师长与朋友，奉献给那些即将走向讲台，或者已经在教育领域有所成就的同人们。

一、命运眷顾：与向警予的精神相遇

美哉，庐山之下溆水滨，我校巍巍耸立当其前。
看呀，现在正是男女平等，
天然的淘汰，触目惊心。
愿我同学做好准备，
为我女界啊大放光明。

——《溆浦女校校歌》

（一）与向警予的时空交集

这是著名革命家、教育家向警予给溆浦女校写的校歌。

在 20 世纪 20 年代女性地位和受教育程度都非常低下的背景下，向警予这种亲力实践与振臂高呼，对中国教育发展来说，是可贵与可敬的，实足为后世所崇。

仔细算来，我在教育路上已跋涉 38 年，弹指一挥间，已从默默无闻的普通教师，成长为广东省第一批正高级教师、全国优秀校长、特级教师，始创开放式教育体系并取得可喜成绩。如果自己真能算得上在教育领域有一些成就的话，那向警予对我的影响、对我的精神指引，是不得不提的。

有时候，不能不说命运的安排，冥冥中有它玄妙的一面。

1967 年，3 岁的我随母亲搬进了一座四合院内，那里正是向警予的故居。

少女时代，我在向警予故居一角的石凳上

在湘西碧水群山间，这座四合院安静而古朴。幼时的我就这么在懵懵懂懂中，和当年在溆浦乃至全国叱咤风云的向警予，有了穿越时空的交集。她当年读书、休息、嬉闹玩耍的地方，经历岁月的洗礼后，还保留着原有的灵气与韵味。

懂事后的我，在周围人的盛赞与充满深情的描述中，才知道我们家居住的地方，曾经有位伟大的女性生活过。怀揣着崇拜之情，看着院子里的一草一木，我常常会想象她生活在这里的场景，试图追寻她留下的一丝痕迹。

她传递给我的精神力量，是我一生的宝贵财富，是支撑我始终不忘教育初心的强大动力。

她的一生，短暂而光芒四射。本着救国的初心，以教育为基本着力点，她在求索的路上虽一波三折，但她矢志不渝，努力前行，直至生命的结束。

18岁时，我独自前往武汉，在向警予烈士墓地前宣誓

我们同踏一方土，同饮一江水。我又有幸住在她曾经生活过的地方，看着她曾经看过的风景，聆听她的传奇经历。尽管世事变迁，但她具有的胸襟胆魄，她追寻理想的执着热情，她思考人生的广阔深刻……都神奇而润物细无声地传递给我，在我的教育人生经历中处处有所体现。比如，选择中的放弃，放弃中的思考，思考后的再选择；比如，曲折遭遇中的坚定；比如，永葆教育热情的激情。经历风雨再回头，如今的成绩所得，感谢所有或苦难或幸运的际遇，以及一直努力的自己。

（二）警予学校的生命润泽

在警予故里的日子，是快乐的、满足的。转眼间我也到了读书年龄，于是父亲便把我送到了警予学校。踏入那扇古色古香的学校大门后，我的人生也开始了一段新的历程，警予之魂也继续以另一种方式和我的灵魂交互融合。

我和向警予侄孙女向厚玉
（一排左一）在一起

1916 年向警予从周南女校毕业后，便创办了溆浦女校，并提倡男女同校，传播思想新风尚。为保证办学质量，实现办学目标，她从长沙、常德等地请任培道、吴家瑛、蒋如竹、易克勋等思想进步的同学来任教。溆浦女校也从教育救国的基地变成革命的据点。

她的教学理念非常清晰，主张对学生的培养应立足长远，不仅要为现在的社会培养有用之才，还要为未来社会培养能起到重要作用的栋梁；以学生长远发展来评价教育效果，不要只看学生在学校里的表现，还要考虑学生离开学校到社会后的表现。她还特别强调培养学生为社会服务的意识，养成学生的劳动习惯，同时，也对德、智、体、美、劳全面发展非常重视并有自己独到的见解。为了扫除旧习，培养学生的爱国主义精神、服务社会意识，她带领学生上街清扫垃圾。向警予所提出的"自治心，公共心"的校训，以及自己亲自写词谱曲的《运动歌》一直沿用至今。几十年过去了，这首歌我还能张口就来，可见是深入骨髓了。

在历史的变革中，警予学校经过了多次更名，直到 1978 年，为了纪念向警予烈士，由湖南省委批准更名为"警予学校"，学校名字才正式确定下来并一直沿用至今。1984 年 1 月，时任中共中央总书记的胡耀邦同志路过溆浦，给学校题名"警予学校"四个大字。1995 年 9 月，胡耀邦同志还参加了"向警予诞辰 100 周年"的纪念活动，我也有幸目睹了他的风采。我的同班同学是向警予纪念馆的首任讲解员。胡耀邦同志参观纪念馆时，就是她做的讲解。如今她家里还悬挂着她和胡耀邦同志的合影。

我上小学时是班长，经常要向老师汇报班里的工作或将同学们的作业交给老师，因此常出入学校里的六角亭。多年后回到这所学校当老师，有幸被安排在这个六角亭里备课、改作业，我备感亲切，好像当年的警予校长就在我身边。现在每年清明节回去，我都会情不自禁地到六角亭上走一走，摸一摸，感受当年的温度。

我的小学时光的确称得上是精彩的。"农业学大寨""学习小靳庄"等全国性的活动如火如荼。我们穿着红格子上衣、蓝布裤，脖子上围一条白色围巾，到大街上宣传"学大寨"活动，到乡下晒谷坪演讲"革命形势"。种种情形使我后来听到《在希望的田野上》这首歌时，就不由自主地想起当年的情景。

警予学校一直有一个非常好的传统，就是培养学生为社会服务的意识，这是向警予一直注重的传统。她当年就带着学生去大街上清垃圾。这个传统一直保持到我读小学时。那时候我们每周日都去洒水、清扫街道，还去帮"五保户"做家务。印象最深的还是"半工半读"。很多时候，我们上午读书，下午劳动。有的时候是去砖厂挑砖，有的时候是去糖厂削甘蔗。我们每个学生还在郊区山上"承包"了一块地，有的种红薯，有的种玉米。我的那块油菜地是大家嫌土质不好、都是石头，不想要的，我是班长自然自己种了。于是，每个周末我都约些同学上山，有时挑一担尿，有时挑一担马

2005 年，我回到警予学校六角亭

粪去施施肥。冬天的时候还专门上去扫雪，生怕雪把油菜叶子压坏第二年就没有收成了。出乎意料的是，到了第二年，我那块不毛之地居然获得了丰收。在那个年代，没有孩子觉得做这些事有多脏多累，也没有家长觉得这样会耽误孩子的学业。我是独生子女，但在这件事情上，父母非常开明，他们还常常帮我储存一些草木灰、橘子皮等做肥料。其实从小做这些事情，并不影响我们读书、掌握知识，也没有影响我们现在的思考能力、阅读能力和写作能力，反而丰富的体验给了我们很多说不出来的好处。生活本身就是教育，这句话确实是真理。

这些经历很锻炼人，对我影响长远，是我很多年以后才慢慢体会到的。比如，当时没有广播，只有喇叭，我经常对着喇叭说新闻、念稿子。所以后来无论碰到多大的领导，碰到多大的场面，我都没有畏惧心理，从不恐慌——这也许就是从小锻炼的结果。

1974 年我 10 岁，学校组织三年级以上的学生去韶山瞻仰，每个班派两个代表

（班长和学习委员）。因需要自己交 10 元钱，班主任还特意来我家征求我父母的意见。我父母自然十分欢喜，母亲还说："呀，小云，你可以坐火车去看大世界了！"因此，我得以第一次坐火车，第一次去韶山，第一次参加集体的游学活动。

40 多年前的韶山保留了毛泽东主席故居的原貌。我们在他老人家门前合影留念。那次我们还去了长沙，在长沙参观了烈士纪念馆、橘子洲头。印象最深的是我去商店买了我从未见过的像玉米苞似的圆珠笔和一本印有韶山图案的漂亮笔记本。很多年来，我依然坚持游学旅行，从省内到省外，从国内到国外，是不是与那次小小年纪的出行有关？不管怎样，走出去看看世界，一定是让人心旷神怡、收获满满的。

我能在这样有文化底蕴、有思想传承的学校读小学，能接受这样多样化的开放教育，确实是很幸运的。因此，从教之后我坚持认为小学教育很重要，并且在创办坪洲小学的时候，我一直思考新学校缺失文化底蕴怎么办，最后确立了"自己播种"的建校思路。无论是从向警予担任警予学校校长的历史中，还是从我在警予学校的读书经历中，我都感受到了校长的重要作用，并时时处处警醒自己，也正因为如此，坪洲小学才有了如今的美好面貌和备受赞誉的影响力。

二、无愧芳华：誓用青春逐一梦

从小时候开始，我就深受向警予精神的影响，我觉得冥冥之中她在牵引着我。我应该像她一样，胸怀家国，坚持理想。如向警予一样，我从小就有做教育的执着理想。后来在教育路上的跋涉，可谓一波三折，艰难异常。

（一）上大学还是上师范

我教育理想的第一次考验，来自我的父亲。

当年读初中时，我的成绩在班级里都是遥遥领先的。我如果不去读中专，可能会考上一所不错的大学，因为之前比我成绩差的、考不上中专的同学后来都考上了很好的大学。上海师范大学吴立岗教授曾对我说："云鹰，当年你们读中专的那一代人，现在不说上清华北大，至少也能上人大。"尽管我没有奢望这样，但内心得到了莫大的安慰。我心里有个教育的梦想，一直无法泯灭。但我父亲是不同意我去考中专做教师的，而且是坚决反对的，他一心想让我考大学。

父亲在商业局工作，即使当时交通不便，也经常去大城市出差，所以他一心想让我一飞冲天，读好大学，到大城市去发展。记得当时电视里播放毛泽东接见外宾的新闻，我父亲就指着毛主席身边的翻译对我说："小云，你要好好学，考大学学外语，将来也做翻译官。"他的愿望很强烈、很坚定，但我也很坚持自己的想法。那个时代的孩子，其实人生选择权是很小的。家长权威的根深蒂固，还有对父亲的尊重，让我不能正面和父亲起争执。后来我才知道，我们父女虽没有正面争执，但私下我们都是做了"工作"的。

1978年参加中专考试时我读初二。因为当时的学制是初中两年，所以初二毕业就得考高中或考中专。那时高考刚恢复不久，有像我们这样初中毕业直接考中专的，也有高中毕业或下乡知青选择考中专的，都是参加全国统一中专考试。我首先选择了考中专。在等待中专录取的同时，我又参加了怀化地区组织的初中毕业考高中的考试。"不幸"的是，我"一不小心"考到了溆浦一中（高中），还被录取到了重点班。这个重点班只有5名女同学。在读高中一个月后，中专成绩也下来了，我们这个高中班被各大中专学校"掳走"了40多个同学。我们班的女同学无一幸免：一个去了卫校，一个去了幼师，一个去了商校，一个去了农校，我去了师范学校。我本想说服我一个要好的同学一起读师范，但她表示坚决不当孩子王，选择了当一名护士。后来这个名存实亡的重点班只好重新调整。

假设我留了下来，不出意外的话，会成为名副其实的1980级大学生，按照现在的说法应是"双一流"大学本科学历。

（二）掌控命运的奇怪考试

我父亲坚决不同意我去上中专，还语重心长地对我说："既然你已被高中录取，就继续念高中，考大学是没有问题的，我供你。即使万一没考上，我退休，你顶职。工作前途的问题，你一千个放心。"一听顶职，我更害怕。他成天做报表，统计各种数据，整天跟冷冰冰的数字打交道，我可不干。我只好骗他说："老师讲了，如果拿到了通知书不去的话，高中也就不能再读了。"

继而我就偷偷设计：既然父亲不同意，考试的时候我就自己来"掌控"一下命运吧——保证考上师范，他也就无话可说了。

40 年前我参加中专考试的场景还深深刻在脑海中。当年的考试，有不同身份的学生（初中生、高中生、下乡知青）参加考试。上午考语文，我是认真的，轻而易举拿了全县的最高分，当时的作文题目是"在新长征的路上"。下午考数学，我做了第一页代数题，第二页几何题几乎就没做，因为分数太高就可能被录取到非师范中专学校，我是不想去的。我要保证分数下来，既不够省重点中专线，又得超过师范线，这样才能如愿进师范学校。

父亲听我说如果被中专录取不去上，高中也就读不成时，居然给我填报志愿的师范学校打电话，让他们不要录取我——考上也不要录取。不过好在招生办的老师并没有按他的意思去做，而是按正常的成绩录取了我。我拿到了通知书，考上了想读的芷江师范学校。父亲很不满意，但木已成舟，也就成全了我，让我去读。

总之，从一开始，我就坚定不移地坚持着教师梦。就连后来当我回到警予学校教书，主管教育的副县长听了我的课，课后找我谈话要把我当成妇女干部培养，调到妇联去时，我都没有同意。之后一路走来，我有很多改行的机会，去商业局，去团地委，去电视台，我都一一放弃了，最后还是回到学校，回到课堂。

在我的灵魂深处总有一种东西一直牵引着我，无论多少诱惑，我还是想当老师，想办学校。

人生在世，说起来其实很短暂，理想的实现不是一朝一夕的事情。在漫长的追寻求索中，我们很难不受各种困难或诱惑的干扰，要坚定不移、初心不改，不是一件简单的事情。我经常读那些名人传记，懂得每个成功的人的生命历程中真的需要一些东西的指引：一个人、一本书、一种精神……所以我也特别提醒刚入职的年轻人，一定要给自己方向，然后要有定力，有规划，一步步踏实走下去，人生就一定不会错到哪里去。

三、杏坛新人：每一步成功的启示

（一）做实验改革的先行者

1981 年 7 月，我从芷江师范学校毕业被分配到溆浦新坪中学教八年级语文。我执教的"小石潭记"在全县中学青年教师教学比赛中荣获一等奖。在平时教学中，我看到中学生的作文水平远远没达到我想象的水准时，我主动向教育局申请调往小学任教。局领导同意了我的请求，将我安排到警予学校。

这是一所历史悠久、享有盛誉的学校。这里有全国优秀校长、全国五讲四美先进个人李惠秀校长，全国优秀班主任方惠萍老师，特级名优教师黎岳峰，全国优秀少先队辅导员等模范。从此，他们就成了我教师生涯的榜样、我成长过程中的良师益友。

在警予学校，我开始了全国小学语文重点课题"注音识字、提前读写"的教改实验。面对五六岁刚入学的孩子，我怀着对教改的热爱和探索的兴趣，赢得了实验班学生的喜爱和信任。我用 5 年的时间完成了小学 6 年的全部语文课程的教学任务。1800 多个日日夜夜，我走过了"低年级当妈妈、中年级做姐姐、高年级是老师"的艰辛历程。当实验班五年级的学生以语文人均 94.2 分的成绩名列湖南省怀化地区小学六年级毕业统测第一名时；当实验班数学使用北京特级教师马芯兰编写的教材进行同步教改实验，成绩也在全地区小学六年级毕业统测中名列前茅时，我充分感受到了当小学教师的幸福和快乐！

第一次教改的成功，不仅让我体验到了做小学教师的光荣，而且让我体会到了当班主任的成功。即使在今天，当翻开自己珍藏多年的教学日记，我也为当初实验计划的详尽、学生原始档案记载的全面、测验数据的精确、教学改革设想的周密以及对教研认识思考的深邃而备感欣慰。我想，作为一名年轻的教师，在进入职业生涯的初级阶段能够取得一点成绩，主要是依靠对教育事业的热爱、对创新探索的痴情。记得在这期间，初为人母的我，没有陶醉在乖儿落地的欣喜中。当时，按规定我有三个月的产后假，而我仅仅休息了一个月就来到课堂上，出现在孩子们的面前。

人们说母爱是伟大的，但我觉得教师心中的爱更广博、更宽阔、更无私，每个学生都是自己的孩子！

在警予学校的五年里，我获得了湖南省怀化地区"教学改革积极分子""优秀教师""优秀少先队辅导员"等光荣称号，荣获了小学实验班工作一等奖。1988 年，我主讲的"繁星"一课，荣获怀化地区语文教学比赛第一名；1989 年，我参加湖南省教学比武主讲的"和好书交朋友"一课，荣获湖南省一等奖。全国第四个教师节，我被评为怀化地区"教坛新秀"，受到各级领导的表彰。

可以说，这求实、求新、求活的五年教学实验，奠定了我从事小学语文教研的基础，也成为我执着教研的起点。从学生的成绩中，我看到了自己的成长；从家长的期待中，我看到了教师的价值。当时，实验班学生家长的一张张申请书，一封封请求信，传到了教育局领导手中。局领导经多方调研、考察、听课，从与众多家长的座谈会中得出一个结论："张老师教学生有'魔力'。"局党委做出了一个大胆的决定：让我带着这个实验班到中学。

我深深地感受到领导的信任和家长的厚爱，这反映的是社会对教改的期待，对优质教育的渴望。我带着这个班的 45 名学生从小学走向中学，从童年步入少年。我来到溆浦县第二中学后，面临着一个新的挑战、新的发展机遇。为了深化教改，我与华东师范大学附属中学联系，在他们的热心支持和帮助下，我开始进行中小学衔接实验的"双轨教学"。在此期间，我还被聘为县教师进修学校兼职培训教师，为教师培训精心主讲了"一件小事""新闻二则"等示范课，送教十个乡镇，上观摩研讨课数十场。由此，我被评为教育界的"怀化地区科技工作先进个人"，荣获"湖南省实验教学先进个人"称号。

1990 年，我在全市"爱我中华、振兴怀化"的演讲比赛中获得第一名，被借调到电视台工作，担任节目主持人和教育节目的采编，组织宣传队到各县、乡镇进行社会主义教育演出。电视台的工作在当时来说是令人羡慕、向往的，是非常具有诱惑力的，与当教师的清苦、辛勤相比，多了另一种潇洒。但是，我对教学的执着没有被当时较高的待遇所打动。不久，我毅然放弃了这个令人羡慕的行业，再次回到了课堂。

1991 年 8 月，组织上考虑我曾是湖南省教学大赛一等奖的获得者，地区教学骨干、语文学科带头人，应该为教学教研多做一份贡献，决定把我从县级中学调到怀化地区教科所（今怀化市教科院），负责全区 12 个县（市）小学语文的教学教研和小学思想品德教学教研工作。

当时，我作为一名年轻的小学语文教研员，深深感到这是一份沉甸甸的责任和压力。

（二）一线实践中的科研意识

承担一个地区 12 个县（市）的教研工作，担子沉重，任务艰巨。为此，我只好把孩子送到了全托幼儿园，把家务全交给保姆，一心一意扑在工作上，并且为了提升自己的专业能力，我利用业余时间完成了湖南怀化高等师范专科学校（今湖南怀化学院）中文大专的学历教育。

1986 年，我参加湖南省教学大赛获奖

我担任教研员的第一件事，就是在领导的支持下，组织、创办《怀化教研》双月刊。教师们称这个"土产品"是"学校管理的参谋、教学研究的助手、教改信息的窗口"。既而我着手建立了地、县（市）、学校三级教研网络，主要推广 12 项引进和自创实验课题。其中国家级课题有"注提"实验、"集中识字"实验；省级课题有"协同教学"实验、"童话引路"实验、"自学辅导"实验；地级课题有"六步教学法""一篇三问教学法"等。各项实验都成立了核心小组，有方案，有措施，有结论。我采取优势互补原则，把其中的两项实验结合起来，进行了"注音识字与童话引路结合"实验，这项实验在众多专家的肯定和支持下在湖南省推广，并荣获全省第三届教改教研成果奖。我设计的"凡卡"一课，获省优秀教案一等奖，我执教的阅读课"院子里的悄悄话"、作文课"心爱的玩具"均获湖南省语文教学比武一等奖。我撰写的《努力发挥小语教学在山区开发中的整体功能》一文获省教研论文优胜奖，参与编写的《小学语文参考教案》《小学69篇课堂作文指导》《作文大王点评》分别由湖南教育出版社、文心出版社、湖北少年儿童出版社出版。当时同事们鼓励我说："真看不出，张云鹰这样年轻，却对教研一片痴情，工作泼辣，干什么都是成效斐然。"

我认为教书育人是一个整体，不可分割。语文是主课，要渗透德育，但是我们很多老师却没有把思想品德教研摆在语文教研的同等位置，更不会把两者有机地结合起来。当时怀化地区的思想品德课教学力量非常薄弱，领导重视不够，教师队伍参差不齐，教学方法简单。面对现实，我作为兼职思想品德教研员，要求各县（市）配备专门教研人员，城镇重点小学配备专职思想品德课教师，学习教学大纲建立常规；宣传教学大纲，实施常规；贯彻教学大纲，落实常规。我下决心改变思想品德课"三论"（次要论、替代论、无效论），"四性"（随意性、应时性、突击性、敷衍性）的现状。在此期间，我撰写的《关于小学思品课考核的研究》《试论思想品德课教学中的导行》《思想品德课例证的援引》等论文均获湖南省教研论文评比一等奖，并在国家级刊物《小学德育》上发表。

为了更好地推进小学德育改革，1991年，我参加成人高考，在华中师范大学主

1994年，我作为怀化地区小学语文教研员做专题讲座

修政治教育本科专业，三年后我以优异的毕业成绩被评为华中师范大学"优秀学员"。有了一定的理论功底，我再实践于课堂教学，效果更为明显。1994—1995年，由我设计、执教的"爱护课桌椅""我爱爸爸妈妈"均获湖南省思想品德课教学大赛一等奖，并且我被评为"湖南省优秀辅导教师"。其中我设计的"多为集体做好事"一课，被人民教育出版社出版的《小学思想品德教案》一书录用。

在六年的教学研究工作中，我荣获"湖南省实验教学组织工作优秀奖"，被评为"湖南省实验教学组织工作先进个人""怀化地区小学语文优秀教研员""全国小学语文教学研究会优秀会员""全国小学语文优秀教研员"。

对教学的热情，对教研的执着，让我深深地陶醉在校园里、教室里，尽情地领略优秀教师的教改风采，全方位地吸纳他们的先进经验和教学思想。那一张张荣誉证书，闪烁的正是我们一线实践者们心灵的灿烂荣光。

四、南下挑战：超越自我才能超越生活

（一）用实力克服阻力

1997年2月，我毅然南下来到改革开放的前沿阵地——深圳，寻求教学改革和自我成长的新舞台。在当时，离开已经熟悉的工作环境和生活了多年的地方，的确是一个艰难的人生选择。在深圳，我感到有识之士、有为之士太多了。我怀揣梦想，开始了新的征程。

南下第一站，我走进了一所规模较大的民办学校。同年4月，一次偶然的机会，在深圳市宝安区沙井镇（今沙井街道），我执教了一堂六年级语文"在仙台"的公开课，开办了一场"转变教学观念，提高教学质量"的专题讲座，赢得了宝安区沙井镇领导和全体语文教师的喝彩，由此揭开了我人生的新篇章。

当时主管教育的领导在听完课后，给予了我高度的评价："我没有想到小学的课还能这样有深度，这样有艺术性！"他当场表态："张老师，我代表沙井人民欢迎你到我们这儿来，继续搞小学语文研究。"

我被这位领导对教育倾注的极大热情与求贤若渴的态度震撼，同时也被领导及教研室同行的朴实真诚打动。

　　同年7月，我放弃了深圳市罗湖区统招统调的录取，谢绝了水库小学对我的厚爱，也拒绝了华茂董事长的真诚挽留，毫不犹豫地留在了沙井镇，从一个来深停薪留职的编外人员考进了深圳，成了一名很多人梦寐以求的有编制的正式教师，成了200多名教师的"教头"。

　　当时宝安区的中小学教学质量不容乐观，上上下下都在理直气壮地抓分数，而沙井镇的语文教师人数占语、数、英三科总数的59%，小学语文教师人数占中小学语文教师总数的37%，队伍庞大，但教师素质参差不齐，很多学校出现了青黄不接的现象。我通过半个月的课堂调研，发现不少教师的教学还停留在20世纪80年代初的水平。面对这种问题，我即使有一定的教研经验，也不得不重新定位、定标，围绕"提高质量"这一永恒的主题思考对策，接受挑战。

　　为了顺应形势，针对现实，我写了一篇《减负提效，教研室该做什么?》的论文，发表在《宝安教育》上。文中提出了教研室的五大功能：一是宏观管理，科学指挥，强化教学管理；二是把握动态，有的放矢，优化教学指导；三是务实求活，创造特色，深化教学研究；四是坚持标准，注重激励，细化教学评估；五是研究教材，编写教材，加强课程建设。

　　在这期间，我着手开始新的实践与探索。我起草了"宝安区沙井镇区域性主体教育实验""宝安区沙井镇小学德育整体改革"等全镇性的研究课题报告。我主持的"宝安区荣根学校韵语教学改革实验"初见成效，并在全国语文教学实验研讨会上交流经验。我撰写的《小学语文教学中的一朵奇葩》一文获全国韵语教学实验论文一等奖；《"主体教育"的课堂教学实践探析》获全国"主体教育"研究论文二等奖，还发表在《小学语文教学》杂志上；《提高教育资源效益，推进乡镇教育转型》一文获广东省吴汉良教育管理二等奖。我设计、辅导的语文活动课，由刘飞燕老师主讲的"展开想象的翅膀"获区及市一、二等奖。我还应邀参加了全国作文研究中心举办的"小学作文教学与素质教育"研讨会、中央教育科学研究所（今中国教育科学研究院）组织的"小学识字科学化与素质教育"观摩活动和"全国主体教育理论与实验研究"第三届年会。

　　在沙井镇的三年时间里，我从一个普通的教研员成为教研室副主任，制定了《宝安区沙井镇中小学教师三年培训工程方案》并负责实施，聘请了一大批全国著名教育专家、学者来沙井讲学指导。沙井教育的发展，沙井教师的变化，按主管教育领导的原话是："张云鹰是有功之臣。"的确，沙井为我职业生涯的发展搭建了前所未有的平台，让我感到人生价值的升华。

在沙井镇的一千多个日夜里，这里的每一所学校都留下了我讲座研讨的足迹，高、中、低年级的教学课堂上都留下了我的身影。我还利用双休日给学生上"快乐作文"辅导课，各学校学生自愿报名参加。1998年6月，宝安区对三年级学生进行统测，沙井镇学生的语文平均成绩获得了全区第一名。

我非常感激领导们，在年度考核中他们连续两年给我评定"优秀"等级。沙井镇人民政府每年还给我数千元的教育教学奖金，三年内免费给我提供三居室的住房；我非常感激老师们，在与各位老师的合作中我们体会到了乐趣，产生了遐思和那久久不息的共鸣；我非常感激沙井的孩子们，与他们在一起的日子，我们一起攻克拼音、识字、阅读和写作的难关，他们的快速进步总是让我兴奋和感动。

（二）百备不烦，百教不厌

2000年8月，深圳市宝安区教育局把我调到宝安区教育科学研究培训中心担任小学语文专职培训教师。这次调动后，角色变化了，舞台更大了。从一名教研员到一名专职培训教师，从做相对单纯的业务工作到需要较强的管理能力，从指导一个镇200余名语文教师教学到管辖一个区2000多名语文教师的培训，甚至还要管理其他学科教师的通识培训——这种变化，促进我对知识技能结构和统筹管理安排有了一次系统性、超越性学习。

当时，深圳经济社会的快速发展向人才培养模式提出了革命性挑战，基础教育课程改革也向广大教师提出了更新、更高的目标。在这种情况下，一个有责任心的教师，特别是作为一名负责2000多名教师培训的"教头"，一个"另起炉灶"的人，更加需要加强自我学习，接受继续教育。

做专职培训教师的三年来，我书柜上摆放的中小学教师继续教育的理论与实践书籍达数百册。许多教育经典作家，如夸美纽斯、苏霍姆林斯基、赞可夫、赫尔巴特、陶行知、蔡元培等人的著作，以及国内现代名家的新作，都是我的精读书。为了从中汲取精神养料，我写了大量的读书札记，并认真思考如何"在研究中培训，在培训中研究"，真正有效地提高全区语文教师的教学水平。在一次接待山东省和广西壮族自治区教师进修学校考察团的座谈会上，我首次介绍了关于"研训一体""训管统一"的经验与体会。同行们对我提出的教师培训五大模式产生了极大的兴趣，会后还有许多地方将这一模式推介、借鉴。这五大模式分别是：一、信息传输模式，理论讲座与经验介绍融为一体、信息传递与自学讨论有机结合、小型讲座配主动作业促进参与、科研本位与送教上门相统一；二、观察借鉴模式，示范—模仿—变通式、观摩—评论—概括式、录像播放—评点解析—归纳推行式、参观考察—定向研讨—总结提高式；三、互动参与模式，分小组互动、让学习者参与内容开发和教学设计、实行对话式主题研究、开展质疑辩论；四、任务驱动模式，完成问题研究或决策研究作业、在一定"主题"下搜集信息、课题的设计与研究、担任示范性、观摩性、研究性的实践任务；五、行动研究模式，研训一体型学习、专题总结、结合日常课程与教学"个案"的研究、组织探索课和尝试课的观摩、交流，在研究中行动，在行动中研究。

作为培训部的专职语文教师，我把提高教师的业务能力、促进教师专业成长作为工作的中心任务。为了上好小学语文教师教研培训课，我认真研究小学语文教材，深入课堂听课300多节，针对课堂普遍存在的问题，结合自己的研究体会，既要备好教师的培训课，又要做出示范课。学之愈勤，积之愈厚，教之愈精。我备课追求节节要有新观点，课课要有新体会。因此，我总是做到"百备不烦，百教不厌"。

我经常收到一些学员的来信，他们一直鼓励、鞭策着我。如2003年4月4日，一位方老师在来信中写道："我去沙井观光，在参观荣根学校时有幸听了你上的'小学语文活动课程'培训课，果然名不虚传！让我说句实话，您的课堂艺术真的很有魅力。您对小学语文教学的见解和思路让我耳目一新、豁然开朗。"

在深入指导小学语文教师教学的过程中，我发现了一个极为浮躁的现象：许多教师在没有深入钻研教材的情况下，就热衷于追求教学方法的标新立异和教学手段的花样翻新，把"虚、碎、杂"当作教学的创新。这样虚伪美丽的语文课，是新课程实施过程中形式主义的表现。为了端正教学改革思想，正确理解新课程改革理念，引导教师读懂教材、超越教材，我为老师们举办了"小学语文教学中的创新教育""小学阅读教学对策"等专题讲座，对于纠正不良的教学风气起到了正确的引领作用。

通过培训和研讨，我结识了许多优秀教师，他们后来都成了我教研培训工作中的得力助手，如当时的深圳市骨干教师、宝安区"十佳"青年教师邹昭文、张艳等，后起之秀欧阳海燕、龙慧等，我和他们在一起有聊不完的教学话题，抒不完的教学之情。由于我对教研培训肯于钻研，对教改能够身体力行，所以我不仅在宝安区的宝城小学、弘雅小学、石岩公学等学校与老师们一起备课、听课、评课，还应邀到龙岗区、南山区开设专题讲座，而且还被中央教育科学研究所培训中心聘为兼职培训教师。

在短短三年的时间里，我培训宝安区小学语文教师达 2 万多人次，为语文教师开设了"小学语文典型课示例""小学语文活课程标准解读""怎样撰写教学论文""怎样听课评课""新课程背景下的作文教学研究""构建阅读教学超市"等专题讲座42 场；培训新分配的中小学教师 200 多人次，主讲"怎样进行常规教学"数 10 场；培训小学教导主任、小学思想品德教师、小学美术教师达 1000 余人次，主讲"新课程理念与新的课堂教学""教师专业发展规划"等通识课程。在此期间，我多次被评为"深圳市宝安区继续教育工作先进个人""深圳市宝安区继续教育优秀教师""深圳市宝安区优秀教师"等。

在区培训中心的三年间，我的《师源性学习障碍探析》《激活创新精神，培养实践能力》论文，分别在国家级刊物《小学语文教学》《小学德育》上发表；《浅谈韵语教改实验》《更新培训模式，提高培训效果》文章在《广东教育》《特区教育》上发表；《阅读教学中的人文观念》《新课程下的小学语文教学》等 5 篇教学论文获全国、省市一等奖；2001 年我承担了《80 首古诗阅读指导》的编写工作；2002 年我被特邀为人民教育出版社出版的义务教育课程标准实验教科书第四册《教师教学用书》的编写者。

我独立编著的《新小学语文活动课程设计》、与邓蝴梅老师共同编著的《小学语文自主学习与素质检测》、与唐翠娥老师共同编著的《新小学数学课程设计》三本书共计 60 余万字，于 2003 年均由中山大学出版社出版发行。其中，《新小学语文活动课程设计》荣获 2004 年宝安区科学技术协会优秀学术论著一等奖。

五、担任校长：改造老校和创建新校中的故事

（一）改造老校的勇气

2003 年 7 月，对我来说是个难忘的转折点。一直从事教学研究和教师培训的我，做出了人生中一个大胆而重要的选择。当时，深圳市宝安区西乡镇（今西乡街道）人民政府在《中国教育报》刊登启事，面向全国公开招聘宝安区西乡中心小学（今西湾小学）校长。其中有一条"硬杠杠"的条件："年龄 40 岁以下"。而那一年，我刚好 39 岁。如果不抓住这个机会，纵有万般理想也将付诸东流了。1999 年，曾有领导建议我去学校，但当时的我仍旧执着于业务的研究。而这一次，我思虑再三，却愿意斗胆一试——此时的我，渴望拥有一块自己的教育"试验田"。

西乡中心小学始建于清朝光绪二十一年（1895 年），是一所具有百年历史的老校。学校原在西乡河西村，是一所私塾。中华人民共和国成立后，私塾经改造、扩建，先后更名为西乡小学、西乡中心小学，2005 年更名为西乡街道中心小学，2014 年正式更名为西湾小学。1996 年，随着西乡教育事业的发展，学校迁入新址西乡碧海湾商业开发区。1999 年，学校作为宝安区第一所省一级小学，通过评估正式挂牌。

当时的招聘收到了上千份应聘材料，西乡镇人民政府和当地教育局择优选取了一百多位来自全国各地的教育精英来竞聘该岗位，有的还是很优秀的校长。庆幸的是，我以第一名的成绩通过了笔试。面试时我沉静而微笑着走上讲台面对专家答辩："我最灿烂的十年，是穿梭在中小学教学课堂里的十年；我最丰富的十年，是耕耘在教研和培训岗位上的十年；现在，我希望把自己最成熟的十年，奉献给西乡中心小学。"

5 分钟的自我竞聘演讲获得阵阵掌声，但台下苛刻的评委仍不买账："张老师，你从未当过校长，何以如此自信，凭什么当校长？"的确，我的履历中只写着教研室副主任的职务，从没有过学校的行政领导职务。然而，面对评委的问题，我毫不犹豫脱口而出："有时候，过去的教育管理经验也许正是今天教育发展的障碍。有没有

我作为 4 号选手与来自全国各地的同人角逐西乡中心小学校长一职

当过校长或许不重要，关键是能否在办学思想理念上有所创新。只有创新才有教育个性，才有独到的教育哲学。创新比经验更重要。”

凭着这样一份自信与率真，我的答辩获得第一名。希望出任西乡中心小学校长，是因为我看重它，热爱它。但是，我看重它不仅是因为它具有省一级小学的优良教育资源和环境，更是因为它是处于城乡接合部的农村学校，有许多教育转型问题值得研究，具有挑战性和可操作性。我把西乡中心小学当作了实现我教育理想的舞台。

就这样，我走上了西乡中心小学校长的岗位。对于我能否胜任，我能感觉到仍有一些人在拭目以待。我选择，我负责。39 岁的我给自己施压，从机关毅然来到学校。"不惑之年"的我常常思考生命的意义，虽说生命之路已走了近一半，但我觉得不能懈怠：于事业，正是厚积薄发、有所作为之时；于家庭，孩子已过十八，学业前程全靠自己主宰；于身体，40 出头的"机器"还能高速运转……

初到学校，我发现这所小学在西乡镇称得上是一所地地道道的农村小学，管理水平落后，生源质量较差，师资队伍老化。所以提高学校的整体管理水平和教学质量，优化一支业务过硬、师德高尚的教师队伍，是实现农村学校城市化转型的关键。当我得知课堂教学问题与长期没有主管教学校长这一因素有关时，我就下定决心要依靠自己多年的教学研究、教研培训积累的经验，亲自抓教学，亲自上语文课，从做好教学改革的示范者、引领者、管理者、开拓者入手，采取有效的措施，推动校本教师培训、校本课程开发、校本课题研究和校园文化建设，争取用3～5年的时间提高西乡中心小学的教育教学质量，把它办成一所名副其实的省一级中心小学。

第一，为做好教学改革的示范者，我提出并践行"开放式教学"。开展"拿什么吸引你，我的学生"教学活动；倡导"课前静、课中活、课后实"的课堂教学文化。在接受省一级学校复评的过程中，我要求优良课达到100%。为做出表率，2003年12月17日上午，我为全校教师上六年级语文"第一场雪"的公开课。在准确把握新课标和文本内容的基础上，我根据自己多年的教学经验，设计出"五步教学"流程：整体入手、厘清文路；变序教学、读中感悟；品词析句、读写结合；归纳概括、突出训练；介绍背景、画龙点睛。

在评课活动中，有的老师说："这是一节既回归传统、超越传统，又忠于教材、超越教材的好课。"有的说："这节课，张校长没有刻意地去准备。她是拿着一本书和一支粉笔走进教室的，以最低的成本，收获了难以想象的成果。她为我们验证了'我一辈子都在备这堂课'的教育格言。"有的还说："张校长的课让我们感受到一种'简单的艺术'。这堂课实现了深刻的简单和真实的完美，让我们感受到了一次久违的心动。"

作为校长，我从不以行政管理事务多为借口而放弃教学示范性研究。无论角色怎样改变，我始终是一位教师，讲台是我的最爱。尤其是在小学语文方面，我随时进入课堂听课，参加说课、评课，经常与教师一起研讨教学，一有机会就自己上示范课，主动替请假的老师上课。我每次上课总有老师旁听，然后大家和我一起分析。通过这些活动，我尽可能发挥教学示范作用。我主讲的"早发白帝城""回声""猜猜我是谁"等观摩课，成了我校老师们学习的范例。在深圳市评选小学语文学科带头人的座谈会上，大家听完我的课后，有的老师说："这才是新课改的榜样！"有的老师说："上这样的好课，何愁减负？"还有的老师说："如此教学，真是艺术。"

第二，为做教学改革的引领者，我给自己定位为"科研、创新、开拓型校长"。上任伊始，我经过充分调研，集思广益，制定了《西乡中心小学二次创业五年发展规划》，重新拟订了学校的"三风一训"，即倡导"为人求真、为学求实"的校风，崇尚"教者儒雅、以研为乐"的教风，彰显"学者如渴、以思为悦"的学风；以"自主、扬善、慎独、躬行"为校训，实施"以愉快成就学业、以知识博大胸怀、以创新激活生命、以智慧奠定未来"的办学理念，追求办学效果达到"学生欢心、家长称心、社会放心"的"三心工程"。

在我的引领下，学校坚持教学改革促进办学目标实现的策略，逐步打造出"德育管理人性化""课程建设校本化""校本培训系列化""课题研究科学化""开放教育国际化"的"五化"办学特色，深化素质教育，为学生的全面发展打下了扎实的基础。

北京师范大学裴娣娜教授参加我的开题报告会

为了有效实现我校城市化转型，全面推进新课程改革，我提出并主持由深圳市教育科学研究所批准立项的"十一五"规划课题"培养现代城市人——开放式教育实践与研究"。它旨在促使学校、家庭、社区教育大整合，促进学生、教师、家长心灵大融通；通过实现"教育一个学生、带动一个家庭、辐射一个社区"的教学目标，放大教育创新的社会效应。为了保证该课题科学、有序开展，我拟订课题研究方案和研究计划，做课题可行性分析报告。在实际工作中，我要求各科的教育教学把"为和谐社会培养现代城市人"作为课程改革的出发点和落脚点，以培养青少年的科学素养为重点，使课程的开发、教学与社会、生活紧密结合起来，实实在在地促进学生的全面发展。2006 年 3 月，我在《文化周刊》上发表了《为和谐社会培养现代城市人》的对话性文章，引起了社会和学术界的强烈反响。4 月，我校荣幸地被"全国青少年科技后备人才创新能力培养的师训计划"项目批准为深圳市首家"全国科学教育基地"。

我接受采访，回应培养"现代城市人"的目标定位

　　第三，为做好学校改革的开拓者，我着力于校本课程教材的建设与开发。一是全面启动活动课程，不仅为广大教师创建了一个生动的展示平台，更为学生的发展提供了一个广阔的学习空间。我的《新小学语文活动课程设计》得到全校语文教师广泛实践，受到孩子们的喜欢。人民教育出版社编审、中国教育学会小学语文教学专业委员会理事长崔峦先生对我校语文活动课程做了充分的肯定："西乡中心小学教师沐浴新课程改革的春风，踏着'活动课程'的脚步向我们走来！"在"亲近大自然""拥抱未来""快乐成长""七色阳光""趣味24"等丰富多彩的活动中，孩子们的欢歌笑语折射出"兴趣是最好的老师"这个亘古不变的教育真理。2005年，我校被评为"宝安区学科活动课程特色学校"。二是在学校开展"写字教材开发实验"的过程中，我策划并编写校本教材《写字》共7册，使一至六年级的写字教学从此有了比较科学的系统训练。学校提出的写字教学理论和实践受到了各级领导的重视，《深圳商报》《深圳晚报》《宝安日报》也对我校写字教学改革的经验进行了报道。《写字》教材在省内得到了广泛推广。2006年年底，我校挂牌成为宝安区第一个"全国写字教育实验基地"。我们编写的《国学"风雅颂"——西小365》和《童蒙养正》两本教材，论述了对人生、世界乃至神秘宇宙的智能思考和为人之道，是古今中外真实深远的生命体验。学生每日进行经典诵读，促进了身心的健康发展和人文精神的培育。我还组织编写了《绿色家园》《大自然与我》《小学生礼仪规范》《少

儿心理健康教育读本》《心桥》《学会自护》等校本教材，深受学生的喜爱和家长的称赞，并且部分教材已被各地学校参考、使用。

第四，为做好学校改革的管理者，我深刻认识到教师专业发展是学校可持续发展的关键。校长的根本任务就是促进所有教师的专业发展。由此，我对校长的定位是：教师专业发展的直接参与者和直接支持者、教师教育机会的创造者和学习动力的激励者。几年来，我在教师专业化建设的道路上进行了艰辛的探索，建立了教师专业成长的有效机制。一所学校的教师专业发展水平，并非取决于教师的学历，而是取决于教师成长制度与机制本身的教育性、创新力。如果教师在成长制度面前，找到坐标，燃起自主发展的激情，得到成长的激励，成长效果自然就会很明显。学校坚持"教师第一"的校本培训理念，践行教师专业发展"三三制"，促进教师全方位立体化发展。首先，搭建"三格"培养层次。（1）新教师"入格"培养。搭建新教师与学生平等交流的桥梁，使教师践行"儿童为本"理念；建立新教师业务成长档案，狠抓教学常规；实施"导学伙伴"工程，签订师徒结队合同，让每位新教师在教育教学实践中"入格"。（2）青年教师"升格"培养。学校借助"洲际视野"讲堂、"读书的女人最美"晚会、"文化沙龙"等活动，促进他们提高素养，并将有培养前途的优秀青年分批派到外地观摩学习、挂职锻炼。（3）骨干教师"风格"培养。对骨干教师采取"五子登科"的做法：选苗子（年轻有为，有培养潜力）；厚底子（夯实教学基本功）；定调子（以师德建设为基础的新理念、新课程、新技术的"一德三新"人才培训）；搭梯子（提供展示平台）；压担子（广泛开展小课题研究）。其次，铺设专业发展"三环道路"。（1）历练教学基本功。定期开展校内"三字一话"比赛、听课、评课、说课等活动，检验教师的教学基本功。（2）锤炼教学策略。要求骨干教师践行"开放式教学"理念，积极探索课堂教学基本策略，让课堂焕发生机与活力。（3）提炼教学思想。通过评选"明星教师""三格教师""名班主任"等方式，激励教师提炼教学思想，形成教学艺术。有些教师已通过自己的努力走上了第"三环"，涌现出一批"情感派""理性派""本真派"的教学能手。最后，构架专业发展"三维空间"。（1）学习空间。向教师推荐专业学习书目，定期组织读书汇报会、好书交流会、好书推荐会等活动，引导教师自觉构建学习型人生，建设学习型学校。（2）实践空间。我校坚持实施校本研修"八个一"工程，即"改进一个教育教学实践问题；完成一个学生成功辅导案例；上一堂表现自己教学风格的展示课；

制作一个可供交流使用的电子教案；编制一套高水平的试卷；写一篇教育叙事故事；研究一位名师并写出研究报告；研修一本教育实践或教育理论的书。"（3）展示空间。为了让教师们获得成就感，校报《西海扬帆》、校刊《西海杏坛》每期都刊登教师的优秀作品，为教师提供良好的展示平台，展示教师的教育教学成果。学校校本培训走在了全区的前列，并取得了显著的成绩。学校教师在全区教学基本功现场比赛中获总分第一名，在全区新课程新理念教学大赛中获总分第二名；汪凌老师在首届信息技术节上获教师教学基本功大赛综合评比一等奖；舒建梅老师获全国小学数学教学比赛一等奖；姚建武、王朝辉等六位老师被评为"市区级名师"；张颖老师被评为"深圳市名班主任"。八年时间，学校师生参加全国、省、市、区级的各项比赛，获奖达五千多人次。整个校园的教研氛围、学习环境、校园精神风貌，发生了空前的变化。

我与老师们一起朗诵《师说》

在此期间，我还特别重视学校干部队伍的培养。首先是中层干部竞争上岗，发现、培育、使用一批年轻有为的干部；其次是调整补充校级领导，对阻碍学校发展的副校长向领导申请换岗，调整管理队伍；最后是给干部压担子，提出管理要求"在观察中发现，在发现中思考，在思考中决策，在决策中执行。"

初任校长的八年里，我撰写的《教师专业发展"三个三"》《为和谐社会培养现代城市人》《小学教育优质化的思考与实践》《学校要主动应对农村城市化变革》《阅读美国城市》等论文分别在《人民教育》《中国教育报》《教育双周刊》《中外教育研究》等报刊上发表；设计的《在"演"中学》《〈自然之道〉教学设计》等教学案例被《广东教育》《小学语文教学》等杂志刊登。我还荣获"全国优秀校长""广东省特级教师""深圳市教书育人模范""深圳市优秀兼职督学"等称号。

在西乡中心小学的八年里，我办公室里一直悬挂着宝安区人民政府副区长陈广源博士惠赠的一条横幅——"怀云鹰之志，做莽牛之耕"。这是他在我走马上任西乡中心小学校长时对我的鞭策，更是对我人生责任的准确定位和期待。我愿做凌空之鹰，展开理想的翅膀，无私无畏地高翔在教育的蓝天上；我愿做莽原之牛，矢志不渝地勤耕于科研的沃土，让教坛之花绚丽绽放！

（二）创建新校的魄力

2011年7月里一个普通的日子，我被区教育局局长约谈。在毫无心理准备的情况下，领导想调整我的工作岗位。当时有两个方案供我选择：一个是去区直属宝城小学，一所建校较早、生源较好、品质较高，在老百姓心中排名靠前的成熟学校。按领导的说法，这所学校在我的塑造下，不出三年它一定会在全国享有盛誉；一个是去新建校坪洲小学，一所区直属学校中地域最偏、生源环境最差，当时校门、操场等都还在修建，师资队伍也没有保障的新学校。按领导的说法，如果去这里的话，我就会很辛苦，也需要相当长的一段时间，才能将这所学校打造出来。也许是性格使然，我不假思索地选择了坪洲小学。

7月28日，我来到坪洲小学，眼前是一片凌乱的施工场地，而且学校整体上看起来没有设计感，有些布局也不合理。我立即召开临时行政干部会议，决定暑期上班制。我白天监督学校工程建设，晚上制订、修改学校《五年发展规划》，高品位地进行顶层设计。我告诉大家，办学前三年，我们要做好没有寒暑假的思想准备。

"坪上风乍起，洲际梦飞翔。"2011年9月1日，深圳市宝安区坪洲小学在期待中如期开学。办一所"学校有灵魂、教师有思想、学生有主见、家长有信心的现代化品牌学校"，培养"有德行、有智慧、有情趣、有气质的文明都市人"，营造"书香飘逸的学园、绿色文明的家园、思想解放的乐园、理想崇高的庄园"成了我继续主张践行"开放式教育"理念，让"梦从坪洲飞翔"的新追求。不少同行问我，创办一所新学校与建设老学校有什么不同，我的体会有以下几个方面。

第一，顶层设计是学校品牌形成的源泉。2008年，我接触周易文化并颇有心得。《易经》的"蒙卦"给了我诸多启示。从受教育者的角度看，蒙童遇险，前路阻塞，急于想找到解除危险的办法；从教育者的角度看，长者帮忙，为蒙童排难解惑。这与教育的原本过程何其相似——学生有了学习的困惑，教师启发和帮助学生发现问题、梳理问题和解决问题，给予学生适时的帮助，引其渡出迷津。这才是教育的初衷，也是当今教育所应反思的地方。《易经》的"同人卦"意指君子禀性明朗而又强健，是对君子生命力的赞美。"文明"是符合道德伦理的言行和品格。"健"蕴含身体健康、体魄健壮、心灵强大之意。由此，我把"蒙以养正，文明以健"作为我们坪洲的校训，基于"蒙以养正"我们采用正确的方法培养人走正道，做正人君子，努力把学生塑造成"文明以健"的少年君子。它也是学校的文化之源和立校之本。

正是在这样的文化支点上，我们明确提出：以"开放式教育"思想为指引，推行"名师治校、质量立校、科研兴校、文化强校"的办学策略；塑造"求真向善、尚礼臻美"的校风，"教起于思、开而弗达"的教风，"学起于悦、活而有序"的学风；打造个性化的管理文化、课程文化、团队文化、教师文化、学生文化、家长文化和环境文化。在此基础上，我们制定出学校五年发展的阶段性目标：第一年——"规范与合作年"；第二年——"学习与文化年"；第三年——"质量与名师年"；第四年——"创新与发展年"；第五年——"特色与品牌年"。这些高端先进的学校顶层设计为学校后来的快速发展奠定了基础。

第二，智慧管理是学校品牌塑造的关键。"让智慧做主人生"是我对新办学校的定位，也是我任校长十余年来一直崇尚的办学思想。所谓智慧，就是由智力、知识、方法、技巧、意志、情感、气质与美感等要素构成的复杂系统。让智慧做主人生，就要构建智慧的管理体系，用智慧的教育去开发孩子的智慧，用智慧的爱去引领孩子自由成长。

我们融合"儒、法、道"三家思想，把儒、法、道三家祖师爷请到学校作为镇校之宝。校园里，孔子、韩非子、老子的铜像与花木相映生辉。基于我们的管理核心，集儒家、法家、道家思想于一体，从这三个层级同步演绎智慧管理，即从情感管理、制度管理到文化管理。

学生和教师是学校的主体。学校紧紧围绕办学宗旨，建立了以教师文化（我的岗位我负责、我的工作请放心），学生文化（勇于做主、敢于超越）为核心的管理文化，体现了"以人为本"的儒家思想。

　　"无规矩不成方圆。"建校之初，我们就将制度建设提上日程，建立起各项管理制度，编制出适合学校发展的管理制度专集《方圆广视角》；优化内部管理机制，把目标管理、制度管理有机结合，推出了年级负责制，与学科教研组双管齐下，体现责、权、利的有机统一；健全由党支部、校委会、教代会三者责权明晰的学校领导系统，形成一个相互补充、相互制衡的有机协调系统，印证法家管理思想。

　　学校最高层次的管理是文化的管理。一所好学校就是一种优秀文化的象征。优质教育蕴含着高品质的学校文化，而高品质学校文化的形成正是我们追求"无为而治"的道家最高境界。如今，我校颇具特色的课程文化、读书文化、讲堂文化、闲暇文化等已逐步形成。

　　第三，开放式教学是学校品牌发展的保障。"靠增加学生负担提高教学质量，似叶上施肥；创开放式教学流派促课堂有效，如根上浇水。"这是我针对如何在提高教学质量、促进课堂有效的同时，不增加学生负担甚至减轻学生负担提出的口号。实践证明，开放式教学行之有效，并逐渐成为坪洲小学鲜明的教学模式。

　　在教学方面，如何做到真正的"开放"？这包括：不同学科之间的开放与融合，建立开放的、全方位的"大学科""大课堂"综合教学观，充分培养学生的创新精神和综合实践能力；倡导学科教学向自然、向社会、向生活开放，使学习探究活动从课内延伸到课外；创新教学内容，对教材进行有益整合，探索一本向多种版本开放（如人教版向苏教版、北师大版、语文版开放）的教材。同时，大力开展活动课程教学，进一步丰富"开放式教学"的内蕴及形式，提高教学效率。

　　目前，我提出并践行的"开放式小学语文教学研究"作为全国教育科学"十一五"规划教育部重点课题（课题批准号 DHA100248）已结题。我们坚持"构建以'学写'为核心的阅读课堂，开发以'活动'为中心的语文课程，研究以'作文'为圆心的语文课改"取得了显著成果。《开放式阅读教学》《开放式作文教学》《开放式活动课程》三本专著由教育科学出版社出版发行，在全国畅销。"开放式小学语文教学研究与实践"成果荣获第八届广东省教育教学成果评选一等奖，荣获首届全国教育教学成果评选二等奖。

　　第四，"配方课程"是学校品牌树立的支点。课程是学校最为重要的产品，是我们送给孩子们最好的礼物。"配方课程"是我依据国家课程计划，在开齐开全必修课程的基础上，充分发挥教师的个性专长，积极创造条件开设尽可能多的选修课程，满足学生对课程多样性、个性化的需求而提出的新概念。其目的是让每个学生都有自己喜欢、自主选择的课程，为学生全面发展提供课程保障。

我观摩孩子们的"配方课程"

我们的"配方课程"历经了两个阶段：一是最初三年，由学校组织实施、全体学生参与的基础性课程和由教师个体组织实施、部分学生参与的发展性课程。基础性"配方课程"的内容主要是每天早上 8：10—8：30 的 10 分钟经典诵读、10 分钟唱歌，每天下午 2：00—2：20 的 20 分钟书法练习或吟诵。发展性课程的主要内容是老师们申报并通过学校评审获得批准的人文、科技、艺术和健体等四大课程体系。二是最近五年，我们将"配方课程"按照多元智能理论，分为语言发展课程、数学逻辑课程、空间创意课程、运动健康课程、音乐艺术课程、生活交际课程、自然探究课程和内省存在课程八大课程体系，包含 93 项具体课程内容。

"配方课程"在实施形式上不尽相同。每天早上 10 分钟经典诵读、10 分钟唱歌，采取"学生不变、教师变"的形式，即每周由不同的教师负责对学生进行诵读、歌唱指导；每天下午的 20 分钟书法或吟诵练习，是"学生、教师都不变"，学生以班为单位由班主任或语文教师负责指导；每周五下午的个性化"配方课程"，采取"教师不变、学生变"的形式，学生自愿跨班走课学习。

第五，文化营造是学校品牌传播的渠道。没有文化的学校是另类的薄弱学校。建设开放而有活力的学校文化，是学校有灵魂的重要表现。我们遵循"开放式教育"

理念，努力把学校建设成为师生"智慧的学园、精神的家园、生命的乐园"。

理念文化。我们的校训"蒙以养正，文明以健"取自《易经》的"蒙卦"和"同人卦"，很好地进行了文化传承的现代诠释。它彰显的是一个校长的教育理想、管理主张和办学精神。"蒙以养正"就是我们"正德楼""正言楼""正心楼""正健楼""正气门""正己台""正观亭""正居阁"的具体表现形式，也是以"正"治校的正文化彰显。

读书文化。我们一直倡导："让读书成为习惯，生活因读书而精彩；让读书成为一种文化，校园因读书而美丽。"我们鼓励教师构建"读书—教书—写书"的教育人生。学校教师过生日，我们不送鲜花，不请宴席，而是由我为过生日的老师赠送一本好书。我们还通过举行教师读书汇报会、学生朗诵比赛，来丰富师生的文化生活，提升师生的文化素养。建校第一年，"深圳市书香校园"评审专家组一行对我们"书香校园"建设进行了检阅。评估反馈会上，市教育局领导深有感触地说："从走进坪洲小学的那一刻，我的心灵就受到了震撼，眼前一亮。校园文化、班级文化、办公室文化……处处充满着一种浓郁的书香气息。从孩子的读书才艺表演中，我真切地感受到草根子弟的灵气飘动！这是一所真正的书香校园！"

讲堂文化。"洲际视野"讲堂是我们交流教学思想、培养教育情愫、提升教育智慧的神圣殿堂，也是全校教师积极向往和充满幸福感的圣地。我们倡导的讲堂理念是：解决教师自己的问题、真实的问题和实际的问题。我们每次推荐2～5个教师代表为讲堂专题的主讲人，其他教师为自由发言人。人人有备而来，个个带着问题听，带着问题讲，在互动交流、彼此碰撞中切磋教艺、展示才华。我作为校长，在"洲际视野"讲堂带头做专题讲座100余场。从"教师职业生涯规划与专业发展设计""读书与人生"到"开放式教育""也谈有效教学"等，我把自己的教育经历和人生体悟与教师们交流分享，深受大家欢迎。我们还把讲堂作为专家引领的平台，邀请专家进场，把最前沿的信息、独到的见解、鲜明的观点、实用的做法呈现在教师面前，引领他们融入教育改革潮流中，实现快速成长。

环境文化。我们坚持把校园环境与学校文化紧密结合，科学规划，整体设计，力求自然和谐，有内涵、有品位，让广大师生在感受美、欣赏美之中获得启迪，激扬生命。我们遵循"人文化、个性化、儿童化、现代化、国际化"的原则，力求让每一面墙壁会说话，让每一处环境能育人，让每一个孩子在感受美、欣赏美中受到

"洲际视野"经验分享会

启迪。我们先后完成了五彩画廊、形体空间、历史足迹、雏鹰书屋、阅读小屋等功能室的建设，还对办公室、教室、文化橱窗、开放书橱、楼梯走廊等进行了文化设计，表现了书香元素、国学元素、科技元素、国际元素等。今天的坪洲小学，从兰馨园、竹节园、桂香园，到书韵园、童趣园、幸福桥、智慧桥；从"雏鹰展翅"的主题雕塑到后天八卦图为主体的地理园……让人感受到一种"琴箫同天籁协奏，翰墨与兰桂齐馨"的美妙，彰显出"童真童趣、雅致诗意"的环境文化魅力。

闲暇文化。"读书的女人最美"是我们打造的"坪洲春晚"。诗朗诵、音乐剧、小品、歌舞，内容丰富、形式多样。学校工会、办公室也会定期组织全校教师开展秋游、徒步观海、健美操比赛、篮球比赛、羽毛球比赛等各种闲暇活动，从而增强教师的归属感，缓解职业倦怠。

实践告诉我们：学校品牌形成的过程也是化人的过程，不是一蹴而就的。经过八年发展的坪洲小学，已成为"全国语文教改示范校""全国科学教育实验基地""全国品牌课程示范学校""广东省中小学校长培训实践基地"、深圳市"书香校园"、深圳市"张云鹰名校长工作室"挂牌学校、深圳市"最具变革力学校"、深圳市"改革创新领跑学校"、深圳市首批"智慧校园示范学校"等。师生获各级各类荣誉3564项；慕名前来考察学习、跟岗交流的国内外同人16738人次。《中国教育报》《人民教育》《语言文字报》《南方教育时报》《深圳商报》和深圳电视台等多家媒体对学校的办学特色和品牌发展进行了多次宣传报道。我也获得了"全国优秀教育工

坪洲春晚——读书的女人最美

作者""广东省劳动模范""东省首个小学语文正高级教师""深圳市高层次人才"等荣誉称号。

　　1981年7月，我被分配到湖南怀化新坪中学任教初中语文，2011年7月至2020年1月，担任深圳市坪洲小学校长。一个"坪"字，不由自主地让我联想到飞机的起航，犹如人生的出发；又像一只雏鹰羽翼渐丰，"鹰击长空，鱼翔浅底，万类霜天竞自由"。从职业的起点到近乎于生涯的终点，云鹰"坪洲杏坛传演经史诗云，洲立学府培育才俊雏鹰"似乎是人生事业的轮回，是教育梦想的轮回，更是教学思想的源头与升华。

　　2020年庚子年春节，数以万计的人被困在狭小的"房间"里"闭门思过"。对于我来说这更是一个"忐忑不定"的年。因在坪洲小学工作8年有余，按行政政策，教育局规定在原校工作8年的校长需轮岗。即将告别坪洲小学的我会被安排到哪里？2020年2月的最后一天，教育局宣布我就任深圳市宝安区海旺学校校长，一所区教育局直属公办的九年一贯制学校。又一个职业的轮回，从职业初期的新坪中学到即将告别教育生涯的海旺学校，我面临着又一个新的学校治理挑战。当晚，我就欣然创作了一副对联：海潮有意早晚喜迎风起云涌，旺气无声春秋乐见鱼跃鹰飞。经过短暂的调研座谈、观察思考，从顶层设计到实施路径，从优势挖掘到认知短板，我确立了"师出以律、教思无穷"学校核心价值观，借此希望自己"谦尊而光、君子有终"。

我的开放式教育观

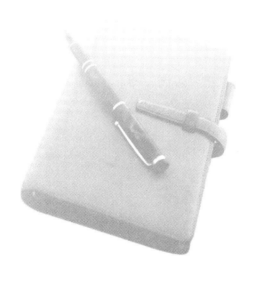

21 世纪是知识经济时代，又是"教育的世纪""学校的世纪""学习的世纪"，其社会形态是以信息化、网络化、城市化、智能化、学习化、国际化为特征的开放社会。当代中国是开放的，深圳更是以开放而引世人瞩目的。开放的国家，开放的社会，开放的城市，必然生成开放的教育。

我来深圳从事教育工作已 23 年有余，其社会发展成就让我震撼，教育改革热潮让我激动，最让我感兴趣的是这座新型城市的基础教育。随着城市化进程的不断加快，我们不得不重新认识教育的发展方向，重新定位学校教育的功能。对青少年培植一种对现代化城市的认同感、归属感、自豪感与责任感，提高未来城市公民的文明素养，对于增强文化在城市建设中的凝聚力、亲和力，增强城市发展中的文化含量，提升城市的文化资本，是十分必要的。

在形成开放式教育思想的过程中，我深深地认识到一定的社会形态决定着教育形态，社会转型必然要求教育转型。践行开放式教育、培养新型人才作为一种教育认识、一种教育理念，要想有说服力并能指导教育改革实践，必须有它特有的社会背景，必须得到理论的支持。

一、开放式教育的形成

2015 年 5 月，深圳新一届领导班子在第六次党代会上明确了深圳教育发展的定位：开放式城市教育。巧合的是，几十年来我对基础教育的探索性研究，就是围绕"开放"与"城市"两个关键词展开的。它倾注了我所有的教育智慧与教育热情。

（一）勇于实验的开放精神

有一种研究思维我很认可，就是你永远不能脱离一个时代去孤立地研究一个人的成长。

我进入芷江师范学校学习的时候，正是中国历史上的一个特殊转型时期。党的十一届三中全会把党和国家的工作重心转移到社会主义现代化建设上来，中国开始走上改革开放的创新之路。

所有的一切似乎都不是那么美好，经济、文化、社会各方面都待重整旗鼓；所有的一切都又那么美好——在憧憬的未来里，我们将是中坚力量，也将是中国不断前进的见证者。在欣欣向荣的师范校园里，未来知识的传播者们，在如饥似渴地学习知识，准备在祖国建设中大展手脚。

学校里我们这群朝气蓬勃的年轻人，自然最能感受到这样的开放气息。我们开始排练歌剧、舞剧，写剧本，设计服装道具，那种热情和幸福感至今都在记忆里无法抹去。

毕业后，我被分配到农村中学——新坪中学。母亲用一辆平板车把我送到了那里。看着破旧的校门，母亲擦擦眼泪，帮我安顿行李——既来之，则安之。母亲大概是这么想的，我也是。

然而条件的落差，一开始还是让我有些不愿接受的。宿舍是土坯砌成的房子，屋里有一张床、一张桌子、一把椅子。厕所更是可怕，一个大大的坑，需要小心翼翼才不至于掉下去。生活上是所有教师都在学校饭堂里吃饭，当时交多少钱我已忘了。只是教师每天只有两顿饭，上午 8 点半吃一顿，9 点开始上课，下午 4 点半吃一顿，其他时间饿了就扛着。学生大多是从家里带一顿中餐过来，中午是不回家的。也有的家里困难的就饿着，回家才吃晚饭。

我来报到的时候，走了十里路走得筋疲力尽，但当时新坪中学的孩子有走几十里山路来上学的。生活条件的艰苦让生活在城市里的我很吃惊，吃饭就那么两顿。为了让该中考的学生有更多的学习时间，学校安排学生住宿。住哪里呢？晚上把教室的桌椅移开，把铺盖铺到地上，席地而卧，早上再把铺盖收起来，把桌椅摆放好开始上课。

晚自习没有灯，学生从自己家里带来煤油灯，借着微弱的灯光听老师讲解或自己做练习。有的孩子家里穷买不起煤油灯，就跟同学凑合着。那时的人都十分淳朴，大家在一盏一盏的煤油灯下相互取暖。

当你面对这样一群对知识充满渴望、希望通过自己的努力改变自己或者家族命运的孩子时，你的所有失落和不安都会统统消失。在那一刻，我鼓励自己，既然知道自己是优秀的，那在任何环境、任何遭遇下，自己都应该是优秀的。于是，我努力调整自己的情绪，让自己在现有情况下表现得更出色。

那时候，在艰苦的生活条件下，我白天要备课、上课、批作业，只有晚上在一盏微弱的煤油灯的陪伴下，才能细细思考一些问题，比如，我的未来发展规划，新的教学尝试，精进业务水平——

　　提升自己，首先是读书，其次是学习进修。若说我在教育路上始终有一盏明灯指路的话，那就非苏霍姆林斯基的《给教师的建议》莫属了，我至今还保留着这本书。

　　如今翻开这本书，还依稀可见我当时的读书笔记。里面有很多当今还很"先进"的说法，比如，"没有也不可能有抽象的学生""知识——既是目的，也是手段""不要把学习之母变成后娘""阅读是对'学习困难的'学生进行智育的重要手段""要思考，不要死记"，等等。很幸运，我在30多年前就接触到了这些观点。

　　几十年后再回首那个时代，被煤油灯熏染得黑乎乎的墙面，似乎并没有想象般丑陋——大时代的光芒如旭日般慢慢变得亮眼，那种空气中弥漫的无坚不摧的渴望，把困难缩得很小，把梦想扩得很大。像我一样敏锐感受时代召唤的人，分布在各行各业、各个地方。天命之年，再去翻翻那个时代走出来的成功人士的回忆录或其他资料，会发现一个非常有趣的现象：在比煤油灯下的艰苦更艰苦的地方，很多人不约而同开始蠢蠢欲动——

　　柳传志40岁时，在梦想的感召下毅然辞退"一杯水、一根烟、一张报纸看半天"的优越工作，他觉得生活不应该这样，他应该改变。拿着来自中科院的20万元投资，他创建了一家计算机技术公司。

　　27岁的李东生在惠州一个称不上工作间的仓库里，和懂行的人一起录制出一盒磁带。TCL的初啼不那么嘹亮，却催生出一个品牌的辉煌。

　　万科集团创始人王石、开创了中国冰箱时代的潘宁……这些来自不同地方、从事不同工作的人，开始寻求改变，开始在改革开放的宏大构想中，用绵薄之力和最大的勇气践行着一种历史责任。

　　商业的成功、财富的积累，往往更为显性，更能让人们迅速正视这些成就。但是，那个时代的开放思维影响到的绝不是狭隘的某一领域。各行各业中敏锐的先行者们都感受到一种满含斗志的新气象，他们在各自的领域中做出具有开创性的贡献——教育行业也不例外。我不能自诩为先行者，但是如上文所说的那些企业家一样，当时不到20岁的我，也能感受到一种投身到大时代中的激情与喜悦。那种天高任鸟飞的氛围，让你愿意去创造、去改变。

　　而我教育路上的第一次改变，也确确实实要发生了。我决定从中学退回到小学任教，开启一轮为时 8 年（小学 5 年初中 3 年）的教学实验。

在新坪中学教学的过程中，我发现了一个令我非常震惊的事实：学生的作文水平差到无法想象。

当时我才 17 岁，有些学生的年龄和我差不多。我原以为阅历多些，作文起码要好一些，但是等我批改作文时，发现很多学生写出来的作文几乎没有一句话能让人读得通，而且错别字连篇，连小学生都不如。

从我对教育理解的角度来讲，我是不允许这种情况一直存在的，于是我立马着手查找原因，并制定改变现状的教学方案。

首先是教学生观察。在课外书相对缺乏的年代，观察自然、观察生活是最有效的途径。如果说复习是学习之母，那么观察就是思考之母。一个有观察力的学生，绝不会是学业成绩落后或者文理不通的学生。

冬去春来，带领学生走出教室来到田埂，仔细观察周围的事物，看看春天来临时的最初标志是什么。即使最不留心的人也会看出两三种标志，不仅会看还会思考的人就能发现几十种。谁会欣赏大自然的音乐，谁就能听出春天正在觉醒的旋律。之后，我们看果园，看稻田，看自然中的一切……如此引领、教学生们观察和发现，就能让学生从生活中、自然中悟出许多意想不到的哲理性问题。

若干年后，我推崇开放式教学思想，形成开放式教学理念，并获得国家首届教学成果大奖。与此同时，我有了一个大胆的想法：从中学退回小学，在教学上做一个能彻底改变现状的实验。

20 世纪 80 年代初期的小学学制是六年，小学生入学年龄是 6 岁。我暗暗思量，准备带一届学生，从小学一年级一直带到中学毕业。小学学业争取用 5 年的时间完成，中学学业还按常规用 3 年完成。当然，我不是一时兴起来做这件事的，而是有自己的想法和规划的，也对教学实验中将要承受的质疑和压力做好了心理准备。

于是，我开始向教育局提出申请，申请调到小学去。当时全国五讲四美先进个人、湖南省劳动模范、警予学校校长李惠秀，从其他渠道了解了我的一些情况，就主动找我去他们学校，教育局也同意了。

我终于以教师的身份回到了警予学校。我当年读书的六角亭还在，我当年的小学班主任老师还在，我最熟悉的直通河边的校园后门还在，一种久违的亲切感油然而生。

我非常感谢当时的校长李惠秀，她很伟大，同意我做教学实验：用5年的教学时间完成小学6年的任务。那一年我19岁，我还跟校长约法三章：一是在实验的5年时间里我们班不参加县和地区的任何统考；二是我的教案只写在书上，不抄在备课本上；三是实验班的学生每人交10元钱的班费。我同时向校长承诺：一是可以随时走进我的班级听课；二是5年后参加六年级毕业班统考并参与全地区排名（那时六年级怀化地区统考）；三是协助愿意与我同步实验的数学教师共同完成数学教学任务。在当时思想并不开放的年代，校长能同意并支持我做教学实验，是非常不容易的。

我当时的教学理念是什么呢？回过头来仔细想想，在教育生涯的开始阶段，我就是秉持开放思维的。

我和实验班的部分学生

首先，我要求所有的学生都讲普通话。现在看来，这是所有学校对学生的最基本的要求，但在当时，你很难想象我提出这个要求需要承受多大的压力。那时候在很多学校，尤其是在农村学校，老师都是用方言上课的，学生们的交流也几乎全部是方言。当时我的想法是：学生要面对的是未来的社会，要见识的是除家乡之外的更为广阔的世界，所以语言交流问题、普通话教育要放到第一位。几十年过去了，事实也证明了我当初的判断是多么明智！在同届的众多学生中，我所带的实验班学生，因标准的普通话而助力日后人生之路越走越好的，大有人在。

我的学生袁海霞，高中毕业后当兵入伍。一次她得知我回故乡的消息后专程来看我，并满怀激情地讲述她参加演讲比赛的经历。她说："我的人生是从当兵开始的，而改变我在部队整个生涯轨迹的是您当年教我如何写演讲稿、如何当众发言。自从我参加广东省边防总队'三项教育学习'演讲比赛荣获第一名以后，只要部队有演讲比赛，只要我参加我都是第一名。"她还特别强调："张老师，我是真正发自内心感谢您的，可以说，我人生的美好，都是您在溆浦那么小的一个县城里还一直坚持用标准的普通话教学，'逼'我们学普通话、讲普通话造就的。"说着说着她还非要给我一个拥抱以示感激。

据不完全了解，当年在这个由 46 位学生组成的实验班中，有些学生考上了不同行业的公务员，甚至还有很多做了中层以上的干部；有些留学回国后当了企业领导。他们都成了十分优秀的人。我一直认为教师对学生的影响，尤其是班主任教师对学生的影响是潜移默化的。

其次，在小学阶段注重对学生写作功底的训练。其实我很早就理解到一个人的语文能力无非就是能说会写。可能因为我姑姑、父亲都很会写文章，所以我在此方面得到过训练和熏陶，小时候就看他们写，听他们讲怎么写材料。我自己也一直喜欢写东西，四年级的作品就在县里广播台播出——那个时候电视机很少见，大家都是听广播的，播出来后，人家就觉得这个孩子了不得，长大后是要当作家的——我倒没这个想法，但是确实有如何学好语文、如何训练写作的心得。

对这个实验班，我好像很早就有了研究的意识。那个时候读师范学校，没有专门的教育科学研究课，对课题研究也很陌生，但翻开我 30 多年前的笔记本，我发现当年的我就是带着研究的目的去教书育人的。

从学生家长的学历，到每个学生所认识的汉字数，我都记录在案。在我的记录中，有一个学生叫舒梅，认字最多——148 个。当然这个数字对现在的学生而言是小菜一碟了，不过在当时是非常厉害的。我连学生的入园率（上过幼儿园的，当时不是每个孩子都有机会上幼儿园的），到男女人数比例、身高都一一记录。

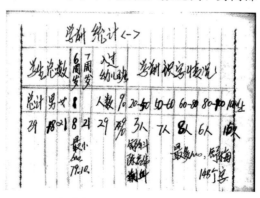

32 年前我做的一个学生学前统计表

　　这个习惯我一直保持着，当校长的 16 年来我从没忘记过让一年级教师对新生进行调查记录，包括对家庭藏书量的记录。

　　翻翻那些年的笔记，最可贵的是我还记录了每个学期学生的阅读量和作文量。从我的记录中可看出当年我对这个实验班学生阅读和写作的要求：三年级的学生每个学期就要完成 24 篇作文——只有量变才有可能引发质变。如此这样，也是希望为他们打下坚实的语文基础。

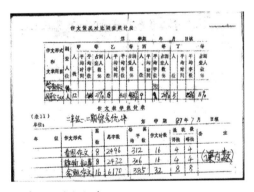

当年实验班学生的一些学习统计数据表

　　我记得当时有一个叫罗焱的学生，上实验班时不到 6 岁，胖乎乎的，甚是可爱，但学习有些偏科，对语文写作很感兴趣，于是我就着重培养他的文学思维。后来他上大学专攻艺术设计，尤其擅长油画。我想，无论从事什么职业，哪怕是一个从事艺术创作的人，如果没有文学基础也是不可能有大作为的。就像西班牙建筑师安东尼奥·高迪，他一生的作品中，有 17 项被西班牙列为国家级文物，有 7 项被联合国教科文组织列为世界文化遗产。这样的成就，离不开他深厚的文学素养和深邃的哲学思考。

最后，在对学生的认识上，我秉承开放的态度。怎么说呢？就像苏霍姆林斯基说的："没有也不可能有抽象的学生。"

学生是各不相同的，比如，让所有刚入学的学生去完成同一种体力劳动——提水，有的提三五桶就筋疲力尽了，而有的却能提上十来桶。如果强迫身体素质差的学生也提十来桶，说不定他们就会躺到医院里去了。其实学生从事脑力劳动的力量也是如此。相信、鼓励学生是一回事，学生到底能否达到完美的目标是另外一回事——不要给学生太大的、超出他承受范围的压力。

我的这些想法和举措，当时我并不自知——现在看来就已经是开放思维的萌芽了。虽然当时我没有提出"开放式教育"的理念，但事实上我已经在践行这个理念了——以开放思维，大胆打通小学和中学的教育，大胆进行语文教学改革以及对"人"的教育的深入思考。为什么后来我能在 27 岁那么年轻的时候，就调到怀化地区去做语文教研员，而且还是湖南省最年轻的地级市教研员？这与我一直研究教学，一直上实验课有关。

回过头再说说我带的那个实验班。我从小学一直把它带到初中，中间的艰辛是无法用语言来描述的，但那种成就感，也是妙不可言的。其实我倡导的开放式教育，我认为首先要开放思维，这是教育勇气的最基本来源；然后要敢于实验，明确目标，并为之付出努力，如此才能一步步实现目标。

（二）开放式教育的时代机遇

后来，我的教育立足点变成了深圳。在这个改革开放的前沿阵地，我的思维模式得到了进一步的完善，开放式教育的理念也日趋清晰成熟。

2003 年 10 月 29 日，深圳市委、市政府做出了加快宝安、龙岗两区城市化进程的决定。2004 年 7 月，深圳市宝安区启动推进城市化计划，迈出了具有历史意义的城市化步伐。从 2004 年 7 月底开始，西乡、福永、沙井、松岗、公明、石岩、龙华、观澜、光明等九个镇进入具体实施阶段，包括撤镇、村委会，改建街道办、社区委员会，清查资产等，深圳由此成为全国首个"无农村城市"。

一时间，农民在深圳消失，随之而来的是"新城市人"问题。有关专家指出，相比深圳特区前几个区的城市化进程，此次宝安、龙岗两区的城市化措施范围更广，渗透更深，改革更彻底，考虑也更全面，更具操作性，特别是充分考虑了村民社保、医疗、教育、就业等切身问题，免除了村民的后顾之忧。

尽管如此，对我们这些在深圳从事基础教育工作的人来说，学校城市化任务更加艰巨。一方面，深圳城市化的巨大社会进步与发展使我们感到高兴和振奋；另一方面，我们也因为看到这些在一夜间变为新市民的农村人和大量城市外来民工们普遍存在着"城市是城市人的城市，不是乡下人的城市"的心理，深深感到宝安区原有农村学校向城市化转型的重大责任。

深圳市政府早已把有计划、有目的地大面积提升深圳市人的文化素质，列入城市发展的议事日程。2004 年 10 月，深圳市文明办联同市社会科学院就开展了一项具有开创性的城市文明测评体系研究课题。在充分研究和吸纳国际相近的评价体系，如联合国有关人类发展指标、社会发展指标，美国、日本、印度等有关社会发展评价指标和《全国文明城市测评体系》的基础上，制定了一套深圳市文明评价体系。它的文明指数参考了 100 位专家的意见，并根据 1000 名市民对 117 项预选文明指标的慎重选取，基本上体现了科学与民意的统一。比如，它的"关爱指数、幸福指数、人文指数、安全指数、诚信指数、环境指数、廉洁指数"被确定为 7 个一级指标。该评价体系既符合深圳市的实际，又符合国家测评体系，且与国际标准相符。

2005 年 4 月 29 日，深圳市政府向社会公布了这套"城市文明指数"，成为国内第一个独立发布文明指数的城市。人们常说，深圳是一座新型的移民城市，深圳人作为城市真正的建设者，对这座一砖一瓦建设起来的新型城市，有着比别的城市居民更强烈的家园意识和归属感。这种"家"的感觉让深圳人对文明有了自觉的群体性追求：自发地关爱他人，关注这个城市发生的一切，自觉地保护自然环境，维护生活秩序，培养社会公德，提高自身素质。2005 年，深圳市用这套评价体系对 2000—2003 年全市文明状况进行了测评，其结果令人振奋：4 年来深圳市的文明指数年均递增率为 9.04％。这一结果表明，深圳市文明指数年增长率远高于近 100 年来的世界平均水平（1.5％），创造了世界文明发展史上的奇迹。

（三）开放式教育的文化基础

宝安历史文化源远流长。宝安县设于东晋咸和六年（331 年），范围包括今深圳市、香港特别行政区、东莞市部分地区等地区，这是在深圳地区设立郡、县级行政机构的开始，也是深圳城市历史的开端，后来在改革开放发展的进程中不断被分出，如今已成为深圳市的八大区之一。宝安区作为深圳市重要的工业基地和西部前海发展中心，持续、快速、健康的经济发展，为深圳现代城市化建设和教育事业发展提供了良好的基础。

20世纪90年代，宝安凭借区位优势吸引了大批优秀人才。但是进入21世纪以后，面对全区教师总量已逾三万人的庞大基数，单纯地靠引进人才，已经解决不了本土教师长远发展和深层次需求的问题，更不能适应全面实施素质教育的要求。为此，宝安区先后提出了"教育转型""理念更新""人才高地""建队提升"等口号，为我们创立开放式教育、建设现代化城市学校提供了很好的平台。

一座城市的文明素质，决定它的文化含量和财富。一座城市中人的文化素养，反映着它的教育水平与质量，体现着它的文化品位和文化生态。教育是文化建设的基础，培养什么样的人，决定着城市的发展。深圳是经济发达的城市，大力提升现代城市人的文化素养，既是城市文化建设的重要内容，也是基础教育的艰巨任务。

二、开放式教育的基本内涵

开放式教育是以人为本的教育，是科学发展的教育，是与时俱进的教育。它强调的开放是相对封闭而言的。学校教育是一个开放的系统，不应该也不可能在完全封闭的状态中寻求自我发展。

开放式教育的基本要义是向四面八方打开，建立起各种有效联系、沟通和协调统筹机制，进行立体式教育，让学生在良好的状态中健康成长。核心是建构复杂性思维范式，宗旨是解放儿童的心灵。具体表现为教育管理科学化、教育功能纵深化、教育方式个性化、教育空间立体化、教育渠道多样化、教育技术弹性化、教育评价全面化、师生关系民主化、学校环境多元化。

开放式教育的基本内涵表现在以下几个方面。

（一）"真人"的教育

人不是一个"物"，是一个生活者，而生活是有精神、有目的和有价值的创造过程。开放式教育实际上是把学生当作真正的人的教育，承认他们是一个鲜活的生命体，不是把他们当作"物"来处理。

我们可以想象，如果教育把人作为"物"来处理，这种教育就表现出典型的霸权意志。它可以把人当作一个必须要打造的铁器，一个必须要制造的部件；它可以把人的本性的不完美作为严重的个人缺陷，对人进行残酷的惩罚；它可以用编造的谎言和虚假的知识欺骗、压制人的理性；它可以任意地像处置一件"物"一样地处置人。总之，这样的教育违背了精神的自由特性。为了消除这种不和谐的教育现象，我们关注学生的全面发展，确立了新课改的三维课程目标，除了传授知识和能力外，"过程与方法""情感、态度与价值观"成为课程的重要目标。

我们坚持"以学生发展为本"的课程理念，把学校教育的价值观聚集到为每一个学生的"四个学会"和自主发展能力的培养上。我们鼓励学生合作与交往，重视师生之间、生生之间、教师与教师之间的多向互动、合作交流，从而呈现出良好的课堂生态和课程文化，而不是把学生当作工具、当作"物"来处理，否则，人就失去人之为人的自然法则，人就非人了。

（二）张扬个性的教育

目前，促进教育的个性化已成为当今世界教育发展的一个主要趋势。一般说来，工业时代的特征是共性化、统一化，而信息时代的特征是多样化、个性化。个性既具有个体的独特性，又是人的共同性与差异性在每一个体身上的具体统一。发展个性，就是要在共同性的基础上，充分表现出差异性，从而使每个人都具有自主性和独特性，实现生命的个体价值和社

我指挥全体师生高唱由我作词的校歌

会价值。《学会生存——教育世界的今天和明天》指出，应当培养人的自我生存能力，促进人的个性全面和谐发展，并把它作为当代教育的基本宗旨。因此，教育要注重充分发挥、促进人的个性发展；同时，也要尊重儿童个体发展的差异性，鼓励个人天赋与个性特长得到充分发展。

（三）教师发展的教育

俄国教育家乌申斯基这样描述教师的价值："教师是克服人类无知和恶习的大机构中的一个活跃而积极的成员，是过去历史所有高尚而伟大的人物跟新一代人之间的中介人，是那些争取真理和幸福的人的神圣遗训的保存者……是过去和未来之间的一个活的环节。"

教师是教育的根本，教师是学校办学的主体。开放式教育强调教师在实现教育开放的过程中担任着重要的角色，只有教师主动发展了、自觉开放了，才能促进学生的主动发展和全面开放。每一名教师都应该具备高尚的师德、开放的人格、过硬的业务和精湛的教育教学艺术，成为学生接受开放式教育的榜样。

实施开放式教育，既要着重改善教师的物质待遇，以解除生活的后顾之忧，又要引导教师不断转变教育观念，改变传统封闭的教学方法，掌握现代教育技术手段，进行开放式教学，强调学科打通，注重教学向生活、向自然、向社会开放与融合，提高教育教学质量。开放的学校会给教师提供更多的培训、进修、交流、分享以及展示自我的机会，大力支持和倡导教师的校本教研和课题研究，使更多的教师由经验型转变为反思型、研究型、开放型，促进教师的专业发展，丰富教师的精神世界，提升教师的生活品质。

（四）自主选择的教育

可以说没有学生主体的自主选择，就没有开放式教育，也就没有学生的发展。学生不是接受人类间接经验的容器，而教育是服务于学生未来发展的事业。这必然要求学校为学生提供多元的、开放的知识世界，让学习主体能进行自主选择式的开放学习。

我们着力于优化学生的学习环境，通过外部客观文化的影响，让学生的学习内容适度超前，通过在自主选择习得能力中获得生动发展，并体验到学习的快乐。开放教育为学生创造多元的信息渠道，允许自主选择多元化、个性化，使自己进入积极主动的学习状态中，在增加知识积累的同时提升综合能力。

（五）激扬生命的教育

教育是让人更有尊严地生存和发展，而不是对学生的严加管束和严厉评价。如果我们的教育，伴随着强制和压迫，伴随着痛苦和恐惧，伴随着体罚和叱责，伴随着灌输和愚弄，就是与精神、与情感、与创造无关的教育，教育就失去了鲜活的生命。

开放式教育始终处在开放状态，它使教育是活跃的，教学是活跃的。开放式教育环境的构建，让人更有信心、更有能力面向未来。我们所探索的一切有效的学习组织方式和激励方式，是为让学生充满信心和希望来面对明天，走向未来。在开放式教育改革实践中，我们所探索的综合性学习、开放式评价等教育举措，都是以激扬人的生命发展为目的的。

我荣获"十大母亲形象大使"称号

开放式教育教学意味着在教学过程中，每一节课都有故事；每一次的"下课铃响了"，不是结束而恰恰是开始，是求知长智的开始。这是"月月清、日日清、堂堂清"无法想象的教学境界。因为它是鲜活的教育，不是士兵训练营。

（六）开放式教师的特征

开放式教育有助于教师不断挑战自我、超越自我，增强探索信心和研究意识，学会行动方法，打开心胸情怀，形成学校的学习共同体、研究共同体、合作共同体。在开放式的教育实践中，教师独有的开放特征表现为无形的教育力量。

1. 有思想智慧

思想是一切教育活动的方向标。思想要是不对，一切教育活动都是徒劳。有思想的教师能对教育教学进行独立思考、独立判断、独立研究，有自己独特的教育追求和教育理想，不会人云亦云，不会随波逐流，不会淹没在物欲横流的社会浪潮中，会努力把学生培养成具有国际视野的现代城市人。智慧是每个人安身立命、直面生活的一种品质、一种状态、一种境界，是教师的一种生活之道。有智慧的教师能展现教育的最佳品质、最好状态、最高境界；有智慧的教师能拥有充分发挥能动性的自由度，能应对瞬息万变的世界，能真正做到游刃有余、指点有方、循序渐进、触类旁通，使教育教学散发出磁性和魅力，达到以灵性启迪悟性的极致境界。

2. 有创新激情

创新就是勇于突破传统的束缚，在因循守旧中改变自我，跨越生命中的障碍。教师只有坚持创新才不会被不断变化的环境抛弃，只有坚持创新才能形成自己独有的风格，才能脱颖而出。选择当教师就选择了一种平凡而有激情的生命状态。激情在某种意义上表现的是一种热情、真情和豪情，体现的是一种积极进取的精神、一种乐观向上的态度、一种高度负责的行为。

3. 有人格胸怀

我理解的开放式人格说到底就是"爱"的人格。没有博大的爱做底色，教师就不可能有包容心、同理心，也就不可能具有开放的胸怀、开放的思维和开放的精神世界。

饱含"爱"的开放式人格主要来自三个方面。

第一，爱课堂。爱课堂不是狭隘的爱，而是对课堂生活的爱。它应体现在追求美好的有情趣的生活方式和对学生精神世界的守望和提升方面，在现实的基础上，为学生精神的成长筑起希望之路，让自己的生命价值在课堂上闪光。

第二，爱儿童。对儿童的爱不是一种给予，而是一种有智慧的、有能力的爱。它不是占有，不是另有所图，而是对真、善、美的共同追求；它不是追求更多的福利，而是追求精神的守望和超越；它不是一种外在的行为，而是发自内心的追求。当爱的雨露从行动中流出，滋润着每一颗心灵的时候，教师自己也获得了爱意的眷顾，实现了生命的价值，构建起与儿童一起学习的生命共同体。

第三，爱读书。读书是教师不可或缺的生活方式。每年精读几本一流的书，汇总、消化、整合一些一流的思想，在经典里寻找精神支撑，构建精神高地，应当成为一个教师终身的习惯。

我向曹文轩大师请教读书经验

（七）培育学生的开放思维

开放式教育就是从封闭走向全方位的开放、整合和重构的过程，就是要打破封闭的教育模式，从根本上解除一本教材、一个大纲、一间教室、一位教师、一个教条、一种教案、一块黑板、一支粉笔的单一模式，以培养学生的能力为重点，教会学生学习方法和科学的方法论，培养学生独立的思维能力，把培养学生的特性和个性作为教育的首选，使课堂和书本不再是获取知识和能力的唯一渠道。

1. 创新性思维

1996 年，国际 21 世纪教育委员会提交给联合国教科文组织的报告《教育——财富蕴藏其中》中指出，教育的任务是毫无例外地使所有人的创造才能、创造潜能都能结出丰硕的果实。裴斯泰洛齐也强调，教育的主要任务不是积累知识，而是发展思维。

陶行知先生曾说，人人是创造之人，天天是创造之时，处处是创造之地。创新思维能力是人类普遍具有的能力。一切创造性活动，都源于创新性思维。创新性思维虽然是一种复杂的、高级的心智活动，但绝不是神秘莫测、高不可攀、仅属少数天才人物的专利。

2. 开放性思维

如何培养学生的开放性思维，提升其思维的品质呢？刘勰在《文心雕龙·总术》中说："才之能通，必资晓术。"可见，要想使才思通达，立意深刻而新颖，除了让学生通晓立意的技巧与方法外，重要的是教师要下大力气培养学生敏锐的感受力、细致的观察力、丰富的想象力，提高学生的思维水平。

思维的开放性还体现在让学生思维解除禁锢和定式，而不是局限于某一种固定的形式和范围中，让学生始终处于思维激活的状态，使其能在新知识与已有的知识、生活经验之间进行自由变通，并不断产生新的思维火花。

激活形象思维。所谓形象思维，就是指提到任何一种事物，学生的脑海中就相应地浮现出一幅幅实物或生活情境的画面，并用这些画面形象地反映客观事物的内在本质或规律的思维活动。

启发相似联想。相似联想是以事物之间在结构、形状、色彩、声音、神貌等方面的相似之处为基础，从这一事物联想和迁移到另一事物的一种思维方式。

放飞遐思想象。遐思想象思维，是让思想"飞"出去的方法，就是指通过想象创造出现实生活中并非实有，而在情理中必然存在的生活图画的思维方式。用这种思维构思，学生会在心理上蒙上一层奇幻想象的浪漫色彩，就会不由自主地想调集一切生活素材、信息积累去构筑一个他们自己心目中的神秘世界。遐思想象可以通过思维的类比、分析等其他形式产生出一系列意象。

丰富假设想象。假设想象，是想象的一种，就是指假设一种特定的条件或背景，利用想象描绘出在这种前提下所产生的情景和故事的思维方式。

3. 独创性思维

相对于常规思维来说，思维的独创性是指根据已有的条件产生新的、非凡的思想的能力，表现为产生新奇、罕见、首创的观念和成就。

逆向思维，是相对于正向或顺向思维来说的。傅世侠在《科学创造方法论》中说："一切与原有的思路相反的思考，都叫作逆向思维。逆向思维指的是反向求索，或称反向法。"逆向思维不按照事物原来的逻辑顺序思考，而是从与之相反的方向思考问题，充满了辩证之思，能从正反、好坏、褒贬、益损等方面去表现事物的特征，使人明白更多的道理。

求异思维，是提出与普通的、平常的观点相异的观点的思维方式。这个"异"，是由衡量事物的标准不同，或看待事物的观察点不同得来的，是在众多的思维路径和结果中，另辟蹊径，克服从众性，保持独立性，具有与众不同的特点的思维。

发散思维，又称辐射思维、扩散思维，是对同一问题从不同层次、不同角度、不同方面进行思索，从而求得多种不同甚至奇异的答案的思维方式。它能开阔思路，冲破思维定式的束缚，从各个方向想出许多新奇、独特的办法。然而，只有把发散思维与聚合思维辩证地统一起来，当作一种思维方式的不可分割的两方面，才能真正发挥它的作用，因为聚合思维能将各种办法、方案加以分析、比较，为创新选择方向。

4. 敏锐性思维

思维的敏锐性是指学生对客观事物感知、捕捉的速度快，容易接受新现象、发现新问题，有留心观察周围事物的习惯，珍视个人的独特感受，能够有意识地积累生活的素材。

当然，在教育教学过程中，教师还要有意识地培养学生的多元思维、挑战性与批判性思维，使学生成为开放式教育真正的参与者、创造者。

三、开放式德育：四种核心行动开展育人活动

开放使教育在景仰、吸纳人类共同文化、科技与物质财富的基础上，给无助的心灵带来希望，给幼稚的双手带来力量。应该说，没有开放，就没有师生自由、自信、自省、自察的精神世界。我们倡导的开放式教育包括开放式观念、开放式管理、开放式课程、开放式教学、开放式手段、开放式评价、开放式文化，而开放式德育是我们落实育人为先的重要途径。我们将其演绎成天天向善、亲子城堡、校园八节、国学教育等开放式育人行动。

（一）天天向善：全程开放学做人

我们借助深圳市首个"慈善文化进校园"试点学校的平台，引导学生从小事做起，从自身做起，做一个有德行、懂感恩、乐助人的人，并由德育处、少先队总体设计落实师生"日行七善，天天向善"的教育活动，使其贯穿全程。

颜善：每天和颜悦色，用微笑与同伴相处；每日勤洗澡勤换衣，衣着朴素整洁，头发、脸面、脖颈清洁，指甲干净无污垢，时刻保持面洁口净。

言善：讲文明话，说普通话，对他人多说鼓励的话、安慰的话、称赞的话、谦让的话、温柔的话；礼貌用语挂嘴边，如"请、您、您好、谢谢、对不起、没关系、再见"等；遵守秩序，轻声交谈，不打扰他人；同学之间交往不说粗话、脏话，不骂人，不给同学取难听的绰号，不随便对人发脾气，要谈论健康、有趣、有意义的话题；见到师长、客人能主动问好。

眼善：以善意友好的眼光去看待别人；见到别人有需要能给予力所能及的帮助，如公交车上主动让座、拾金不昧等；同时，掌握正确的形体姿态，保持正确的读书、写字姿势，形成良好的坐、立、行的行为，从小养成保护视力的好习惯。

心善：敞开心扉，对人诚恳；心想好人、好事、好处；懂得称呼长辈，懂得爱护弱小；每逢吃饭入座必须让长辈先入座，主动为长辈添饭；到家必须先向家长报平安，每逢出门必须要告知家里的长辈，并说再见；外出玩耍、办事必须告知地点、时间和同伴，迟归时必须及时告知原因，不让家长担心。

身善：树立"健康第一"的思想，善待自己的身体，不进网吧，不读不健康书刊，不抽烟喝酒，不赌博；爱好一项体育运动，行走身姿端庄，有健康的身体、良好的体魄；以善良的行动去影响别人，比如，拣起纸屑、摆齐桌椅、参加公益活动，等等；升国旗、奏唱国歌时自觉肃立；学会正确行队礼、唱国歌；做操、集会时做到静齐快；课堂上能坐得正、站得直，回答问题声音响亮，落落大方。

食善：不挑食，不偏食，不把零食带入学校，不攀比吃穿，不剩饭菜，不浪费水。懂得餐桌上的基本礼仪，安静文明就餐。

物善：保持家里及校园环境整洁；取用物品归还原处；爱护公物，不在课桌椅、墙壁等处乱涂乱画；不伤害树木，不践踏草坪，不随地吐痰，不乱扔垃圾，见到垃圾纸屑能主动捡拾；节约水电，能主动关闭滴水龙头；文明如厕，保持厕所、洗手台、地面等干燥清洁；物品循环利用，珍惜使用。

"天天向善"，细致入微，贴近生活。孩子们认领了校内"校长小助理志愿岗"，包括礼仪长廊、开放书吧、仪容示范、校园十景、两操卫生都由各班学生负责日常管理。在一次次岗位实践中，学生懂得了奉献、关爱、负责。

（二）亲子城堡：全员开放感化人

我多年倡导并践行的开放式教育，其中一个重要途径是教师要开放学校教育平台，扩大学校教育的社会再造功能，怀着一种可贵的社会责任感、使命感提升家长素养。"亲子城堡"应运而生，利用学校"洲际视野"讲堂，引导家长陪伴孩子一起成长，构筑起学校、家庭、社会三位一体的开放多元的发展模式。

亲子城堡"周末有约"。亲子城堡的活动立足于家庭的需要、家长的需求，挖掘各种资源力量，开展"周末有约"等丰富多彩的家庭教育趣味活动。如"我爱我家""小小理财家""学习雷锋好榜样""六一亲子同欢乐""你行我行他也行""亲子体育比赛"等一系列亲子城堡活动的展开，有计划，有目的，有效果。亲子城堡社会实践系列活动包括家校开放日、家庭读书节、亲子游戏日、休闲考察采风等活动的设计指导及实施。这些活动通过"亲子城堡德育小报"等提供家校间沟通与分享的时空，使教师、家长和学生三方敞开心扉、互相激励、共同学习、共同成长。

亲子城堡"作业菜单"。每逢节假日，学校亲子城堡帮家长精心准备亲子同乐的开放式学习、作业菜单。如"10月1日主旋律，爱国主义教育，鼓励家长带孩子在电视电影中感受国庆氛围……10月7日收心课，推荐家长和孩子共读一本书"。针对每个不同的节假日布置形式多样的开放式"爱心作业"——我为家庭服务一天等，"情趣作业"——花艺剪纸等，"健身作业"——走绿道活动等，"艺术作业"——"唱支儿歌给父母听"等，深受家长和孩子们的喜爱。

亲子城堡"课程开放"。学校践行"让智慧做主人生"的办学理念。为提高家长科学的育人能力，我每学期为家长们做"理想的家庭教育""我的家庭教育观""如何引导孩子课外阅读"等专题报告，让家长站在为未来社会培养后代、培养人才的高度，接受系统的教育培训，让家长脑中有智慧，手上有方法，心中有自信。为进一步研究家教中的热点和难点问题，将家长点滴、零散的教子经验系统化、科学化，减少家教的随意性和盲目性，学校编写了《传统节日与文化》《古诗80首欣赏》《给家长的100条建议》《礼仪教育读本》等校本教材，免费赠送给家长学习交流，其目的是将育子愿望化为具体目标与行动。我们还鼓励有爱好专长的家长参与学校课程开发，如摄影、编织、舞台设计等课程的开发。目前学校开发的48门开放式"配方课程"中，家长开发授课的就有手工编织、拉丁舞、书法、中国象棋、厨艺等，极大满足了不同学生的课程要求。各个班级所有的墙报、专栏、装饰都有家长参与布置设计，并贡献自己的作品。越来越多的家长自愿加入学校家长义工队、讲师团、家委会等组织并无偿服务。

亲子城堡"情感培育"。我们每次的家长培训，都洋溢着浓浓的亲情。祝福卡片、《感恩的心》MV、手语演唱……让家长们走进孩子们的成长记忆。"每周一歌"等经典视频，更是让家长看到了孩子的祝福与感恩。学校每学期都策划组织"衣加衣送温暖""跳蚤市场爱心义卖"等爱心活动，教师、家长、学生纷纷响应。学校还积极参加宝安区慈善文化进校园的实验学校建设，培育家长、学生、老师爱的能力与情感。"种盆小花送妈妈""我为妈妈做靓装"激发孩子们对植物、对自然、对科学的兴趣。各班进行的爱心日记评选更是引导孩子学会爱，珍藏美好的体验。"把爱种在心里""我为妈妈做服装""你真逗"等实践活动被《深圳青少年报》头版专题报道。

（三）校园八节：全能开放发展人

校园八节是我们学校发展学生综合素养的大舞台，是实现我们培养"有德行、有智慧、有情趣、有气质"的文明都市人的重要方式。学校开办之初，我就提出开展校园八节的活动。当时，不少中层干部和教师提出异议，一是担心每月一节，无形中增加教师的工作量；二是忧虑每月过节，是否影响孩子学习；三是质疑每月一节能否坚持下去。事实证明，校园八节不仅提高了学生的学习兴趣和品质，更好地提升了深圳市提出的学生"八大素养"，即品德素养、身心素养、学习素养、创新素养、国际素养、审美素养、信息素养和生活素养。教师也在每节中充分发挥了教书以外的兴趣、爱好、特长。

阳春3月"踏青节"——培育生活素养。学校结合"三八国际妇女节"开展"走进青青世界""种盆植物献妈妈""我为妈妈做靓装""最美妈妈我装扮""环保时装秀""跳蚤市场爱心义卖"等系列感恩环保活动，让孩子们在大自然的宁静与生机中聆听生命拔节的声音，学会"节约、环保、文明、感恩"。学校组织的"我当校长小助理"走进社区、走进凤凰山、走进西乡客运站、走进污水处理厂、走进福利院慰问演出，服务他人，提升自我。

活力4月"健美节"——培育身心素养。学校进行统一的广播操、特色健美操、亲子运动会比赛。教师开展广场舞、太极表演等系列健身活动，以此推动阳光体育，感受健美乐趣。德育处还组织部分教师走进社区、走进企业，利用"党代表工作室"等平台，开展心理健康教育。学校"洲际视野"讲堂还邀请知名教育专家进行"生命、生存、生活"的"三生教育"，让学校"蒙以养正、文明以健"的校训落到实处。我们的"雏鹰健美操"队连续两年获得全国健美操比赛冠军。

梦幻5月"超人节"——培育信息素养。我们正处在一个信息开放多元的时代，如何获取、筛选、分辨有价值的信息是一种必备的能力。我们的"超人节"，不仅举办纸飞机比赛、纸船载重比赛、小小建筑师、机器人科学营、科普图书作品展、科学观察小论文等活动，提高孩子们的科普水平、思维和动手能力，还在学校的"牛顿空间""天才摇篮""信息港"等功能室开展网络作文、电脑绘画、科学小论文等比赛活动，为孩子们的梦想插上了信息科技的翅膀。我们在机器人比赛中连续获得广东省冠军，并在台湾地区参加东南亚比赛获得第一名。学校还被评为深圳市"创客优秀基地"。

炫丽6月"秀秀节"——培育审美素养。6月是我们学校最美丽最热闹的时候。你可以在我们的"天籁之声"聆听到"坪洲好声音"，师生们一首首美妙的歌曲悦耳动人；你可以在我们的"舞动平台"欣赏到孩子们的现代拉丁舞、传统民族舞、高雅芭蕾舞等；你可以在我们的"金色大厅"看到管弦乐队、手风琴、尤克里里、电声乐队等表演；你还可以在我们的"纸舞空间"和孩子们一起剪纸、插花，真是美不胜收；你还可以来到"水墨丹青""五彩画廊"看楷书、隶书、行草等各种书法，看孩子们惟妙惟肖的泥塑和表现各种节日的美术绘本。"校园达人秀""校园器乐赛"等系列活动，让孩子们秀出了情趣，秀出了儒雅，秀出了风度，秀出了气质，更秀出了审美素养。

优雅9月"雏鹰节"——培育品德素养。每年9月是新生入校、学生升级的日子，"学习礼仪规范，彰显蒙以养正"成了这个节日的主旋律。9月1日我们进行新生"朱砂启智""拜孔仪式"的开学礼，启动"三礼"（礼仪、礼节、礼貌）系列教育活动，从启蒙教育阶段就采用正确的方法培养人走正道、做正人君子。借助教师节，倡导尊师，践行"养正"教育，展示"走出校门，不忘我是坪洲人"的积极向上的精神风貌。

智慧10月"观察节"——培育思辨素养。在"观察中发现，在发现中思考，在

我（右二）登台扮"穆桂英"

思考中决策"是我一贯的主张。"观察节"中我们重点进行课堂观察和校园观察。通过观察教师的教学方式和学生的学习方式，建设"开放、智慧、有效"的课堂，切实促进教学目标、教学内容、教学过程、教学空间等的开放。我们引导教师用开放的思维反观自己的课堂：我今天开放了吗？怎样开放的？有没有体现开放式教学的学科间融合？我们引导学生观察校园的竹节园、兰馨园、桂香园，认识校园不同植物的生长季节、特点及用途，并在校园实践基地种菜、酿葡萄酒……指导学生观察校园"八卦图"，初步了解《易经》的基本知识，知晓我们的校训来源于《易经》的"蒙卦"和"同人卦"，认识八卦代表八种自然现象，即天、地、雷、水、山、风、火、泽。从校园"八卦图"中，知道"雷"是"震"卦，也代表学校的正东方。我还给师生做培训，用图形让大家初步了解八卦与五行的关系，懂得《易经》是中华文化的宝库，是古人智慧的集合。

魅力11月"悦读节"——培育学习素养。"沐浴书香，快乐成长"是我们悦读节的口号，"与经典为友，与大师对话"是我们悦读节的主题。"捐一本自己喜爱的书""讲一个书中的感人故事""演一场经典诵读""写一篇读书体会""编一张读书手抄报""画一幅绘本作品""评一批悦读之星"……系列悦读活动，让孩子们在开放的阅读中感受学习的快乐，让缕缕书香弥漫校园上空。教师"读书联合会""读书沙龙""读书分享""读书的教师最美"专场晚会、"生日送书"等活动已塑造成学校文化品牌。2012年10月，学校以最高分被评为深圳市"书香校园"；2015年4月，学校被评为深圳市十大社区"优秀领读者"单位。

　　缤纷 12 月"狂欢节"——培育国际素养。圣诞节那天，全校近两千名师生头戴学生用废旧材料制作的富有个性、多彩、漂亮的圣诞帽，校园一片欢乐的节日气氛。学生们表演英语话剧、英语情景剧，演唱英文歌曲；小画家用画笔描绘圣诞节的喜庆；小书法家现场写下圣诞的对联；小摄影家用相机拍下同学、老师和家长美丽的倩影……十二月每天播放英文歌，每日说一句英语名言、格言。学校"英语村"每天对学生开放。学生在"英语超市"的咖啡一角跟外籍教师进行英语交流，在英文吧台接待"来宾"，用学校奖励的"购物券"在"阅览区"购买英文图书，在"小超市"购买新鲜食品，在"服饰间"购买琳琅满目的外国衣物，在"礼品店"选择各式各样的各国有意义、有特征的小饰品……

（四）国学教育：全力开放熏陶人

　　小学正是儿童成长的初级阶段，也是系统接受文化的开始。自古以来，人们非常注重儿童的蒙学教育。我们将"蒙以养正"作为校训，就是强调这种先入为主的文化，对于人的一生好比是绘画打底色，建房铺基石。人的正直、正气、正义、正心、正言之德行，心性、品德、涵养、人格、胸怀之内质的养成，在很大程度上主要依赖于儿童对原始文化的接触与吸纳。

　　我们是广东省第一批科研课题"中国入世（WTO）与国学教育"研究的课题单位，也是深圳市宝安区国学教育实验学校。我们以"'国学风雅颂'教育行动"为抓手，大力开展国学教育，并尝试创造性地开放以适应现代教育发展的要求。

　　第一，编写校本教材。为了让孩子们从小就接触传统文化的经典，保证经典诵读活动的有效开展，我们积极开展国学教育校本教材建设，本着"积极健康、育德养性、丰富知识、陶冶心智、涵养儒雅"的原则，精选历代名人名句，编写了《国学风雅颂·坪洲365》校本教材。教材按照汉语拼音声母顺序进行编辑，所选内容主要是经史子集和古代名家诗词中脍炙人口的佳句，易于诵读，便于意会，虽言语简练，但蕴含丰富。例如，写景状物者，究之则自有哲理；格言俗语者，悟之可受益终身。经典孕育人格，人文化成精神。儿童习与性长，化与心成，诵读佳句，必有嘉言懿行。我们还将该教材制作成横幅，镶嵌于学校的 365 级台阶上。师生每天目见之，口诵之，心记之，体行之，耳濡目染，融会贯通。除此，我们还陆续编写了国学教育校本教材《正蒙宝典》《百草韵》《古诗词八十首》。《正蒙宝典》主要收集《三字经》《百家姓》《千字文》《弟子规》《名贤集》等内容。《古诗词八十首》还配有文质优美的散文解读。

我给学生讲解中医教材《百草韵》中的知识

第二，探索诵读策略。（1）确立三层目标。我们确立了不同的学生诵读的开放式目标：一是丰富知识，让心灵充实；二是规范行为，让心灵快乐；三是弘扬精神，让心灵强大。（2）规定三级梯队。我们结合学生年龄特点，遵循学生身心发展规律，划分了三级梯队，分阶段推进国学教育：一二年级为第一梯队，诵读表现中华传统美德的童谣、儿歌、启蒙读物，国学发蒙，立身养性；三四年级为第二梯队，诵读古诗经典，练习书画，弘扬中华精神，立命养志；五六年级为第三梯队，诵读经典古诗文，知行结合，塑造儒雅风度。（3）三个结合。一是国学教育与各个学科教育有机结合；二是国学教育与校本培训有机结合；三是国学教育与家庭教育有机结合。

第三，落实三项措施。根据学校实际，我们采取了三项具体措施将国学教育不断推向深入。

（1）普及。每天下午第一节课课前的20分钟（14：10—14：30），是全校学生经典诵读的时间。诵读内容主要是《国学风雅颂·坪洲365》《三字经》《百家姓》《千字文》《弟子规》《名贤集》和古诗词。学校每一学期对不同年级的经典诵读有不同要求，学期末抽查考评。目前，六年级学生基本都能背诵《三字经》《弟子规》《小学生古诗80首》等传统经典诗文，有的班级学生还诵读了《论语》。学生通过经典诵读，逐步达到从识之、背之、会之直至化之、用之的目的。

（2）提高。学校成立了"国学兴趣班"，为满足那些有一定文化功底、国学基础好、学力强的学生需求，打造国学教育品牌。四年来，它不仅帮助学生增加识字量，提高语文学习的兴趣，而且有助于审美从善，完善人格。

（3）实验。我们在一、二、三年级分别确定了一个"国学教育实验班"，要求实验教师认真做好三项工作：一，树立科研意识，建立学生的国学档案；二，科学制订计划，每周用一节语文课时间开展国学教育实践；三，加强学习，探索国学教育的课堂教学模式。

第四，建设国学文化长廊。中华传统文化博大精深，几千年的文化精髓发散在"经史子集"之中，其中以儒家文化为核心的"经"——那恒常不变的中华精神，更是熔铸在了每一个中国人的血液中。让优秀传统文化得以传承，是每一个教育者义不容辞的责任。

国学文化长廊是我们根据学校开展国学教育的需要，精心设计建设的。这一开放式教育的基地，更重视优秀传统文化的潜移默化作用，彰显"正"文化，引领学生做一个堂堂正正的中国人。步入校园，绕过咏壁，向右穿行，即见国学长廊中摘录的《论语》经典语录和《道德经》经典名言，如"学而时习之""学而不思则罔，思而不学则殆"等镌刻于石上赫然醒目。它是在告诫学子在学习上要做到"默而知之，学而不厌"；做人要"言而有信""温良恭俭让"，养谦谦君子之气；做事宜"千里之行，始于足下"，需"吾日三省吾身""恭近于礼"才可"远耻辱也"。

走在国学文化长廊上，领略文化五千年——琴棋书画，人生四韵，翰墨启心智，经典养儒雅；唐诗宋词，诸子百家，诗书明礼义，国学开胸襟。古老陶艺，万象思维，土与火的艺术，闪着原始的灵光；中华武术，源远流长，精气神的魅力，透着气贯长虹的力量……真不亚于一次文化之旅。

国学长廊前，有石桌、石凳掩映在绿树红花之中。总有学子，三五成群，照壁诵读，默记于心，落实于行，走出校门，也不曾忘记要成为好学、谦逊、端正的坪洲学子！

校园"文化街"的墙面上还挂满了京剧脸谱、剪纸"十二生肖"人物造型、秦汉时代文化雕刻等具有浓厚传统文化色彩的饰品。新建成的"茶艺馆""泥塑陶艺室""书画天地"分布在这条"街"上，设计新颖，独具个性，把传统文化和现代文明进行了完美结合。主题雕塑"孔子"巍然屹立在"智慧园"正中，假山回廊下摆布着青石石台，石台上雕刻着"楚河汉界"棋谱……这既是学生参加国学教育活动的重要场所，又是全校师生展示国学教育成果的地方。漫步其间，曲径通幽，让人感受到一种"琴箫同天籁协奏，翰墨与兰桂齐馨"的美妙。

全力开放国学启蒙，擦亮生命的底色，或许是一条真正实施素质教育、不断推进创新教育、弘扬和培育民族精神的突破口。

学生给来校参观的领导讲解后天八卦图的知识

第五，后天八卦图耳濡目染。后天八卦图位于坪洲小学正心楼前方庭院西侧，其四周有日晷、立体地形地貌雕塑、地动仪等景观环绕，与葱郁繁茂的凤凰树比邻。阵图外圆由土黄色光滑瓷砖铺就，八个黑砖砌成的卦象与自然方位对应，分踞八角，立于圆体之上；内圆由黑白两色构成"阴阳鱼"太极图。远观壮阔大气，近看幽然肃穆，来者无不缓步正目。

而叫人赞叹之处，首推八卦阵正东方凛然矗立的木雕镂文牌坊，右侧为"坪筑杏坛传演经史诗云"，左侧为"洲立学府培育才俊雏鹰"。此对联是我在成立学校初拟的，藏头暗含"坪洲"二字，既借此时刻提醒坪洲老师的教育使命，也是对坪洲学子寄予的深切期盼；尾部押韵"云鹰"，寓意"怀云鹰之志，做莽牛之耕"。

校园何以设八卦阵？究竟有何深意？其实，这与我们学校校训有关——"蒙以养正，文明以健"。看似简单的八个字，它的精神内涵早已渗透在校园的每一处。宏观上"以正治校，让智慧做主人生"的办学理念，微观上以"正"与"健"命名的办公楼群，无不是对校训八字真言的鲜活演绎。实际上，这两组四字词组乃是八卦卦辞，皆出自中国的哲学源头《易经》。八卦阵立于学校中庭，大有万物归宗的哲学味道，它亦与校园各处所伫立的孔子、老子、韩非子雕塑共同汇成中华哲学与教育文化的巨大网络，引领坪洲人有章有法、有张有弛地追求焕发着无限生命活力的开放式教育梦想。

文化虽厚重，学来却轻巧。在八卦阵里，随时能看到孩子们不厌其烦地缠着校长或老师询问各个卦象的名称与含义。"震卦位于东方，代表春雷""潜龙勿用，见龙在田，飞龙在天……"——孩子咿咿呀呀地念着童谣般似懂非懂的卦象与卦辞，耳濡目染间成了迎接外宾时有模有样的中华文化传播大使，十分惹人喜爱。

也许将来的某一天，等到这些孩子长大了，他们对小学校园八卦阵的印象已经模糊，而在八卦阵聆听过或吟诵过的智慧之语却会不经意地跳出来，成为又一记心灵的鸣响。

四、开放式文化：以美学为核心的文化构筑

学校文化建设要与学校办学理念一致，此外还要坚持哪些原则？还有哪些问题需要厘清？如何才能让学校更有文化底蕴呢？

（一）开放视野下的学校内在美学

我认为，学校的美首先是学校的外在形象，它就像一个人给人的第一印象。校园文化设计既是一种学问，又是一门艺术。作为创校校长，我义不容辞地担起坪洲小学"总设计师"的重任。如今，学校建校 8 年来，我对校园文化不断精心设计，让不少走进校园的人都认为我是学美术的，否则没有这么好的空间设计感和这么高的审美水准。

对于坪洲小学，我设计的校园文学的目标是育人，秉承的设计核心思想是开放，遵循的设计原则是独特。因为我一直倡导开放式教育，而开放式文化建设是开放式教育的重要组成部分。校园环境设计又是开放式学校文化的集中体现，这种显性课程值得学校管理者深入研究，内在的教育价值不可估量。

1. 设计的核心目标——育人

坪洲小学的校训是"蒙以养正，文明以健"。我强调"以正治校"，既注重建筑标准又注重教育标准，既有成人立场更有儿童立场。所以学校所有的楼阁命名都以"正"字为首：正德楼、正言楼、正心楼、正健楼、正轩楼、正己台、正气门、正居阁和正观亭，一共是 9 个"正"。而中华传统文化素有以"9"为大。

尤其是正观亭，我想了很久。2013 年，亭子建成后，我发动师生为之取名，但提交的名称我都不太满意，自己一时也想不出更好的。趁去外地讲课的机会，我在飞机上再读《老子的帮助：王蒙解读〈道德经〉》，脑海里突然闪念"正观"两个字，深感老子思想的深邃与伟大。无论老师还是学生，其世界观、人生观、价值观首先要正确，"三观正"才能真正育人。

正居阁在正轩楼的二层，是提供给教师饭后喝茶聊天、谈心说事的地方；正己台意思很简单，即让学生每天来到学校时照照镜子，看看自己是不是"头必正、衣必整、背必直、发必理"。这些建筑各有寓意，也真正体现了"蒙以养正"的育人观。在学校的地理园，我还大胆设计了一个后天八卦图。一方面，从图中师生可以分辨学校的东南西北，另一方面可以解读图中的"五行"即金、木、水、火、土，同时可以领悟图中蕴含的中华优秀传统文化。

在学校的长廊上，我设计了一面传统文化墙，上面雕刻了《论语》《道德经》里的一些经典名句，使得很多来校参观的外国友人特别喜欢在此留影纪念；与之并排的还有十二生肖图，图中对每个生肖都有浅显易懂的解释，帮助学生根据自己的生肖一一对应，从原生自然的角度认识自己。

此种设计的初衷是我希望校园的每个角落都会吸引学生，让冰冷的建筑有生命的温度，实现育人的功能。其实，对于小学生来说，说教是远远比不上环境的无形感染与影响的。比如，学校的正气门每天让人一看就觉得一身正气。我希望学生们在若干年后依然记得这扇门，记得这扇门带给他们的那种正气凛然的感觉。

2. 设计的核心思想——开放

校园文化建设尤其是小学的文化建设，应体现开放性，但具体应该怎样体现？我认为应从以下几个方面来体现。

一是传统与现代的融合。现代元素首先体现在学校里各个空间的命名上，例如，学校的功能室都是用一些很优美、很新潮的词语命名的。比如，电脑室、实验室，

我在深圳教育论坛上分享"美学"心得

不叫"电脑一室""电脑二室""实验室一室""实验室二室",而是"太空创客园""网络时空""信息港""IT之门""牛顿空间""天才摇篮"等;心理咨询室叫"心灵港湾",美术室叫"指舞空间""书画天地""舞动平台",音乐室有"天籁之音""快乐音符""金色大厅""韵律美仪"等。

校园文化设计不仅要有传统的东西,也要有现代元素、科学元素。学校科技楼精心设计的太空创客园,基于空间重构的设计理念,通过情景模拟、物理模拟、人工智能等表现形式,为学生打造体验化、互动化、游戏化的学习空间。正德楼的架空层有数字阅读、每日播报、自主选课等高科技设备设施。总之,文化设计既要体现文化与科技、现代与传统的融合,还要彰显中国元素与国际元素的统一。

学校后天八卦图的旁边原是学生通往操场的通道,后来我们把门封住,将原有的通道做成了"英语村","英语村"外赫然放置了"英国邮筒"和"英国电话亭"。如此一来,整个小操场就形成了像四合院一样的地方,但为了让学生能方便走向后面的操场,我在旁边开了一个拱形门,让学生从那边进出,既不影响师生的正常教学活动,又让人觉得错落有致。难怪来校参观的人都觉得这里曲径幽深、步步是景。我真心希望学校有让人"柳暗花明又一村"的感觉,而不是所有的陈设都一目了然。

"英语村"与旁边的后天八卦图遥相呼应,使传统文化与现代文明有机融为一体,很好体现了公共空间、集体空间与秘密空间、个体空间的完美结合。我还在操场围墙边修建了一个大约100米长的书法长廊,全用碑林雕刻,把从古到今、不同时期的具有代表性的古诗词，用不同的字体写下来，呈现了王羲之、欧阳询、颜真卿、柳公权、苏轼、启功、李铎、沈鹏、赵朴初等古今各大书法家的笔墨。

二是与当地的文化特质相吻合。营造校园文化不该是凭空想象，而是要有理性的思考。广东属于岭南地区，具有深厚的岭南文化，其建筑风格曾留下浓重的一笔，是中国当今建筑史上的一颗明珠。遗憾的是，我来深圳20余年，很少看到具有岭南情调与神韵的学校。我梦想如果有机会办一所新学校，一定从一开始的建筑设计就将岭南文化渗透其中。如今，我利用校园里的一个小小空间满足了心愿——我借鉴古代亭台楼阁的原型，利用灰塑、砖雕、景窗、空花等岭南建筑室内设计的元素，设计了一间可容纳一个班学生教学、七八十位教师观摩的"岭南学堂"。

三是在形、色、韵上体现开放。在"形"上，我力求打造会说话的空间，注重方圆结合，符合学生的观察角度。在"色"上，则彰显流动的色彩，以主色调咖啡色为主，每层楼一个主题色。大自然是五彩缤纷的，儿童的世界更是多姿多彩的，色彩的多样化符合小学生心理，当然还要冷暖色搭配协调，否则会杂乱低俗。在"韵"上，则注重创设会留恋的细节，让细节留痕，注入心田。

3. 设计的基本原则——独特

校园文化是校园独有的文化，每一所学校都应该有独特的校园文化。它的独特体现在：一是原创性（唯一性）；二是观赏性（文化性）；三是多元性（时代性）。我的校园文化设计理念也有自己独特的风格。

因为坪洲小学开设了中医课程，因而校园内还有一块"竹节园"，后来又开辟了一块"百草园"。百草园里有中医药品种153种、中草药材1000多棵，包含水草类、爬藤类等。我们还在操场一角开辟了一块小菜地，命名为"青青园"。在有限的空间里，我尽量把它做到多元化，让学生什么都能看得到、摸得到。校园里还有"书韵园""乐憩园""兰馨园""桂香园""雅趣园""养心园""放鹰园"等，旨在给学生提供丰富的学习和生活空间。

其实，别看学校校园不大，但小小的地方能容纳很多内容。因此，作为学校的设计者，我的空间感和空间设计能力是非常重要的，同时要有自己的独创性。关于独创性，我首先想到的不是复制他人，而是因地制宜，力求美学上的"形、色、韵"都尽力在校园里发挥到极致。

我经常跟师生们说，每个学校都有自己的个性，校园文化建设要因地制宜、因校制宜，不能千人一面、千篇一律。很多人都说坪洲小学如今的样子很有气质，符合学校的办学风格。当然，一所学校的整体设计中，尤其是具有国际视野的学校设计中，应自始至终秉承开放的理念，让老师、家长、学生参与进来。

坪洲小学整体的校园文化设计分三个层面：一是我是学校的总设计师，遵循育人目标，遵照思想开放和独特的原则，重点打造整体校园文化；二是让老师们参与办公区的文化设计，包括中层领导办公室、教师办公室，都由教师自己决定；三是班级文化建设，让学生和家长充分参与进来，打造个性化的班级。后两个层面就是让大家充分发挥自己的想象力，遵照"我的空间我做主，我的地盘我做主"原则，各显神通。在新校建设中，应该充分发挥教师、学生、家长的聪明才智和想象力，让大家来共同完成。比如，坪洲小学的涂鸦墙、书画长廊等，上面都是学生们的杰作。

坪洲小学的整体设计，体现了开放思想无处不在：有集体的空间——大家一起读书、玩耍、娱乐。如果还有足够大的地方，我希望开辟一些私人的秘密空间，这是因为学校教育的开放性恰恰体现在对一些私密东西的包容和尊重上。比如，学生们的悄悄话在哪里讲？如今，我只是把每个楼梯间、电梯旁用了起来。电梯旁边放的小方桌、小石凳成了老师与家长谈话的开放"接待室"。我也经常在这些地方看到老师与家长、学生与学生开心聊天的情景。

坪洲小学的外墙以前贴的是马赛克瓷砖，久而久之容易脱落，有安全隐患，于是我决定进行外墙色彩的改造，使它与学校主体色以及每层楼的主色带相得益彰。文化建设基本完成后，我很喜欢，感觉这个设计能让学生体验到更多美好的、丰富的文化。事实上，这一设计也得到了大家的认可，很多家长都把学校当成景点，每逢节假日就兴致勃勃地进来拍照，还介绍朋友走进校园。

几年前，我一直希望将坪洲小学的校园文化建设做成校本教材，因为我发现很多校长设计理念不足、审美能力较差，没有充分利用校园空间让环境说话，让一草一木、一景一物育人。而在编写的过程中，我更加体会到校园文化建设要与学生认知相连，符合学生个性，满足学生需求，遵从学生在空间中的行为规律。对此，我还需要进一步建设积极空间，拓展弹性空间，扩大智慧空间。说到底，校园文化的特色是优势、是品牌、是生命力，是一所学校精神风貌的集中反映，是学校办学特色和发展理念的具体体现，更是学校存在的意义与价值。

（二）开放观引领下的新时代学校文化重构

文化是一个国家、一个民族的灵魂，文化自信是更有基础、更广泛、更深厚的自信。它是新时代的灵魂，也是学校"强起来"的精神源泉、精神武器和精神脊梁。

1. 超越千年敬畏传统——拥抱传统文化

传统文化是所有中小学，尤其是基础教育阶段的底色工程、固本工程和铸魂工程。我们的中国文化，一直有自己的哲学思考，或者说是理论思维，它强调的是"变化莫测谓之神"。变化就是神，这个神不是一个外来的力量，而是这个现实世界的变化。宇宙万物一直在变化之中，充满无限的生机与活力。正如司马迁所言，究天人之际，通古今之变。因而我们中国人的文化核心观是一个群体的生命观。

"闲坐小窗读周易，不知春去已多时。"古代读书人打发时间最好的方法就是看《易经》。孔子曾说："五十以学易，可以无大过矣。"我自知才疏学浅没到50开始尝试学"易"，如今整整十年。在学"易"的过程中，我特别感受到《易经》的管理之道，就是思维的变化，如何在变化中保持优势？它区别于西方的管理注重逻辑的思考。

比如，我从基本的"八卦"中得出了身为校长的管理心得："乾卦"属于领导管理的模式，六爻为阳，强调上下一致，表现为统一权威，做领导、做校长的都在走"乾卦"；"坤卦"象征环境管理模式，关键是包容兼顾，主要表现为舒畅平衡；"震卦"属于创新管理模式，关键是创始初心，主要表现为激发活力；"艮卦"是变革管理模式，关键是积累变化，主要表现为独断专行；"离卦"表征为策略管理模式，关键是决策定位，主要表现为静思固己；"坎卦"是形象管理模式，关键注重外在评价，主要表现为凝聚内敛；"兑卦"是管控管理模式，关键是执行监管，主要表现为注重细节；"巽卦"是培训管理模式，关键是谦让恭顺，主要表现为中层态度。每一卦都有各自的管理思想。

我任校长的两所学校都矗立着三座铜像即老子、孔子、韩非子。不少学校也有这些铜像，这不仅仅是要求我们认识他们，而是要求我们学习他们的思想。比如，对学校校级领导干部的管理，我觉得应该让他们发挥自己的想象，给他们自由，所以我采用的是道家的管理思想——无为而治；而对于中层干部的管理，我认为既然他们能做到中层，一定是有了一定的教育教学基础，因此我采用儒家的管理思想

解读《易经》

——以人为本，信奉"人之初性本善"的法则；对基层教师，尤其是刚刚从大学校园毕业的新教师，他们尚未形成学校文化凝聚力，对这样的教师，其实是需要严格管理的，需要按照法家的管理方式，依法、依学校的章程管理。

在传统文化的具体实施过程中，我们的具体做法包括以下几点。

第一，据于德，以正治校显精神。我们校训是"蒙以养正，文明以健"。"文明以健"紧随"蒙以养正"，简直天衣无缝。根据"以正治校"的总思想，我们定了："四有"（学校有灵魂、教师有思想、学生有主见、家长有信心）办学目标；"四有"（有德行、有智慧、有情趣、有气质）培养目标；办学思路（科学领航、人文奠基、思想解放、行为规范）；学校精神（崇尚科学、坚定执行、团结奉献、永争第一）。深圳其实就是一个"勇争第一"的城市，它开创了全国 N 多个第一。当然我这里指的第一，并不是说我们一定是比赛第一、考试第一，其实我们更多的是强调人的创造与创新。别人没有尝试过的教学方法，你尝试了，你就是第一；别人没有开发的课程，你开发实践了，你就是第一。

第二，志于道，课程构建育生命。关于课程构建，我们的启蒙课程朱砂启智、拜谒孔子是为了点染底色；吟诵课程的目的是默而知之；名著课程是为了陶冶性情。我们学校现已毕业的学生陈淑仪，她有幸在《红楼梦》里扮演贾元春，而后又拍了《儒林外传》，她目前在网上的关注度非常高。记者在采访中问她："为什么把元春表现得那么栩栩如生？"她说的第一句话就是："因为我们的老师让我们读《红楼梦》。"

其实我也很推崇《红楼梦》。她还告诉记者："一、二年级我参加学校的健美操课程；三、四年级参加合唱课程；五、六年级参加英语话剧课程。"把名著融入课程，才有了她的今天。我们的经典课程是为了培养气质，比如我们的中医课程、茶艺课程、女工课程、周易课程等。不少来我们学校参观交流的来宾都情不自禁地说："校长，你说你们的学校是在城乡接合部，但是你的学生很有气质，很懂礼貌。"我们倡导的课程理念，让走进坪洲的人依依不舍，甚至吴立岗教授都说："要是我的孙子能到你这儿来读书该多好啊！"他听了我们的课激动地说，"你这里培养出来的孩子绝不比北京、上海的差！"

第三，游于艺，多彩活动展风姿。我们在传统文化活动中，还要求学生每年看一场经典电影，种一株新鲜草药，游一处文化古迹。我常说如果我们 2600 多名学生中，哪怕有一两个孩子因为我们的中医课程，以后爱上中医、研究中医，成为中医专家，那就是我们对传统文化的有效传承。

第四，依于仁，教材再造谱新曲。我们自主开发了中医、剪纸、二十四节气等校本课程，为优秀传统文化的传播与发扬奠定了很好的基础。

对怎样传承中华优秀传统文化，我的基本观点有以下三点：一是用温情与敬意看待自己的传统文化，不主张过分、过量地去读经背经，而是要继承其精神，弘扬其德行；二是要了解传统文化的内涵，比如，了解四季内涵（春生、夏长、秋收、冬藏）等，处理好传统文化与现代文化的关系，处理好知与行的关系；三是教师应成为持续积累的学习者、用心体悟的实践者、积极主动的传播者。

2. 博览群书雅养华气——弥漫书香文化

2013 年 10 月 21 日，深圳市被联合国教科文组织授予"全球全民阅读典范城市"称号，是全国唯一获此殊荣的城市。"让城市因为读书而受人尊重"已经成为深圳的十大观念之一。我们身为深圳的教师、深圳的孩子、深圳的教育人，应该把阅读融入我们的生活中。我真的希望书如好友、书如美食、书如我家，让学生们走进学校，就像走进一座图书馆。我们学校的具体做法有以下几点。

第一，阅读活动，催生好少年。我们开辟一块阅览专地，捐出自己最喜爱的一本书，开展一系列的读书活动，包括主题阅读、新媒体阅读、故事会、辩论赛，每周进行一小时亲子阅读，每学期评选一批读书明星和书香家庭。做校长以来我一直有个习惯，就是每学期新生入学的第一周，我都会做一个调研，就是在学生没有入学之前，统计这个班的学生家里的藏书的情况，分为三个部分统计：一个是爸爸的藏书量；一个是妈妈的藏书量；再就是孩子的藏书量。可喜的是2018年我们8个班新生的总藏书量达到92680册，比2017年多了近2万册。我们每学期让学生提供一份阅读成果报告，每年举行一次学生阅读推进大会，也借此推进新家庭教育、新家长教育。

第二，读书圆梦，滋养好教师。培养爱读书的孩子，首先是需要一大批爱读书的教师。所以我们学校成立了一个"读书沙龙协会"（每周一下午4点半进行读书分享，从不间断）；每月坚持给过生日的教师送书；每年评选年度教师阅读奖；每年举行一次"读书的女人最美"专场晚会；每年承担一次全区教师阅读推广大会。

第三，参与评比，树立好品牌。我们学校曾斩获不少省里的奖项，但说实话，我最重视的也最乐意参加的就是"广东省书香校园"的评审，学校上上下下都非常重视。坪洲小学开办两年就以高分获评"深圳市书香校园"。不久，我们紧接着获评"广东省书香校园"。我也经常在校长班的校长培训中分享我的观点：假如一个校长什么都不做，或者说没什么大的作为，但只要把每个教师、每个学生都培养成爱读书的人，我认为他就是成功的校长。我校还荣获"深圳市首届领读者大奖""深圳市十大社区阅读先进单位"。我也有幸在2010年入选全国推动阅读十大人物。

我自己也一直在追求"读书、教书、写书"，后来我加了一条叫"买书"。我曾给一个60人的省校长培训班讲课，调研中得知，一年能读一本书的只有五六个校长，一个季度能读一本书的就只有两个了。不少校长也跟我说，现在许多老师不要说让他自己买书读，就是发给他书他都不去读了。教师不读书的严重性也许已超出我们的想象，而我认为我们校长要"写"好两本书：一本无字书，就是办好一所学校；一本有字书，要把自己多年来的教育思想、教育理念、教育实践进行梳理升华，传播传承，发扬光大。

庄子曰："吾生也有涯，而知也无涯。"面对浩茫无际的书籍，一是首选自己的看家书。什么是自己的看家书？比如，我刚毕业的时候，我的看家书是苏霍姆林斯基的《给教师的一百条建议》，一元七角一本，至今我还珍藏着。读看家书其实就是深研两三本经典，构筑自己的精神家园。二是要结合自己的阅读特点，自主选择导读法、迁移法、反馈法、交流法等方法，提升精读、略读、速读、跳读、朗读、背诵等读书技能。三是倡导学生多听少儿广播少看电视动画，多读有字之书少看卡通

我在"人民教育校长高峰论坛"上做专题报告

漫画，多读百科全书少看武侠小说；坚持不动字典不读书、不动笔墨不读书、不动脑筋不读书。比如，我强烈主张三年级以后不再让学生读绘本。现在我们六年级学生还在读图画书，不愿意读文字书，这样的学生永远长不大，永远都停留在基础的低水平的阅读水平线上，甚至会影响他成年后对阅读的理解力。

3. 秉承开放精塑灵魂——推动开放文化

新时代是更为开放的时代，世界都在期待新时代的中国奇迹。同样，中国也期待新时代的教育奇迹。开放，应成为实现这一奇迹的重要法宝。因此，新时代的教育必须推行开放的文化。一种文化迎来一种思想，而人的思想是一种文化存在的最好见证。15年来，我对开放式教育思想的研究与实践，使开放铸成了自己独特的教育精神与文化特质，开放文化也是我们追求的最高境界。

时至今日，因为开放，我们看到了学校师生绽放的激情、厚重的责任和无限的可能。开放已经成为我们追逐自我价值的外在形态和创新的内容，开放也已经成为我们坪洲教育人心中最明亮的灯塔。

第一，开放文化的形态表征。开放文化的形态表现为学校没有"围墙"，课程没有"边界"，教学不是"灌输"，儿童就是"儿童"。它也是开放式教育的宣言。深圳是全国改革开放的先锋城市，频繁、便利的国际交往，使深圳经济社会多个领域的发展与国际上的一些大型城市产生共振，教育也不例外。但与此同时，由于深圳的历史太短，城市的建设又日新月异，使教育的"有学上"的民生短板和"上好学"

的品质矛盾还交织在一起，教育开放文化的价值还难以凸显。

第二，开放文化的基本内容。一是面向未来的开放观念：开放是对教育本源的追寻与回归，更是对开放时代的回应与体现；教师思维的开放是关键，要相信学生能自己开放自己；要树立开放的大的教育观、质量观、育人观，让学生走出狭小的"纸柴盒"。二是空间延伸的开放管理：创新学科教师"三三制"的管理培养模式；探索班主任双重职业生涯的管理方法；拓展多样化的行政例会，建立学校、家庭、社区多渠道的管理共同体。三是活动育人的开放德育：日行七善，全程开放学做人；亲子城堡，全员开放感化人；校园八节，全能开放发展人。四是个性多元的开放课程：我们将静态的国家课程进行动态的校本化实施；对学科的活动课程进行调整补充，改造现有的课内教材；根据学生的适性需求创设的"配方课程"与育人目标相匹配。五是渠道丰富的开放手段：借助信息技术打造智慧校园，从"创客"到"创课"，将信息技术融入各学科的教学中。六是彰显价值的开放评价：践行参与性评价，从规范到张扬；主张发展性评价，从封闭到开放；夯实形成性评价，从分数到素养。

第三，把握开放文化的"度"与"序"。开放文化的核心追求是学生心灵的自由解放。当然开放不是天马行空，更不是无序地放羊，尽管我们觉得现在教育的开放程度还不够，但是我们也要把握开放的度和序的问题。比如，课堂教学，因为我们的教学遵循开放的理念，教学的目标、内容、形式和空间都尝试开放，我们也在一直践行各学科教学的开放与融合。我是语文学科出身的校长，但经常走进数学课、英语课、音乐课、美术课、科学课甚至体育课，与老师们一起观课、评课。探索学科开放程度以及学科之间的融合，还要把握一个序的问题。

开放，也许是任何一个追求进取时代的最重要的命题。一个时代的教育既是一种特定的文化现象，也是一种具体的教育活动。怎样推行开放文化？开放文化应着眼于学校组织价值观的转变，重构学校文化，重塑教育使命。很多走进我们学校的人都问我："校长，你推行开放的文化时，教师、中层干部，包括一批又一批新进来的教师，他们怎么去理解开放式文化？"我毫不保留地说："首先就是阅读《开放式教育》，了解开放式教育的内涵、开放式教育的体系、开放式教育的实施过程。其实一个校长管理那么多教师，让他们怎么跟你的价值观形成一致？其实我觉得重要的是让他喜欢我，我喜不喜欢他不重要，当然要每一个人都喜欢我是不现实的，也是不可能的，但是让大多数人喜欢我，他就能接受我的思想，接受我的观念，按照开放式文化价值观去教书育人。"开放文化，我们能做到的是把学校打开，比如，我让流动美术馆、流动科技馆、流动安全、体验国防教育走进我们的校园，但是我们缺少的是，或者说我们还要争取做到的是把社会打开，让学生走进去，给学生更多的发展空间，真正让教育走向开放，让教育跟自然相连、跟生活相连。

勾勒坪洲气质，展现学校文化。开放的文化激流暗涌，开放的文化的触角引燃创新的火炬，新时代的教育应彰显中国的时代气质。致敬一个时代的最好方式，就是创设一个更为壮美的开放的未来，立者为先，后辈向前，我们将牢记习近平总书记"改革开放再出发"的教导，将以万般的荣耀，参与教育改革开放的下一个40年。

五、开放式管理：重塑教师精神梦

36年的教师生涯，15年的校长经历，让我越来越清晰地认识道，教师的精神梦想，在其专业成长的每一步，都发挥着巨大而深远的影响。而国家的教育意志、校长的教育思想与办学理念，如果不能有效转化为教师的精神梦想，也很难在学校层面落地生根。

屈指算来，开放式教育一路走来，于今已有15个年头，常有来我校跟岗挂职培训学习的校长及教师，都会与我交流这样的话题：在很多学校里，提高教师的工作积极性、消除其职业倦怠，是一项低效费时的工作，而为何我们的教师总能给人以自信、充实、坚定、从容的积极印象？这样的交流多了，也开始促使我认真系统地反思：身处新时代，面对"新方位、新征程、新使命"，校长如何有效把握教师成长发展的规律，重塑教师的精神梦想，引领其迈向高素质专业化创新性发展之路？

（一）校长是精神首席

2016年4月，一场全国性的语文教学研讨观摩活动在我校举行。来自同区相邻学校的一位语文教师在听了我的"开放式语文阅读教学"专题报告和教学点评之后，第一时间找到我，希望能调到我校来学习开放式语文教学思想，参与开放式教育教学实践。历经各项调动程序后，她终于如愿以偿成为坪洲"新"教师。一年后的一次私下交流时，她突然对我说："校长，你知道吗？我现在的梦想就是要成为你这样内外兼修的校长。"是啊，不想当将军的士兵不是好士兵。回想起来，也许是我走进她的课堂，点拨指导过她的教学，让她一步步走上"千课万人"的平台；也许是我浸润传统文化的言传身教，让她在许多研讨会上展示自己的教学艺术……

我在"全国中小学教师专业成长论坛"上分享经验

　　学校教导主任在一次体检中被诊断为疑似淋巴癌，她忐忑不安。我鼓励她："精神的强大是可以战胜病魔的。"她也乐观地表达："校长，其实我非常欣赏你对生活的热爱和你坚强的意志。你不幸骨折那次，躺在病床上还实时了解学校情况，组织我们开行政会，告诉我们应对策略。放心，我会挺过去美美地生活的。"后来，她还被评为语文名师和副高级教师，带的教学班各项成绩名列前茅。爱生活，懂得美，有精神追求，这些看似校长的外在形象与个性品质，连同学校处处可见的文化，浸润着身在其中的每一位教师。而这样的精神感染力还映射到学校工作的方方面面：每一次教师培训，让教师心情激荡、拒绝平庸；每一次教学点评，让教师叩击灵魂、碰撞思维；每一次文化活动，让教师享受愉悦、夙兴夜寐；每一次检测评估，让教师锲而不舍、诲人不倦。10年来，我笔耕不辍，出版《开放式教育》等五本教育教学专著……是的，要点燃教师的梦想，校长要以身示范，做精神榜样。

（二）教师自身是第一要素

曾有人问我："你从一个普通教师成长为特级教师、正高级教师，最重要的因素是什么？"我毫不犹豫地回答："自身是第一要素。"校长引领等外因固然重要，但内驱力才是不竭动力。我是1978年入学的中师生，按现在的说法是当时的精英学生，但我很清楚自己非科班出身，底子薄弱，原始积累、思想见识、文化视野有很大的局限性。1981年8月毕业又分到中学教语文，这不仅需要教学技能的提升，还需要教育生涯的规划。白天听课、备课、教课，晚上读书做题迎考。大专、本科、研究生课程，一路苦攻，夯实文化底蕴。后我又主动申请到小学，用5年的时间完成小学6年的教学任务，并获得全地区检测第一名的优异成绩，同时还将这个班一直带到初三毕业。我10年的最好青春奉献给了三尺讲台，不知上了多少汇报课、观摩课、研究课和比赛课，不知写了多少案例、感悟和论文。1991年8月，27岁的我成为当时湖南省最年轻的地级市语文教研员。不管是谁，只要有了理想信念，有了精神梦想，就能自我觉醒，就能灿烂辉煌。

南下21年，深感粤籍教师朴实无华、为人厚道，部分年轻教师精神生活缺失，追求生活享乐；一些老教师职业疲劳滋生，不愿意适应学生的话语体系和思维方式，读不懂新时代学生。这些问题也许随着社会结构、经济结构和职业结构的急剧变化，会成为广大教师不可避免的困惑与挑战。要破解它，关键还在于自身对专业认知的不断觉醒，自觉开启职业之旅。

未来的教师将打通学科教学，肩负学科整合的使命，成为融会贯通的"多面手"。因此，教师需自觉追随孔子的"因材施教"、孟子的"言近旨远"、荀子的"谨顺其身"、韩愈的"教学相长"和朱熹的"春风化雨"……学而知不足，教然后知困，思而得远虑。

教师的职业，我一直认为有三种境界：生存、责任、幸福。随着党和国家在提高教师地位待遇上不断加大力度及投入，教师过上充实而美好的生活将不再是一种奢望。承担传播知识、传播思想、传播真理的历史使命，肩负塑造灵魂、塑造生命、塑造人的时代重任，教师的责任意识在当下变得更为凸显、更为重要。在此基础上，校长要进一步引领教师意识到职业幸福才是教师精神世界的核心，享受教师职业的幸福，享受立德树人的快乐，幸福是在日常教育工作的点滴中奋斗出来的。

（三）寻找专业成长的灯塔

每个人心中都有一座永不熄灭的灯塔，这座灯塔便是每个人心目中的偶像。1981 年，刚刚毕业的我心中的教育偶像就是苏霍姆林斯基，此外，还有夸美纽斯、爱弥儿、王阳明、陶行知等大家。他们对我的影响力是深远而持久的，是不可估量的。

为教师寻找眼前的灯塔，用身边的标杆和榜样鼓舞大家，是实现教师梦想的一个有利途径。学生有尚师性，教师也同理。

张文质教授说："教育是中年人的事业。"我说，最好的教师是从中年开始的。我校一位任教四年级的 53 岁的语文教师发现学生的阅读积累不够，便要求学生利用课余时间阅读背诵《小古文 100 课》。为此，整个寒假他几乎天天都在用 QQ 或微信与家长和学生交流，督促、引导、检查学生的阅读背诵，有时凌晨一两点还有家长发来学生背诵的照片、视频。有些学生对古文理解比较困难，他就让家长把学生带到学校，为学生讲解，领着学生一起背诵。结果他腰椎病犯了，大年三十的团圆饭都没能好好吃就得卧床休息。从此学生爱上了古文，一个寒假全班学生全部完成了规定背诵篇目。时光会老，唯有梦想常青。这样的教师虽已到中年，但还常常流露"舍我其谁"的决心和勇气，融入自己的经验和情怀，去理解和尊重学生生命成长的规律。

老师们夸我"会选人、会用人"。我无非是发现、培养、使用了一批有教育梦想、有教育激情的管理干部。他们是真正的中坚力量，他们用智慧、经验、眼睛和大脑去管理，在观察中发现、在发现中思考、在思考中决策，不仅有态度、有力度，还有温度、有深度。

学校德育主任是艺术行家，吹拉弹唱样样擅长，他组织的大型文艺活动堪比央视春晚；学校办公室主任是省信息技术骨干教师，她带领的车模、航模"雏鹰队"在亚太地区参赛并获得冠军。我们的管理干部中，有国家级柔道、健美操一级教练，有凤凰卫视特邀评论员，还有享有书法家美誉的天才……

没有人是天生的优秀教师。很多时候，我们是一群有志之士在一起相互扶持、相互影响，观摩一堂研究课，组织一次辩论赛，观看一场电影，品味一个阅读茶会……持之以恒，才慢慢懂得了教育之爱，才明白了教育的真谛。

（四）教师成长的节奏

坪洲小学是一所年轻的学校，有一大群初出茅庐、焕发蓬勃生机的青年教师。他们虽缺乏经验，却满怀激情。如何引领这群年轻人走向成熟的教师发展之路，成了我心头日夜牵挂的事。

遇见《易经》，参悟"乾卦"，让我豁然开朗。"乾卦"指出君子始终如一的精神是"天行健，君子以自强不息"。让教师精神"自强不息，健行不已"，唯有清楚"乾卦"的走向方能在职业生涯中永放光芒。

第一步："初九，潜龙勿用"。古指 0～19 岁的人为"一条潜藏的龙"，喻指刚走上教师岗位的人，虽具备了较系统的理论知识，但职业还未"入格"，只能以名师为镜，以前辈为鉴，默默无闻地塑成教师"雏形"。

第二步："九二，见龙在田"。古指 19～29 岁时，人的才华逐渐浮出水面，初出茅庐，崭露头角。年轻教师经历了 10 年的适应、磨砺，将已学成的理论知识与教学实践有机结合，"立德树人"的教育种子在心中萌芽。不少教师在教材解读、资源利用、构课方式上"亮点频出"，名师逐步产生。

第三步："九三，君子终日乾乾"。古指 29～39 岁是人生中厚积薄发的年龄。有着多年教龄的教师往往会遇到第一个瓶颈期——所谓熟悉之处没有风景，教师最初的热情容易在轻车熟路的教学中退却。因此，应给教师新的思想冲击，让他们穷则思变，终日勤勉，始终对教育教学怀有敬畏之心。

第四步："九四，或跃在渊"。古指 39～49 岁，这是人生成败的分水岭。因"终日乾乾"就成了名师名家，形成了自身独有的教学风格和教学思想。对行政管理心有憧憬的教师，也逐渐在各部门中担当要职。更多的具有使命感的教师，坚守在平凡的岗位，桃李满天下。也有些人，碌碌无为，甘于平庸，泯然于众人。

第五步："九五，飞龙在天"。古指 49～59 岁，人生最辉煌的阶段。有的教师活跃在大江南北，传播教育思想；有的身体力行，推动区域教育变革；有的著书立传，实现了从平凡到卓越的华丽转身。他们成了教育的领航人。

第六步："上九，亢龙有悔"。人的职业生涯与人的生命一样总是有一定期限的。当我们告别讲台、告别学生的时候，回首一生，应该尽量少些后悔，做到无愧于心。

"乾卦"为六十四卦之首，以"天"喻指其刚健、正大的美德，又以"龙"宣扬

"天"之主动、阳刚的精神，解释天体的运行规律，暗示人一生的发展。一名教师的专业发展，也可以引为借鉴。

（五）"场"的力量

记得 2008 年 11 月，我应邀前往贵州进行班主任专业发展的讲学。当我走进培训会场时，一下子惊住了，台下满满的听众，台上也挤满了教师，讲课台被围得"水泄不通"，我的身边就是听课的教师。这个充满浓郁氛围的学习"场"即使 10 年过去了也深深印在我的脑海中，谁说教师不思进取？

如果说学校是个磁场，那这个"场"是积极向上、充满活力的，还是随心所欲、养老院式的，对教师的成长起着举足轻重的作用。2011 年 9 月，坪洲小学刚开办，当时仅 10 个班 47 名教师，但我以为，他们是学校发展的源泉，只有他们发展好了，形成了一个以"正"治校、以"正"治教的教育"场"，之后走进学校的教师就会潜移默化地受到熏染。比如，我们有个美术教师是从外区外校调来的，刚来时很不适应我们的节奏和标准，教学也较懒散。当看到身边的美术老师个个有绝活，天天马不停蹄时，她开始研究开发剪纸课程，还编写了与剪纸有关的校本教材，其自身和学生作品也多次获省市大奖。我们教科院艺术中心主任、美术教研员对我说："再弱的教师到你们那里都会奋进，你们学校是教师成长的大熔炉。"

几年下来，学校已扩大到 48 个班，2654 名学生，152 名教师。一批批陆续走进坪洲的教师在这种"我的工作我负责，我的工作请放心""为自己的履历工作，为学生的未来播种"的学校"场"、教师"场"的润物无声的陶冶下，为学校赢得各级各类教育教学比赛荣誉；学校也因他们荣获特区"创新领跑学校""最具变革力学校"等称号。有人说，建校七年是个高危期，我们将"七年之痒"化成"七年之旺"，让这种无声无言的强大"磁场"力量，感召着每一位教师前行。

（六）特区教师的独特精神

"泥娃娃，泥娃娃，也有那鼻子，也有那嘴巴……""配方课程"的泥塑工作室开班了。学生们变魔术般地掏出来一个个泥娃娃：有绘声绘色介绍天津"泥人张"泥塑作品的；有眉飞色舞推广无锡惠山"大阿福"泥塑系列的；有聚精会神观赏憨态可掬的"大狗"、胖墩可爱的"小猪"、神采飞扬的"龙宝宝"的……"十二生肖"

系列作品的，这些不仅打开了学生们的想象空间，更让学生触摸到了中国传统民间艺术的灵魂。学生们觉得没有什么比将一团团泥巴捏成各种各样动物更有趣的事了，这是我们学校教师的创新性 92 项"配方课程"之一。

创新是特区精神的核心，创新更是特区教师的价值导向、思维方式和生活习惯。特区教师的创新精神、创造意识决定着学校发展的速度、结构、质量和效益。创新也意味着首创，意味着"勇争第一"。所谓"第一"，不仅是比赛第一、考试第一，别人没有尝试过的教学方法你尝试了、成功了，你就是第一。"第一"不仅是速度，经得住科学、实践检验的"第一"才是真正的、持久的第一。

特区精神不仅是创新，更要求脚踏实地。在学校治理过程中，我要求学校管理层"人人有事做，事事有人管"，对学校既定的目标、方案、计划与任务狠抓落实，将理想变成计划，将计划付诸行动，将行动做出效率，做到"言必行、行必果"；对教师要求道德自律、工作自励，坚定不移地完成各项任务；对每一个学生、每一节课、每一次活动，都要追求高标准、高质量。

我在教育部举办的全国师德论坛中讲话

改革开放前沿阵地的学校团队有其独特性，教师来自五湖四海，林林总总的教师梦色彩斑斓，因而我们必须依靠教师集体的每一个人、每一个环节的有机配合，营造"献出个人经验，送你集体智慧"的团队文化。面对功利主义商业文化价值观的冲击，我们更要清醒地认识道：教育就是服务，教师就是奉献。要明白和理解社会、政府、家庭、学生对教师的期望，学会接受来自不同渠道的批评，学会在满足各种教育期待的努力中，超越自己、发展自己、完善自己。

六、开放式配方课程：让学生活跃在开放的教育场

目前，我国的基础教育正在进行一场重大的改革，如何改革课程、改革传统的教与学的方式，更加全面、深入地推进以儿童发展为本的素质教育，如何帮助每一个儿童实现其富有个性的发展，如何评价儿童的能力和学习效果……成为每一个老师、家长乃至全社会共同关心的问题。不难看到，建立在多元智能理论基础上的"配方课程"的研究成果给了我们解答这些问题的一把钥匙。它所提倡的多元的、开放的、尊重文化差异和个体差异的、重视实践效果的智能观和教育理念给了我们深刻的启示，其开发的活动和评估方法提供了大量的有价值、可操作的经验和策略。这些具体而实用的内容和方法不仅能够帮助广大教师更全面、更深刻地认识每个学生的能力特征，提高发展性教学、个性化教学和综合性教学的技能，还能让那些在传统的以分数为主的评估中没有优势的学生得以发现自己的智能优势，重塑自尊和自信，大大减少学业失败的可能性。

（一）为幸福人生配方的理念

长期以来，我们最怕"教育一规划就死，一规划就千篇一律"的现象。然而，在我们精心规划的课程体系下，我们看到的是学生在羽毛球运动中矫健的身姿，是学生在泡制工夫茶时的自信，是学生在参加手工活动中表现出的聪慧灵动，是学生在做"家乡小导游"时展示给客人的落落大方，是学生在从书本中获得知识后脸上所绽放的甜美笑容……这些笑脸，让我们的教育披上了生命的色彩、文化的斑斓。因此，我们坪洲小学和其他许多学校不同，这里不再只有知识的位移、技能的训练和应试的准备，这里发生的是培植真心、培育爱心、培育美德、牵引灵魂的大教育、真教育，最纯粹的"开放式教育"！

在全国大大小小的学校掀起"课程热"的时候，我提出了"配方课程"的概念。为什么把学校的校本课程体系命名为"配方课程"？我想，主要是因为"配方"包含了以下几个层面的含义。

　　首先，"配方"一词最直接的含义是医生根据处方配制药品。课程也如中医配方一样，需要对症下药。学生需要什么、喜欢什么，我们就给他们配什么样的课程。然而，我认为，一个孩子一辈子可以不会唱歌，可以不会跳舞，但不能不会读书、不会思考。思考什么呢？思考自己内在的兴趣和主动发展的权利。我们学校的课程是百花齐放的。喜欢文学的，就参加成语大观园、绘本阅读、电影欣赏和英语话剧社等；喜欢艺术的，就参加手风琴、拉丁舞、吉他；喜欢健体的，就参加健美操、跆拳道、羽毛球；喜欢动手的，就参加葡萄酒酿造、厨艺展示、机器人比赛等手工活动。

　　其次，"配方课程"需要学生和教师的双向匹配。目前，学校共开设了 95 门"配方课程"。有些课程，是教师根据自己的特长来开设的，如剪纸、青花线描、趣味数学等；有些课程，则是根据学生的个性需求来开设的，如插花、泥塑、茶艺等；有些课程，是师生共同开发的，如语文、数学、活动课程等。这些课程开设后，让学生自主选课走班。学生的选择权越大，自由度越大，个性发展空间就越大。

　　最后，"配方课程"在设置上，还与我们"培养有德行、有智慧、有情趣、有气质的文明都市人"的育人目标相匹配。例如，"孔子小学堂""走进客家文化""日行七善""每日十会"等就是培养学生的德行的课程；"创意 DIY""电子报刊""趣味数学""智力七巧板"等属于智慧的课程；少儿英文歌曲、趣味剪贴画、花艺、茶艺等课程旨在培养情趣；艺体方面，少儿舞蹈、混声合唱、爵士鼓、健美操、高尔夫等课程旨在培养学生的气质。

　　更重要的是，"配方"的思想是与我一贯主张的开放式教育理念一脉相承的。"配方课程"是开放式的"配方课程"。所配的"方"，即所开的课，是完全开放的。我们的课程不仅让本校教师自己开，也充分利用有效的社会资源。例如，拉丁舞、跆拳道、羽毛球、国际象棋等课程，请有专长的社会人士以"教师义工"的身份到学校来开课；有的课程像软笔书法、中国象棋，是由我们的教师和"教师义工"一起来开设的。同时我们也把"配方课程"拓展到"家长配方"，如亲子城堡、十字绣、厨艺、手工编织等。其中石海平等家长对《易经》颇有研究。他根据我们校园文化地理园中的八卦图开发了浅显易懂的周易课程。

　　总之，我们的"配方课程"与学校的育人目标相匹配、与学生的兴趣需求相匹配、与教师的特长爱好相匹配。它不仅为学生的课程配方，更重要的是为学生们的幸福人生配方。

(二) 多元智能为基础的课程体系

课程是学校最为重要的产品，也是学校的核心竞争力。2011 年 9 月 12 日，学校建校初期就召开了开放式配方课程研讨会，大家各抒己见，并达成共识：我们必须着眼未来，立足实际，在实施国家课程的基础上，开发具有学校个性化特色、满足学生需求、充分落实学校培养目标的开放式配方课程，让学生为自己的未来选择自己感兴趣和有发展空间的课程。

基于这种认识，我们牢牢把握"学校有灵魂、教师有思想、学生有主见、家长有信心"的办学目标和"培养有德行、有智慧、有情趣、有气质的文明都市人"育人目标，经过近六年的实践与探索，逐渐构建起富有活力、独具特色的开放式配方课程体系。

我们的课程"配方"不仅是为学生个性化健康成长配方，更是为学生的幸福人生配方。截至今日，我们学校的课程门类达到了 85 种，实现了教师开课率和学生参与率两个 100％。

加德纳不仅提出了多元智能理论，而且在美国组织开展了与多元智能理论有关的教育改革实践活动。他主张学校应成为"学生课程的代理人"，与学生、家长、教师、评估专家一起参与学生智能的发现，帮助学生选择适合自己学习方法的课程。加德纳的多元智能理论及其关于课程开发的理念，对我们"配方课程"的开发有着重要的启示。以下示意图反映了多元智能理论与配方课程的关系。

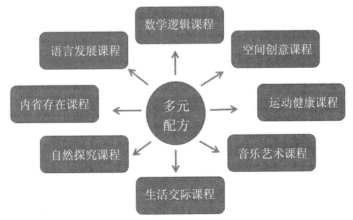

多元智能理论与配方课程关系图

　　因此，我们的"配方课程"也分为八类——语言发展课程、数学逻辑课程、空间创意课程、运动健康课程、音乐艺术课程、生活交际课程、自然探究课程、内省存在课程。每一种课程的智能都有所侧重，简述如下。

　　语言发展课程。语言发展能力主要是指有效地运用口头语言及文字的能力，即指听、说、读、写能力，表现为个人能够顺利而高效地利用语言描述事件、表达思想并与人交流的能力。语言智能并不局限于简单意义层面上的读写，也不局限于零散的技能，它是一种在不同场合表达自己与人交流的能力。它旨在让学生通过真实而有意义的活动，发展听、说、读、写的技能，全面构建语言智能，促进语言能力的发展与提高。例如，"电影欣赏"课程将影视资源与语文教学整合，利用影视来练听说、促阅读、练写作——在欣赏之余，鼓励学生写出自己的真实感受，引导学生创造独具特色的影评。

我与学生一起表演话剧

　　数学逻辑课程。数学逻辑课程主要包括数学逻辑推理能力、科学分析能力、处理连锁时间的推理能力和识别图表及数字能力。针对这些不同类型的能力，我们开发的数学逻辑课程主要包括两大类型：棋类课程与开放式数学活动课程。学生动手操作棋子能够促进大脑发育，刺激自己数学逻辑智能发展。学习棋类规则，能够改变固化的思维方式，提高计算能力。此外，学生在开放式数学活动课中能够发展"由简单到复杂，由形式到抽象，由低级到高级"的认知规律，形成数学思想。

　　空间创意课程。空间创意课程是为发展学生视觉空间素养所开展的，并将视觉空间理念带入趣味性、逻辑性、空间性、游戏性的思维创作活动中的一门课程。如手工课，学生在设计作品的过程中，在有趣的动手过程中，能轻松地认识事物的特性，提高认知能力，促进手脑的协调发展，提升观察力。如绘画课，学生在实践操作的过程中，将艺术、历史、自然科学等学科综合进行运用并加以升华，这是他们观察力和创造力的展示。

运动健康课程。主要是更好地促进学生全面发展和健康成长，也是学生在校学习期间学校体育教育的根本目的，更是促进学生身体发育和历练坚强意志、弘扬拼搏精神的途径。开设的配方课程包括田径、健美操、武术、跆拳道、篮球、乒乓球、跳绳、太极拳、高尔夫、瑜伽等课程。学生生龙活虎的神态、斗志昂扬的精神在此课程中表现得淋漓尽致。

音乐艺术课程。课程的发展为学生提供了表达个人情感的途径，为学生提供类型丰富、风格多样的音乐审美体验，使学生充分体验蕴含于音乐形式中的美和丰富的情感，为音乐所表达的真善美理想境界陶醉，从而与之产生强烈的情感共鸣，达到陶冶情操、启迪智慧的作用。一个学生音乐实践的机会越多，他对音乐的审美感受就越丰富，自我表达的欲望就越强烈，创造的动力也就越强大，个性也会越鲜明。我们的管乐、手风琴、古筝、琵琶和吉他，既有传统文化的彰显，又有西洋音乐的渗透。

生活交际课程。生活交际智能的培养是在特定文化背景下进行的一个长期的教育和学习过程。我们在不同课程环境中有不同培养和增强学生智能的方法。一是情境式，这种模式侧重于表现学生个性；二是文化熏陶式，这种模式侧重于文化认识和提高学生人格发展。比如，开设种植、养殖和做面包、包水饺等简易生活课程；运用电影或文学作品为学生提供观察和推测的窗口，来思考和理解人类的交际行为。

自然探究课程。自然探究智能是人具有观察自然界中的各种事物，辨认并分类物体，且能洞悉自然或人造系统的能力，包括对社会的探索和对自然的探索两个方面。具有自然探究智能特质的学生，在生活中会呈现敏锐的观察力与强烈的好奇心，对事物有特别分类、辨别、记忆的方式。例如，喜欢动物的学生除了自己饲养动物外，可能也会时时阅读与动物有关的书籍，或是从电视上学习动物新知，能力强的学生，对动物的分类还能够举一反三，对动物的习性也能了如指掌。我们还利用学校观察节带领学生走进自然、走向生活、走入社会，观察人海茫茫、生态百样的世界。

内省存在课程。内省智能是明了自己的内心世界与内在情感，并能有效地运用这种自我认识能力指导自己行为的一种认知能力。存在智能是对人生和宇宙终极状态的思考。其核心能力是在广袤无垠的宇宙中为自己定位的能力，也是在人类的生活环境中与存在相关的能力，如在探索生命的价值、死亡的意义、个人肉体和内心世界的最终命运之时，在被人所爱或全身心沉浸在艺术之中获得刻骨铭心的感受之时，为自己的存在定位的能力。在"心理学小课堂"中，按照学生不同年段的心理特点，开展团体拓展游戏、观看心理剧、赏析心理电影、进行团体辅导等，帮助低年级学生适应学校生活，对集体产生归属感；帮助中年级的学生了解自我、体验情绪并表达情绪，培养对不同社会角色的适应力；帮助高年级的学生"读懂家长、读懂教师、读懂校长、读懂自己"，发展内省智能。

（三）指向成全人的课程设置

与整齐划一的校本课程不同，我们的"配方课程"是学生打破年级界限、打破内容界限，自主申报、自主选课。学校每周五下午只安排"配方课程"授课，每周二和周四下午第三节学校安排"精品配方课程"授课。如何具体开展"配方课程"呢？

"配方课程"着眼于开发每一个学生的多元智能。作为学校教育的核心课程目标，毫无疑问就是要促进每一个学生多元智能的发展。经过 6 年的探索与研究，"配方课程"已经被纳入我校的课程计划。它打破了原有学科教学的封闭状态，把学生置于一个动态、开放的学习环境中，为学生提供了多元、综合学习的机会，其最终目标是让学生在不同的"配方课程"中开发自身的多元智能，真正成为个性健全发展的人。

在推进实施的过程中，我们追求的是把 95 项"配方课程"真正当成课程来做，而不仅仅是一个个比赛、一次次活动。有些东西是不需要比赛的，但却是终身的奠基。比如茶艺课程，它比什么呢？没有比赛活动，但只要学生有这个兴趣，我们就给他们提供学习机会；还有我们的故事王国、朗诵小主持人、国际象棋、泥塑、绘本、演讲等，目的都是培养学生的综合素质。

为了满足学生个性发展的需求，"配方课程"有以下几个特点。

一是充分提供个性化的场所。一楼为文化专区：电影、快板、小戏骨表演等；二楼为书画专区：版画、书法、插画等；三楼为棋艺、泥塑、陶艺专区；四楼为琴艺、鼓乐、民族舞、芭蕾舞等艺术专区；五楼为创客空间、牛顿天地、坪洲一号等科技专区；正健楼和风雨操场为街舞、羽毛球等运动健体专区；学校书韵园、智慧园、竹节园、百草园、青青园、桂香园、兰馨园、放鹰园等为排练表演、观察写生、动手实验等专区。学校的公共空间全部成为学生展示的平台。

二是学校安排专人负责课程的组织和实施，教师必须严格按照课程设计的课程方案、课程内容和课程方法来实施每个课程；有两位校级领导每周五下午做详细考勤记录，进行过程性巡视，每周一用教师大会时间对巡视结果进行总结。

三是允许学生在参与的过程中，根据自身喜好和特长做适当调整。比如，有学生先选择的是"小天使英语"，经过一段时间的尝试感觉不太合适，就转入了"小小金话筒"；也有的从"玩转数学"转入"写生画"；由"创意机器人"转入"神奇的叶子"。其中"少儿羽毛球""健身韵律操"项目申请人过多，我们根据教师要求和场地限制做了适当调整。

同时，我们也选择将一些重点课程做成精品课程。比如，语文活动课程，我们充分发挥其学科之母的作用，开发了"四季颂歌""汉字趣说""古诗派对""学做小主播""我是家乡小导游""语言修辞美容""学做广告"等课程。我们还着力培养和引进明星教师，特别是体育和艺术课程，像健美操、羽毛球、爵士鼓、吉他等，有了明星教师，才能有突破性效果。

实践证明，"配方课程"是一个师生、家校共同探索新知的过程，除了要重视学生的主动探索、发现和体验外，还要注意重视教师的指导和协助。教师在指导和协助过程中，使用多样的指导手段，发挥不同智能活动的各自作用，会极大提高"配方课程"实施的实际效果。

比如，在任何一种活动的指导中，教师可以根据"言语—语言智能"特别是其中以听力系统为主要媒介特点的口语，注意加强师生之间的对话、交流，不仅能帮助学生学会倾听和理解他人的语言并据此做出反应，而且还会因为有了这样的师生互动，使指导效果有明显的提升。

再如，根据"音乐—节奏智能"的特点，教师可以使用"音乐—节奏智能"作为指导手段和动力来激发学生的学习兴趣，作为缓冲剂来减缓学生的学习压力，进而帮助学生进入愉快探究学习和有效探究学习的境界。

又如，根据"视觉—空间智能"的特点，教师应该在各种"配方课程"的指导中注意培养学生的观察能力和空间想象能力，从而不仅让学生在学习中充分发挥形象思维的重要作用，而且还可以促进学生再造想象能力以及创造想象力的发展。

因此，学校严格管理教师"配方课程"的准入资格。教师或家长要申报开设一门课程，需要提供课程目标、课程内容、课程评价、招生范围、所需课时、具体实施、保障措施等资料，就自己申报的"配方课程"发表演说、进行陈述。学校还成立了一个"配方课程专家委员会"，教师们在申报的时候，需经过答辩，举办"配方课程论证会"，负责评审的评委教师对每位教师的申报陈述进行即时提问，并根据其回答予以评分，专家觉得可行，方可通过。

加德纳认为，如果不能对学生不同领域以不同认知过程和学习状况做出准确的评价，那么，再好的课程改革也没有多大作用，评价在教育中扮演了重要的角色。多元智能理论的研究提出评估是教学的最大需求，既然承认学生多元智能的存在，就不能套用单一的课程评价方式对待"配方课程"，而应该以多种评价的手段方法去衡量不同的学生。这样才能发挥"配方课程"优势，让学生展示自己的长处。

与此同时，这种评估的结果只被认为是学生智能的部分表现，既不是其智能的唯一指数，也不与其他人比较进行排序。将学生的强项与弱项加以比较，并向家长、教师甚至学生自己提出建议，告诉他们在家里、学校和社区，什么样的活动是可行的。根据这些信息，学生能够加强自己智能弱项的锻炼，结合自己智能的强项，更好地满足学习的需要。对"配方课程"来说，它的实施同样也是以准确了解学生智能的状态为先决条件的，因而必须围绕学生多元智能的发展精心策划其评价过程。

我们施行"配方课程学业证书"制。学校设计并制作了"配方课程学业证书"，每个毕业于坪洲小学的学生，不仅能获得"小学毕业证书"，还能获得"配方课程学业证书"。它用以评价学生"配方课程"的学习情况，促进其自主发展。"配方课程学业证书"分课程类别、名称、获得等级等项目，对学生的学习情况采用"五星评价法"，一星为入格，二星为合格，三星为升格，四星为出格，五星为风格。教师根据学生的出勤情况、学习态度、学习能力、自主创新、互动参与、课前准备等表现做出评价并确定星级。"配方课程学业证书"是学生下一学期申报选修的发展性课程的主要依据，也将作为学生的学习资料保存到其专门的档案中，优秀作品将存入学

我给毕业生颁发"配方课程学业证书"

校博物馆。

　　我们举办"校园八节"进行"配方课程"实施效果的检阅，促进了多元智能的全面健康发展。检阅指标与"有德行、有智慧、有情趣、有气质"的育人目标紧密结合。如 3 月踏青节、9 月雏鹰节重在检阅培养"有德行"的人；5 月超人节、10 月观察节重在检阅培养"有智慧"的人；4 月健美节、11 月悦读节重在检阅培养"有情趣"的人；6 月秀秀节、12 月狂欢节重在检阅培养"有气质"的人。

　　每学期期末，我们还进行"配方课程"项目总评。学校"配方课程"考评小组将对"配方课程"每个项目进行现场考核评分，然后根据其平时的教学常规检查、课程及教材设计、学生参赛获奖等情况，综合评定优秀项目及主持人。比如，本学期末学校"配方课程"考评小组对"配方课程"项目进行了考评，评选出"朗诵与主持（高段）"等 15 项一等奖，"孔子小学堂"等 20 项二等奖。

　　正如顾明远先生所说，"配方课程"不仅需要教育界的开放——把学校打开、把课堂打开、把课程打开，还需要社会方方面面对教育的参与和支持，使教育突破内在封闭的圆。只有全社会都树立起正确的教育观、人才观、智能观，都参与到教育的改革发展中来，才能真正地实现让所有孩子"成长得更好"的课程梦、教育梦。

　　八年来，坪洲小学实施的"配方课程"得到了广大师生及家长的赞誉，成效显著。希望在不久的将来，"配方课程"还能衍生为少年科学院、少年文学院、少年艺术院、少年健美协会、少年读书协会……

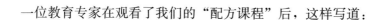

一位教育专家在观看了我们的"配方课程"后，这样写道：

坪洲小学正在发生的这一切，是源于一位校长自觉的课程改革意识，以及全校自觉的课程改革文化。坪洲小学的课程改革——是深度化、精细化的课程改革战胜了简单化、表面化的课程改革；是落地化、实践化的课程改革战胜了追逐时尚、空喊口号的课程改革；是基于学校办学实际、教师队伍专业化发展的课程改革战胜了脱离学校办学实际、不被学校师生认可而生搬硬套抽象理念的课程改革；是长期有效、决心毅然的课程改革战胜了一时包装只能起到花瓶效果的课程改革——只有这样的课程改革，才能使每一位学生的名字都变得神圣而庄严，让每一位教师都能拥有归属感与成就感。

七、开放式评价：珍视学生的生命价值

开放式教育是建立在"以学习者为主体"的实践性研究基础上的，是伴随开放的社会而产生的。学生评价的开放是开放式教育的重要组成部分。

学生评价的开放是通过对多元信息的分析，对学生的道德品质、科学文化、劳动技能、身体心理和兴趣爱好进行整合性的评价。学生评价已经不再只局限于对记忆性知识的考核，而着眼于关注学生全面素质的培养和创造潜能的培养，珍视学生的生命价值，尊重学生的自主意愿。

（一）参与式评价：发展学生的多元智能

在开放式评价中，人人都可以成为评价者，人人也可以成为被评价者。对小学生来讲，只有学会评价，才能参与到评价中去。教会学生评价的基本技能，并引导他们适时地参与评价，这是推行多元评价的基础。

在培养学生评价能力的过程中，我们将重心定在了课堂教学中，让学生在评价中学会评价，在实验中形成师生、生生交互性评价，实现教学相长。

1. 在参与中学会评价

这种参与评价的形式，是让学生主动提前介入教学。即鼓励学生在评价中发展能力，提高兴趣。这就要教师放下架子，不独享评价的特权，让学生选择最有利的时机，或成为学习的主体，或成为评价的主体。在学生学习过程中，必然会经过感知、领悟、反省几个过程，学生会对自己认识知识的程度做评价，也会针对教与学过程中的种种情况做出评价。

我们的做法就是借助教师示范性评价，吸引学生对评价产生兴趣，领会评价原则和基本方法，然后主动参与评价。在集体性教学活动中，通过学生间充分的学习交流，相互启发，逐渐形成学生的自主学习和参与评价的能力。通过独立性自我评价，让学生在自我评价和自我矫正活动中，促进认知能力的发展，使评价成为个人学习活动的有机组成部分，也使教学活动表现出师生互动，生生互动特征。通过教师评学，学生评教，实现教学相长，使课堂教学充满师生的智慧与激情。

其中我们重点抓了"学生参与教学的充分性"指标，设立了学生求异答案出现人次，对教材、教师教学质疑人次，对教师评价学生的再评价合理性等几个具体评价指标要素。经过几个学期的培养，学生初步具有了对学习过程中存在的疑点，对教师的授课甚至教材大胆质疑、评价的能力。如在二年级一节作文教学中，学生对教师提供的一幅插图提出了意见：小红伞与蘑菇外形完全不一样，大灰狼不可能看不到。又如，自然课上学生学习桥的内容时，充满渴望地问教师："老师，您还知道关于桥的其他知识吗？世界上还有哪些著名的大桥？它的建筑特色是什么？"这样的课堂有效地激发了学生的求知欲，促进了学生的自主学习。

2. 在课堂中学会评价

学校把实现教学相长的突破口定在了课堂教学上，以学生对教师评价的反评价为抓手，培养学生求真知和多元求异思维能力。为此，我们建立了新型课堂教学十大评价标准，强调教学时间分配的合理性、学生学习的兴趣性、教学过程学生参与的充分性、学生良好习惯培养的有效性、课堂师生关系的民主性、学生对事物判断的选择性、学生之间的合作性、学生口头与动手能力培养的可见性、学生对基础知识的理解与接受性、学生思维发展与创造性。

语文课上，教师对一个学生的朗读表示肯定，就会有另一个学生提出："他读得有些问题，我比他读得更好。"

科学课上，关于浮力实验，学生细心地发现教师对物体加以外力时，没有将物体压到容器底部，实验结果不可信，于是科学的操作就在师生互评中产生。

音乐课上，对于学生表演，师生共同评价，相互修改、出点子。在师生相互评价、互补纠正中，学生提高了体验艺术、表现艺术的能力。

实践课上，在探究植物果实如何传后代时，学生通过网络寻找资料，再对寻找的资料进行归类整理。在教师的不断激励中，师生互相评议，学生在极大的兴趣中寻求知识发生发展的过程，最后终于获得了符合科学规律的结论，从而体会到成功的喜悦。

课堂教学在师生互动中，闪现智慧的火花，优化了外部评价环境，使学生体验到教师和周围学生对自己的关注和尊重，民主的课堂教学开始展现。

3. 在评价中学会评价

小学生处于步入人生的起始阶段，评价要从学会评价自己开始，只有对自己了解了才能为自己寻找到最有利于自身发展的方式和空间。在对自己综合素质进行评价的过程中，学生通过对指标内容的学习，了解社会对小学生的基本要求；通过对个人活动的记录，明白什么是持之以恒；通过对自己一段时期经历的反思，明白成长就是在不断改进中进步的，人的成长是没有止境的。这种通过学生自我评价所产生的效益，要比让一个成人告诉学生该怎么做所产生的效益多得多。因此让学生学会评价，首先应从评价自我开始。

小学生进校学习，最让他们感到兴奋的是遇到众多同龄伙伴。学生们在与同伴交往的过程中，逐步形成了合作能力、交际能力等多种社会生存能力。同时，我们还要创造条件让学生在与人相处中形成初步正确的评判标准，这就要从评价他人入手，在评价他人的活动中，我们引导学生评价同学，学会发现他人，诱发学生观察分析他人的意识和愿望；引导学生评价教师，培养不唯书、不唯上的胆量，使学校教育真正实现培养学生的创造能力和实践能力；引导学生评价家长，实现小手牵大手，共建家庭文明。实践证明，学生之间的相互评价形成了学生间正确的是非标准，有利于形成良好的班风；学生对教师的教学质疑，有利于形成教师民主、平等的教学观，促进教师加强业务研究，优化教育艺术；学生对家长的评价，有利于家长严于律己，促进家长自觉做终身学习的模范，不少家长就是在孩子的督促下不断进步的。

4. 在"成长记录袋"中学会评价

在传统教育评价中，教师作为评价的主体，学生处于评价的客体位置，评价成为教师制约学生的法宝。这种评价主体的单一性，影响了评价结果的合理性。要使评价对学生起到积极作用，就要求信息源采集得全面、准确，要使评价信息来源呈现多元格局，评价主体也必须是多元的。全面的信息采集包括学生的学习态度、学习基础、学习环境等。评价结果要对学生成长起到正确的指导作用，首先要求信息是可靠的。要实现信息的可靠，就要求所汇集的信息来源是准确的。学生的成长是学校教育、家庭教育、社会教育共同作用的结果，所以评价参与者也必须是多元开放的。

我走进学生，参与评价

我们以多元智能为逻辑结构设计学生"成长记录袋"。力求简约精练、覆盖主要课程、体现评价特色。具体做法有以下几种。

四个分类

（1）学生档案：包括学生个人、家庭、学校等方面的内容。如我的自画像（"嘿！这就是我"），可以贴照片也可以让学生画自画像；我爱我家（"瞧！这就是我的一家"），可以贴全家福的照片；我爱学校（"看！我的学校真不错"），可以画校园一景。每个栏目都配上精简的文字介绍。

（2）多元智能：按照多元智能理论，分为八个子项目：语言智能、数学—逻辑智能、身体—运动智能、音乐智能、空间智能、人际关系智能、自我认识智能、自然观察智能。每个子项目中的内容由相关教师根据课程的特点进行设计，突出反映学生每项智能的真实情况。

（3）成长足迹：主要是对学生一学期来的思想、学习、生活等方面做一次阶段性点评，指出下阶段努力的目标。设有"我对自己说""同学对我说""爸爸妈妈对我说""老师对我说"等栏目。

（4）心灵独白：主要是让学生以成长日记的形式对自己的思想、学习、生活等方面进行反思性剖析。考虑到低年级学生的特点，我们把成长日记定位为写几句话或写一段话，以文字和拼音为主，以其他形式为辅。

四个原则

（1）主动性原则：记录袋中收集的材料，由学生、教师、家长共同完成，在教师和家长指导下，主要由学生自己选择，把主动权还给学生。

（2）形象性原则：记录袋中尽量使用直观形象的小图案、小图标，附上简明扼要的操作说明，使学生一看就懂；尽量采用贴一贴、涂一涂的方法，使记录袋便于操作。

（3）全面性原则：把学生发展的一般性目标分学科落实，教师根据学科特点设计各种表扬卡，如"背诵能手""口算高手""故事大王""长跑冠军"等；或设计各种小图标，如"五角星""小红花""红苹果"等，让学生自己收集、粘贴。

（4）激励性原则：学生"成长记录袋"的评价方法，以学生自评、互评为主，教师、家长参评为辅；以激励性评价、形成性评价和发展性评价为主；以突出学生的个性，发掘学生的潜能为主。

我们在具体操作过程中，结合学生学业评价手册的运用，探索形成"人人都是教育者，人人都是教育评价者"的格局，突破了评价局限在学校内的传统做法，探索形成以学生为主体、教师为指导、家长参与的机制。学生通过对自己在校情况做出评价，开始十分关心自己的行为与评价结果之间的相应关系，从而使评价起到了导向和制约学生行为的作用，也让学生明确了评价是学习生活中的重要环节，自己是评价的主人。

（二）发展性评价：让成长更全面生动

开放式教育是以实现全体学生全面生动的发展为目的，结合学生特定的年龄、认知水平和生活环境确定相应的目标。当我们将学生作为一个独立的人来对待时，检测目标不再是一组生硬的数字，而是对一个个充满活力的生命的关注，于是伴随而来的就是各种各样非预期的结果，在实现目标过程中就必然会产生众多发展中的问题。过程的不可确定性，使评价呈现出开放式的特征。

1. 发展性评价方法

从学业评价的对象来看，我们研究的是个体的持续发展，因而评价也必然会表现出个性化的特点。目标是阶段性的、发展性的。按照人的需求理论，个体目标在实现过程中，人们会针对不同时期，不同的起点，不同的环境，做出相应的调整、提升或降低。

试想，当学生初始目标设定过高，在实现过程中必定会带来极大困难，这种目标难以达成，挫伤的是学生的意志和信心；同样，当目标设定低于个体发展水平时，人可以轻而易举地达到目标，这时的目标就又不再具有激励性，结果是使人放松对自己的要求，停滞不前。因而，我们每一次对既定目标的调整必定是使目标更贴近学生的"最近发展区"。尤其是小学生，他们正处于从幼儿期到少年期的重要转折时期，蕴藏在体内尚未呈现的主体意识和由来已久对成人的依赖感，使其对自身缺少一个清醒的认识，要引导他们学会了解自己、主动发展自己，这是每个学生成长的引路人所必须要承担的职责。

因此，在学生接触评价之初，教师就要用行动告诉学生什么是发展性评价。教师要满怀希望地对待学生，使其相信天生我材必有用。才虽有大小，但在多元社会中每个人都有其存在的价值，正是人与生俱来的差异性，才造就了世界的和谐与平衡。我们在评价中着重探索了三种操作方法。

心灵沟通法。教师将小学阶段目标，分解成若干具体的小目标，在学生发展的关键阶段，适时地提前介入目标的内容，让学生带着目标前进。在学生成功时、挫折时，教师用一个眼神传递一份关怀，双方一个勾手，许下一个约定；教师轻轻的一次耳语，激起一份信心；微微一笑，给予学生一种鼓舞。学生在师长情感的鼓励下快乐成长。实践证明，这种方法适用于情感细腻、胆子较小的学生。

榜样激励法。教师根据学生的实际情况，利用学生乐观向上的主流心态，运用榜样的力量，在学生不同的成长期树立不同的楷模形象，适时对学生进行教育，鼓励学生超越他人，帮助学生在原有基础上，努力地跳一跳，实现跳跃性发展。这样可以使学生在生动的榜样力量激励下，从小学会以他人之长来鞭策自己不断进步，积极地促成自我主动成长。这种方法适用于自身能力较强，独立性和进取心较强的学生。

指导说理法。说理法是指通过摆事实、讲道理，提高少年儿童对养成教育的认识，促进养成教育实践的一种教育方法。俗话说，道理不说不明，真理不辩不透。少年儿童的养成教育只有晓之以理，才能导之以行。

我在座谈会上畅谈"开放式评价"的研究与实践

2. 发展性评价形式

开放式评价方式与策略是以记录学生认知发展情况为重点，是小学生在他人帮助下，修正自我的方法。

目前，我们初步形成了以学生发展为取向，以鼓励学生对自己的发展主动负责、引导学生主动选择学习方式、主动克服学习障碍为目的，来增进师生情感互动，注重过程管理的发展式评价形式。其具体表现有以下几方面。

第一，学生自评。这是学生自我激励与实现自我教育的主要方法。学生在发展过程中，及时对自身成长过程中的有利因素和不利因素做出思考，同时寻找指导者。这时教师的帮助不再是教师主观的行动，而是学生的内在要求。自我评价是学生发现和调整自我成长方式的重要途径。

第二，生生互评。这种评价通过学生对彼此优点与长处的发现，有利于学生自觉地在向他人学习过程中发展自我。学校在实际操作中，赋予生生互评应有的权利。一般来讲，学业评价中关于学生学习态度、能力的评定结果，均由每月一次学生互评获得。通过观察，我们发现，小学生完全可以胜任评价自我和他人的工作，同时我们更高兴地发现，童言无忌是小学生的突出优点，学生真诚地相互评价，促成了学生间的相互学习，也帮助学生严格地要求自己。这种借他人之长来提高自己的能力，是现代人的必备能力，有利于促进学生全面素质的提高。

第三，观察交谈。人的发展具有个性化的特点，只有当评价工作深入人心时，评价才会产生积极的作用。在评价过程中，所有参评人员都要做细致的观察工作，对学生的点点滴滴做如实的记录，评价事实才能具有真实性，才足以说服被评价者心悦诚服地接受。评价结果产生后，通过双方亲密的交谈，在倾听彼此的想法后，达成心灵的沟通，评价才会产生改变人的神奇效果。

第四，师长参评。教育是全员性的，学生是受教育者，教师和家长肩负着双重责任的角色，学校不能独占评价权，而置家长于被动的地位，教师与家长参与评价的时机，要以有利于学生发展为原则。师长同时参评有利于学生学做真人，从而真正走出一条"5＋2＞7"（即学校的五天教育融合家庭社会的两天熏陶）的教育模式，提高教育的效益。师长的评价做到多元化、情感化，学生就乐于亲近，评语就成了师长送给学生的一面正衣冠的镜子，而不是一次对学生强烈的威胁控制；是教育者给学生的一次成长中的指导，而不是严厉的斥责；是给学生一份信心的良机，而不是显示教育者权威的契机。

3. 发展性评价策略

第一，自我评价与交互评价相结合。根据事物变化的决定因素取决于内因的哲学原理，在学生学业评价中必须要引进自我评价与学生间、师生间的交互评价，以取代传统的教师单向性评价。让学生以自我激励为起点，经历自我诊断、自我调整，最终实现自我教育，这将大大提高学生的自信和自尊。教师、家长应相信学生，了解学生。评价中引进生生、师生的交互评价很有必要，让彼此在相互发现的过程中相互学习、相互激励，学学相长、教学相长，对促进人的发展有极大激励作用。

第二，学习主体与学习环境相结合。中国历来重视学习环境的建设，古代就有孟母三迁的故事。小学生处于人生重要的成长期，他们幼稚、好奇，易接受新鲜事物、好模仿。为营造良好的学习环境，学校做了诸多实践探索。例如，通过榜样教育，让学生自发形成良好的学习习惯，仿效科学的学习方式；学校直接听取学生意见，对教师进行评价，让教师自觉改进教学方法，优化教学行为；通过"我想对您说"启发学生评议家长的学习状况，大手与小手相牵，共建学习型家庭，这样在学生、教师、家长之间形成了促进彼此改进工作与生活的信息链，相互作用，使学生在学习型环境中学习，更有利于促进学生良好素质的养成。

第三，简单性与系统性相结合。评价的目的是优化学习的过程，而非获得评价的结果，因而将评价过程复杂化，挤占有限的时间，有本末倒置之嫌。我们在实践中采用阶段突破的方式，以点带面，有效延伸，使评价活动尽可能避免烦琐性，同时我们坚持以学生的纵向发展为主，系统地记载学生的发展道路，帮助学生乐观地与昨天比、与自己比，让学生满怀希望面向未来。

（三）形成性评价：让学生学做"真人"

学习的意义不在于最终获取了什么，而在于学习过程中的投入以及能力的增长。因而在学业评价中，我们淡化了终端评价，强化了过程中的形成性评价。为了实现评价形式及过程的开放，我们不独立占有评价的特权，而是让学生、家庭、社会参与到评价的过程中，各司其职，真实记录学生在所有时间段内的表现，从而使过程性记录的信息源成倍扩大。这种评价形式，有助于学生学做真人，持续进步。

1. 形成性评价意义

运用形成性评价，及时修正完善每一个正在进行的教育活动，让学生明白什么样的学习生活是有利于自身发展的，让学生学会根据自己可接受的方式接受教育；让教师明白，什么样的教育方式让学生乐于进入，能促进学生的主动探究，有利于培养学生的创新精神和实践能力；让家长明白，在构建学习型家庭中，家长要扮演什么样的角色，要怎样以身示范，才能有利于培养学生自主学习的良好习惯。

小学生可塑性强，所以评价必须持续给予学生前进的目标。我们允许学生矫正偏差，当获得大家认同时，可以要求更改评价结果，其中包括学习情况。记录表中也可以采用补分制的形式，真实地留下其进步的轨迹，反之亦然，从而体现评价的平等性原则。这种公开记录过程，及时向个人反馈评价结果，开放评价各个环节的做法可以使特长学生扬长避短，体验成就感，让困难学生得到帮助，获得机会，恢复自信心，从而鼓励每位学生愉快地面向未来。

2. 形成性评价形式

我们对学生进行书面考试评价时，采用了开卷或闭卷的形式，我们还采取了问答式的口语考试、单独对话评价等形式。我们还针对不同的内容进行不同的方式评价，如在批改作业和写评语时，不简单地使用"优、良、中"等，而是用一些激励性的语言，比如"精彩""真棒""你真行""太妙了"……对每个学生都给出最合适的评价，使他们充满自信。又如，在作文评价中为激起学生的写作兴趣，有的教师还采用一些诗句来评价，看到学生立意新、结构美的作文，就用"欲穷千里目，更上一层楼"鼓励嘉奖；对有的作文严谨程度不够，就用"千呼万唤始出来"当然，写此类评语一定要把握分寸，让学生能从诗句中明白自己作文的优点和不足。

3. 形成性评语形式

分析以往的封闭式评价方式，我们发现，评语产生的过程是教师的主观意志转化为思辨结果的过程，学生完全是评价的客体，处于被动的境地。评价往往也是千篇一律的教条式语言，很少有个性的内容，让人感到难以亲近。

于是，作为评价对象的学生，就认为既然评语源自教师的主观，我就可以置之不理。教师认真地撰写评语，却不能产生积极的效应，这不能不说是教育的悲哀。这就要求我们改变评价方式，即以形成性的过程评价代替原有的封闭式评价。让教师的爱体现在可感知的动作、语言上，让学生生活在爱和希望之中，这样才能保持学生各种兴趣的持续增长和良好品格的逐步形成。

我们要求教师从学生的情感需要出发，改变评语的评价角度，自觉将自己作为学生成长中的引导者、朋友，使评语能因人而异，体现明显的个性特征。学校在实践探索中基本上形成了指导式评语、谈心式评语、激励式评语三种类型。

首先是指导式评语。指导式评语模式是在教师对学生了解的基础上，在学生原有的发展水平上为学生指出新的发展方向，但发展的指导性意见可以不是命令式的。教师要以商洽的口吻，让学生发自内心地接受，并形成向新目标奋斗的决心。这时的教师仿佛是一位慈爱的长者，又像是一位亲切的大姐姐在与小弟弟、小妹妹耳语。这种评语写作的基础在于教师平时对学生的细致观察，以学生最希望达成的目标为切入点，给学生指出一条实现理想的快捷途径。语气可以是启发式的或磋商式的。

比如，"××同学：想得到一把开启知识宝库的金钥匙吗？许多同学是这样做的——专心上课＋认真作业＋不懂就问＋举手发言。你做到了吗？朝这个方向去努力，定能得到这把金钥匙。""你待人真诚，每次见到老师就会热情地打招呼；你关心同学，别人有困难时你都会伸出真诚的双手；你上课认真，学习努力。但你知道吗？你有一个小'毛病'，那就是你做作业贪快，字迹潦草，要是你在完成作业的同时，把字写端正，那该多好啊！"这些都属于这一类型的评语。指导式评语在评语方式中最具普遍意义，它以清晰明了的表达，给予学生明确的帮助，实现了给学生一个目标、一个方法、一个鼓励的评价目的。

其次是谈心式评语。谈心式评语是通过文字性描述将教师对学生的细致观察记录下来，真实地反映学生在一段时期内思想发展的主流和行为特征的评语方式。这种方式体现了评语者对学生的深深关怀，实现了师生心灵间情感的沟通，让学生在推心置腹的谈心中，体会到教师的拳拳爱心，从而让评语成为激励学生主动发展的重要力量。

这种以具体的描写和亲切的对话方式写成的评语，让学生体会到教师对学生生活和学习的关心。教师常采用鼓励与指点相结合的写法，有助于学生增强信心，同时给学生和家长指点迷津。这种方式既尊重鼓励了学生，又对学生进行了启发式的教育，使评语在评价过程中产生了积极的导向作用。

如，"默默无声的你，不是拾纸屑，就是发本子，凡是小队长的工作，你总是抢先完成。每当在课堂上看到你高高举起的手，听到大胆的发言，老师发自内心地为你高兴。你抱病坚持学习，老师为你担心，看见你因病难受的样子，老师真不忍心，大家知道你是一个要强的孩子。"

又如，"你活泼、热情，给老师留下了深刻的印象。你是一个有进取心的女孩。你的字越写越好，你的作文进步也不小，这些都很好。不过，你知道吗？小××，你容易受别人的影响，不善于克制，所以你的进步一直是阶段性的，时好时差。你如果能始终成为队员们的榜样，那该多好啊！"

最后是激励式评语。激励式评语是用肯定式的语句对学生取得的成绩来赞赏，并借助激励性的语言给学生提出一个更高的目标，鼓励学生向更高更好的方向发展，实现超越个人新的飞跃。写作时教师用极具感染力的语言，尽情赞扬学生的成绩，再以充满信心的语句，对学生指出更具挑战意义的奋斗目标，激起学生强烈的向上心。

　　比如，"××同学：你就像一条丝带，小朋友们就像一颗颗珠子。只要这条丝带起到以身作则、互帮互助的作用，这些珠子就会和丝带永远串在一起，变成一串闪闪发光的珠链，好美！我希望你发挥'丝带'的作用，当好我的小帮手，行吗？"再如，"你是个聪明的孩子，脑子里总装着千千万万个为什么；你是个勇敢的孩子，即使面对针头，也一声不吭；你爱老师，看到老师喉咙嘶哑了，你会默默地把药片放在老师的手心；你关心同学，谁借文具你都不拒绝，难怪大家都喜欢你！如果上课发言前能先举起你的小手，老师会很欣慰！"这些都属于激励式评语。

　　评语内容改变之后，学校记录下了学生学业评价手册下发以后的真实一幕：当手册发到学生手中，学生们不再淡然对之，几个细心学生发现全新的教师评语，兴奋地嚷开了，一时间全班同学都沉浸在喜悦的体验中，继而开始搜寻老师的视线，在师生眼光的交汇点上，评语不再是生硬的评判，而是教师智慧的结晶，学生向上的力量。

精选案例一

给孩子的一封情书

　　我和孩子们相处已经满满一年了。尽管朝夕相处，可我与孩子们之间仍然有着一扇虚掩的门，他们吸引着我又排斥着我——也许是因为孩子们不想将自己完全暴露在众人面前，伤害到他们自尊的花蕊；也许是自己还不够勇敢，怯于探索暗藏在他们内心深处的真相，打击到自己作为教师的尊严。

　　这矛盾的心情一直持续到学期末，直至我准备执笔为孩子们写下这一学年的表现与寄语时我豁然开朗，眼前出现了一条明晰的道路——当我站在孩子们的面前，无论我如何温婉柔和，都难以消除年龄与辈分带来的鸿沟。可是文字没有时间与空间的界限，它可以带着阅读者的主观体验毫无阻碍地直达他们的心灵深处。为何我不抓住这个契机，用一封"情书"交换他们的真心，深入他们的灵魂呢？我随着每一个象征顽皮、纯真、贴心、淘气的符号，步入了漫长的记忆之河，在斑驳的沙滩上静静拾贝，竟有一种从未涉足过的奇妙体验——面朝大海，春暖花开。

　　"情人"间的对话，是独一无二的，是喃喃细语的，是深情款款的，是真挚诚恳的，是温暖人心的。我给孩子们的评语，能否也能达到这样的效果呢？于是，熟悉的名字出现了朦胧的美感，笔尖与情愫交融，划向飘着墨香的纸。

第一个涌现在脑海中的名字是林小峰（化名）。他曾担任班长，后因多次引起同学争执而被撤职。他是公认的领导者，只是心高气傲，需要韬光养晦，磨炼心智。我想给他写情书，一定要有浓郁的文化气息，浪漫主义动之以情，夹叙夹议晓之以理，才契合他博古通今的文人气质。于是，一封短小精悍的信应运而生——

小峰：

在老师的心中，你像一匹特立独行而又有点桀骜不驯的千里良驹。读书使人聪慧，使人口才了得，使人安然沉静。这都是书籍给予你的礼物。

你作为班长，常常能够说出让人动容的言论——还记得吗？运动会的上午，你和颐航二人躲在教室看书，被我"狠狠"批评后，你说要做一个为大家鼓掌，带领大家迎接胜利的班长；还有在正己台上，你从容地反思了自己爱狡辩、与女生不够团结的缺点，并细心聆听了同学们的意见；但最让我震撼的是在我将你撤职之后，你仍能够带着一份责任心对女班干部们说："请相信你们会看到一个不一样的班长。"尽管我不在现场，但是当别人转述的时候，我的内心有一股热流涌过——那一刻，我看到了你的蜕变，你的成长。这是来之不易的。

天将降大任于斯人也，必先苦其心志，劳其筋骨，饿其体肤，空乏其身，行拂乱其所为，所以动心忍性，曾益其所不能。

如果"班长"只是一个名号，那么戴在谁头上都一样；如果你把"班长"看成扎根在你心里的责任，那么你就勇敢地去开拓吧。四（1）班是一片沃土，随时给有心人来耕耘。男儿志在千里，不要被细枝末节的小恩小怨绊足。心宽广，则天地无垠；心狭窄，则寸土无余。谨记！

小峰拿到信的时候，反复地端详，脸上渐渐露出了红晕。这个天不怕地不怕的男孩居然在读了我的信之后，收敛起自己刺眼的光芒，静若处子。我越发相信文字触动心灵的无限能量。

我环视四周，发现不少孩子都对我给他们的"情书"爱不释手。其中，还包括曾经在校园名噪一时的"调皮大王"方泽之。经过一个学年的接触，我和他之间慢慢建立起了一份信任——他曾经与老师激烈抗战、反复迟到、和父母冷战……而当我写上他的名字时，内心充满了柔软、温暖，似乎窥见了他心灵——

泽之：

孩子，当你长大，你会发现你有一个很好听的名字。"泽之"，就是父母希望用仙露琼浆滋润你、哺育你，天地万物能够恩泽你、护佑你。

正如他们期待的那样，你成长为一位健康丰硕的少年儿童了。所以，你首先要感谢父母为你取了一个如此有福气的名字。你要明白，所有的美好，都来源于你父母的祈愿。当你遇到让你快乐的事时，要首先感激他们，当你不小心犯错，也要首先向他们忏悔。父母是你的根，无论你是否枝繁叶茂，都要向根致敬，父母是你的源，无论你是否清泉四溢，都要向源问好。一个人对父母尊重与否，决定了他会成为怎样的人。

还记得那天我们靠着窗边，你因为我的一席话而泪流满面的情景吗？我说："泽之，很多老师只是看到你的一面，但事实上，我看到了你的很多面。"这个你，是会帮老师搬椅子、为别人让座的你，也是爱在课堂上插话、爱迟到的你。因为你的懂事，所以你获得了越来越多的认可，但是你偶尔的顽劣又会亲手毁坏你辛苦建起来的美好形象。泽之，你是一颗被沙石遮掩起来的宝石，你要在纪律、规矩中不断磨砺自己，让闪光的部分显现出来。

记住，没有任何人可以说你"不行"，但是"行"是要用行动证明的。我希望看到你的动手才能得以发展，你的不良学习习惯可以改正。加油！

是的，对于一个孩子而言，认识自己，也许可以从名字开始。我发掘出他们身上承担着的期待，并借此激励他们。我对城杰说："你的'城'是'价值连城'的'城'，你的'杰'是'英雄豪杰'的'杰'。所以在你父母的心中，你就是价值连城的宝贝，他们希望你能够做一个英雄豪杰。"我还跟姝辰说："静女其姝，灿若星辰。也许这就是父母对你的期待。"我这样写给振跃："振翅高飞，跃动千里。这是父母送给你的祝福。"薇薇的名字也被我打趣："俗话说'人微言轻'，但是咱们班可是'人薇言重'啊！每次你朝班上一喊，教室吵闹的分贝肯定就会降低很多。"看着孩子们兴奋地和伙伴们交流着自己名字的来历，我深知，名字的精神内涵已经扎根在他们的脑海中，促使他们马不停蹄地前往幸福的彼岸。

情书之所以美，是因为情人眼里出西施。孩子们之所以沮丧，是被当前的评判标准推向了失败的边缘。为了给他们拨开云雾见青天，我不禁在纸上一遍又一遍地写出了感情充沛的话语。全国知名班主任任小艾老师曾经说，要让每个孩子都相信自己可以成功。我想，童年时期那一点点甜的成功，会给他日后追求梦想带来源源不断的动力。因此，我对懒惰的孩子说："还记得家长会的前夕，你给爸爸写的信吗？老师猜，那是一封真情流露的信——因为爸爸看完之后感动地落下了眼泪。在这世间，最让他牵挂的莫过于你——你的每一次进步都是他人生里的一大步，你的每一次小错都会是他心灵的一大重击。这就是父亲。如果你能够懂得父亲的关心，便用你自己的行动去证明你可以时刻严格要求自己，做一位让他'万分自豪'的儿子——'万豪'，不正是他对你的期待吗？这是你毕生要学习的科目，而这个科目的每一分都源自你的努力与上进。"我对上课最爱开小差的同学说："眼睛，是用来寻找光明的，而不是睥睨与你不合的同学；嘴巴，是用来表达心声的，而不是制造吵闹；耳朵，是用来聆听真知的，而不是形同虚设；心灵，是用来充盈智慧的，而不是装载纷扰。安顿好自己每一个器官，宁静方能致远，踏实才可前进。孩子，你的父母与老师都愿意陪伴你走出混沌，步入锦绣！"我对那位抗拒上学的孩子说："思考、慈悲，这两个关键词形容你，真是再贴切不过了。你喜欢思考，眼皮垂下，托着腮帮子，样子呆呆的，很享受自己编织的梦幻世界——文字真是美好的东西，能够把你想象的世界变成触手可及的事实！你也慈悲为怀，每一声从你小小身躯里喊出的'和平'口号，都让我们所有人为生灵涂炭的战争而扼腕惋惜。所以，你很聪慧，也很善良。这两点，足以让你的父母与老师为你自豪。如果说非要给你一点小小的建议，那便是——尝试去做一个平凡人。每一个人都在书写自己的童年，其中有酸、甜、苦、辣。如果错过任何一种味道，童年都是残缺的。也许对于你来说，作业就是苦的一种。但是，当你六年级毕业了，你一定会十分怀念这些做作业的时光——因为作业本正在帮你见证着童年的分分秒秒、点点滴滴。只有把平凡人做得闪闪发亮，才会变成不平凡的人。加油哦！善良女孩！"……每一个孩子的闪光点都被我一一放大到他们无法躲避的位置。我始终坚信，唯有看到自己如此不平凡，才可以继续创造不凡的奇迹。

　　给学生的评语可以千变万化，但是当老师都把它当成一封含情脉脉的情书来写，那么孩子就会真正地把心托付给你。爱的教育，或许其真谛就在这儿吧。

（坪洲小学：叶素珊）

我的开放式教学课堂

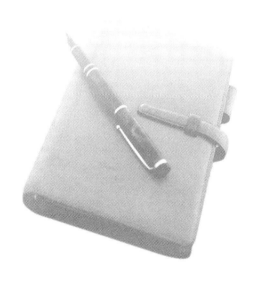

一、开放式阅读教学

"当今世界，经济全球化趋势日渐增强，现代科学和信息技术迅猛发展，新的交流媒介不断出现，给社会语言生活带来巨大变化，对中华民族优秀传统文化的继承，对语言文字运用的规范带来新的挑战。时代的进步要求人们具有开阔的视野、开放的心态、创新的思维，对人们语言文字的运用能力和文化选择能力提出了更高的要求，也给语文教育的发展提出了新的课题。"这是新修订的《义务教育语文课程标准（2011 年版）》在"前言"中的一段话，同时还指出："语文课程应该是开放而富有创新活力的……"这无疑是小学语文实现开放教学的一个指导性纲领。新课程改革为开放教学提供了更深的内涵，拓展了更广阔的空间。

2004 年，我提出的"开放式语文教学"是对新课程改革的确认与落实，是对传统教学"课堂中心、课本中心、教师中心"的封闭性教学的挑战。开放教学的实质是解除传统观念对教学的各种束缚，拓宽教学的开放度，让教学回归生活的海洋，彰显师生的生命状态。而开放式阅读教学正是开放式教育观下的一个重要教学点，也是开放式语文教学在实践中的一种衍生支系。

在传统的阅读教学中，作为课本的文本具有标准的解读取向，教科书的提示预设着编者的价值判断，教学参考书中的教材分析就是文本的解读指南，教学就是"教教材"，师生的阅读创造被忠实执行的阅读取向扼杀。《义务教育语文课程标准（2011 年版）》强调由忠实执行走向自主创新，并指出："阅读是学生的个性化行为。""教师应加强对学生阅读的指导、引领和点拨，但不应以教师的分析来代替学生的阅读实践，不应以模式化的解读来代替学生的体验和思考；要善于通过合作学习解决阅读中的问题，但也要防止用集体讨论来代替个人阅读。"由此可见，新课程的阅读教学关于文本的理解与处理强调基于文本的内在超越。

语文课程理念的更新，也带来课堂教学模式的变化，阅读教学成为学生、教师与文本对话的过程。在此视野观照下，我认为开放式阅读教学对文本的解读应是开放式的、多元化的、个性化的，追求"用教材教"而不是"教教材"，追求文本的实践性转化，追求超文本的感悟，从而诞生了具有创意的教学课型。

（一）窗口型教学

多年来，语文阅读教学总是处在一个相对封闭的系统中。在这个封闭的系统里，课堂教学的任务仅仅交给老师、黑板和粉笔，毫无生机。学生也无法忍受这种全封闭的、没有生机的教学环境。

如果我们把封闭的教材内容比作一座房子，我们为什么不打开窗户让新鲜的空气进来浸润孩子的心灵，去外面采撷一些漂亮的花木来装点房子呢？我们应当将课内教材作为一扇窗口向外部世界开放。那么，怎么开放呢？我有以下几点建议。

1. 以教材相关要素为线索的拓展阅读

作家邓友梅曾这样表述自己读书的心得："好书，尤其是经典著作，是作家对世界探索、认识、研究、思考的成果。人类总要以前人的成就为阶梯攀登新高度。书是最好的阶梯。"我们可以尝试将课内所学经典著作与课外阅读内容联系起来，来拓宽学生的知识领域，提高学生的语文整体素质。具体做法如下。

第一，作者延伸。这种方式即学完某位作家的一篇作品后，教师推荐并指导学生阅读该作家的其他作品，以满足学生的好奇心，并将阅读的触角延伸到课外，让学生自主寻觅知识的宝藏。

比如，教学六年级朱自清的作品《匆匆》时，可以这样进行拓展性阅读教学：课前查阅资料，如阅读有关朱自清的文章，欣赏相关的影视，了解朱自清的生平、生活、背景、文品和人品；在课堂中学习《匆匆》，研究朱自清的语言风格和思想感情；课外阅读他的代表作品，包括家庭生活、爱国忧民、自然美景等方面文章如《背影》《春》《荷塘月色》等，研究朱自清的文风和情感。

第二，内容延伸。在教学过程中，适当选择一些与精读课文内容相近但观点不一的阅读素材，让学生阅读、对比、讨论、辨别，让学生碰撞出思维的"火花"，培养他们同中求异的创新思维能力。

比如，学完朱自清的《匆匆》，可读读赵丽宏的《光阴》，读读《明日歌》《今日歌》等，比较古今文人表达珍惜光阴主题的表现手法有什么不同。又如，学完《凡卡》《卖火柴的小女孩》，可以联系《小珊迪》《小音乐家扬科》等课文学习，还可以推荐阅读高尔基的《我的童年》等，进一步了解外国孩子的生活和命运。

第三，人物延伸。向学生推荐的文章与精读课文中所写的人物有关，使精读课文中的人物形象更加饱满，对学生更具感染力，让学生在学知识的同时也学会做人。

比如，学完《一夜的工作》，可以联系《十里长街送总理》《温暖》《总理的睡衣》《周总理，你在哪里》等文章，使学生对总理有更全面、更深刻的了解，从而学习总理那种热爱人民、先人后己、艰苦朴素的美好品德。

第四，文体延伸。以体裁为主题的拓展式阅读也是开放式阅读教学在试行的一种方式。我们根据教学的巩固性原则，选择与精读课文文体相同的文章进行延伸阅读，使学生及时巩固所学知识，掌握同类文章的表达技巧。

比如，在古诗教学中，我们以所学古诗为基础，积极拓展古诗教学的内容，引导学生进行广泛的古诗词诵读，激发学生一生对古文化的向往。此外，通过散文、科普、儿童诗等体裁主题的研读，将学生的视线引向广阔的空间，为学生打开更多认识世界的窗户，从而建构良好的语文学习背景，让学生那空洞疲乏的心灵运动起来，获得更充分的成长。

第五，背景延伸。在教学课内作品遇到有一定阅读难度的文章时，通过背景延伸阅读，让学生既了解历史知识，又能运用历史知识解决课内外难题，领悟作者情感。

比如，《桑娜》一文了解沙俄时期的状况，《凡卡》一文了解当时社会现实等。再如，学习陆游的《示儿》，如果学生对陆游在诗歌中所表现出来的爱国精神缺乏深刻的了解，就不能与诗人产生共鸣。我们可以把时代背景以及陆游的生平做一些适当的介绍，学生就会对诗人因见不到国家统一而死不瞑目的心情有更深一步的理解。

第六，单元主题延伸。人教版的单元教材中都能凝练出诚信、友情、尊严、科学精神、民风民俗、先烈足迹等有价值的主题。学完每一单元，从单元中提炼主题，辅之以其他阅读资料，使文本与主题相遇，使散落在文本中的价值主题更突出，从而擦出解读的火花，点燃学生的精神火把。

比如，人教版11册有一个关于鲁迅先生的单元，选取了《少年闰土》《我的伯父鲁迅先生》《有的人》《一面》等文章，有的是鲁迅作品，有的是别人写的纪念鲁迅的文章。为了更好地了解鲁迅先生，我们可以推荐《故乡》《给颜黎明的信》等作品。

又如，学完《忆江南》《春夜喜雨》后，可组织学生继续欣赏关于春天的文学作品，增加学生的积累，加深学生对春的感悟：通过推荐朱自清的《春》，留下春日美好的初步印象；通过钱钟书的《窗》，让学生感知春天也有"高贵"和"下贱"之分，初步感受新鲜思维的碰撞；从南唐后主李煜的"问君能有几多愁，恰似一江春水向东流"中感慨春天说不尽的惆怅和落寞。所以，学生对于春的感悟成了这样的：春既可以春色满园，又可以萧条悲苦，无论什么样的春，都是作者个人情感的流露。

2. 以教材文本内容链接生活的拓展阅读

第一，文本阅读向生活环境阅读的拓展。"天地阅览室，万物皆书卷。"可尝试让学生在阅读课内文本的基础上和生活中的阅读相结合，让学生在源远流长的民族文化中，在书本和生活中享受博大精深的传统文化和独特的语言艺术魅力，从而激发民族自尊心和自豪感。比如，学了人教版 12 册"民俗文化"单元后，可以让学生收集春联，介绍家乡的特色食品、民俗习惯等，还可以组织学生到"民俗文化村"去游览参观等。

第二，语言文字阅读向课间游戏整合阅读的拓展。游戏是儿童的天性，我们可根据童谣、儿歌和中国的游戏文化，从提升语文素养和精神境界的角度出发，收集、整理、组合部分对韵内容，并和日常游戏整编，开发成新的游戏童谣。这样以趣为线，巧妙串联，开发成有价值的阅读、诵读材料，让学生欣赏对子韵律的活动内涵，了解游戏和体能活动中的韵律，体会对子韵律的节律美感和快意并尝试创编对子来游戏。在"游戏（阅读）—感受—研读—尝试—创编—再游戏（阅读）"六个板块中，教师引领学生层层深入探究对韵在游戏中的美妙，在与游戏和童谣、儿歌的亲密接触中，学生感悟到对韵的精炼、节律和祖国传统文化艺术的无穷魅力。

3. 根据语文学科特点进行的多维立体阅读

第一，横向式阅读。在语文学科中常常有经典的童话、神话、寓言等，学生学习这类课文后产生了阅读期待，但在课外的阅读中会感到盲目又茫然。因此教师可根据各年级学生阅读的实际，举行阅读指导课和读物推介活动。

比如，学了《丑小鸭》《卖火柴的小女孩》之后，可以推荐《安徒生童话集》，还有郑渊洁的"皮皮鲁"系列丛书等；学了《守株待兔》后，可以推荐《伊索寓言》等。

第二，纵向式阅读。学科间单打一的局面越来越呈现出很多不足，为能和谐地整体提高学生的素养，学科间的整合式阅读活动成为学生多维阅读的一个新亮点。教师可以尝试在语文、数学、音乐、美术、体育、常识等学科中进行有机融合，让学生在一定时间里进行阅读、实践、交流、汇报等活动，使他们在这个过程中懂得生活还有这样多元的意义。

第三，组合式阅读。"不积跬步，无以至千里，不积小流，无以成江海。"语文之塔不是一砖一瓦构建的，没有开放的阅读，就没有学生的语文功底。开放的目标必须是朝着语文的，拓展的方法必须是科学的。语文学科它首先姓"语"，其性质的核心是实践性和综合性的运用。

在开放式阅读教学中，首先要制定各年级语文知识、能力的基本框架，组成主题单元的基本结构。从人与人、人与自然、人与社会的关系出发，提出生活、自然、天文、生态、习俗、学习、修养、文化等线索；从语言文字入手，引领学生对文本反复涵泳体会。其次，再围绕"语文本体"引导学生在更大的思维空间中开放阅读，感悟文本。如果目标偏离，方法不当，只是一味地追求开放的形式，流于表面，结果只能得不偿失。

教学示例

《早发白帝城》

（课前热身）

师：老师今天上课带来了一个"百宝箱"，猜猜看，"百宝箱"里装了什么呀？

（学生猜，有的说是水果，有的说是书，有的说是玩具……）

师：等上完课后，咱们再来揭开谜底，好吗？到时候每位同学都会得到一份礼物。好，准备上课！

（互相问好）

师：今天我们继续学习第九课《古诗二首》的第二首古诗，这个"首"字是什么意思？谁能告诉我？（用红粉笔板书"首"字）

生："首"是"篇"的意思。

师：为什么不说古诗两篇，而说古诗两首呢？

生：诗就用"首"。

师：知道寓言用什么吗？

生：寓言用"则"。

师：真棒！诗词用"首"，寓言用"则"，文章用"篇"。

评析：细微之处见功底，教师从"首"字切入，恰到好处地让学生掌握用于诗词、寓言和文章的不同量词。这就是语文基础知识的落实，学生语文素养的提高就始于这一点一滴的积累。这一细节，为整堂课定下了在积累中发展的基调。

师：这首诗是谁写的？

生（齐）：李白。

师：你们了解李白吗？谁来说一说？

生：李白，字太白，唐朝著名诗人，才华横溢，被人誉为"诗仙"，一生游历了无数名山大川，写下了许多壮丽诗篇。李白的诗想象丰富，语言清新活泼，形式不拘一格，是继屈原之后浪漫主义诗人的杰出代表。

师：你怎么知道这么多呀？

生：网上搜到的。

师：真好，会主动查找资料了。同学们还有什么补充的吗？

生：李白的诗气势雄浑，风格豪迈、潇洒，有人说他的诗"落笔惊风雨，诗成泣鬼神"。

师：好的，李白的诗热情奔放，富有浪漫主义色彩，流传下来的诗有九百多首。今天我们要学的《早发白帝城》是他晚期的作品。从题目上看，你读懂了什么？

生1：我知道了李白早上从白帝城出发去江陵。

师：知道白帝城在哪儿吗？

生1：在江陵。

师：对不对呀？

生（齐）：不对。

生2：在今天的重庆市奉节东白帝山上。

师：怎么知道的？（板书：白帝）

生2：从课本上看到的。

师：很好！我们每天都在和课本打交道，我们要养成认真读书的好习惯。

师：我们刚才了解了诗人、诗题，这是我们学习古诗的第一步：知诗人、解诗题。（引导学生归纳并板书）

评析：当学生说是"从课本上看到的"时，老师及时引导学生"要养成认真读书（教科书）的好习惯"。教科书永远是最重要的课堂教学资源——老师深谙其道。

"知诗人，解诗题"这是老师引导学生总结归纳学习古诗的步骤，帮助学生掌握自学古诗的方法，实现"教是为了不教"。

师：李白从白帝城出发，要到哪里去呢？他是怎么去的呢？一路上看到了什么？听到了什么？心情怎样？下面请同学们自由地朗读这首诗。

（生自由读诗）

师：同学们，自由读时要拿起你的笔，养成"不动笔墨不读书"的好习惯。把不懂的字词画出来。

（生边读边动笔画）

师：现在，谁来告诉大家你读懂了什么？

生：我读懂了李白早上从白帝城出发，一天之内就到了江陵。

师：李白从白帝城出发去江陵。（板书：江陵），江陵在哪里呀？

生：在今天的湖北荆州。

师：也就是今天的湖北省江陵县。还读懂了什么？

生：李白的心情很愉快。

师：说得真好！你是从哪儿知道的呢？

生：我从"千里江陵一日还"这句诗里知道的。

生：从"朝辞白帝彩云间"也可以知道。

师：有没有不同的意见呢？你可以抓住一个最巧妙的字来理解。

生：从"轻舟已过万重山"的"轻"字可以看出李白心情是非常愉快的。

师：为什么是"轻"字呢？再体会一下。（板书：轻舟）

生："轻"字可以看出船速很快。

师：船快也是心快，心情愉快就感觉船行得快。快得怎么样啊？

生："千里江陵一日还"李白要去的江陵，虽然远隔千里，顺水而下一日之内就可到达。

（师板书：一日还）

师：还读懂了什么？

生：白帝山上的风景很美。

生："朝辞白帝彩云间"白帝城彩云缭绕，真美。

师：能用自己的话具体描绘一下吗？

生：早晨太阳刚升起，白帝城彩云缭绕，远远望去就像人间仙境。

师：啊，高高的白帝城，掩映在一片霞光之中，就像坐落在天上。离开白帝城，诗人一路上听到了什么呀？

生：一路上听到很多猿猴的啼叫。

师：不是三两声，而是此起彼伏，连绵不断。

师：为什么可以听到这么多猿猴的啼叫声呢？

生：因为山很多。

师：我们能不能用一个比较好的词语来表达呢？

生：山峦重重叠叠。

师：很好。白帝城彩云缭绕，可以看出白帝城山势很高，那么，山势高有没有更好的词语？

生：陡峭。

师：老师还告诉你们两个形容山的词语：层峦叠嶂、崇山峻岭。你们还读懂了什么？

生：李白坐的船很快，一下子穿过了千重山、万重山。

师：对呀！李白坐的船很快，还来不及细细欣赏长江两岸的美景，猿猴的声音还在耳边回荡，却已经穿过了重重叠叠的千座山、万座山。这是我们今天学习古诗的第二步。咱们一起归纳一下：抓字眼，明诗意。（引导学生归纳并板书）

评析：引导学生学习语言、积累语言，激活学生的语言意识，充实学生的语言信息库，使其逐渐掌握运用语言的方法和技巧，提高语文素养，这是语文课堂追求的本色，也就是语文课堂的"语文味儿"。教师在组织学生"抓字眼，明诗意"的学习过程中，十分注意引导学生在语境中掂量、体悟、接受，达成语言积累，这就是"扎扎实实教语文"。

师：诗的大概意思明白了吗？谁能用自己的话说给大家听。可以选择其中的句子来说，要尽量说得美一点。

生：我说第一句，早晨李白告别了朝霞掩映的白帝城。

生：我说第二句，远在千里的江陵一日就可以到达。

生：清晨，李白辞别了彩云缭绕的白帝城，乘船顺水而下，日行千里，一日之内就到了江陵。

师：辞别、彩云缭绕、顺水而下、日行千里，这些词用得好！

生：李白在朝霞满天的时候，乘船离开了白帝城，船儿顺流东下，船速很快，两岸猿猴的啼叫还在耳边回荡，船儿已穿越了重重的高山。

师：刚才我们用过一个词语来说猿猴啼叫声的，记得吗？

生（齐）：此起彼伏。

师：诗的语言简洁精致，同学们看看这首诗虽只有二十八个字，却蕴含着诗人丰富的想象，我们用自己的话说这首诗时一定要描述得美一些。想不想听老师说一说？

生（齐）：想！

师：（充满激情的）清晨，辞别了白帝城，乘着小船顺流而下，不禁回眸远望，霞光满天，高高的白帝城好像坐落在彩云缭绕的天空中。小船穿梭于幽深的峡谷之间，在奔腾呼啸的江水中像离弦的箭一样，飞驰而下，远隔千里的江陵一日之内就到达了。沿途两岸的高山秀峰，一闪而过，无暇细细观赏，耳边只听到猿猴的啼鸣声此起彼伏，连绵不断。就在这浑然一片的猿猴啼鸣声中，小船早就穿过了重重叠叠的千座山、万座山。美吗？

生（齐）：美。

师：老师在这段文字中用了一个比喻句，听明白了吗？

生：听明白了。

师：把什么比喻成什么？

生：把快速行进的小船比喻成离弦的箭。

师：你能把老师的那句话重复一遍吗？

生：在奔腾呼啸的江水中，船像离弦的箭一样飞驰而下。

评析：新课程标准重视教学资源的开发与利用，认为一切语言学习的材料都可以成为教学资源，从这个意义上说，教师本身就是最鲜活最重要的教学资源，既然如此，教师在教学过程中应充分发挥自身的语言和情感优势，用诗化的语言和丰富的情感对学生实施教学，这对学生来说不就是"润物细无声"的影响吗？

师：假如你是诗人，站在船头，望着三峡这奇丽的风光，听着猿猴的啼叫声，你的心情是怎样的呢？

生：喜悦。

生：愉快。

生：兴奋。

师：说得都很好。（展示三峡图片）在疾行如飞的小船上，面对这连绵不断的山峰，李白诗兴大发。谁来扮演李白吟诵这首诗？谁来看着三峡的风光片，用散文式的语言再描述一下？

（学生跃跃欲试，指名吟诵、描述，声情并茂，鼓掌）

师：这是学习古诗的第三步：想意境，悟诗情（引导学生归纳并板书）。想不想听老师来读一读这首诗呢？

（老师范读）

师：要用什么样的感情来读呀？

（学生明确要用兴奋、愉快、轻松的感情来读）

（女生齐读）

师：读得怎么样呀？有没有读出轻松愉快的感情？

生：有一点。

师：还有一些不够是吗？哪里读得不够呢？

生：读得快了一些，没有揉进自己的感情。

师：是读快了一些，没有节奏、缺乏韵律是吗？好，那谁来读一下呢？

（一学生摇头晃脑地读起来）

（老师带读，指出诗的节奏韵律、读音的轻重）

（学生齐读）

师：读的时间还是有些快，最后一句应这样读："轻舟—已过—万—重—山"要读出小船穿行的轻快。

（学生熟读成诵）

师：刚才是我们学习古诗的第四步：熟诵读，厚积累。（引导学生归纳并板书）

评析：阅读教学，以读为本，这是在新课程理念引领下广大语文教师的一种共识。执教者在课堂上充分运用"读"这一看似最简单最朴素的教学手段，指导学生通过各种形式的读，"想意境，悟诗情"实现教学目标。我们可以从中体会到"务本、求实、尚简、有度"的教学理念。

师：今天我们读了李白的《早发白帝城》，你们还读过李白哪些诗？

生：《夜宿山寺》。

生：《将进酒》。

生：《静夜思》和《望庐山瀑布》。

师：李白留给了我们九百多首古诗，大家课后可以通过到图书馆或上网找来阅读。

（布置课后作业：将这首诗改写成一篇散文）

师：（打开"百宝箱"）课前老师说要送给大家一份礼物，你们猜到是什么了吗？

生：书。

师：是的，我现在送给你们每人一本我们学校新编的《小学生必背古诗80首》，另外，老师还要为你们班的图书角赠送一本我儿子刚出版的现代诗集《寂寞的街角》。想不想听其中的一首？

生（齐）：想听。

（老师朗诵《书桌》）

师：只要同学们从小酷爱读书，体验生活，就能写出美丽的诗篇来。我衷心地希望大家好好学习，将来也出一本自己的诗集，做一个了不起的诗人。

生（齐）：谢谢校长。（学生齐鼓掌）

评析：语文学习"得益于课内，功夫在课外"，在课堂教学临近尾声时，教师又巧妙地将学生的视线牵引至丰富的课外学习资源。这既是课堂的拓展，又是对课时的照应，可谓用心良苦，其驾驭课堂的能力和教学艺术，令人叹服。一个衷心的希望，也许能激发学生读诗、写诗的兴趣，也许在未来真的从他们当中走出"一个了不起的诗人"来，那么，这节课的效益恐怕就是我们今天所无法评价的了。

【课评】

即时评课已成为该校校本教研的一大特色。在接下来的评课活动中，有的老师说："在当前的语文课堂上，不少人把追求花样作为时尚，结果往往迷失了自我，丢失了语文本体。张校长这节示范课体现了她对新课标的准确把握，把先进的现代教育理念与传统的语文教学经验进行了完美的结合，以一种纯粹的方式演绎着诗意的课堂，以最小的成本赢得了最大的效益。"有的老师说："张校长亲切而富有激情的语言如一缕阳光照亮了学生的心田，让学生感受到了一种温柔的震撼，让我们感受到整堂课都是心与心的交融，情与情的碰撞，生命与生命的守望。"还有的老师说：

执教"早发白帝城"

"张校长在课堂上教态从容淡定，教学行云流水，没有肤浅和浮华，没有故弄玄虚，让我们领略到语文课堂的宁静和淡雅，让我们感觉到做语文老师的快乐和幸福。"

以上评价，是老师们经历了对新课堂的迷茫与彷徨之后，从这节示范课领悟到语文教学奥妙所发出的赞叹。撇开这些感性的评价，我们理性地审视这节课，还可以从两个方面体悟到它的深刻。

第一，教师通过有意义的接受性学习与自主学习的相辅相成，让学生"跳一跳，摘果子"，实现新知识的建构。其彰显的教学思想是"教是因为需要教"。

第二，教师在教学中十分重视对学生学习方法的指导和良好学习习惯的培养，通过层次分明、循序渐进的教学活动，引导学生归纳出学习古诗的一般步骤及方法：知诗人，解诗题—抓字眼，明诗意—想意境，悟诗情—熟诵读，厚积累。教师用自己的行动诠释了崔峦先生关于"学习语文，说到底是养成习惯"的精辟论述。其彰显的教学思想是"教是为了不教"。

对于"教是因为需要教""教是为了不教"，我们应该从不同的层面来理解其意义。"教是因为需要教"是从教学的起点和过程两个层面来说的。叶圣陶先生的"教是为了不教"这句名言，似乎更应该从过程和终点两个层面来理解。

带着一颗宁静的心，再回首，赤霞辉映的白帝古城是否残垣犹在？轻舟负载的那个风华绝伦的诗魂已不知飘向何方，三峡猿猴欢快的啼鸣却穿越时空的风尘至今还在我们的耳畔回荡。诗歌的生命如此，而教学的生命又何尝不是这样的呢？今天的新课堂正呼唤本色语文的回归，提倡生态语文的追寻，相信课改的激流必然带走浅陋和虚华，留下纯美的生命本真与人文情怀，使我们的语文课堂留下令人感动的素净与永不褪色的盎然诗意。（张红华）

（二）打井型教学

《义务教育语文课程标准（2011年版）》关于阅读教学指出："在理解课文的基础上，提倡多角度、有创意的阅读，利用阅读期待、阅读反思和批判等环节，拓展思维空间，提高阅读质量。"引导学生"多角度、有创意的阅读"，我认为就要像打井一样深层次挖掘。

1. 研读文本，涌出泉眼

教师与文本对话的过程，实际就是"备课""钻研教材"的过程。想要拥有让人感到灵动、鲜活的开放阅读课堂，首先教师要清醒地认识到自己是读者，是阅读的主体，要用整个心灵去浸润文本——对文本有深层次的解读。文本作为作者思想和体验的载体，有其独特的内涵。对它的价值和内涵的发觉，是进行"打井型"教学设计的前提。所以，教师必须与文本进行深层次的对话，充分发掘文本的潜在价值，解读其负载的文化思想内涵，善于把握作者语言特点和运用语言的特色，把握文本的系统性和整体性，提炼文本中的养分。

与文本教材"零距离"接触，采取不同的读法来评价、鉴赏、品味，读出自己独特的思想与感受，这样才能进行富有创意的教学设计，才能在课堂对话中游刃有余，才能引导学生创造性地参与文本意义的生成过程。

比如，在对《长征》进行教学设计之前，应反复地诵读、默读这首七律诗《长征》，一边读一边思考：红军长征已经过去七十多年了，学生对长征的了解又有多少？能否理解《长征》所蕴含的意义？如何引导学生钻研文本教材，如何启发学生自省，主动探究？假如我是学生，我是怎样想的……考虑到学生以前学习过关于长征的文章，如《倔强的小红军》《飞夺泸定桥》《丰碑》《金色的鱼钩》，学生对长征或多或少有些了解，教师可创设情境——让学生观看相关电影，并设计"话说长征"的环节，来引导学生入境悟情，激发学生解读文本的兴趣。教师只有这样与文本进行深层次对话，读出自己的心得后，在课堂上才会变得得心应手，如鱼得水。课堂交流才会成为"一口泉眼",不断涌出鲜活的水来。

2. 开掘意蕴,深刻探讨

语文教学不应把文学意蕴视为某种抽象、简单的概念,用知性化的概念来代替文学意蕴的发掘,而应该从作家的个人情感,所处的时代背景及其审美意识,去对意蕴做深层次的品味。

如《我的伯父鲁迅先生》"救助车夫"一段中用了两个"清清楚楚",不少学生在读到此处时并没有细细揣摩,而教师却不能放过这一细节,应引导学生好好思考:(1)当时小周晔"清清楚楚",她清楚什么?(2)此刻伯父的脸变得如此严肃,她在想什么?(3)如果说小周晔在当时年幼的时候,清清楚楚记得的仅是伯父那张严肃的面庞,可是周晔长大以后她还清清楚楚地记得。难道她记得的仅仅是伯父那严肃的面庞吗?还有什么?就这样,教师牢牢扣住"清清楚楚"这一细节,运用品一品、写一写、说一说的方法,透过字面意思领悟语言内涵,巧妙地将问题引向深层次,这样,不但避免了教师的说教,挖掘了课文深层的意蕴,还使这一细节深刻化、形象化,呈现出五彩光芒,语文教学的"井"也就有了深度。

3. 整体回望,走向反思

反思是对过去经历的再次认识,并由此产生自律和策略调整。就阅读教学而言,反思是指学生对自己学习活动过程的再思考、再审视。在反思中,学生的思维可由"个体、表层"走向"全面、深刻",由"草率"走向"成熟"。在学习《将相和》时,教学目标是让学生凭借语言文字来体会作品中主要人物的性格特征。

教学示例

(在充分初读课文后)

师:同学们对廉颇、蔺相如、秦王这几个主要人物,都有了自己的喜恶判断,那么你为什么这么判断呢?下面就让我们走进文中,来透彻地了解一下这三个人物。

不少同学都喜欢蔺相如,那就从蔺相如这个人物谈起。请拿出笔来,在文中画出描写蔺相如语言、动作、神态的有关语句,读一读,想一想,他是个怎样的人?可以在书旁空白处写下关键词。

(学生自读自悟,圈点批注;教师巡视,个别指导)

生:我读出蔺相如的智慧……

生：我读出蔺相如神勇无比……

生：我读出蔺相如很聪明，有勇有谋……

生：我读出蔺相如很能容忍，气量很大……

师：读经典的感觉真好！接下来我们来读一读廉颇、秦王这几个人物……

师：刚才大家的体会很好，你能通过自己的朗读把自己体会到的内容表现出来吗？请从三个人物中选择一人，自由练习诵读相关片段。

（生自由练读后，指读）

一般老师便会在此环节止步。在这一环节，教师以极大的热情鼓励学生发表自己的读书感悟，值得肯定。但建构主义学习理论告诉我们，不同的人往往能看到事物的不同方面，如果任其而为，不加以引导，那么交流终究是一种形式上的热热闹闹、个体的片言碎语罢了。再教这一课，老师在引导学生自由感悟人物形象后，接着进行了下面的引导。

师：刚才，我们置身于文中，看到了（　　）的蔺相如，（　　）的廉颇，（　　）的秦王。

生：我看到了智勇双全的蔺相如，盛气凌人的秦王，知错就改的廉颇。

师：这是你自己体会到的，通过刚才的交流，你对他们还有哪些新的认识？

生：我不仅看到了一个有勇有谋的蔺相如，还看到了一位顾全大局的蔺相如，他和秦王斗智斗勇，对廉颇宽宏大量，归根结底都是为了自己的国家。

生：其实廉颇也是爱国的，他一直承担着保卫国家的重任，虽然他有小小的嫉妒心，但他只要明白了道理，就勇于认错。他是一个心胸坦荡的人。

师：你的发言让人很惊喜！你在已有认识的基础上，还发现了蔺相如、廉颇将相和好的根本原因，真好！

…………

师：通过交流，我们学会了多角度评价人物，我们对人物的认识也就更全面、更深刻了。

（最后教师鼓励学生通过自己的朗读，力求表现出蔺相如的机智和勇敢，廉颇的勇敢、坦荡）

交流的过程不仅仅是让学生展示自己的解读，而且还需要教师指引学生回望，让学生置身于一种合作的氛围中，发现自己认识上的局限，从而促进学生认识的全面性和深刻性，同时也使学生明白倾听、吸纳他人发言的重要性。短短的一节课，留给学生的意义却是多层的。

引导学生对一节课的学习过程进行反思，可以从学习内容入手。比如，这节课我们学习了什么，掌握了哪些知识？大多数的课堂在课后小结时仅仅停留于此。还可以对学习策略进行反思，比如，这节课我们学到了哪些思考问题或语言学习的方法，哪些方法是合理的，哪些是有效的？还可以引导学生从经验和教训方面进行反思，比如，你遇到问题是独立思考，还是等待老师讲解，你有什么优点或缺点，你的哪些方面容易让人记忆犹新？

没有难度来适度抑制和支撑的课堂会热闹非凡，学生们兴高采烈，老师也常常感到很满意。这犹如经济上的"虚热"、股市上的"虚高"现象，今天看不出来，明天还是无所谓，但一旦膨胀到顶，大盘崩溃，再亡羊补牢就没有什么意义了。因此，我们语文老师要时刻保持清醒，课堂教学宁取表面平静也要有深度地进行探究思考，摒弃缺乏思维、只有热情的虚假繁荣，像打井一样，将阅读"追问"到底。

教学示例

《第一场雪》

（课前热身）

师：冬天什么景色最美？

生：雪。

师：（板书：雪）大家见过下雪吗？谁来描述一下雪的样子？

生：我只在电视节目里看到过下雪。

师：我知道我们广东的孩子绝大多数没见过雪。那么我们就来学习著名作家峻青写的一篇关于雪的文章《第一场雪》（板书）。同学们搜集、整理了哪些雪景资料？展示给大家看看。

生1：雪铺满了屋顶。

生2：雪落在光秃秃的树枝上。

生3：树上堆满了蓬松松的雪。

生4：鹅毛般的大雪把大地装扮成粉妆玉砌的世界。

师：这是大家从昨天搜集到的图片中看到的雪景。请同学们打开书，我们先来看一看"预习"。"预习"中告诉了我们什么？提出了什么要求？

生："预习"要求我们弄清作者是按什么顺序来写的？雪有哪些特点？

师：好。我们就按照这两个要求来自读课文。

（学生自读课文）

师：谁来回答第一个问题——作者是按照什么顺序来写的呢？

生：是按时间顺序来描写的。

师：那你们能按时间顺序把课文进行段落划分吗？

（学生回答后，教师板书）

雪前（1—2）雪中（3）雪后（4—7）

师：下面我们来解决第二个问题——这场雪有哪些特点？

生：来得很及时。

生：它是瑞雪。

生：这场雪来也匆匆，去也匆匆。

师：抓得准！（学生鼓掌，老师板书：鹅毛般）我们一起来读第三自然段。

（生齐读）

旁白：从雪的特点入手进行变序教学，中间开花，紧扣主题。表现了教师丰富的课堂教学经验和灵活处理教材的能力。

师：这一段作者是从哪个角度来观察雪景的？

生：视角。

师：对！这是作者写景时观察的角度。写景的文章一定要仔细观察，并抓住特点进行描写。那么，作者除了用视觉去观察，还通过什么方式去感受这场雪呢？

生：用听觉去感受。

师：请你读一读作者用听觉感受的内容。

生："偶尔咯吱一声响……"

…………

师："鹅毛般"是描写雪的什么呀？

生：样子。

师：换个说法叫什么？

生：形状。

师：很好。（板书：形）"一会儿就白了"是描写雪的——？

生（齐）：颜色。

师：（板书：色）"簌簌""咯吱"呢？

生（齐）：声音。

师：（板书：声）作者很好地运用了写景的手法，或者叫写作方法。

旁白："教学的最高境界是真实、朴实、扎实"教师相机对学生进行作文指导，很好地进行了读写结合训练，做到了该讲解的讲透彻，该板书的写明白。这里体现的正是课堂教学崇尚的"真实、朴实、扎实"。

师：这场雪下得真大，而且是在寂静的夜里，我请女同学把第3自然段读一读，要读出那种"静"。

女生："开始下雪时……"

师：有静的感觉，但还不够。尤其是"只听见雪花簌簌地……咯吱一声响"这句话，还要练一练。下面我要请同学们把眼睛闭上，听老师读。看看老师能不能把你带到美丽的、静静的雪景中去。

师："大雪整整下了一夜……"

旁白：教师的范读对学生朗读的示范性，以及对学生朗读水平提高的作用，是毋庸置疑的。教师以声情并茂的范读将学生带进了文本所描绘的雪景中。

师：你们看到雪了吗？

生：看到了。

师：好，把你们看到的说一说。

生：我看到了毛茸茸、亮晶晶的银条儿……蓬松松、沉甸甸的雪球。

师：好美啊！说了四个词：亮晶晶、毛茸茸、蓬松松、沉甸甸。谁告诉我，亮晶晶、毛茸茸是什么样的？能不能把图片展示给大家看看。

（教师快步走近学生拿图片展示）

旁白：为了帮助学生展示搜集的图片，教师步履匆匆来到学生身边拿图片，又疾步返回讲台展示，她为的是不浪费属于学生的每一分每一秒。这里呈现的是和谐、高效课堂的完美细节，表现的是教师对学生最真诚的人文关怀。

师：作者用词多么美妙。这场雪除了"大"，还有什么特点？

生：静。

生：美。

师：美在哪里？用自己的话说说。

生：美在晶莹剔透、五光十色。

师：这两个词用得好！课文中还用了哪个词表现雪美？

生：粉妆玉砌。

师：谁能把"粉妆玉砌"换一个词？

生：白茫茫。

生：银装素裹。

师：换得好！万里江山变成了银装素裹的世界。你怎么想到这个词语的？

生：《沁园春·雪》中有"红装素裹"这个词。

师：哦，你读过毛泽东写的《沁园春·雪》。你能背吗？

生：不会背。

师：想不想让老师背给你听。

生：想。

师（朗诵）：北国风光……（下课铃响了）下课了。

旁白：教师在这里借助学生的回答，巧妙地引出毛泽东主席的《沁园春·雪》，并通过自己的感情朗诵，让学生感受到了"雪"的壮美。表现出教师娴熟驾驭文本的能力和合理开发课程资源的意识。

生（异口同声）：再上一会！

师：那我们就不课间休了。

（生鼓掌）

旁白：下课铃响了，课没上完，这似乎不够完美，但真实的缺陷总要比虚假的完美好。当学生不愿意下课时，教师选择了"再上一会"，这不仅不是加重学生的负担，而是真正的以生为本。

师：课文第一、第二自然段告诉了我们什么？

生：告诉我们这是入冬以来的第一场雪。

生：这是一场有用的雪。

师：你怎么知道是有用的雪。

生：给农民带来了好处。

师：哪一句话能说明？

生：瑞雪兆丰年。

师：一场及时的雪预示着来年的丰收。知道峻青写这篇文章是哪一年吗？

生：1962 年。

师：不错。看来你课前查了资料，这很好。1960 年、1961 年、1962 年正是我国处于自然灾害的年头，我们的农业生产连年歉收，1962 年年底，下了这一场雪，预示着我们的国家会走出困境，因此峻青写下了这篇散文。

师：我有个建议，同学们可以学学画家，把今天学习的内容和你体会到的美景画出来；也可以学学毛泽东主席，写一首赞美雪的诗；还可以学学峻青，写一篇描写雪的散文。

师：今天的课就上到这里。

生：真厉害！（全班鼓掌）

旁白："真厉害！"孩子们发自内心的赞叹，让任何一种有关这节课的评价，都显得苍白无力。对于我们的高效课堂，学生是最权威的评判者，因为我们在课堂上所做的一切，都是为了学生。

执教"第一场雪"

【课评】

在示范课上，张校长准确把握新课标和文本内容，设计了"五步教学"流程：整体入手、厘清文路→变序教学、读中感悟→品词析句、读写结合→归纳概括、突出训练→介绍背景、画龙点睛。课堂上，她凭着自己扎实的教学功底和娴熟的教学技艺，使课堂精彩纷呈。在教学结束时，全班学生不约而同地报以热烈的掌声，并情不自禁地赞叹："真厉害！"

在接下来的评课活动中，有的老师说："这是一节既回归传统、又超越传统，既忠于教材、又超越教材的好课。"有的说："这节课，张校长没有刻意地去准备。她是拿着一本书和一支粉笔走进教室的，以最低的成本，收到了难以想象的效果，这样的课堂就是高效的课堂。她同时为我们验证了'我一辈子都在备这堂课'的教育格言。"有的老师还说："张校长的课让我们感受到一种'简单的艺术'。这堂课实现了深刻的简单和真实的完美，让我们感受到了一次久违的心动。"

这是一场及时的"雪"。它荡涤了我们的心灵，引领着我们的课堂教学回归常态，追求效益。

这是一场厚重的"雪"。它为我们诠释了以人为本的"开放教育"内涵：教室的门为校长开着，校长走进教室听课，走上讲台上示范课，这就是开放；校长的心为老师们开着，让老师们对示范课的不同意见"吹"进来，这就是开放。

这是一场美丽的"雪"。因为它充满了激情和智慧，充满了艺术和爱；它是在真正地关注学生生命的本性，引领教学回归自然与朴素、人文与经典；它达到了纵横自如、炉火纯青的地步。

（三）主题型教学

主题原指文章的主旨、立意、中心思想等，再后来又被引申为题材概念，是社会生活或现象的某一方面，如改革主题、战争主题等。主题型的开放式阅读教学模式是由后一个引申意产生的，即围绕课文的某一方面或单元的某一方面拓展延伸的阅读，也叫主题阅读，或者叫专题阅读。它像一条丝线，将散落在书海里的美文按主题、作家串联起来，使一篇篇灵动鲜活、文质兼美的文章成为孩子们继课文学习后的又一道精神大餐，并完成从"例文—主题—专题—文化成果"的逐次提升。打个比方，一次主题拓展阅读就像是种植一株榕树，课文是榕树主干，与主题相关的作品就是榕树的枝叶，其中的每一部作品都可能成为一条须根，只需加以"灌溉"，就能开枝散叶。久而久之，在学生心中就培植了一片茂密的"文学丛林"。

比如，《詹天佑》一课讲的是詹天佑主持修筑京张铁路的事。教学本文就可以围绕"铁路"这一主题，拓展阅读一系列有关中国铁路建设的故事，如《建好又拆掉的铁路》《想拉火车的驴子》《青藏铁路》《中国高速铁路》等，使学生对中国铁路的发展史有一个全面了解，这就是主题式阅读，是由一篇课文产生的主题阅读。

再比如，围绕"科学精神"主题，阅读有关科学家的文章，探究中外科学家们所共有的科学精神，这是由单元引发的主题阅读。那么，开放式阅读教学如何结合文本进行主题拓展阅读呢？

1. 精选内容，增强主题阅读的针对性

在学习每册教材之前，发挥教研组集体智慧，精选主题阅读材料，增强阅读针对性。

第一，细化单元解读。现行教材已明确指出了每单元的主题内容、训练重点、精读与略读篇目，教师在集体研讨时侧重对单元内容的具体解读，对每篇课文的内容、写法等做到心中有数。在依照课程标准、参考相关资料、结合学生实际的基础上，设计较具体的可操作的单元知识目标、情感目标和能力训练目标，以此为指南去搜集阅读材料，增强针对性。

第二，精选拓展材料。围绕本单元的主题或针对精读篇目收集扩展阅读的材料。教研组成员分工协作，利用网络、书刊等多种渠道广泛收集资料，各自准备好后再进行共同研讨，优中选优，最后精心筛选出拓展阅读的材料，统一印发给学生。所选材料力求在内容或写法上与本单元的主题相近、相似、相关。要求选材角度、写法风格的多样性、时代性、可读性，切合学生已有的知识水平和生活体验，有助于激发学生阅读兴趣。

第三，参与材料的收集。学生个人收集的材料经过小组精选、科代表和教师的层层筛选后确定的文章也可统一印发给学生，这样可以避免阅读的盲目性。拓展材料，除文本形式以外，还适当增添一些歌曲、图片、视频等，形式多样，会极大丰富学生的阅读世界，激发学生的阅读兴趣。

2. 取舍整合，增强主题阅读的实效性

教材内容、拓展材料如何取舍整合，这是一大难题。如果对课文精读细品，就不能在有限的时间里实现大量阅读；如果在一节课内阅读几篇文章，就会出现蜻蜓点水式的泛泛而读、面面俱到又面面不到的现象。其实主题阅读的课堂教学模式可以灵活多样，教材内容、拓展材料可以大胆取舍，灵活整合。

第一，精读一篇，学习方法。认真精读一篇语言精美、情感动人、内容上有代表性、写作方面有示范性的文章，尤其是教材每单元的某些重点篇目，都可采用传统的教学模式，细到字词句篇、修辞手法，引导学生品味感悟、积累运用，并注重指导学生掌握学习方法。

第二，课内、课外结合，拓展阅读。以课内一篇课文为立足点带动几篇课外主题材料的阅读，是主题阅读课堂教学最基本的模式。例如，学习《北京的春节》一文时，补充了梁实秋的《过年》和斯妤的《除夕》这两篇文章来进行拓展阅读。通过品味生动传神的词语和含义深刻的语句，激发了学生对民俗文化的关注，并引发学生对祖国的热爱之情。

第三，课内综合阅读，比较式学习。人教版六年级下册"外国文学"单元，内容丰富，文体多样，情节引人入胜，学生较有兴趣。本单元中的四篇课文《卖火柴的小女孩》《凡卡》《鲁滨逊漂流记》《汤姆·索亚历险记》，可在学生自主阅读的基础上，通过一两节单元综合课对各知识点进行梳理归类：重点字词、作家作品、主题；写作技能：细节描写、虚实结合、对比、暗示手法；重点品味《卖火柴的小女孩》和《凡卡》。

第四，课外主题阅读，探究式讨论。有的课外材料在内容、写法方面都具有代表性、示范性，并切合学生的知识水平，对于这样的材料就要整合成一个主题，纳入课内进行阅读学习。如围绕"父爱"这一主题可以收集整理三篇文章：朱自清的《背影》《爸爸的白发》《爸爸的双手》。三篇文章表现父爱的角度不同，但写法基本相似，都是选取了人物在典型环境下的典型形象作为感情的聚焦点。在课堂上，可引导学生品语言、悟真爱、学写法。

3. 指导方法，增强主题阅读的多元性

阅读教学方法的多样性决定了主题阅读的多元性。

第一，从课题入手进行主题阅读。有的课题包含着丰富的阅读因素，在预习时可让学生从题目入手，围绕题目进行拓展阅读，了解相关知识或写作背景。如在教学《与象共舞》一课前，先布置学生预习：象是一种非常有意思的动物，它的身上发生过很多有趣的故事，请同学们回家后在网上收集"象的故事"，看你能收集到哪些有关象的有趣故事。结果第二天，学生带来了很多关于象的故事。课文还没学习，学生对象已经有了一个比较全面的了解，达到了未学其文、先爱三分的效果，有助于学生学习课文时对文本进行更加细致深入的理解。

第二，从矛盾点入手进行主题阅读。有的课文有很多前后矛盾的地方，而这些矛盾的地方又恰恰是需要深入探究的地方。教学中，如能抓住这些矛盾点，激发学生探究的欲望，进而进行拓展阅读，不失为一种有效的主题阅读方法。

如《草船借箭》是一篇古典文学作品。很明显，如何通过教学激起学生阅读古典文学的兴趣呢？智慧的教师会抓住课文中的几个矛盾点，有效地激发学生阅读名著的兴趣：（1）鲁肃是谁的人？诸葛亮明知鲁肃是周瑜的人，为什么还敢把准备草船这样重要而机密的任务交给他？（2）鲁肃在草船借箭这件事中帮了谁？他为什么不帮他的上司周瑜对付诸葛亮反而帮助诸葛亮？这几个矛盾点，在学生心里形成了一个结，他们有强烈解开这个结的愿望，而这几个矛盾点仅靠阅读《草船借箭》是无法解决的。于是教师趁热打铁，进行拓展："事实上，鲁肃在周瑜屡次陷害诸葛亮的过程中不止一次地帮助诸葛亮渡过难关，要想知道鲁肃为什么要帮助诸葛亮，诸葛亮为什么敢信任鲁肃，请大家阅读《三国演义》第四十三回《诸葛亮舌战群儒，鲁子敬力排众议》。"这样，学生带着强烈的疑问去阅读，兴趣就有了，也就明白了鲁肃之所以屡次帮诸葛亮，是因为他就是孙刘联合抗曹的创始人，他屡次帮助诸葛亮，就是要顾全大局，加强团结，共同抗击强大的敌人曹操。再如，教到"雾中借箭"这一段时，教师问："当诸葛亮下令让二十只小船靠近曹操水寨擂鼓呐喊时，曹操如果出兵迎击会怎么样？诸葛亮一生谨慎，从不冒险，此时为什么敢冒如此大的风险去借箭？他怎么就算定曹操一定不敢出来？"显然，这几个矛盾点在课文中也找不出答案，要想解决这个问题，还要读《三国演义》。在充分激起学生强烈疑问欲罢不能时，教师把拓展书目展示给他们："欲知个中原委，请阅读《三国演义》第四回和第七十二回。"这样，不仅激发了学生研读《三国演义》的兴趣，而且使学生明白诸葛亮是人不是神，他知天知地知人心的智慧都是平时留心观察思考的结果。同时也教给了学生用前后联系的方法读名著。

第三，从人物命运入手进行主题阅读。人都有关注人物命运的特点，所以善于制造悬念的导演都会在每一集连续剧的结尾吊足观众的胃口，吸引人一集又一集地看下去。其实，我们也可以根据人的这一特点，学学导演，在学生阅读文本，对课文产生兴趣后，引导学生关注课文中人物的命运，从而有效地进行主题阅读。

比如，教学《景阳冈》一课，在学生品读了武松打虎，感受到紧张、精彩、神勇、刺激后借机拓展："马上看林冲，马下看武松。武松的拳脚功夫最是厉害的。他性格豪爽，'路见不平一声吼，该出手时就出手'武松在《水浒传》里演绎了一个又一个痛快淋漓、荡气回肠的故事。武松打虎与那些故事相比，不过是小菜一碟。比如飞云浦脱险，当时武松因打了蒋门神被张员外陷害，手脚都带上了铁链，脖子上还戴着枷锁，被两个捕快押到一个叫飞云浦的险境，前后出现了四个杀气腾腾的执刀杀手，再加上两个已经抽出刀来的捕快，共六个人要杀他。这飞云浦，就是悬崖上的一座独木桥，两边都是万丈深渊，他的手脚又都被铁链枷锁缚住了，逃是没法逃了，一般人只能引颈受戮了。当时，一个捕快趁武松不注意，把绑在武松脚上的铁链一拉，就把武松拉倒了，然后顺着地面只顾拉着跑，武松站都站不起来。而那几个杀手拿着刀对着武松一顿乱砍，在这种情况下武松的命运如何呢？请同学们阅读《水浒传》第三十回《施恩三入死囚牢，武松大闹飞云浦》。"第二天学生只要读了肯定会争着说武松是怎样脱险的。然后趁热打铁，引导学生阅读"怒杀西门庆，醉打蒋门神，血溅鸳鸯楼，单臂擒方腊"等一系列有关武松的故事。一星期下来，正好是一个武松专题研究阅读，使武松在学生心里留下了深刻的印象。

第四，从课文作者入手进行主题阅读。大家知道，小学生对作者的认识大都始于具体的课文。比如林清玄，学生就是从课文《和时间赛跑》《桃花心木》开始认识他，并渐渐喜欢上这个作者，再去找他的其他书来读。渐渐地就形成以课文作者为中心的主题阅读。因此，老师在日常教学中，或课前、或课尾、或课中，适时地把作家请出场，推介给学生，帮助学生建立起对作家的初步认识，开启一扇以"课文作者为中心"的阅读大门，从而对其作品产生阅读期待。推荐内容大体包括个人生平、对世界文学的贡献、后人评价、典型作品等。如教学《卖火柴的小女孩》课文时就可在课前这样推介安徒生。

一、竞猜导入

师：在儿童文学界有一项最高荣誉，它以一个作家的名字命名；他的名字在某种程度上，比他的国家更响亮；他将一种文学形式从神话、传说中脱离出来，称为

"童话"。他是谁呢？

二、全面推介

1. 出示一组安徒生画像。

师：请同学们仔细观察他的服饰、发型、神情等，看能发现什么？

2. 交流：安徒生生活的年代、国家，以及个人生活经历等。

3. 推荐两个安徒生主题网。

4. 推介安徒生作品。

师：安徒生一生共写过168篇童话故事，如《丑小鸭》《卖火柴的小女孩》《拇指姑娘》《皇帝的新装》等，今天我们要学习的是《卖火柴的小女孩》。

学生一旦对某一作家的作品产生了阅读期待，教师就可趁势开展以该作家为中心的主题拓展阅读。当然，对不同作家的作品要采取不同的推介方式。

比如，故事性强的作品，讲一个有趣的情节；语言优美的作品，朗读一段；知识丰富的作品，讲一些前所未闻的知识；篇幅较长的作品，可以简介全书内容，也可运用现代化媒体播放书中一段精彩场面的人物道白或叙述，或播映改编的电视剧或电影中的一个场面，从而引起学生的阅读兴趣。

需要注意的是，主题拓展阅读不一定每课都要进行，不求多，要求质。如果一学期有效地进行几次像武松专题或安徒生专题这样的主题阅读，学生的语文素养必定能得到有效提高，实现"扎根课内，拓展课外，大量阅读"的目的。

下面是我的一次主题型阅读教学尝试。

教学示例

《回声》

第一课时

教材分析

这是一篇科学童话。它通过小青蛙在石桥洞里听到自己的回声以及和妈妈对话的回声，生动有趣地说明了什么是回声和产生回声的原因，深入浅出地告诉了我们一个科学知识。课文优美生动，动静结合，给人以美的享受。

教学目的

1. 了解课文内容，知道什么是回声和回声产生的原因，培养学生探索科学奥秘的兴趣。

2. 通过第四自然段的学习，知道写话要按事情的先后顺序写。

3. 能正确、流利、有感情地朗读课文。

教学重点

1. 有语气、有表情地朗读课文。

2. 使学生知道按事情先后顺序写几句连贯的话。

难点：理解回声产生的原因。

课前准备

1. 教学课件、教学图片两张。

2. 回声产生的实验用品。

3. 录像带等。

第二课时

教学过程

引言：孩子们真乖！看到我走进教室，小眼睛扑闪扑闪地看着我，很有礼貌。小朋友知道校长今天要来给你们上课吗？有什么想法？为了感谢小朋友，我教大家唱一首非洲歌曲《回声练习》。

一、激趣引题

1. 小朋友，你们平时听过什么样的声音？

①流水的声音　②鸟的叫声　③小提琴声……

2. 小朋友真会听！说得都很好，平时，我们听到过各种各样的声音，今天我们要继续学的课文是什么呢？（齐读课题——回声，注意"声"的写法）

3. 昨天，老师带小朋友一起初学了课文。你想知道什么？回声是什么？回声是怎样产生的？

4. 好！我们就带着这些问题来学习课文。

二、学习第一自然段

1. 谁读第一自然段？其余小朋友边听边想："这段告诉我们什么？"（小河上有座石桥）

2. （出示图片）这就是书上说的那座石桥。书上还告诉我们什么？

3. 哪位小朋友上台来指着图说一说什么像个大月亮？

4. 你觉得这里的景色怎么样？

5. "多美啊!"谁能用赞美的语气读读这一段？

三、学习第二、第三自然段

1. 这么美的景色吸引了一个可爱的小朋友，它是谁呢？（**出示图片**）我们跟这个新朋友打个招呼好吗？小青蛙和它的妈妈一起旅游，来到桥洞下，就在这儿发生了一件有趣的事，什么事呢？请小朋友自由读第二、第三自然段。（**小青蛙发现有一只小青蛙在学它说话**）

2. 这只小青蛙都学它说什么话了，谁来读读？

3. 我们把当时的情景读出来好吗？

谁当小青蛙？谁当学话的小青蛙？大家仔细听他们是怎样读的。

请小朋友再来读，注意语气的不同。

咱们班哪两位同学胆子比较小，平时很少在班里站起来读课文。张老师把这次机会给你们，不要紧张，以实际行动告诉大家，我不怕! 我会读! 来，试一下! 你们当着众多老师和同学的面，能读就很不简单!

4. 假如你是小青蛙，这时候心里会怎么想呢？

①哪里来的一只小青蛙在学我说话？②那只小青蛙到底在哪儿啊？

5. 书上用了个什么词？"奇怪极了!"

6. 小青蛙为什么奇怪？那它是怎样做的呢？

7. 谁读一下它问妈妈的话？（**问的语气不够**）老师给你一点时间，自己练练，一会比比看谁读得好!

8. 妈妈是怎样回答它的？我们也跟着青蛙妈妈去看一看，好吗？

四、默读，回答问题

1. 出示自学要求：青蛙妈妈是怎样做的，又是怎样说的？

要求：

(1) 想想要读课文的哪几个自然段？

(2) 在书上画出相关句子。

①妈妈做的句子用"＿＿＿＿＿＿"画上。

②妈妈说的句子用"﹏﹏﹏﹏"画上。

2. 青蛙妈妈是怎样做的？在哪一个自然段？

3. 我们一起来找一找写青蛙妈妈动作的词语，老师先找一个，青蛙妈妈"带"着小青蛙的"带"字。大家再找一下，还有表示动作的词语吗？

4. 小朋友拿起笔，把表示青蛙妈妈动作的字圈出来。

5. 请小朋友上台来演示一下扔石击水的实验。（出示幻灯二）

6. 就这么一扔，河水发生了什么变化？谁愿意上台来解说？

7. "河水激起一圈圈波纹"我们就叫它"水波"。注意这个"圈"字是个多音字，它还读什么？水波碰到河岸，就要"荡"回来。"荡"是什么意思？水波怎么样？（一上一下，一起一伏，好像荡秋千）

8. 同学们想一想，如果离河岸很远，水波还会荡回来吗？

9. 学完这一自然段，你知道了什么？（见板书）

10. 青蛙妈妈是怎样说的呢？请小组合作学习。青蛙妈妈一共说了几句话？每句话告诉我们什么？

11. 出示四句话：①②③④。

12. 小组汇报：读第一句话，这一句话中，妈妈把小青蛙的叫声比作什么？

13. 青蛙妈妈为什么说它们像呢？谁来说说它们哪里像？（板书：声波石壁）（碰到障碍物都要回来）

14. 青蛙妈妈说水波碰到河岸时的结果，用了哪个表示动作的词语？（荡）

15. 青蛙妈妈说声音的波纹碰到桥洞的石壁时，用了一个"返"，"返"是什么意思？（回来）"荡"和"返"这两个词语能交换吗？

16. 下面我们加上动作读读这几句话，好吗？

17. 想一想：小青蛙又一次听到的声音，我们叫它什么？（回声）

18. 小青蛙是怎样听到回声的？同桌互相分享分享。

请一位小朋友上来指着图（一）说一说。（小青蛙在桥洞里叫，声音的波纹碰到桥洞的石壁又返回来，小青蛙就听见自己的声音了）

19. 还有谁想说？

20. 看来，小朋友都明白这个道理了，那小青蛙明白了吗？从哪看出来的？

21. "一蹦老高"是什么意思？小青蛙为什么"一蹦老高"？（高兴、兴奋，获得了知识）（听老师读）谁再来试试？

22. 谁读最后一段，看有没有新的发现？小青蛙还会说些什么呢？我们回家以后把它写下来好吗？

23. 学到这里，你说我们的朋友是一只什么样的小青蛙？（好学好问、聪明可爱）

五、课本剧表演

1. 前不久，张老师听过小朋友们的一堂语文活动课"怎样编排课本剧"，小朋友有没有兴趣把这个科学童话故事也编成课本剧呢？

2. 配乐编剧，请一个小组的小朋友表演。

执教"回声"

（四）比较型教学

看电影时，经常会出现"蒙太奇"式的镜头：画面上一边是歌舞升平，一边是凄风苦雨；一边是欢声笑语，一边是啼饥号寒；一边是良辰美景，一边是惨不忍睹……

这些画面把不同的生活场景或事物连接在一起，造成了强烈反差，给我们留下了深刻乃至无法磨灭的印象，这就是对比的妙处。教学中有意识地运用对比，可以给学生一种全新登场的感觉，使他们在一种新奇、轻松和愉快的学习环境中接受知识、认识世界、了解自然、改造自然，达到事半功倍的教学效果。

所谓"比较阅读"，就是把两种或多种文章（或语段）对照阅读，通过辨析异同，发现其共性和个性特征，以加深理解的一种阅读方法。比较的目的在于异中求同或同中求异。同中求异是为了明确其差别，以防混淆，异中求同是为了探寻其规律，归纳要点。

引导学生运用比较法进行阅读教学，可以增大教学容量，提高阅读效率，为提升学生的审美情趣和阅读品位奠定坚实的基础。

1. 在比较中补充文本内容

读懂题目，可以更好地阅读一篇文章。教学《我最好的老师》课文时可以引导学生比较《我的老师》《我的好老师》《我最好的老师》有何不同？然后对课题进行质疑：我最好的老师是谁？他好在哪里？为什么说他是最好的老师？引导学生通过阅读课文来解决这些问题，采取个人自主阅读的方式，在自主阅读的基础上，可让学生采用小组合作学习的方式，进行探究。再引导学生反复思考，提炼他人的精华，增补自己的独特感悟。引导学生通过自读自悟，潜心会文，在各自与文本进行一番深入的独立对话以后，再来与老师、同学进行交流。这样，有利于激发学生的探究热情。

同一体裁的两篇或者多篇文章，由于所需表达的主旨不同，在写法上、内容的剪裁上的侧重点也有所不同，比较阅读恰好起到了帮助学生拓宽视野、丰富知识、形成一个完整知识体系的补充作用。如《一夜的工作》和《温暖》，体裁都是记叙文，所表现的主要人物是同一个人，但根据主题的需要选材上又各有侧重点。前者主要写的是作者陪同周总理审阅一篇稿子，亲眼见到周总理一夜工作的情况，歌颂了周总理不辞劳苦的工作精神和简朴的生活作风。后者则是写周总理工作一夜之后，迎着朝阳走出人民大会堂亲切地问候一位普通清洁工的感人场景，歌颂了周总理热爱人民、平易近人的崇高品质。两篇文章从情节上恰好能衔接，从时间、结构上又恰好能顺承，学生阅读后对脑中周总理的原有形象自然进行了叠加，有了更全面的了解。

2. 在比较中走进人物世界

阅读作品，是从对语言文字的感知开始的。读者要想了解作者作品的内容，就必须先通过对语言文字的感知去领会它所表达的意义。在教《十六年前的回忆》这篇课文时，为了体会人物的内心世界，领悟文章的情感，可创设两个相关的比较文本。

比较文本一："瞅""瞪"分别是什么意思，各是一个怎样的动作？引导学生比较。

比较文本二："'什么？爹！'我瞪着眼睛问父亲。""我的心剧烈地跳动起来，用恐怖的眼光瞅了瞅父亲。"

在这三个句子中"瞅""瞪"分别表示什么意思？引导学生解读，透过文学语言的表层意义体会它的丰富内涵。

教《凡卡》一课时，引导学生读课文，从字里行间体会沙皇统治下俄国社会中穷苦儿童的悲惨命运。"同学们，凡卡在乡村的生活到底是快乐的还是悲苦的？从文章中体会、比较。""快乐组""悲苦组"两大阵营的同学各抒己见。"快乐组"："'他想起到树林里去砍圣诞树的总是爷爷，爷爷总是带着他去。多么快乐的日子啊！''天空撒满了快活地眨着眼睛的星星，天河显得很清楚，仿佛为了过节，有人拿雪把它擦亮了似的……'从这些描写中可以看出凡卡在乡下是愉快的。""悲苦组"："如果乡下生活很快乐，那爷爷为什么要在寒冷的天气里守夜，'他冻得缩成一团，耸着肩膀'如果生活幸福，爷爷怎么舍得把凡卡送到城里来受苦？"通过比较，学生明白了凡卡在乡村的生活显然也是很苦的，但凡卡回忆起来却感到很美好、很快乐，可见在城里的日子是怎样的痛苦。阅读教学应珍视学生这样的独特感悟和体验。

阅读中原有知识和文章提供的信息并不完全一致，甚至相悖，这就需要学生不唯从、不盲从。如《草船借箭》，作者既浓墨重彩描绘了神机妙算的诸葛亮，也刻画了心胸狭隘的周瑜和生性多疑的曹操形象。学后，学生对曹操提出质疑，文中所写与史料不符，经查史料，知道曹操是三国时期著名的政治家、军事家、文学家。至此，学生对曹操有了一个公正的认识和客观的评价，同时也明白了小说中的人物形象多是经过作者艺术加工过的，与史料记载是有区别的。

3. 在比较中突出文章中心

对于内容和形式都相同或相近的课文，不妨采用比较阅读的方法，获得新的思维视角，以加深认识，彰显特点，从而收到触类旁通的功效。教材中对照参阅同一性质、相似内容的两篇或者多篇文章，虽有不同，但有交融之处，有异曲同工之妙。

比如，同是赠别诗，王维的《送元二使安西》取象于"客舍青青柳色新"的咸阳古道，感到的是"西出阳关无故人"；而高适的《别董大》却在"北风吹雁雪纷纷"的恶劣环境中想到了"天下谁人不识君"！两诗比较，所写的节令分别是一春、一冬；天气各为一晴、一阴，一雨后、一雪中；而思想感情却一凄凉、一雄壮，反差极为明显。通过比较阅读不难发现两首诗都突出了一个深刻的主题："人生自古伤离别，人间最美是真情。"

《义务教育语文课程标准（2011 年版）》提出"要珍视学生独特的感受、体验和理解。"《林海》一文的作者老舍用细腻的笔触描绘了大兴安岭的美丽风光，抒发了自己对祖国壮丽河山的热爱，并由此展开联想，赞美了大兴安岭在祖国经济建设和政治稳定方面起到的巨大作用。课文三次出现"亲切、舒服"都与本文中心有关，又有各自不同的内涵，它体现了作者对大兴安岭认识的逐步深化："第一次亲身来到大兴安岭之中，亲眼看见其美景，感到亲切、舒服""第二次联想到大兴安岭在祖国社会主义建设中的巨大贡献，更觉亲切、舒服""第三次联想到大兴安岭'兴国安邦'的重大作用，备感亲切、舒服"。教学中出示三个句子，引导学生比较探究，说亲切舒服感产生的原因，在朗读中进行情感体验，获得思想启迪，领悟文章中心。

4. 在比较中培养鉴赏能力

教师有意识地抓住课文中的一些字眼、词眼进行适当的变化，可引发学生对语言质量的辨析，和对语言的感悟。如有个老师在教学《临死前的严监生》课文时，问学生："你觉得严监生是个怎样的人？"学生很快就说出了答案：吝啬。老师再问："你从哪儿看出来的？"学生找到了文本："严监生喉咙里痰响得一进一出，一声不倒一声的，总不得断气，还把手从被单里拿出来，伸着两个指头。""他把两眼睁得溜圆，把头又狠狠摇了几摇，越发指得紧了。""他听了这话，把眼闭着摇头，那手只是指着不动。"老师没有浅尝辄止，引导学生进行文本的比较："严监生的神态和动作有什么不一样的吗？说明了什么？"这样一来，学生在老师的引导点拨下，通过意境的比较、品味和交流，在比较中对话，提升了学生对文本的理解力。

通过比较阅读，可以发展迁移思维，提高对语文知识系统化、条理化的梳理水平。同一题材的作品，可以进行比较教学。如教学老舍的《北京的春节》，可安排梁实秋的《过年》、斯妤的《除夕》进行阅读比较，开展小组交流研究，比较探究三篇文章的异同之处。最后在比较中收获"相同点"：都是关于春节习俗的文章。体会文

章的"不同点"：作者不同，写作方法不同，表达的情感不同。比较阅读，实现了
"1+1+1＞3"的阅读教学效果。

　　在教学中，为了开阔学生的阅读视野，提升学生的阅读品位，教师可以根据文本的内容以及学生的实际进行纵向或横向比较阅读。纵向比较，可以是选文与原文的比较，或是作者不同时期作品的比较，也可以是不同时期、同一题材作品的对比；横向比较，可以是同一流派不同作者作品的比较，也可以是同一时期、同一题材不同作者作品的比较。至于具体运用哪一种方式，或是二者兼用，还得根据比较阅读的教学目标来确定。

5. 在比较中倡导多元解读

　　在教学实践中，要引导学生对作品的主题做出多元解读。比如，在《两小儿辩日》的阅读教学中，为了探究孔子实事求是、孜孜好学的品质，引导学生从不同人物入手，画出描写人物言行的词句，抓住重点语句，反复研究，从中体会。然后成立研究小组，开展比较探究学习。学生从"孔子不能决也""两小儿笑曰：'孰为汝多知乎'"的表现中，更深刻地体会了孔子的"知之为知之，不知为不知"的美好品质，运用比较，凸显了人物可贵的精神品质。接着探究作品的主题，学生有的从做人要真诚的角度去解读；有的从观察不同、结论不同的角度去理解；有的从善于观察，善于探索角度去思索……时代赋予了作品新的主题，教学中引导学生发现作品多元性的主题，有利于培养学生的创新意识。

教学示例

《乡下人家》

片段呈现

　　师：我第一次给你们上课，带来一件礼物送给大家。这个礼物是什么呢？（指板书）是我们的同学——四（1）班一个小朋友写的一首诗，谁来读一读？

　　生：瓜藤攀爬惹人爱，雨后春笋花自开。鸡鸭觅食何等闲？和谐田园美常在。

　　师：读了这首诗你有什么想法？你联想到了什么？

　　生：我想到了以前在老家看到的风景。

　　生：我想到《乡下人家》所描写的场景。

　　师：那是一个什么样的场景呢？描写了一幅什么样的风景图？用一句话概括。

生：迷人的田园风景图。

生：和谐自然的迷人风景图。

师：挺好。

生：描写了和谐的乡下人家。

师：这是四（1）班同学学了课文后写的一首小诗。回想一下，我们学过的诗里面有哪些是写田园风光的？

生：《四时田园杂兴》。

师：能不能背一下？

生：《四时田园杂兴》，宋，范成大。昼出耘田夜绩麻，村庄儿女各当家。童孙未解供耕织，也傍桑荫学种瓜。

师：好。还有没有？

生：《渔歌子》，唐，张志和。西塞山前白鹭飞，桃花流水鳜鱼肥。青箬笠，绿蓑衣，斜风细雨不须归。

师：好，非常好！

生：《过故人庄》，唐，孟浩然。

师：为了节省时间，我们只说诗题好不好？

生：《游山西村》，宋，陆游。

师：你把《游山西村》的最后两句背给大家听一听。

生：山重水复疑无路，柳暗花明又一村。

师：这是名句，我们要牢牢记住。接着说。

生：《田园乐》，唐，王维。

师：老师这儿也有两首诗想推荐给大家。（出示投影一）女同学一起轻轻念念好不好？

女生：（齐）《雨过山村》，唐，王建。雨里鸡鸣一两家，竹溪村路板桥斜。妇姑相唤浴蚕去，闲着中庭栀子花。

师：好。这里有个特别的字。（指"斜"字）我们现代文里读什么？

生：xié。

师：在古时候，在诗词里，为了押韵，读什么？

生：xiá。

执教"乡下人家"

师：一起读一遍。

生：（齐）竹溪村路板桥斜（xiá）。

师：我们还学过一首诗，远上寒山——

生：石径斜（xié）。

师：也读什么呀？

生：xiá。

师：再读一遍。

生：远上寒山——石径斜（xiá）。

师：再推荐一首，（出示投影二）《山居秋暝》。请男同学来读。

生：《山居秋暝》，唐，王维。空山新雨后，天气晚来秋。明月松间照，清泉石上流。竹喧归浣女，莲动下渔舟。随意春芳歇，王孙自可留。

师：这首诗里有一句名言，我们比较常见。能找出是哪一句吗？

生：明月松间照，清泉石上流。

师：在哪儿读到的？

生：在语文书上。

师：我们语文书上学过吗？

（学生摇头）

师：没有吧？在哪儿读到的？我们学校走廊墙上就有这一句名言。处处留心皆学问。我们再读一遍，把它记下来。

　　评析：开放式阅读教学是一场生命的对话，对话的基本途径是读。张校长从读诗开始，这诗，是一个学生的创作，却成了教学的资源，成了对话的开篇，巧妙地引向文本。又从文本走出，走进一组田园诗里。由外而内，由内而外之间，如雨入水，相融无痕。

（五）风筝型教学

　　教科书课时有限，只凭一套教科书培养语文能力是难以奏效的。因此，"风筝型"的开放式阅读教学模式就是加强课外阅读，扩大视野，增加积累。开展课外阅读活动，既是课程标准和语文教学的要求，又是时代的要求，更体现了开放式教学的本质。

　　如何进行课外阅读教学指导？我认为应该像放风筝，有紧有松，有收有放。风筝飞得再高再远，都有一根拴着的线。放线，是为了让风筝自由自在飞得更高；收线，是为了让风筝飞累后有一个温暖的回归。线收得太紧，风筝会觉得累，会挣脱线的控制；线放得太松，风筝会无所适从，迷失方向……所以，放与收，全凭自己如何把握手中的线。

　　在课外阅读教学中，老师的正确引导就是风筝的线，它掌握在教师的手中，无论放还是收，都是爱的体现。当学生刚开始阅读时，我们应该"放"，放手让学生自由地、尽情地阅读；当学生对阅读有了兴趣，已经"飞"起来的时候，我们该"拉"一下手中的线，让他有个更明朗、更利于他高飞的方向。否则，刚起飞也许会被狂风卷走，再或俯冲向地面，那是我们不想看到的。我们在指导课外阅读中往往容易犯以下两方面的错误。

　　第一，"紧而不放"。老师在要求学生课外阅读时，因为害怕课本知识落实不下，把课外阅读搞成"变相作业"，要求学生读课外书籍必须摘抄多少警句，分析多少问题，写出多少字的读书心得……对学生"绳之以法"，束缚了学生的手脚。课外阅读成了一件苦差事，学生读书根据教师的要求"按图索骥"，走不出教师的影子。这样带着教师的眼睛去读书，不仅窒息了学生的活力，还使学生丧失了自我感知阅读的能力。培养出来的学生也只是"匠"气十足，而"才"气不足。

　　第二，"放而不收"。有的教师在指导学生进行课外阅读时，忽略了读书的目的性、有效性，让学生"天马行空""自由驰骋"，一发不可收。学生阅读课外书籍，只追求外在的形式和感官的刺激，而不注重独立阅读能力的形成。虽然读了不少书，但往往是"消化不良"，学过的知识犹如过眼烟云，似懂非懂，知而不化。更有甚者，有些学生以读"垃圾文学"为乐，身心受到毒害，把书读"歪"了，贻害不浅。

如何把握课外阅读中的"放"与"收"，像放风筝一样有益有趣，是迫在眉睫必须要解决的问题。

1. 先放后收，先宽后严

课外阅读必须先培养学生的阅读兴趣，放手让学生选择喜爱的书。教师不应过多的干预，不要一开始就训导学生"非正统书莫读"。无论是名著与俗作、高雅与诙谐，还是历史掌故、现实状况、发展前沿，只要能读就是好学生，从而激发学生的阅读兴趣，尽可能多地让学生投身到课外阅读中去，即使是囫囵吞枣也行，不求甚解亦可，重要的是引导学生走进文学的殿堂，跳出狭小的思维空间。

坦然面对阅读过程中的"不作为"。书读完了，一定要摘抄一些精美的语段，一定要写出自己的读后感言，这是很多老师、家长对学生提出的要求。"不动笔墨不读书"，这当然是读书的一条好经验，但如果把做读书笔记变成一种硬性要求，效果不仅不会太好，还会抑制学生读书的热情。时间长了，学生会认为读书是一种负担。于是，为做笔记而读书、怕做笔记而怕读书，几乎成了一种通病。如果做读书笔记成为学生的负担和读书的障碍，那么为什么一定要强硬地坚持呢？

美国著名语言教学理论家克拉申在谈到如何提高美国人母语识字读写能力时，特别推荐一种阅读方法——随意自愿阅读，也就是所谓的无意识阅读。在这个过程中，教师不必过多介入学生的阅读活动，只需随着阅读活动的不断深入逐渐加大学生的阅读量和加快学生的阅读速度。当我们把眼光再放长远一些，就能坦然面对孩子们在阅读时的种种不作为了。

允许学生有"无为而读"的大自由。"无为而读"就是"不为应试而读""不为功利而读"。《红楼梦》中的贾政把《西厢记》《牡丹亭》一类的书籍斥为"闲书"，逼着儿子读能通往仕途的"四书""五经"，宝玉常常因为偷读"闲书"而遭责罚。读书本是为了愉悦身心，结果却这等受罪，确实令人扫兴。今天的学生，也常常陷入宝玉的窘境。在考试的压力下，老师和家长对学生的课外阅读通常持"有分寸的限制"态度，怕过多过滥的课外阅读影响学生的学业。其实大人不必以成人的世故和功利做出限制，这是学生成长中的自然需求。

当学生已然漫步在广袤的文字世界，拓宽自己的视野后，教师再渗透教学目的。比如，摘警句、析任务、分层次、纳中心……把学生的发散思维集中起来，就会收到"以面援点"的奇效，即用广博的知识来落实具体的知识点。语文教师要善于把握"放"与"收"的尺子，提高阅读的质量。

当然，书籍不再是现代学生课外阅读的唯一选择。一些健康、鲜活的影视作品、报刊、少儿网站等均可以成为学生的精神食粮，让他们在生活中学会欣赏和判定。这样，学生不再被"捆"在书山上，灵活、自由的阅读内容和方式激起了他们的阅读欲望。

2. 由少到多，先易后难

指导学生阅读应遵循"由少到多，先易后难"的渐进原则。有的教师在指导学生阅读时，一开始就要求读名著与经典，这样做的结果往往是事与愿违，欲速则不达。开始可选取一些寓言故事、童话故事等一些趣味性、故事性、可读性较强的书，读书要求也只是能够重复故事情节即可。这些作品独立成篇，短小精悍，语言浅显，学生爱读，亦能读懂。不要害怕现在的"浅阅读"会影响孩子未来的深刻，我们每个人的读书生涯都是从《诗经》《楚辞》这样的经典阅读开始的吗？我们也不要害怕孩子在阅读的过程中只注意兴趣，而忽略了所谓的收获。

阅读，不是硬性的规定，它像候鸟在冬季向南方迁徙，像鱼儿逆流而上回到故乡一样，是一种自然的、基本的需要。在此基础上，让学生慢慢过渡到名著欣赏，读书要求也随之提高，学生的知识储备也会由少到多，理解能力自然也会由弱到强。有了这些能力"垫底"，学生即使在解答语文题、做作业时，大脑中也会呈现相关联的知识，举一反三，得心应手，从而达到课外课内相辅相承。

3. 恰当合理，事半功倍

在应试教育背景下，"没有时间"成了许多学生不读书的借口。清代才子张潮说："有工夫读书，谓之福。"现在，学生忙得似乎连这样的福气也没有了。怎样让学生有时间阅读呢？

统筹安排，用好"整块"时间。每逢节假日，繁重的家庭作业是学生最头疼的事。因此，鼓励教师在假期尽量少给学生布置书面作业，取而代之的应是阅读活动。学校制订假期亲子阅读活动计划和实施方案，开展丰富多彩的亲子阅读活动。让家长认识读书的重要性，指导家长按照学生要求为学生提供读物，给学生一定的课外阅读时间，并且建立家校联系卡，让家长定时在联系卡相应栏上记下学生的阅读情况，如书名、时间、字数、专心程度、是否背诵……定期将学生阅读的内容、数量、质量反馈给教师，教师及时做出评价，给予学生鼓励或引导，从而保证假期课外阅读的有效进行。

见缝插针，用好"盈余"时间。我们提倡提高课堂教学效率，挤出时间阅读；优化课堂作业设计，生出时间阅读。孩子终究还是孩子，弦儿不宜绷得太紧，否则会断的。我们宁愿让他们少做几张试卷，少抄几个词语，把时间用来看欣赏哲学大师冯友兰的《我的读书经验》、鲁迅的《随便翻翻》、王蒙的《学习是我的骨头》、宗璞的《恨书》、史铁生的《我与地坛》等。这些书看上去和课本知识没有太多联系，但是孩子们的收获比我们想要的多得多。

化整为零，用好"边角"时间。永远不要等有时间才阅读，见缝插针，想读就读；永远也不要坐进书房才阅读，任何地方都可以阅读；永远不要有用才阅读，急功近利、立竿见影是妄想；永远不要嫌自己读得太晚，只要行动就有收获。可采用"化整为零"的阅读策略，引导学生用好"边角"时间，具体做法是：

每天早晨的晨读 10 分钟，师生共读；

每天晚上临睡前 10 分钟，亲子共读；

每天中午半小时，午间阅读。

4. 注重指点，鼓励交流

现在的文化市场良莠不齐。教师在放手让学生读书的同时，也要保持警惕。既帮助学生选取有一定阅读价值的课外读物，让学生能鉴定书的优劣，学会取舍作品中的精华与糟粕，又可根据教学实践为学生推荐一些文章，以此来补充学生的精神食粮，还可以帮助学生制定切实可行的阅读计划，以免学生在阅读的道路上走弯路。

教师应为学生开拓开放的、多元化的阅读交流平台，师生可在班上集体交流，也可小组内交流；可口头交流，也可书面交流。在交流中，教师要及时给予评价、鼓励，引导学生正确对待阅读和交流，进一步加强学生对书的认识与理解。真正让阅读成为学生自身不可或缺的精神食粮，让健康的书籍永远伴随左右。

5. 读写结合，形成能力

风筝型阅读教学的目的一方面是为了提高自身素养，另一方面则是表达、应用的需要。常见一些学生爱阅读，也读了不少好书，但就是只见"进"，不见"出"。虽然读了很多书，但在表达写作方面却不见起色。其实这是课外阅读的营养没有被有效消化、吸收。他们大部分只浏览书的表面，没有沉下心去理解，只能在表面上泛泛其谈。

因此，教师要让学生又读又练，把知识变成能力。练的形式多种多样，可以仿写、评写、改写，让学生沉到作品中去，结合学生亲身经历，把学到的知识和现实生活结合起来，在大脑中酝酿、发酵，去再创造，去写自己所熟悉的生活，体验创作的苦与乐，若能做到这点，我们就能看到语文教与学成功的曙光。

课外阅读的整体推进与深化，需要教师教育观念的彻底转换，需要教师具有较强的内功和张力，需要教师掌握切实可行的指导方略，需要教师旷日持久的热情和坚持。只要我们把握好课外阅读的"放"与"收"这一关，那这只风筝有一天会自生出自己的导航仪，向着自己梦想的方向高飞。那时，我们就会不自觉地收回手中的线，笑望蓝天。

教学示例

《推销我读过的一本好书》

片段呈现

师：老师也读过很多书，想知道老师会给同学们推荐什么书吗？

生：（齐）想。

（教师打开"中国教育新闻网"）

师：这个网页是介绍"2010年度推动读书十大人物"的。入选人一共有20位，老师很荣幸地被教育部推为候选人之一。

（教师点击相关内容并朗读"教育故事"中的片段）

师：一人走红可以在一夜之间，而一个教育家的"走红"却是一幅人生画卷。

师：我们再来看"读书感悟"。还记得朱熹说的一句读书感言吗？读书有三到——

生：读书有三到：心到，眼到，口到。

师：我在介绍中也写了一个读书有三到："手到"——读书须动笔，坚持记笔记；"心到"——读书时要研究性阅读，而不是观而不察，察而不思，更不是"读书死，死读书"，那会变成书呆子；我还强调一个"身到"——把读书学习与工作创新结合起来。有些人虽然读了很多书，但并不一定有智慧，是因为没有把读书和工作、学习结合起来。

师：20个候选人都为大家列出了推荐书目，希望同学们都能上中国教育新闻网去看看。我也推荐了三本书。第一本是《论语》，看看我是怎样写推荐理由的：《论语》各篇章虽然没有集中的主题，但其整体教化力量却非常强悍。两千多年过去了，这里有历代帝王的刻意为之，也有万千黎民的自然选择，无论是偶然还是必然，在很大程度上都是孔子塑造了中国人民的民族性格和文化心理架构。出自《论语》的数百个成语故事早已渗透在我们每个人的言语中。每一个讲汉语的华人都能随口说出一些《论语》里的深奥道理，但是他们不一定知道这些道理出自何处。尤其更为重要的是，《论语》是中国独有的，因为《论语》，我们才知道自己为什么是中国人——这才是《论语》的真正意义。

师：谁读过《论语》？

生：学而时习之，不亦说乎？有朋友自远方来，不亦乐乎？

师：非常好，他能背出一些经典名句。还有谁会背？

生：温故而知新。

生：子曰："君子周而不比，小人比而不周。"子曰："三人行，必有我师焉。择其善者而从之，其不善者而改之。"

生：子曰："岁寒，然后知松柏之后凋也。"子贡问曰："有一言而可以终身行之者乎？"子曰："其恕乎！己所不欲，勿施于人。"

生：敏而好学，不耻下问。

师：知道《论语》一共有多少篇吗？

生：19篇。

师：多少则？

生：（摇头）……

师：391则。回去后认真读读好不好？（生点头）

师：我推荐的第二本书叫《易经》。《易经》是中国哲学的源头，后来的《论语》《大学·中庸》等诸子百家的思想都来自《易经》。对于一般人来说，它确实很难读懂也很难理解。《易经》是根据特定的图案并结合自然及人类社会的一般现象赋予文字的著作。其中包含着林林总总的人生哲理。每一卦都含有丰富的人生哲理,举个例子,"蒙卦",蒙童就是刚上学的学生。"匪我求童蒙,童蒙求我"意思是不是我去求蒙童上学,而是蒙童主动求我教育。"初筮告,再三渎,渎则不告。利贞。"意思是如果一而再再而三地问,说明你不够用心,就是对老师的不尊重。这是一本值得我们用一生去研读的书。我们可能现在没有兴趣读,或是不明白意思。虽然说兴趣是学习的源泉,但如果大家都只是按自己的兴趣去读书的话,会影响你今后的发展。

师:我推荐的第三本书是《红楼梦》。我认为,所谓中国历史,就其文化意味而言,可简要划分为《红楼梦》之前的历史和《红楼梦》之后的历史。《红楼梦》有很多少儿读本,谁读过?

生:读了《红楼梦》之后,我为林黛玉的悲惨结局感到伤心,也为宝玉疯癫的情感而感动。

师:她读出了情,很好!

生:我认为《红楼梦》其实说的是一个历史故事,它是用一段历史解释社会和人物命运之作。

师:我也认为《红楼梦》是一部宏大的命运之作。

评析:教师的推荐对学生是一种示范,是一种引领,是带领学生用综合的方式学习语文的过程,体现了开放式语文教学的特点:向网络开放、向经典开放、向课内阅读开放、向课外阅读开放、向生活开放、向生命开放……

执教"推销我读过的一本书"

（六）无声型教学

曾几何时，教师常这样教导学生：上课时要安静、认真地听老师讲课——"绣花针掉地上也能听到"。可是，在实施新课程改革、崇尚学生自我、发展学生个性的今天，想不到课堂上学生的"安静"却成了我们做教师的尴尬。

当我们进入新课程后，语文课堂的确可以用"热闹"一词来形容：要么，教师精雕细刻一讲到底，直到把学生的瞌睡虫勾起；要么，教师无论面对什么样的文章，或自己提出几个问题，或让学生提出几个问题，一节课带领学生围绕这几个问题谈天说地，美其名曰"互动""合作学习""研究性学习"。这样的课堂教学形式，无一例外地存在着"声多"和"声杂"的问题。倘若哪天学生积极性不高了，教师们就会埋怨："太气人了，课堂怎么这么沉闷！"——言下之意是，学生发言积极，气氛活跃的课堂是最好的，而学生沉默不语就是思维不灵活、被动接受，就是阅读教学的失败。

可是在一次次热闹的阅读教学活动背后，我们不难发现：发言多的学生不见得成绩多好，成绩好的学生不少都是沉默寡言的。学生真的需要在那么热闹的环境中展开阅读吗？谁的发言多，就一定代表他对阅读感兴趣吗？似乎不是那么回事。

细细品味名师的课堂，你会发现它们总是那么从容朴素、沉静本色。似乎也在提示我们，我们的课堂气氛闹了些，课堂环节的进展急了些，教学内容杂了些，方法手段花哨了些……语文课堂应该多份真实的精彩，多些本色的空灵。

语文课堂教学过程实际上是教师引导学生学习语文的过程，学生在课堂的活动过程是心智活动过程，其核心问题应该是思维训练。

如何在语文课堂中让学生真正走进文本？如何让学生思维得到发展？如何在阅读中促进学生的写作？通过实践，我们认为给热闹的语文课堂设计无声的教学环节不失为一种办法。即在课堂上教师有意识地留出一个或多个短小时空，让学生自由支配，让他们在无声的课堂氛围中处于思维活跃的状态，以达到一种"大音希声""此时无声胜有声"的教学效果。可以说，语文阅读、"有声"地讲，更多的是解决学生的语文知识问题，而"无声"的教学环节的构建，可能更有利于培养学生独立阅读能力、思考能力和创新思维能力，有利于学生形成良好的语文素养。

1. 让学生在"无声"中感知文本

众所周知，"有声"的诵读在学生的语感培养上能起到很好的效果，但真正能提高学生对作品的理解力和鉴赏力的是"无声"的感悟。越到高年级，"无声"的感悟越发重要。

第一，阅读需要联想与想象思维，以完成对作品的再创造。例如，李白的《静夜思》，学生可能都会诵读，都会背。当你问学生："你能理解李白当时的情感吗？"学生也能准确回答："思乡。"但再追问你能否感悟到李白写这首诗时的心情时，学生就很难表述清楚了。仅就李白的《静夜思》而言，没有"无声"的感悟，那种客居异乡，到了夜晚在床上辗转反侧难以入眠的诗人形象，就不会清晰地浮现在学生面前，诗人思乡之痛就不会真正被学生理解。再比如，李白的《送孟浩然之广陵》，阅读这首诗也需要"无声"，才能更好地想象出作者在江边站立的时间之长，怀念朋友的情之切。"无声"的阅读又能使读者想象到诗人站立江边的姿态、远望的表情和思念的心情，诗人的形象就会动态地呈现在读者面前，读者也就能很好把握作者在这首诗中描绘的意境了。

联想与想象思维的构建，靠"有声"应该是无法完成的，或者说，学生在阅读过程中，必须靠"无声"才能更好地形成联想和想象思维。教师在课堂教学中，就要适时给学生创造这样"无声"的教学环节，让学生在"无声"的阅读中，运用联想和想象思维，动态把握作者的情感和思想，而不是运用教师给的概念为所阅读的作品贴标签。

第二，阅读需要比较思维，以强化对作品的深度理解。诗人个体情绪的差异，生存处境的不同，情感经历的不同，咏愁诗所表现的内容和形式也不尽相同。《静夜思》中的"举头望明月，低头思故乡"是李白对月思乡之愁，而《秋浦歌》则是他被权贵排挤后，过着凄然的漫游生活，积怨日益深沉，于是发出"白发三千丈，缘愁似个长"的感叹。我们把这两首诗放到一起比较，就能更好地理解不同际遇对诗人的影响和他在表现情感方面产生的差异。这个层面上的理解，也是要靠"无声"去构建，即使你声音再大，你背得滚瓜烂熟，你没有这种"无声"的比较，你就无法理解诗人借助自然景物表现人的情感方面的差异。

文学作品的教学，因为涉及形象、主旨、情感和写作意图，如果失去"无声"的揣摩、体会，学生就会丧失阅读的兴趣。所以，教师在课堂教学过程中，要给予学生"无声"的思考时间，让学生在和作品完成自主性的对话过程中，欣赏到文学作品的美。

2. 让学生在"无声"中训练思维

教师的课堂教学只有关注到学生的思维层面，才能创设符合现代教学理念的课堂。但遗憾的是，在现今的语文阅读教学中，关于作品解读提出的很多问题，多半是教师在备课过程中"挤"出来的，而不是源于学生在自主阅读中产生的疑惑，这样也就不可能激发学生的阅读兴趣。我们很少去反躬自问：我们给学生到底提供了多少供他们独立思考的空间，我们的教学内容和课堂问题设计有多少能调动学生思维能力？正是缺少对这些问题的思考，我们的阅读教学有时甚至到了令人难以忍受的地步。如在布置学生阅读完老舍的《北京的春节》后，问题设计的是：这篇作品的文体是什么？文章写了哪些内容？文章运用了哪些写作手法？而全然不让学生去领悟文章所描绘的那一幅幅北京春节的民风民俗画卷，以及所展示的中国节日习俗的温馨和美好。这样的教学不仅激发不了学生的学习兴趣，更会扼杀学生的思考力和创新思维能力。

第一，让学生在"无声"中深入思考。学生只有在"无声"阅读中才能发现问题，形成个性化思考。如果停留在"有声"的阅读层面，或者不假思索地阅读，都不可能发现问题。语文大师于漪说："教师应从学生思想感情、知识能力的实际出发，运用文章精要之处，开启学生思维的窍门。"每个学生都有挑战难题的需求，所以教师要善于提出有价值的问题，让学生去思考，不必担心因学生无法脱口而出而浪费宝贵的课堂时间。只要这个问题有价值，只要我们给够他们思考的时间，就有利于调动学生思维的积极性和主动性，促进他们思维的广度和深度的发展。因此给学生足够时间思考，换来的是个性的解读、思维的深刻，这样何乐而不为呢？

第二，让学生在"无声"中驰骋想象。《义务教育语文课程标准（2011年版）》指出，语文教学"要注重激发学生的好奇心、求知欲，发展学生的思维，培养想象力，开发创造潜能，提高学生发现、分析和解决问题的能力，提高语文综合应用能力。"

中国的语言文字博大精深，对于只可意会不可言传的情境的体会，最好的方法便是展开想象的翅膀，任由心灵飞扬。想象和创造的灵感需要静谧的氛围，因此我们要在课堂教学中创设一个无声的思维环节，让学生驰骋想象。比如，教学《黄鹤楼送孟浩然之广陵》，在进行语言品味的基础上，使学生沉下心来，闭上眼睛想象眼前会出现什么画面，再让学生描述。在想象的静默中，相信有无数画面在学生的脑海中浮现。如果教师用多媒体中的一个图片呈现出来的话，势必会扼杀学生丰富的想象。

教学示例

《月光曲》

师：马上就要考试了，今天我来给大家上课，你们有什么话想对我说？

生：我觉得听校长的课很荣幸！

生：我觉得校长的课生动、活泼、有趣，我们非常喜欢听。

师：哦，我以前到你们班上过课。还记得上的什么内容吗？

生：古诗！

师：今天我们学的这篇课文是五年级的，我们现在才几年级啊？

生：四年级。

师：我认为同学们都很优秀。我们自己说一下"我很行，我很棒！"

生：（齐）我很行，我很棒！

师：通过昨天的学习，我们已经初步了解到《月光曲》的诞生有一个美丽动人的传说。我们为贝多芬同情穷苦人、热爱穷苦人的感情所打动，也赞叹贝多芬高超的琴技和才情。那么《月光曲》究竟是一首怎样的曲子呢？这节课我们继续学习，请大家看课文。

师：谁告诉我，课文是怎样描写《月光曲》的？

生：是通过皮鞋匠的联想来介绍《月光曲》的。

师：在哪里，你找到了吗？

生：第九自然段。

师：你来读一读。

生：（深情地朗读）"皮鞋匠静静地听着。他好像面对着大海，月亮正从水天相接的地方升起来。微波粼粼的海面上，霎时间洒满了银光。月亮越升越高，穿过一缕一缕轻纱似的微云。忽然海面上刮起了大风，卷起了巨浪。被月光照得雪亮的浪花，一个连一个朝着岸边涌过来……"

师：刚才他说，是通过皮鞋匠的联想表现《月光曲》的，除了皮鞋匠的联想还有谁呢？

生：（齐）妹妹。

师：下面我们一起来读，我读实实在在的事物，你们读哥哥和妹妹产生的联想。读的时候，要读出一种怎样的感情呢？

生：轻柔。

师：哪一部分要读得轻柔？

生："他好像面对着大海，月亮正从水天相接的地方升起来。微波粼粼的海面上，霎时间洒满了银光。月亮越升越高，穿过一缕一缕轻纱似的微云。"

师：读得好，有轻柔的味道。我们一起来读好不好？

生：好！

师：（引读）皮鞋匠静静地听着——

生：（齐读）"他好像面对着大海，月亮正从水天相接的地方升起来。微波粼粼的海面上，霎时间洒满了银光。月亮越升越高，穿过一缕一缕轻纱似的微云。忽然海面上刮起了大风，卷起了巨浪。被月光照得雪亮的浪花，一个连一个朝着岸边涌过来……"

师：我们想象一下，皮鞋匠听音乐，他感觉有几幅画面？

生：三幅。

师：我们一幅一幅来说。你感觉到了什么？

生：我感觉到了第一幅：月亮正从水天相接的地方升起来。

师：这个时候的海面用了一个什么词来形容？

生：微波粼粼。

师：怎样理解"微波粼粼"呢？

生：就像鱼身上的鳞片一样，闪着微光。

师：鱼身上的鳞片比较明净，而且还泛着一点点光，那点点光会慢慢地扩大。还有一个词叫碧波粼粼，意思也是一样的。请看第二幅画面。

生：第二幅画面是月亮越升越高。

师：我们可以想象，这个时候月亮升上来了没有？

生：升起来了。

师：海面有什么变化呢？

生：海面上刮起了大风，卷起了巨浪。

师：月亮越升越高，穿过——

生："穿过一缕一缕轻纱似的微云。"

师：这个时候刮大风、卷巨浪了没有？

生：没有。

师：这个时候海面的变化与前面相比有什么不同？

生：浪花出现了起伏。

师：海面有了一点跳跃。（**教师出示第三幅画面**）这又是怎样的一幅画面？

生：海面上刮起了大风，卷起了巨浪。

师：这个时候的浪花跟前面相比，有什么样的特点？

生：浪越来越大。

师：而且一个连着一个——怎么样？

生：朝岸边涌过来。

师：这是皮鞋匠的联想，他看到了三幅不同的画面。妹妹呢？"她仿佛也看到了……"我们一起读这句：她仿佛也看到了——

生：（**齐读**）"她仿佛也看到了，看到了她从来没有看到过的景象，在月光照耀下的波涛汹涌的大海。"

师：她仿佛也看到了，事实上她看得到吗？

生：看不到，是通过联想。

师：那你是通过哪个词知道她是联想的？

生："仿佛"。

师：前面还有一个词，是谁？

生："好像"。

师：事实上，这两个词告诉我们后面的内容都是什么？

生：（齐）联想。

师：想想看，联想有什么好处？

生：让文章变得更有趣，更容易理解。

师：哦，更有趣，更容易理解。如果我们只听音乐，可能每个人的感受是不一样的。用文字表达出来，用皮鞋匠和姑娘的联想把它表达出来，我们就感觉到产生了三幅不同的画面，使内容更加丰富。还有什么好处？

生：使得体会更加深刻。

师：讲得真好！体会非常深刻。还有吗？

生：更加生动。

师：我们在听着音乐读课文的时候，脑海中也就有了三幅不同的画面。把曲子里月光的美和生活中月光的美结合起来，融为一体，美不美啊？

生：（齐）美！

师：我们再把它美美地读一读。开始时应该读出怎样的语气？

生：轻柔，舒缓。

师：后面产生变化的地方，我们用音乐的术语来说，应该是怎样的感觉？

生：跳跃。

师：由舒缓的音乐过渡到渐强，穿过一缕一缕轻纱，给人梦幻般的感觉，有点明快。到最后，显得比较强烈，表达了一种波涛汹涌、万丈波澜的感觉，我们用激烈、激昂来形容。皮鞋匠看看妹妹，月光正照在她那恬静的脸上，这也是事物，是皮鞋匠看到的事物。记住了，老师读具体事物，女同学读轻柔的、舒缓的、明快的部分，男同学读激昂的部分。然后大家一起读后面的句子。我们在读的时候就好像听到音乐一样。皮鞋匠静静地听着，他好像面对着大海——

生：（配乐朗读）"月亮正从水天相接的地方升起来。微波粼粼的海面上，霎时间洒满了银光。月亮越升越高，穿过一缕一缕轻纱似的微云。忽然海面上刮起了大风，卷起了巨浪。被月光照得雪亮的浪花，一个连一个朝着岸边涌过来……"

师：（读）"皮鞋匠看看妹妹，月光正照在她那恬静的脸上，照着她睁得大大的眼睛——"

生：（读）"她仿佛也看到了，看到了她从来没有看到过的景象——月光照耀下的波涛汹涌的大海……"

师：这是兄妹俩的联想，联想到了微波粼粼的海面，联想到波涛汹涌的大海，你体会到了什么？

生：贝多芬弹奏的曲子很优美，他的演奏技艺很高超，音乐此起彼伏，使人产生了丰富的联想。还可以看出兄妹俩十分热爱音乐，对音乐有着执着的追求。

师：哎哟，你的想象太丰富了，想了这么多！还有吗？

生：贝多芬的音乐很有感染力，加上兄妹俩十分热爱音乐，追求音乐，所以才会对音乐产生这么多联想。

生：我觉得他们完全陶醉在贝多芬的音乐里了。

师：你们陶醉了没有？

生：（齐）陶醉了！

师：昨天你们也听了整首《月光曲》，那么曲调的变化跟景色的变化更反映了贝多芬什么？

生：情感的变化。

师：老师一开始就说了，《月光曲》的诞生有一个传说。那么这个故事是怎样的呢？请同学们默读课文。然后把故事的一个片段或者场景说给大家听。或者你们读完之后，四人学习小组互相说一说。

（学生默读）

师：默读完了，可以带着微笑看着我，示意已经读完了。

师：你最勇敢，你先来。

生：我最喜欢这个故事的第三自然段。

师：为什么？

生：因为盲人姑娘在弹奏钢琴，可是她怎么都弹不好，哥哥就在安慰她，叫她不要难过。然后哥哥又责怪自己，盲姑娘又安慰她哥哥。

师：那你感觉到他们兄妹俩的关系怎么样？

生：相亲相爱。

师：有没有跟他一样喜欢这个部分的？请帮他补充。

生：我和他一样也喜欢第三自然段，因为那个盲姑娘虽然看不见东西，但是她还是一样热爱音乐。

师：她对音乐是那么的执着和酷爱。那课文是从哪句话中体现出来的？

生：（读）"这首曲子多难弹啊！我只听别人弹过几遍，总是记不住该怎样弹，要是能听一听贝多芬自己是怎样弹的，那有多好啊！"

师：我请一个女同学读一读，读出盲姑娘对音乐的热爱和渴望。

生：（深情地朗读）"这首曲子多难弹啊！我只听别人弹过几遍，总是记不住该怎样弹，要是能听一听贝多芬自己是怎样弹的，那有多好啊！"

师：我还听出了一个秘密，这句话里有几个"啊"？

生：两个。

师：但是每一个"啊"的读音是不一样的。我来读一遍，看看有没有同学注意到"啊"在这里的变音。（教师朗读："这首曲子多难弹啊！我只听别人弹过几遍，总是记不住该怎样弹，要是能听一听贝多芬自己是怎样弹的，那有多好啊！"）一样吗？

生：不一样。

师：前面读了一个什么？

生："哪"。

师：后面读什么呀？

生："啊"。

师：接着一个男的说，也就是哥哥说，后面又有一个"啊"，我们可以怎么读？

生："是呀！"

师：好，我们男同学来读这一句。

生：（读）"是啊，可是音乐会的入场券太贵了，咱们又太穷。"

师："咱们又太穷"女同学听出了什么感情没有？应该读出什么语气？

生：读出了无奈、惭愧、难过的感情。

师：还有吗？

生：愧疚。

师：对了，很愧疚，还有什么？

生：很难过。

师：女生齐读妹妹的话。

生：（齐读）"哥哥，你别难过，我不过随便说说罢了。"

师：这里我们体会到妹妹内心怎样的情感变化？

生：安慰哥哥。

师：这一段，老师告诉你们一种读书方法，就是抓住人物的语言体会人物情感。把它写到书上，这是一种非常好的读书方法。我们只有抓住人物语言，体会了人物情感，就能把这种情感正确地读出来。同学们读得很好。还有没有同学喜欢别的画面或者场景的？

生：我非常喜欢这篇课文的第二自然段。

师：谈谈你的体会。

生：因为贝多芬听到那个姑娘弹了很多次都弹不好，断断续续的，但是她没有放弃，我觉得姑娘的精神很可贵。

师：这位同学还想到盲姑娘弹琴是断断续续的，断断续续是什么意思啊？

生：时有时无，有时候中断。

师：那么盲姑娘是什么时候在弹琴啊？

生：晚上。

师：这么晚了还练琴，精神很可贵。还有没有跟他一样的？谁来补充。

生：请大家把目光漂移到第二自然段。

师："漂移"这个词用得真好！

生：这个自然段说的是在一个幽静的夜晚，贝多芬正在河边散步，他听到了断断续续的钢琴声，他想：那么晚了怎么还有人在练钢琴呢？这个精神是非常可贵的。

师：而且弹的正是他的曲子。他心里有一丝什么样的情感？

生：感动。

师：这个时候是感动吗？应该是微微的什么？

生：惊讶。

师：对！惊讶，这么晚了谁还在弹我的曲子呢？而且他在一条幽静的小路上散步，这个时候也许在一边看着月亮，一边在听着天籁之音。这个时候他的内心有没有感动或者激动呢？

生：没有。

师：那么老师用"有一丝丝的触动"来概括，你们看行吗？

生：行！

师：还有没有喜欢的部分？

生：兄妹都很穷，但是酷爱音乐。

师：你从第六自然段哪里感受到的呢？

生：（读）"弹得多纯熟啊！感情多深哪！您，您就是贝多芬先生吧？"

师：这句话应该读出什么感情呢？

生：（齐）激动。

师：这是盲姑娘发自内心的声音，十分激动。女同学来读。

生：（齐读）"弹得多纯熟啊！感情多深哪！您，您就是贝多芬先生吧？"

师："您，您就是贝多芬先生吧？"是不是觉得很惊讶？

生：是。

师："纯熟""感情多深""弹得多纯熟啊"还说明了盲姑娘怎么样？

生：说明她不但热爱音乐，还有一定的造诣，能一下听出是贝多芬的琴声。

师：对！说明她不但热爱音乐，而且还十分了解音乐，懂得音乐。这个时候除了盲姑娘本身激动以外，同时贝多芬也被感动了。被什么感动了？

生：盲姑娘虽然瞎了，但是能感受到曲子是贝多芬本人弹的。

师：对！这对兄妹俩感动了。贝多芬曾经说过："我的音乐要献给劳苦大众，我的音乐藏在歌剧大厅里，为那些达官贵人演奏，但是他们并不理解我的音乐，并不懂我的心声。"那么今天，他终于找到了什么？

生：（齐）知音！

师：那么贝多芬在意外中巧遇知音，除了感动以外，还产生了一种什么样的心情？

生：吃惊。

生：开心。

生：兴奋。

师：对了，十分兴奋。因此，在非常兴奋的情况下，他的感情就像打开的闸门，奔放的情感就好像海面上的巨浪。这个时候他情不自禁地写出了曲子，这就是伟大的什么？

生：（齐）《月光曲》。

师：他被兄妹俩这种对音乐的热爱而深深感动，因此产生出一种激动心情。在贝多芬心情激动的情况下创作《月光曲》，是不是又有一个片段，一个场景？在哪里？找到它。

生：（读）"一阵风把蜡烛吹灭了。月光照进窗子，茅屋里的一切好像披上了银纱，显得格外清幽。贝多芬望了望站在他身旁的兄妹俩，借着清幽的月光，按起琴键。"

师：好，我们给点音乐，一起把这一段再读一次。

生：（配乐朗读）"一阵风把蜡烛吹灭了。月光照进窗子，茅屋里的一切好像披上了银纱，显得格外清幽。贝多芬望了望站在他身旁的兄妹俩，借着清幽的月光，按起琴键。"

师：想说点什么？

生：贝多芬在散步中遇到自己的知音，所以我也为贝多芬感到高兴。

师：常言说："千金易得，知音难求。"

生：贝多芬他很感动，他遇到了知心人。月光给他触动，特别是兄妹俩对音乐的热爱也给了贝多芬灵感。他又为兄妹俩贫苦的困境感到不平。

师：想得太好了！他为兄妹俩抱不平，贝多芬可能会这样想："那些有钱人可能花钱如流水，而这对酷爱音乐的兄妹俩连一张音乐会的入场券都买不起。"他觉得这个世界太不公平！你们还想说什么？

生：除了为贝多芬感到高兴外，我觉得贝多芬还应该谢谢兄妹俩，因为如果没有他们的话，贝多芬就不可能有这样的灵感，《月光曲》就可能不会诞生。

师：说得太好了！人的灵感瞬间即逝，贝多芬除了有高超的琴艺，还有丰富的灵感。这种灵感更多的来自什么？

生：来自真诚的情感。

师：只有真实的情感才能产生这种灵感。所以他还要感谢那对兄妹。我觉得那位同学说得太好了。我们再为她鼓掌。贝多芬担心自己的灵感马上消失，他为了不使这首曲子流失掉，或者被遗忘掉，因此他怎么样？

生：（齐）"他飞奔回客店，花了一夜工夫，把刚才弹的曲子——《月光曲》记录了下来。"

师：从这里可以看出来，贝多芬的创作是偶然的。他事先有没有想到要创作《月光曲》？

生：没有。

师：是因为当时的景与兄妹俩的情深深地感染着他，才产生了伟大的《月光曲》。我们已经体会到这篇课文的优美，我们想象的画面也很美，我们听到的音乐也很美。那么更美的是什么？

生：兄妹俩的真情。

师：那么你对贝多芬还了解到哪些？

生：我知道贝多芬因为耳聋的恐惧想自杀，后来他克服了困难，继续作曲。

师：那你感觉到他是一个什么样的人？能不能用一个词或者一句话来评价他？

生：他是个坚强的人！

生：我想补充一下，我觉得他有不屈不挠的精神。

生：我从网上查到了贝多芬原名叫路德维希·范·贝多芬，他生于1770年，死于1827年，是18世纪以来德国最著名的音乐家。

生：我从书本上看到，贝多芬26岁时耳朵开始患病，中年失聪。但是他克服困难，继续创作乐曲。

师：你觉得他是一个什么样的人？

生：坚强、不屈不挠的人。

师：除了"坚强、不屈不挠、勤奋、刻苦、酷爱音乐"，他还是一个什么样的人？

生：一个善良的人。

生：我也觉得他是善良的人。请同学们把目光移到第七自然段。"贝多芬没有回答，他问盲姑娘：'您爱听吗？我再给您弹一首吧。'"如果他不善良的话，就不会再给她弹奏了。

师：对！他没有正面回答盲姑娘的问题，但是他用音乐回答了。好！

执教"月光曲"

生：我觉得贝多芬是一个富有同情心的人，从第三、第四自然段可以看出来。

师：还有不同的感受吗？

生：我觉得贝多芬不是一个嫌贫爱富的人。请同学们把目光移到第五自然段。如果他嫌贫爱富的话，那他就不会弹一首曲子给盲姑娘听了。

师：对了，这位同学的体会是很好的。贝多芬走进茅屋的时候，皮鞋匠还说："先生，您找谁？走错门了吧？"请问，当时贝多芬想到了吗？

生：没有！

生：我还想补充一下，第七自然段也可以看出来。如果他嫌贫爱富的话，弹完一首曲子后就不会再弹第二首了。甚至会想："你那么穷，我弹完一首就足够了，我得走了！"

师：好了，同学们的想象非常丰富，也非常到位。我这里有两个作业：第一，选择一首喜欢的乐曲，把想到的景象写下来；第二，想象贝多芬回到客店的情景，写一个片段。请大家从中选择一个，展开联想的翅膀，把想象写下来。老师还要告诉你们，联想的作用是很多的，但是不能牵强附会，如果牵强的话就会因文害意。懂了吗？

生：懂了！

师：好了，今天的课上到这里，谢谢大家！

（学生鼓掌）

3. 让学生于"无声"中畅写心灵

叶圣陶先生说过，语文教学的根在听、说、读、写，语文教师要做的是听、说、读、写之内的挖掘与创新，而不是听、说、读、写之外的花样翻新。但在阅读教学中，大家比较重视在听、说、读中培养语感，而忽视通过写来训练语言与思维。我们总把"写"挤出课堂，以为这样可以让学生再多听点我们老师的"精彩言论"，殊不知这样会使语文课在我们的课堂上丢失本性。我们若创设一个"无声"的教学氛围，让学生在课堂上沉静地书写，语文听、说、读、写的综合能力就会得到历练。

第一，在"无声"中培养良好的书写习惯。良好的书写习惯是帮助学生学好语文的一个有效手段。在课堂上设置一小段无声的静默空间让学生进行书面练习，教师在巡视中，可指正学生的不良坐姿，指出学生字迹潦草和写错别字的不良书写习惯，并帮助改正。

第二，在"无声"中学会书面表达。阅读与写作是相互的。在"无声"的语文阅读课堂氛围中，教师引导学生飞扬思绪，写下自己独特的体验，写下自己深沉的思考，这样学生才能享受到书面表达的快乐。比如，学《风筝》时，请学生展开想象，当弟弟的风筝被哥哥践踏后，写下弟弟此时此刻的表现和心里想法，等等。学生的写作内容与表达精彩纷呈。在课堂中留足书写心灵的时间，在静默中让学生去思考，去搜索语言，去尽情有序地表达，这样会胜过诸多"有声"的课堂活动。

语文课堂需要教师的讲授，也需要学生的互动，但同样也需要教师给学生创建"无声"的学习环节，让学生在"无声"的空间中真正走进文本、发展思维、促进表达。这样，我们的语文课堂才会多些从容朴素，多些本色的沉静，多些真实的精彩，真正让我们的语文课堂达到一种和谐、紧张、有序、高效、开放的效果。

（七）慢读型教学

捷克小说家米兰·昆德拉写过一本书——《缓慢》，他在开头这样写道："慢的乐趣怎么失传了呢？古时候闲逛的人都去了哪里？民歌小调中游手好闲的英雄，这些漫游各地磨坊的流浪汉去了哪里？他们随着乡间小道、草原、林地空间和大自然一起消失了吗？"

速度时代，人们用吃快餐的方式对待阅读，希望用尽量少的时间把尽量多的信息吞到肚子里去。于是随着快餐文化的流行，日本已进入"读图时代"，漫画读物高居畅销书前列。由于浅阅读的侵蚀，法国的阅读传统受到了严重的冲击，有人甚至预言"书将死亡"。在学校，速读盛行，阅读已经变成竞赛：孩子们掐着秒表读书，看谁一分钟里读的文字量最多。有的专家研究出让视线在书页上走Z字的快速扫描方式，教孩子们怎么用最短时间读完一页书。这些都在灌输一种观念：快即好。

速读和浅阅读可以激发阅读兴趣，但它只停留在文章表面，只注重故事情节、人物形象的阅读。如果长期不假思索地浅阅读，那么读者的见解和思考力势必会走向浅薄。浮光掠影式的浅阅读只能让书中的营养如过眼烟云。那种反复思索回味经典名著，细品慢嚼的读书感受，那种废寝忘食的读书之乐，是浅阅读者所无法达到的境界。

美国新罕布什尔大学托马斯·纽柯克教授则反其道而行之，提出了"慢阅读"

概念。他主张细细阅读一本好书，反对一目十行，反对在网上瞄几眼内容梗概。他说，在这个只顾快读的年代，"慢"能唤回阅读的愉悦，从高品质的文字中找到乐趣和意义。他在自己的课堂里，鼓励学生重拾大声诵读和背诵的老办法，帮他们重新起步"琢磨"和"品味"文字。

加拿大的一位学者约翰·米德马出版了一本书，叫作《慢阅读》。他认为，慢阅读并不是主张一切东西都应该慢慢读，而是提倡一种观念，慢阅读的目标是拉近读者和所读信息之间的距离。

与速读、浅阅读相对应的是慢阅读、深阅读，这种阅读是引导学生透过文字的表面，深入理解作者的感情和思想的阅读，这是形成语文能力和素养的关键。不少名人都是注重"慢阅读"的：北宋文学家苏轼读《汉书》就抄过三遍；明末复社领袖张溥每读一书要抄七遍，每一遍都要经历一个"抄—读—焚烧"的过程，直到自己牢牢掌握为止，他把自己的书房取名为"七录斋"，他的文集就叫《七录斋集》；清朝文人梁章钜提倡"精通一部书"的读书法，他说："不拘大书小书，能将这部烂熟，字字解得道理透明。此一部便是根，可以触悟他书。"即所谓的举一反三，触类旁通；大文学家卢梭也曾说："读书不要贪多，而是要多加思索，这样的读书使我获益不少。"

对于中小学生来说，"慢阅读"尤其重要。儿童文学大都来源于实实在在的生活，必须慢慢体会。以"读"为主线，提供一个自由的空间，让学生自由地读、有感情地读、有见解地读；同时倡导"思"，让儿童独立地思考，在思考中获得启发，鼓励他们自由讨论、发表意见，尽情抒发自己的感慨。这一切的前提，都离不开"慢"字。只有"慢阅读"，才能营造一个良好的阅读氛围，用生命和心灵与作者进行交流，真正体验阅读和思考带来的乐趣，在琢磨和咀嚼中品味文字背后作者的内心和要传达的浓浓温情，让生命更加充盈和宁静。我们难以想象一个学生花三天时间看完《红楼梦》，他能对这部博大精深的作品精华能吸收多少；一个学生花半天时间看完一部《伊索寓言》，他在哲理和幽默方面又能有多少长进。青少年的价值观念还不够成熟，在潮流上喜欢跟风，在学习上易浅尝辄止，培养他们正确的阅读理念和阅读方法，是我们应当承担的责任。

"慢阅读"是一种阅读姿态，如果能将它变成一种阅读习惯，我们一生都会受用无穷。如何引导学生进行慢阅读呢？

1. 在反复慢读中品味语言蕴意

叶圣陶先生说："阅读教学总得读。"张田若先生说："阅读教学，第一是读，第二是读，第三还是读。"大凡名家都不会轻易放过"读"。于永正老师在教学《全神贯注》时，就有情有趣地引导学生朗读课文七遍之多。引导"读"，确实是阅读教学的不二法门，它是读者与文本的一种对话，是激活、唤起感受体验的根本方法。学生用自己的声音把对文本的理解感悟表达出来的过程，就是他们的内心与文本产生共鸣的过程。在指导课文诵读时，教师可先做示范朗读，适当点拨，明确停顿、重读、语气、语调，再让学生在反复诵读中揣摩文本的情感，口与耳会，眼与心谋，整体感受文本的情味理趣，并学会捕捉文本中传情的文字，品读其丰富的内蕴。

如在教学纳兰性德的《长相思》时，可让学生在诵读文本的过程中品味语言，体会纳兰性德缠绵而不颓废，柔情之中露出男儿镇守边塞的慷慨报国之志的复杂情感。"山一程，水一程"寄托的是亲人送行的依依惜别情；"身向榆关那畔行"激荡的是"万里赴戎机，关山度若飞"的萧萧豪迈情；"夜深千帐灯"催生的是"大漠孤烟直，长河落日圆"的烈烈壮怀情。"山一程，水一程"又暗示出词人对风雨兼程人生路的深深体验。越是路途遥远、风雪交加，就越需要亲人关爱之情的鼓舞。因为她是搏击人生风浪的力量源泉，有了她，为了她，就不怕千难万险，就一定会迎来团聚的那一天。从"夜深千帐灯"壮美意境到"故园无此声"的委婉心境，既是词人亲身生活经历的生动再现，也是他善于从生活中发现美，并以此创造美、抒发美的敏锐、高超艺术智慧的自然流露。吟咏悟情，我们既看到词人对故乡的深深依恋，也反映出他渴望建功立业的雄心壮志。

2. 在反思慢读中挖掘文本内涵

学生与文本深层对话的过程，就是在慢读反思中发现问题，并通过探究文本去解决问题的过程。教师要充分利用文本，在疑点处引发学生探究的兴趣，激活学生思维，而后因势利导，鼓励学生大胆质疑，在问题驱动下挖掘文本的内涵。如在教学何其芳的《一夜的工作》一文时，教师可以抓住"花生米并不多，可以数得清颗数，好像并没有因为多了一个人而增加了分量"来探究，先让学生说说花生米到底增加没有，这个问题立刻激发了学生阅读文本的兴趣，自然就产生了进一步探究的欲望。有人说没有增加，因为"花生米并不多，可以数得清颗数"，有人说增加了，因为"好像并没有因为多了一个人而增加了分量"，大家众说纷纭。接着让学生想想：为什么作者在"并没有因为多了一个人而增加了分量"加上一个"好像"？作者想要说明什么。通过思考和分析，学生恍然大悟。面对学生的质疑，老师没有越俎代庖，直截了当告知"增加了分量"，而是引导学生去发现、去讨论、去构建，学生再次走入文本中知道了增加分量后仍然"数得清颗数"，可见没有增加时也就更少了，至此学生对总理生活的简朴就有了深刻的理解。

3. 在个性化慢读中重构知识

阅读是个性化的行为，学生凭借自己的经验积累和知识结构，从不同的角度和层面解读文本，对文本做出自己特有的分析和判断，从而获得新的阅读体验，这实际上是对文本意义的再一次建构。如台湾著名女作家林海音在《窃读记》一文中，细腻生动地描绘了"窃读"的独特感受与复杂滋味，并用"我很快乐，也很惧怕——这种窃读的滋味"进行总的概括。教学前，教师对于文本进行了认真的阅读、细心的揣摩，在正确地把握文本的价值取向后，精心设计了两个贯穿全文的问题。

（1）"我很快乐，也很惧怕——这种窃读的滋味！"这是一种什么样的感受？请结合你所画出的描写动作和心理活动的语句来说说自己的体会。

（2）作者快乐的源泉从何而来？试图引导学生对文本进行感受、体验和理解，从而体会到"'窃读'的独特感受与复杂滋味以及作者对读书的热爱和对知识的渴望"这一文本的价值取向。

随着课堂教学的推进，教师、学生、文本之间对话的深入，学生对"窃读"滋味的理解不再局限于"快乐与惧怕"的表面意思，而是出现了"乐、累、苦""酸、甜、苦、辣""忧中有喜，苦中有乐"等学生体验的多元化局面，面对课堂精彩的生成，教师胸有成竹，及时表扬学生个性化的、多元化的、有创造性的理解和深入地体会出作者"快乐与惧怕"的独特感受和复杂滋味，并乘胜追击，把学生的思维引向文本的高潮——"作者快乐的源泉从何而来？"让课堂精彩不断，高潮迭起。

4. 在慢读链接拓展中升华感悟

任何文本都不是一种孤立的存在。在阅读活动中，教师要注意收集、整理与文本相关的信息，链接相关的拓展阅读材料，帮助学生深化对文本的解读。如有一位教师在执教《半截蜡烛》课文时，在体会"杰克的表现"这一环节中，教师引用了美国巴顿的一句话："所有的人都害怕战争，然而，懦夫只是那些让自己的恐惧战胜了责任感的人。责任感是大丈夫气概的精华。"不仅使学生体会到杰克面对危险的从容和勇敢，还进一步体会到了杰克的责任感。在体会杰奎琳的表现这一环节时，老师又引用了一段话："在纳粹集中营里，小女孩对德军说：'请你埋得浅一点，埋得太深了，我的妈妈会找不到我的。'"加上凄凉、悲怆的背景音乐的烘托，老师饱含深情的朗诵，把学生带入了那个血淋淋的战争当中，再让学生来谈谈感受。通过这样适时、适当、有效地拓展使学生走进了作者的心中，所理解的不仅有杰奎琳的勇敢，还有战争给我们整个人类带来的灾难。我们还可让学生通过查阅有关资料，了解与作品相关的作者经历、时代背景、创作动机以及作品的社会影响，学会知人论世，将文本架构到作者思想的坐标中，接轨到作者的文化视野中与之对话，实现读者与作者之间的"视域融合"。

拓展阅读的材料可以是课外的作品，也可以是现有教材。教师可以根据教学需要，大胆打破模块界限，灵活地"用教材教"，选取作者同题材的其他作品进行补充阅读，还可以选取不同作者的相同题材的作品进行比较阅读，求同辨异。如在教学纳兰性德《长相思》时，可将李白《静夜思》、王维《九月九日忆山东兄弟》等同样表现思乡主题的诗词串联起来，让学生比较几首作品在意境、风格、结构、艺术手法等方面的不同，从而提高他们的阅读鉴赏水平。

其实，快读与慢读并非水火不容，快读和慢读是辩证的，有快就有慢。快读和慢读又常常是交叉重叠的，即快读中有慢读，慢读中也有快读。一般读物我们通常是快读，但遇到佳处或自己认为重要的地方，我们会自然而然地放慢速度阅读，甚至反复阅读，名著经典通常是慢读，然而由于种种原因我们会快读，甚至越过几页续读——这种情况并不少见。

当我们打开书本，我们就开始了精神世界的浪漫之旅，犹如在广袤的历史原野上行进，有时步履匆匆，急如星火，有时又放慢脚步，甚或驻足停留，细细品味。速度不同，感受也不尽相同；或跋涉戈壁，风沙扑面；或徜徉草原，放歌千里；或濯足山涧，流水淙淙；或乌云密布，山雨欲来；或撷一片竹叶吹口哨唤来百鸟婉转，或摩挲一片古化石抚今追昔……

博尔赫斯说："书是人类记忆和想象力的拓展。""我想书是我们人类可能拥有的诸多幸福中的一种。"在这个浮躁喧哗的年代里，能够静下心来阅读的确是一种难得的幸福。而灵活运用速读与慢读无疑会使我们对这种幸福的体会更加深切。

二、开放式作文教学

2015 年，一个响亮的词语进入了众人视野，引起高度关注，那就是——"新常态"。中国经济转型正在步入新常态时代，人们现代生活的特点也进入新常态。中国教育也不例外，它历经 8 次课程教材改革之后，正在实施《国家中长期教育改革和发展规划纲要（2010—2020 年)》，教育部又颁布了《关于全面深化课程改革，落实立德树人根本任务的意见》，明确提出了培养学生的"核心素养"，这成为当今课改的着力点，也带来了课改的"新常态"。那么作文教学的"新常态""新"在何处？作文教学的"核心素养"是什么？如何培育？开放式作文教学对此一一作答。

1. 明确作文的"核心素养"

学生的核心素养是学生终身发展和社会发展所需要的必备品格和关键能力。那么，作文的核心素养是什么？那就是培养学生运用、实践祖国语言文字，鉴赏、热爱祖国语言文字。有的书中将学生作文定义为："为自己的生活拍照，即每个个体的生命存在与表现。"作文，既是一种学习的体验、发现过程，又是生命的探索、成长过程。为了生命的自由呼吸、自由成长，我们没有理由不作文。"作文即做人"，作文即对语文核心素养的综合培育。

2. 坚定作文教学的"新常态课堂"

对作文教学来说，要建立"新常态课堂"，必须确立"育人是作文的目的，情感是作文的灵魂，生活是作文的源泉，阅读是作文的基础，思维是作文的关键，表达是作文的难点"的思想理念。本书中的"九种范式"为作文教学的"新常态课堂"提供了更为鲜活的案例，打破了写作的神秘化，开放了写作的自由化，使"我写故我在"成为学生生活的新常态、学习的新常态，当然还包括淡化"命题"的新常态、淡化"文体"的新常态、淡化"章法"的新常态、淡化"写错"的新常态，甚至淡化"字数"的新常态。

3. 将"开放式习作"回归到"开放式作文"

著名教育家吕型伟先生曾经说过："中国人都会讲中国话，都有能力把所想的、所看的、所做的事情说清楚，并且能说得有条有理，让听者明明白白。而作文，无非是把口头说的改成纸上写的，怎么说就怎么写，为什么就写不好了呢？我看问题就可能出在一个'作'字上，为了'作'就要加工。"可见，我们还是要在"作"字上下功夫。从古至今，我们都是讲"作文"或者"写作"，新课标为降低写作标准将小学作文改成"习作"，即练习写作，事实上到了高年段为了与七年级接轨都应该是"作文"了，况且，"开放式作文"教学从作文内容、体裁、要求等应略高于常规的"作文"教学，所以，无论是从开放式作文教学的内在要求来考虑，还是为了便于更多关心教育人士（如学生家长）的理解、运用，将"开放式习作"回归到"开放式作文"可能是更为恰当和妥帖的。

在具体的开放式作文课的教学设计中，我以以下 9 个类型的范式为重点，展开了具体的教学实践。

（一）剪贴画式

新课标及解读本中指出，低年级写作要培养学生的写作兴趣和自信心。让学生愿意写作，热爱写作。新课标还指出，作文教学在发展语言能力的同时，发展思维能力，激发想象力和创造潜能。要鼓励学生写想象中的事物，写出自己对周围事物的认识和感想。这就告诉我们，在低年级进行作文教学指导，关键应关注学生的兴趣爱好，关注学生的联想与想象，鼓励有创意的表达，让他们日渐乐于书面表达，并且在原有基础上都能有所提高。

于是，我们把"激发写作兴趣、丰富写作内容、体验写作快乐"作为低年级作文教学指导的突破口，在低年级创造了一种全新的作文教学模式——剪贴画作文教学模式。把学生的作文与图画结合起来，鼓励、引导、启发学生的想象力，解脱学生思维定式的束缚，为他们的想象插上腾飞的翅膀，让学生在自由的空间里任意驰骋。

1. 低年级写作教学的现实意义

儿童语言发展和智力发展的规律告诉我们，低年级的小学生正处在语言、智力、思维逐步发展的关键时期。这一时期的学生有强烈的表达欲望，渴望将自己的所见、所闻、所想与别人分享，他们的语言表达灵活多样，并力求与别人不同。同时，他们很乐意去学习任何一种能够为他所用的表达方式，并对文字表达开始产生浓厚的兴趣，还常常在自己的绘画作品中写上歪歪扭扭的汉字。

美国教育学家唐纳德就曾说过，对于儿童来说，文章是一种富有魅力的密码，他们很想学会这种密码。语言的丰富、智力的发展、思维的拓展，为低年级学生的写作训练创设了有利的条件。近年来，美、日、俄等国越来越多的学校在一年级就开设了写作课，越来越多的人开始相信，写作是一个人语言水平的杠杆，有利于学生把学来的语言知识转化成运用语言的能力。

在我们以往的教学过程中，一二年级过于注重基础知识教学，写作都是从三年级开始。学生在转入写作训练的过程中往往很难适应，形成了三年级"要写作文"这道难关。因此，不少学生出现了畏难情绪，表现出较明显的语文学习兴趣减弱、不爱看课外书、不爱上语文课特别是作文课等现象。要想解决这一问题，写作训练必须提早起步。它是引导学生迈入作文大门的关键，并直接影响着学生升入中高年级以后的写作水平，其重要性不容忽视。走好了这一步，就有利于激发学生的写作兴趣和写作灵感；反之，学生则会对写作产生畏难情绪，进而影响作文能力和水平的提高。

低年级的学生识字量不多，在训练过程中经常会遇到"拦路虎"，这样就很容易让学生产生畏难、恐惧心理。再加上低年级学生观察能力、思维能力、语言组织能力不强等原因，写话、作文教学便很容易成为低年级教学的一大难点，稍有不慎就会让我们事与愿违，使我们成为让学生对作文产生恐惧和厌倦的始作俑者。

低年级的写作教学有着自身的特点和规律。在长时间与小学生接触的过程中，我们发现，低年级的小学生对图文并茂类的内容特别感兴趣，捧起小人书、漫画书就爱不释手，对涂涂画画、剪剪贴贴也表现出浓厚的兴趣，书本上、课桌上到处是他们的涂鸦作品。我们还发现，低年级的小学生情感丰富、天真烂漫，这个时期是他们最爱想象、最富有幻想的年龄段。随手拿起一个小圆球，他们就能边说边笑、边说边演，口述的故事情节更是曲折有趣，逗人发笑。我们何不把学生这种喜欢涂涂画画、剪剪贴贴的兴趣与富有想象的特性迁移到他们的写作中去呢？

2. 剪贴画写作的概念与内涵

所谓剪贴画写作，就是将图片按照自己的构思剪剪贴贴，或经过重新组合、加工、勾画补充，粘贴成一幅图画，然后根据自己创作的图画进行作文练笔。"剪、贴、画"是一个学生与图画沟通、对话、交流的过程，是调动自己的知识经验创作图画故事，并从中获取信息、丰富自己体验的过程。

图片可以是自己平时收集的各式纸制的，如漫画、插图、贴纸、邮票、广告图案、门票、照片、糖果纸……也可以是采集的小草、树叶、花瓣等标本，还可以是自己凭空想象自创的各种图案。

"贴故事"其实就是在"编故事"，就是把故事这个眼睛看不见的世界变成在自己心中看得见的图画。"剪、贴、画"是一条解决学生写作"原料"的途径，是提供素材、丰富内容，帮助学生走出"巧妇难为无米之炊"的困境。低年级学生解决了无话可说、言之无物的问题，就会突破制约的瓶颈，从而获得更广阔的作文空间。

剪贴画展示的是一个"瞬间"情景，学生根据图中的形象，通过想象和思维加工，然后经过内部语言到外部语言的转化，最终把图画内容和思想感情表达出来。

"一剪、一贴、一画、一写"之间，学生从静态引出动态，从"瞬间"写出过程，让画面活动起来，让画中的人活动起来，让画中的物也活动起来。学生借助完成贴画的过程，联系自己的生活实际进行合理想象，画中的形象越丰富，事物发展的过程越清楚、越具体，写起文章来就越容易做到言之有物、言之有序。

实践证明，每一幅生动有趣的剪贴作品都给学生提供了一定的故事背景，成为学生说话、写作的源泉。它们向学生展现了一个个充满奇异色彩的幻想世界，为学生打开了一扇扇通向幻想王国的大门。学生情不自禁地赋予画面人物、动物、景物以神态、语言和心理活动，这就使他们富有个性化和富有创意的作文表达放射出夺目的光彩。

通过实践，我们深深地体会到，在低年级进行剪贴画作文练习，不但容易取得显著的成绩，有助于培养学生易于动笔、乐于表达的愿望，而且还能引导学生关注现实、热爱生活，表达真情实感，从而激发并保持他们对语文的学习兴趣，提高他们的语文综合素养。

3. 剪贴画写作的操作方法

叶圣陶先生曾说过，图画不单是文字说明，且可以开拓儿童的想象。心理学家认为，想象是对已有表象进行加工改造而建立新形象的心理过程，是创造的源泉和翅膀。没有想象，就没有创造，有了创造的想象，才可能有创造的行为。新课标也明确指出，要鼓励学生写想象中的事物，能够激发学生创造欲望和发展想象的创造契机，营造多姿多彩的想象空间，激活创造思维，使儿童生命灵活性的拓展更加深远。

因此，剪贴画写作教学重在激发学生的写作兴趣，培养学生的创造思维，鼓励学生展开想象的翅膀，心里想什么就写什么，为学生今后能无拘束地把所见所闻真实地流露于笔端打好扎实的基础。

剪贴画作文可分为四步进行，即：剪一剪、贴一贴、说一说、写一写。

剪一剪。有人说，现代社会已经进入"读图时代"，各种各样的图片铺天盖地一般地呈现在人们眼前。孩子自呱呱坠地那一刻起，就接触了大量的图画：精美的画报、无处不在的各式图案……图早已成为儿童生活中不可或缺的一部分。我们常常可以看见图书馆、文具店的图书柜台总是被学生围得严严实实，学生的书本上也被他们贴满了各式贴纸，甚至作业本、课桌、墙壁都被他们"打扮"得"花枝招展"。可见儿童对图的喜爱和痴迷程度。

因此，要求学生在阅读绘本的过程中剪下、收集自己感兴趣的图片，对儿童来说并非难事。教师要做的只是指导学生找来平时看过或用过的画报、图书等，剪下喜欢的图片：漫画、插图、配画，或者一只小兔、一只小鸡、一棵小树、一朵小花……然后把这些图片放在自己的图片夹内，精心收集起来，还可以让他们经常把这些图片拿出来摆一摆、比一比，看谁收集的图片漂亮、谁剪得整齐。

教师还可以指导学生收集一些别样的图片，如小草、花瓣、树叶、蝴蝶、蜻蜓的标本，还有自己兴趣所至自创的得意之作。这些都是学生十分喜欢收集的素材。这样一来，剪图、收集的过程本身就充满了很多乐趣。谁又能说在"一搜一剪"之间，孩子不会浮想联翩、异想天开呢？值得注意的是，在学生搜图、剪图的过程中，教师不应过分强调剪图的技巧，因为这毕竟不是图画课，图在这里只是辅助工具，是配角，它的作用是激趣，千万不能让它成为学生的负担。

贴一贴。这一环节主要是指导学生把收集到的图片粘贴到纸上，或重新组合，或加上适当的勾画、补充，形成一幅完整的、具有一定情节的图画。

在剪贴画作文刚开始的阶段，学生可能会束手无策，不知从何处下手。教师可以适当地"扶"学生一把，指导他们如何贴图，如何把自己收集到的图片按一定的顺序组合成有一定故事情节的画面。指导的基本原则是由易到难、由"扶"到"放"。可以先从贴单幅图开始，然后再慢慢练习将小猫、小狗、花草树木、人等组合成一幅画，如果有需要，再勾画、补充。

组合画面可用以下方式：①根据教师提示的内容组合画面（教师可有目的地为

学生创设一定的情境）；②模仿课文内容，组合画面；③联系生活经验组合画面（如课外活动、公园一角等场面）；④运用课外阅读内容拼合画面，如学生喜欢看童话故事、动画片，看完后，让学生根据故事内容或重编故事等手段组合拼图。

当学生逐步掌握了剪贴图片的方法后，教师就应该放手让学生大胆创作。学生可以只贴一张幽默诙谐的漫画、一张触动心灵的新闻图片、一张记录下难忘瞬间的照片，也可以将收集到的一张张小图片根据自己的想象重新组合，还可以将收集的树叶、花瓣、小草等拼装粘贴，创作一幅美丽的图画。他想贴什么画就贴什么画，想怎么贴就怎么贴，或者干脆随手涂鸦出一幅作品也未尝不可。鼓励学生把心中的秘密用画贴出来，把童年的欢乐、趣事用画表现出来。学生在粘贴图画的过程中，已经对画的内容进行了组合与构思，这实际上也是作文的第一步构思过程。

通过自己动手拼合画面，形成故事完整的画卷，学生就有了写作内容，也就为写作打下了基础。任何一个学生都有童话创作的天赋，每到课上创作剪贴画的时候，学生就会显得特别活跃，特别兴奋。贴一只小熊，再贴一只小鹿，旁边贴一所小房子，放一只蜻蜓风筝，再贴一张太阳公公的笑脸，最后拿起彩笔画几朵白云，勾几簇小花……一幅充满童趣、色彩鲜艳的图画就创作完成了。

除了让学生自由地贴自己喜欢的剪贴画外，我们还可以指导学生围绕一个主题来创作剪贴画，这样可以让学生就一个主题分享几十个创意，让他们从彼此的身上受到启发。如以"星期天"为主题，让学生创作剪贴画。有的学生剪贴的内容是一家人如何快乐地度过星期天，有的学生剪贴的是小动物在星期天开狂欢派对，有的学生贴的满是试卷和书本，借剪贴画来抒发自己对作业多的不满……同样的主题，完全不一样的创意，绝对会让你惊喜连连。

一名教师曾执教过一节以"春天"为主题的剪贴画作文课，有的学生贴了一张春天去公园植树的照片，有的学生贴的是郊外春光秀丽的风景，有的学生在贴的花、草、树、太阳的图片上画满了各种各样的表情符号，不用问也知道，在他的心中，在美丽的春天里肯定发生了很多有趣的动人故事。

说一说。这一环节教师要做的主要工作是引导学生根据自己剪贴成的图画，或编一个小故事，或描述成一段话，把自己在创作时的构思进一步用口头语言表达出来。

学生经过了"贴一贴"这个环节后，那些丰富有趣的图画早已让他们有了澎湃的表达激情，他们会迫不及待地想把图画中的故事说给每一个人听。这个时候就应该为学生提供一个"放心说、大胆说"的舞台，鼓励学生想怎么说就怎么说，不适宜加上生硬古板的条条框框，千万不要有僵化繁杂、死板恼人的长篇说教。

"说一说"的环节就是要让学生有这样的意识：我是表达的主角！有什么事情比可以在属于自己的天地里随心所欲地说东道西、畅所欲言来得开心欢快呢？在如此放松的状态下，学生情绪愉悦，无意注意得到充分运用，思维积极，浮想联翩，就连平时最胆小的学生，在欢乐的氛围中，眼睛也放出异彩。

学生的童真在轻松自由的氛围中会无拘无束地自然表露，他们口述的故事也会五彩缤纷。其大胆的想象、丰富多彩的形式、富有个性的语言往往会让人耳目一新。在他们的描述中既会有优美的风景，又会有对话、动作等细节，更会有生动具体的故事情节。

儿童的想象世界，是美好童年生活的一部分，是真实生活的倒影，是现实世界的反映。哪怕剪贴画上只是简单地贴上一只小鸭、一只小鸡，或再画上几朵小花点缀一下，他们都能就此编出一个内容生动、具体的故事。在他们的表达中，你会看到想象让他们的思想穿越了时空，让他们的思维自由地驰骋。我们要做的只是静静地聆听，让学生把童心和真情保持到底。

值得注意的是，"放心说、大胆说"并不等同于"乱说、胡说"，这一环节的"说"意义重大，它是学生"写"的基础，"说"不好就"写"不好。教师一定要牢牢地树立以下思想：看是骨头，想是血肉，说是轮廓，写才能成形。

由于小学生的思维具有跳跃和不够连贯的特点，因此在"说"这一环节，教师应充分发挥其主导作用，适时、适当地注意加强学生的口述训练，引导学生仔细观察，启发学生认真地想，教给学生正确恰当的表达方法。

看要仔细。观察是一个知觉、思维、语言相结合的智力活动过程，也是人们增长知识、认识世界的重要途径。孩子在说之前，首先要看图，对自己剪贴的图看仔细、看清楚，在大脑里形成清晰的印象。如果贴的是一张照片、一幅插图或一组漫画，就应该对画面所表达的主要内容先有一个整体性的认识。如果是组合图，则要厘清图与图之间的联系和变化，在心中要对自己想要创作的故事有一个大致的框架。

想要大胆。画面是一个个静止的人或物，而且比较单调，可以指导学生通过适当的提问，进行合理想象，使静止的画面尽量动起来、活起来，使单调的画面充实丰富起来。儿童的世界是一个奇妙而梦幻的世界，一个充满灵性的天地。他们按照自己的价值观念和游戏规则生活着，有着与成人完全不同的快乐、哀愁、憧憬、期盼与体验方式。在他们眼里，社会百态、世间万物都是那么趣味盎然、诗意浪漫：绿叶肥了，红花瘦了，大树会唱歌，小鱼会说话，桌椅会交谈，晚霞就是太阳公公刚刚脱下的衣裳，小雨就是一块块透明亮丽的橡皮，乌云就是做了错事的小顽皮，萤火虫就是月亮姐姐的好伙伴，种子就是一个春天的故事……我们理应尊重并保护好儿童想象的独特视角，让他们自由想象，让童心自由绽放。

说要到位。叶圣陶先生曾说，物体本身完整而有式样，拍成照片当然完整而有式样；语言周妥而没有毛病，按语言写下来的文章当然周妥而没有毛病了。可见"说"的重要性。在学生写话的过程中，我们常发现学生咬笔头，那都是因为"说"没到位。由于低年级学生日常使用的是对白语言，表达起来缺乏条理性和连贯性，说起话来前言不搭后语，跳跃性很强，有时重复，有时带语病。在训练时不能操之过急，要耐心地指导学生有条理地说、连贯地说、用普通话大声地说，及时纠正语病。在说的基础上再动笔写，自然是瓜熟蒂落、水到渠成了。

在指导"说"的过程中，要注意几点：①要求说得有头有尾，遵循一定的顺序；②要求说得具体、有重点，不能东拉西扯；③鼓励在语言表达上有独到之处。

指导学生看好、想好、说好，才能让学生的思维连贯，不发生紊乱，这样把观察、思维、语言有机结合起来，写出的文章才有条理，写出的作文内容才丰富。当学生面向全班说的时候，说得不清楚、不具体的地方，其他同学做补充，教师加以点拨，这样既可以互相交流对图的理解，相互补充彼此头脑中想象的空白，又可以锻炼学生的口头表达能力。实践证明，这样做充分调动了学生"说"的积极性，使学生"说"的愿望强烈，能够开动脑筋，积极思考，自觉地投入到"说"的训练中。

写一写。英国教育家洛克曾说过，儿童学习任何事情，最好的时机是当他们兴趣高，心里想做的时候。学生有了兴趣，就能够集中注意力，积极思维。作文也不例外。说完即写，趁热打铁。由于剪贴的故事是自己的创作，思维空间大，图文并茂，童趣四溢，学生易于驾驭，加上"说一说"，说得扎实，说得具体，写起来自然就得心应手，也能让学生很容易地品尝到成功的喜悦。

俄国文学大师列夫·托尔斯泰曾经说过，凡是好的作品都是从作者心灵中飞出来的歌。因此，在"写"这一环节，我们要秉着"激兴趣、降要求、放手写"的原则，不要在写作之前给学生太多的束缚，只需调动起学生写的欲望，他想怎么写就怎么写，让学生尽情发挥，过把表达的瘾。不要怕学生写不好，允许"记流水账"，有话写就行，只要让文思"流"起来，写成后，句子通顺，读后别人能听懂就行。也许学生写成的文章，与那种精心指导后而成的佳作有一定的差距，但精心指导的佳作往往是千篇一律的，学生只不过做了一次复制工作，而这种"放手做"却让学生真正地在"做"。结构乱一点、错字多一些、病句多一点，这些都是成长过程中必然要经历的，就像学步的孩童必然要经历摔跤一样。教师的教学目标应放在培养写作兴趣、欲望和表达上。

在放手练习中，儿童的心灵完全处于自由、快乐的状态，学生无拘无束、文思如泉、滔滔不尽。写话的思路一旦被打开，一句句童言稚语就会从学生心底流淌出来。有学生贴上一只老鼠和一只猫，创作了《猫又上当了》的故事。

学生作文

猫又上当了

老鼠与猫是一对邻居。老鼠住在洞里，而猫呢？住在豪华的别墅里，过着优越的生活，天天大鱼大肉，无忧无虑。于是，老鼠经常去猫的家里偷东西。

老鼠又去猫家里偷东西了，猫见了十分生气，心想：这老鼠真可恶！前天，他刚偷了一瓶我最爱喝的可乐，今天又来了。我非得让他知道我的厉害不可！于是，他懒洋洋地从沙发上爬起来，伸伸懒腰，打起精神，一点一点地向老鼠逼近。

这时，老鼠正要偷茶几上的苹果，突然，他闻到一股浓浓的猫味，立刻转过身来。只见那只猫已经离他只有几步远了，他大吃一惊，本能地拔腿就跑。猫紧追不舍。老鼠跑进厨房，猫也跟着进了厨房；老鼠窜进厕所，猫也窜进厕所；老鼠逃进卧室，猫很快就追进了卧室。就这样，老鼠躲到哪儿，猫就追到哪儿。

此时，老鼠已经累得上气不接下气了，他一不小心掉进了摆放在地上的大垃圾桶里。垃圾桶的四壁光溜溜的，要想爬出去可不是件容易的事啊！猫看见了，大笑起来："哈哈！看你还往哪里跑？"正当老鼠在桶底急得团团转时，突然，他想出了一个绝妙的主意。他仰起头对趴在桶口的猫大声喊："有本事你也进来啊，笨猫！"猫一听，火了。他咬着牙一边往垃圾桶里钻一边说："看我怎么收拾你！"

可是，当猫好不容易爬进垃圾桶后，却怎么也找不到那只老鼠了。原来，老鼠趁猫往桶里钻的时候，把猫的身体当梯子爬出了垃圾桶。猫在桶里找不到老鼠便想转身出来，可这时老鼠早已把桶盖盖上，任凭他怎么转都无济于事了。

这篇作文内容充实，构思精巧，用拟人的手法来写，语言活泼，字里行间又充满了童趣，把猫与老鼠刻画得栩栩如生，读来令人仿佛在看《猫和老鼠》的动画片，美哉！我们可以想象这个学生在拟题目时，当他写下那个"又"字时，嘴角肯定是情不自禁地露出笑意。试问，如此惬意的写作过程，哪个学生会不愿写、不想写呢？

因为素材丰富、氛围轻松，在整个剪贴画的写作过程中，很少看到哪个学生抓耳挠腮、冥思苦想。大家都在忙着把喷发的灵感记录下来，他们始终处于一种积极主动的创作激情之中。一幅幅各具特色的图画，一篇篇个性突出的作文，向我们展示了学生心中蕴藏的源源不断的创作灵感与丰富的想象力。学生的视野开阔了，自然就可以快乐而自由地写作了。

当然，在写作初期，肯定会有一部分学生感到相当吃力。此时，教师更应该顺应学生，让学生自由地写，千万不要限制学生必须写几句话。能写几句写几句，写一句也表扬，写两句更要表扬。过一段时间后，教师可以找个机会对学生提出要求，特别要注意方式方法。另外，在学生自己实在不会写的情况下，还要允许模仿，并一定要进行表扬："你仿写得很好，相信你一定能自己写一句话。"在得到教师的肯定后，学生的自尊心受到了保护，积极向上的情绪会促使他逐步走向独立。在此基础上，教师可以再试着要求这类学生做到以下几点。

写完整。低年级作文是为高年级作文打基础的，因此，在低年级的训练中，就要教学生把握住时间、地点以及事情的起因、经过和结果，把话写完整。

写具体。新课标的要求就是"能具体明确、文从字顺地表述自己的意思"。一般学生到了二年级，已经具备了写完整话的能力，其观察、想象能力都有了发展和提高。这时，就要在"写具体"上下功夫了。指导学生重点写事物的主要情节，写与主要情节有关的动态、语言、神态、心理活动等，要抓住细节，想象人物可能说什么，有什么心理活动，人、物之间有怎样的联系，使画面上的人、物活起来，而这一时候，想象就能帮上大忙了。

写生动。写作过程中，学生的想象一旦调动起来，就如同脱缰的野马，尽情驰骋；就如同翱翔的雄鹰，自由翱翔。这种释放的思想一旦放飞，就会给学生带来不可预测的创造力。教师应肯定学生的一切表达欲望，保护并珍视学生所有的思考及情感体验。让学生把写作当成自己情感宣泄、真情流露、价值体现、理想放飞的窗口，生动而不局促地表现自己的喜怒哀乐。

教学示例一

《春节》

教学内容

引导学生围绕"春节"这个主题，按自己的构思剪剪贴贴，创作一幅剪贴画，然后根据自己创作的图画，写出图意，或展开合理的想象编写一个故事。

学习目标

1. 创作一幅以"春节"为主题的剪贴画。

2. 能根据剪贴画的内容写出图意或发挥想象创作故事。

课前准备

布置学生围绕"春节"这个主题收集图片。

教学流程

一、创设情境，激发情感

师：同学们，竖起耳朵，听一听（播放《春节快乐》乐曲），这是春节里大街小巷都在播放的乐曲。我们不妨来想象一下：在乐曲声中，你看到了什么？想到了什么？

生：我好像看到了大家在商场里抢着买年货。

生：我想起了春节放烟花的场景。

生：我想起了大年夜吃团圆饭的场景。

生：一提到春节，我就想起我第一次贴春联的事。

师：今天，我们来做一幅跟"春节"有关的剪贴画，你想贴什么就贴什么，你想怎么贴就怎么贴，让我们把春节里的故事用画贴出来，好不好？

生：好！（个个兴趣盎然，跃跃欲试）

（设计意图：教师要积极地创设情境，让课堂充满活力。通过听音乐想象，创设情境，触发了学生的灵感，打开了学生的思维，更引发了他们的浓厚兴趣和创作欲望。）

二、指导剪贴，丰富内容

师：同学们，大家先别急着动手。在贴之前，先思考一下：你准备贴一幅什么样的画？给你的画起一个什么标题？请大家先在小组里交流一下，互相启发启发。

（学生在小组里热烈地讨论着）

师：现在，谁愿意给大家讲讲，你是怎么想的？

生1：我要贴一幅春节放烟火的画，两个小男孩分别代表我和哥哥，我还要贴上漂亮的炮仗，再画上美丽的烟花。我给它起的标题是《放烟花》。

生2：我先要画上一片绿草地，再贴上几只可爱的小狗，再贴上美丽的风筝，最后画上我和爸爸妈妈。我的这幅画叫《大年初一放风筝》。

师：他们的画反映的是自己在春节里的趣事，有同学跟他们的不一样吗？

生3：我要贴的是《动物王国闹元宵》。

师：哦，听起来很有趣哟！

生4：我贴的故事是《老虎家的年货》，讲的是几个好吃懒做的动物在过年前拿自家的年货做赌注，通宵达旦地赌钱，后来为钱打得"几"败俱伤，最后被老虎捡了个大便宜，它们赌的东西都成了老虎家现成的年货。

……

师：同学们的想法都很好，赶快动手贴起来吧！

（学生一边思考，一边展开丰富的想象。教师播放《欢度春节》的音乐，再一次营造欢乐的氛围，帮助学生进行想象。每个学生都调用自己记忆仓库里的相关素材，用心灵去构筑各种画面，拼贴了一个个新颖别致的图案。就连画的标题也溢满浓浓的喜庆，比如，《花市真热闹》《烟花映红了天》《欢欢喜喜过大年》……）

（设计意图："贴"是这次作文成功的基础，教师应适时进行指导，帮助学生拓展思维，使学生通过想象和描述，将画面的内容完成得更加清晰和丰满。）

三、大胆想象，激情表达

师：大家的画真是异彩纷呈、充满童趣呀！先用心看看你贴的画，看看你都贴了些什么，再想一想：你的故事大概是什么意思？

（学生看图、想象）

师：现在，跟你的小伙伴说说你贴的故事吧。说的时候，要注意以下几点：①要按一定的顺序说；②重点内容说具体；③最好用上我们学过的好词、好句。

（学生四人一组讲故事）

师：哪个小组愿意推选一名代表来跟大家讲讲贴的故事？

（学生代表上台讲故事，教师相机指导如何说得连贯、有条理）

（设计意图：学生在经过"贴一贴"环节后，丰富有趣的图画早已让他们有了澎湃的表达激情，他们会迫不及待地想把图画中的故事说给每一个人听。这时候就要为学生提供一个"放心说、大胆说"的舞台，要让每一个学生都敢于表达。）

四、指导写法，自由写作

师：同学们，下面大家就可以动笔写了。

生：我可以写《春节的习俗》吗？

师：当然可以！只要是和你的剪贴画有关的都行，要把你最想表达的内容写具体。可以跟同学讨论，翻阅课外书，借鉴书中的写法和优美词句。

（学生自由作文）

（设计意图：为了便于学生表达，对作文的体裁教师没有限制，可以是记叙文，也可以是寓言、童话、诗歌，只要学生能想到、愿意写，就让他大胆写、放心写。至于作文的详略、修改等问题，教师只是稍做提醒，没有做过细指导，以防束缚学生思维。写作过程中，教师允许学生找自己的朋友讨论，允许他们翻阅课外书，借鉴优美词句。巡视时，教师以朋友的身份，不断表扬、鼓励学生，营造了宽松、愉悦的写作环境，努力做到让学生放飞想象，张扬个性，自由写作。）

（二）情境式

教育家赞科夫曾说，只有在学生情绪高涨、不断要求向上，想把自己独有的想法表达出来的氛围下，才能产生出使儿童的作文丰富多彩的那些思想、感情和词语。这就启发我们，在一切教学活动中要善于激发学生的情趣，让他们在情绪高涨时去感受生活，激发美的想象。

1. 情境式作文的概念与内涵

情境式作文是以情境创设为手段，有意创设一个具体的场景或情境，如让学生观察实物、欣赏表演、观看视频、收听广播等，让学生在丰富多彩的形象观察中认识客观世界；在观察情境的基础上，再让其思考、联想、想象，以加深学生的情感体验，激发学生的情趣，从而产生写作的欲望。

情境教育专家李吉林认为，情境是人为优化了的环境，是促使儿童能动地活动于其中的环境。当情境在课堂上以再现的方式呈现在学生面前时，教师要放下教师的架子，真真正正做好学生学习活动的参与者、引导者和合作者，可以和学生一起分析讨论，发表自己的意见。同时，对学生从不同角度发表的观点和意见要给予肯定，不能为了满足这一堂课的作文要求而压抑学生的闪光点，要善于珍视学生独特的见解，让每一个学生在自由民主的教学氛围中，在轻松愉悦的教学环境中品尝到成功的快乐。

这种作文训练模式的目的在于给学生提供写作的素材，解决学生"无米下锅"的问题，即要求教师要事先设计好情境，并有针对性地对情境加以组合或筛选。让学生有人可写，有话可说，有事可记，有感可发，从根本上克服作文内容空洞、单一、雷同、贫乏的通病，使学生作文"言之有物""言之有情"。

2. 情境式作文的必要性

情境的特点和功能不仅在于激发和促进学生的情感活动，还在于激发和促进学生的认知活动和实践活动，能够提供丰富的学习素材，有效地改善教学。

创设有效适宜的情境不但可以提供生动、丰富的学习材料，还可以提供在实践中应用知识的机会，促进知识、技能与体验的连接，促进课内向课外的迁移，让学生在生动的应用活动中理解所学的知识，了解问题的前因后果和来龙去脉，进一步认识知识的本质，灵活运用所学的知识去解决实际问题，发展应用能力，增长才干。

此外，适宜的情境在激发学习兴趣和愿望，促进学生情感发展的同时，还可以不断地维持、强化和调整学习动机，促使学生主动地学习，更好地认知，对教学过程起到引导、定向、支持、调节和控制作用。

情境式作文范式正是以提高学生素质为核心，是建立在"易、趣、活、实"的基础上，允许学生从自己的真实感受中提炼文章主题，鼓励学生写出个性鲜明的文章。因而，它发展了学生的观察能力、感受能力、想象能力、辨析能力、探究能力、审美能力和表达能力等。

3. 情境式教学的操作方法

在作文教学过程中，教师要根据不同类型的作文对症下药，采用不同的操作方法，创设出合情合理的教学形式，让学生在情境中通过自身体验，细致观察，在动口、动手、动脑、动笔中写出感情丰富的文章。

人的情感总是在一定情境、一定场合中产生的。创设情境可以激发学生写作的兴趣，把学生带入与作文内容相应的氛围中，从而达到良好的教学效果。创设作文情境，就要酝酿一个让学生可知可感的氛围，使之与学生产生情感共鸣，让学生进入最佳的作文状态。它可以通过以下几种途径来实现。

第一，联系生活再现情境。即把作文训练的内容与学生的实际生活通过创设情境联系起来，进而打开学生的生活库存，强化其对生活的体验，产生对情境的联想，加深对情境的感悟，达到借助眼前再现的情境来表达的目的。无论是人物形象还是生活起居、日常琐事、人际交往等都可以拿来在课堂上再现。当作文训练的内容与学生的生活实际有距离时，教师还可以充分调动学生已有的生活感受和经验，让他们发表自己的看法。

比如，在指导作文"我的烦恼"时，教师可让学生先回忆，说说自己在生活中有哪些烦恼，并引导他们从生活、学习等方面来说。结果学生大多说成绩不好被父母骂，想要买的东西家长不给买，这些小事也的确是他们的烦恼，但是如果把这作为写作的素材，很明显缺少新意，视野狭窄。

因此，在进行指导时，教师可以先给学生播放这样一个视频片段：上海学生陈某，父母都是下岗职工，家庭条件差，但他的父母仍然咬紧牙关培养陈某。从他二年级起，父母就送他上各种辅导班、特长班，有语文、数学、外语、武术、美术、音乐……就是希望他长大后能有份像样的工作，不会下岗。陈某的父母把家当成了教室的延伸，把陈某当成了实验室中的学习机器。面对父母的一番心血，陈某只能无奈地奔波于学校与辅导班之间。有一天，陈某在日记中这样写道："我爱妈妈，但同时我也恨妈妈，天天都是上辅导班，我脑袋都要炸了。苍天呀，大地呀，哪位天使姐姐能赐给我一点点时间呀！我都要烦死了……"

这个情境一出现，学生们深有同感的神态就已告诉教师，此时此刻，他们心中有话要说，接下来让学生动笔就容易多了。

第二，借助实物展示情境。实物是一种比较直观的教具，俗话说："百闻不如一见。"这是人们认识客观事物的一条规律。运用实物展示情境，能吸引学生的注意力，尤其适合低年级学生的写作训练。低年级学生的思维方式以具体形象思维为主，这就需要教师在教学时注意利用一切可利用的材料演示情境。

如在指导作文"展示中国传统文化"时，教师先让学生进行课前准备，并在上一节口语交际课的基础上展开作文教学。上课时，教师把全班学生分成四组，并根据他们边展示边演说的情况来打分，最后评选出综合得分。学生的兴趣非常浓厚，纷纷抢着发言，但是说出来的内容大多是介绍传统文化的特点与发展的，并没有谈出自己的理解与感受。

于是，教师自告奋勇地对学生们说："老师也来说说，等会儿你们也来给老师打打分，怎么样？"之后，教师出示中国结，并向学生解说中国结的传统意义和象征意义，同时还围绕中国结讲了一个美丽的传说，学生听得津津有味。教师的参与不仅活跃了课堂教学的氛围，拉近了教师与学生的距离，同时也给了学生作文内容的提示——可以从多个方面来展开讨论中国文化。学生的话匣子一打开，作文的内容就变得丰富多了，这样，又何愁内容不充实呢？

第三，选用音乐渲染情境。音乐是诉诸人的听觉、启动人的联想和想象的一门艺术，它激荡心灵，抚慰情绪，渲染情境。音乐也是一种反映社会生活、表情达意的途径。把音乐与作文教学联系起来，就能调动学生的听觉、视觉等感官，为作文教学的展开推波助澜。

教师可以根据作文内容要表达的情感，选择相应的音乐来烘托气氛，从而使学生沉浸在音乐的美感中，体味其中蕴涵的情感，加深理解。如在指导"写一种植物"的作文时，先播放歌曲《红梅赞》，让学生一边听一边回想梅花的特点，通过由表及里的方式展现梅花蕴涵的精神与喻义，启发学生在写作时不仅要写出植物的特点，还要写出其内在之美。

第四，扮演角色体会情境。小学生都有活泼、好动、喜欢玩的天性，如果能利用这一特点，在作文课上将作文教学与有趣的表演结合起来，那么学生的兴趣自然会很高。通过角色扮演，学生可以更深入地体会每个角色的动作、神态、心理活动等，同时通过扮演角色体会情境，可淡化教师的说教、讲授，突出学生的主动性，也可减轻学生知识技能训练的负担。

教师在平时的训练中可以让学生进行各种角色体验，让他们体验人与人之间的真情与关怀，体验劳动的艰辛与快乐，体验合作和交往的重要性，体验成功后的幸福、失败后的悔恨沮丧，等等。

比如，在家里给妈妈洗脚，给爸爸捶背，当奶奶的"眼镜"，当爷爷的"拐杖"，等等；在社会上，可以让学生当一次小记者，当一回小交警，做一回小调查员；在学校里，让他们做一天值日生，当一回主持人。由于小学生好奇心强，喜欢新奇的事物，又善于模仿，让他们进行多种角色体验，既满足了他们的好奇心理，又解放了他们的手、脚、嘴、脑，符合学生爱说爱动的年龄特点。同时，这种体验还是一项没有压力的作业，学生乐于参与。在角色体验中，学生不知不觉地积累了丰富的写作素材。

人教社课标版教材四年级下册第四组的作文是请学生观察一幅"日本侵略者轰炸上海火车南站"的照片，并记录自己的感受。1937年发生的事件距离学生现在的生活比较远，仅仅通过照片，学生是无法体会照片上那个孤独孩子的悲惨境遇的。怎样更有效地指导这节作文课呢？有一位教师是这样做的：首先搜索一些当时的背景资料，并制作成幻灯片，配上音乐。在播放课件时，教师问学生："谁愿意把自己当作照片中的小孩？"同学们争先恐后地想要上台表演。教师选了一个表情丰富的学生，并要求他边看幻灯片边把自己内心的感受说出来。刚开始，学生的情绪还比较高涨，可是，慢慢地随着一幅幅悲惨镜头的出现，他的声音变得低沉了。说到最后，他竟然哭了。因为教师也在一旁不断地提示"他"的不幸遭遇：父母在战争中双亡，他成了孤儿，他的家园被摧毁，天黑了，他无家可归……这堂课下来，对比全班的作品，这个参与角色体验的学生写出来的感情最深，表达得最充分，这正是进行了角色体验的效果。

教师如何有效指导学生体验情景呢？

第一，引导观察，研究情境。提高写作能力的一个重要因素是提高观察能力，因为细致的观察能让学生从中获得感知，积累经验，掌握规律。而提高观察能力的前提是培养学生观察的兴趣。

教师在创设情境时应尽量选取一些新颖的、能够激发学生兴趣的素材，引导他们进行细致的观察。时间、地点、人物及事情的起因、过程、结果都是要考虑的因素，都要加以分析，因为它们往往是叙述故事、描写场景、刻画人物必然涉及的重点。同时，当多个场面汇集在一起的时候，教师要引导学生学会筛选，以选取最能体现人物内心情感，最能引起读者共鸣的情境来写。

比如，在指导学生观察书包时，教师可以先引导学生按照形状、大小、色彩、结构、用途的观察顺序进行细致的观察和合理的想象，引导学生从不同的角度，用不同的语言文字进行具体的描述，鼓励学生运用生动的修辞手法、优美的词语描写书包的特点，并可展开充分的想象，写一写书包的故事，夸一夸书包的作用，等等。此外，还可运用迁移法，让学生观察不同的事物，如工艺品、文具盒、书桌、储钱罐等。

第二，教给方法，举一反三。学生经过亲身的体验，细致的观察，掌握了第一手材料。这时，教师必须善于教给学生写作方法，让学生学会选材，学会安排写作顺序，学会运用准确的语言文字，把所观察到的情境表达出来。

除了写清情境中的内容，教师还要引导学生进一步拓宽情境，把学生的思维引向深层次，尽可能最大限度地挖掘学生的思想深度，使学生的作文"染情"。这就要求学生由现有情境展开联想与想象，想象是对情境的延伸、补充和丰富。它可以丰富故事内容，虚拟场面情节，又可以充实人物思想，达到虚实结合的目的。通过合理的联想与想象，文章内容自然就充实了。

教师除了在内容上指导外，在表达上也要注重培养学生的个性，注重培养学生思想观念的开放性和思维方式的多样性。鼓励学生在选材、立意、构思等方面不断创新，鼓励学生写"放胆文"，鼓励学生敢于打破思维定式，言别人之未言，在作文中写出自己别出心裁的见解。

比如，在进行作文"胜似亲人"教学时，教师除了要求学生一定要写出画面内容之外，还可让学生进行角色体验，从不同的角度对文中老奶奶的身世展开想象，构想小女孩在平时的生活中是如何帮助老奶奶的。通过这一训练，实际上也暗示了学生可以按照"客观存在—展开联想—发表感想"的顺序进行写作。

第三，灵活评价，收获自信。教师在评价学生的作文思路时勿套圈子，不要禁锢学生的想象空间。在作文评改时也要突破常规，用"多杆秤"来评定每个学生作文的优劣，促进学生的发展，让学生收获写作的自信与喜悦。

（三）活动式

德国著名教育家福禄贝尔认为，儿童具有活动的本能。美国教育家杜威更系统地提出以"做中学"为核心的实用主义教育思想。他认为教育应以儿童及其活动为起点、为目的、为中心，学校教育的作用就是传递、交流和发展经验，个体要获得经验，就必须在活动中主动去体验、尝试、改造，必须去"做"，因为经验都是由"做"得来的。因此，教育教学必须让孩子在"做中学"，才能使学习变得有效。作文的教学也应该遵循这一儿童发展规律，活动式作文教学很好地做到了这一点。

1. 活动式作文的概念与内涵

活动式作文教学，是指在活动教学理念指导下，积极开展各种各样的活动，让学生通过参与各项活动，获得一定的生活体验，从而使作文成为在教师指导下学生主动倾吐情感的过程，为学生步入写作的美好殿堂奠定扎实的基础。

新课标提出："写作教学应贴近学生实际，让学生易于动笔，乐于表达，应引导学生关注现实，热爱生活，表达真情实感。"它道出了写作与现实生活的联系：有生活实际，学生才乐写；有情感体验，才能表达真情实感。活动式作文教学正是以"活动"为主题，目的在于给学生提供写作的素材和体验。活动式作文教学符合学生心理发展的需要，顺应了新课标要求。活动式作文教学通过策划、组织一系列活动，让学生发现问题，解决问题，获得经验，加深体验，写出具有真情实感的文章。

2. 活动式作文教学的基本特征

活动式作文训练，主要体现了活动性、多元性、整合性的特征。

活动性。它主要表现在三个方面。一是学生在活动中感受到情感上的愉悦，全心全意喜欢自己的活动，整个过程轻松自如，非常快活。一个充满乐趣的环境可以产生很高的创造力，同时，思维的流畅性、灵活性和独创性在活动中也得以显现和培养。二是活动灵活而富有弹性，它可以适应不同学生的兴趣、爱好与特长，而不是"一刀切"。三是多种感官密切配合，协调行动，做中学，学中做，教、学、做合一。

多元性。它是指构成活动的各要素与实施过程所设计的要素之间的非封闭性。一是活动内容具有多元性，有对学科知识的巩固、运用和验证，有对学生兴趣、爱好、特长的关注与培养，还有来自社会生活和学习生活的丰富内容，等等，充分满足了学生的各种需要。二是活动空间具有多元性，学生可以把教室、校园乃至社会场所作为活动的空间，如室内活动、各种体育活动、社会实践、参观、游览等。三是师生、生生关系具有多元性，在活动中，师生可以是参与者，可以是组织者，也可以是旁观者。此外还有评价方式的多元性、形式的多样性，等等。

整合性。它是指教育内容的整合。活动式作文训练绝不仅仅是写作知识、方法、技能的训练，还是学生掌握跨学科（如音乐、美术、自然、品生、品社、数学、劳技、健康等）的理论知识，使学生获得对事物的完整认知，形成科学的思维方法，提高综合运用知识解决实际问题的能力。

3. 活动式作文的优势

第一，联系实际，激发写作激情。作文需要激情。许多学生因为没有激情，没有体验，没有生活，没有材料，写作时就不能生成与实际生活相关的联系链。以至于说到"道德"，就写给老人家让座，其余的内容就无从下手。实在不行，就抄些好词好句或范文，编些"假大空"的东西来应付。而活动式作文教学通过创设有趣的活动，活跃课堂气氛，学生在参与活动的过程中，感受到无限乐趣，激发起强烈的写作欲望。

第二，开拓生活，丰富写作内容。活动式作文最大的优势是能够很好地解决学生无话可说、无事可写的写作困惑。活动式作文教学通过组织学生参与到预设的活动中去，或实践，或尝试，或体验，或发现，写作内容自然而然得以生成。学生在这一过程中也逐渐认识到，只要关注生活实际，留意生活点滴，品味人间真情，作文题材将取之不尽，用之不竭。

第三，参与活动，促进思维迸发。活动的目的是给学生提供素材，但只有素材还不能写出好文章。面对纷繁的素材，如不加以指导，学生只能记流水账，谈不上写作思路，更谈不上写作思想。写作时如果没有一个在头脑中生成文章的积极思维的过程，只有记忆与仿作的印象，单纯着力于语言文字的斟酌推敲，结果往往是作文内容、形式千篇一律，缺乏真情实感，缺少个性的张扬与创新的火花。而活动式作文教学在给学生提供素材的同时，也将促使学生思维活跃起来，使学生能够自主、快乐地搜集素材、运用素材、实施素材，进而实现思维的重组与整合，盘活"库存语言"，创造出新的产品。

第四，主动参与，体现学生主体。活动式作文教学改变了教师与学生的地位，充分体现了学生在学习过程中的自主性。在整个教学活动中，教师不过是教学过程的组织者、指导者，知识建构的帮助者、促进者而已，学生则是活动的主体，活动过程的建构者，是学习的主体。

4. 活动式作文的形式与流程

活动式作文教学力求突破传统，寻求开放、自由的作文及指导形式，把作文就是活动的特性尽力彰显出来，让写前、写中、写后都趣味无穷。为此，我们设计了灵活多样的、创新的活动式作文形式和基本流程。

第一，游戏式活动。游戏是满足儿童活动本能的最有效手段。在课堂中设计一项游戏，让学生在游戏中感悟。具体方式有：玩前写，写玩的计划、构想等；玩中写，写玩的经过、片段、细节等；玩后写，写玩的感受、想法、体会等。

比如，在游戏作文"魔术商店"的教学中，教师扮演店主，在店里陈列很多"商品"（用卡纸写上"知识""美貌""机遇""地位""高档赛车""环球旅游"等项目，明码标出拍卖价），并发给每个学生一定数量的"钱币"。然后"店主"开始以起步价拍卖，全体学生作为顾客参与各商品的拍卖活动。拍卖会结束，教师还可采访部分"顾客"，问参拍的感受和拍卖有关商品的动机。在活动基础上，要求学生当堂完成作文《魔术商店》。这一游戏可调动学生的兴趣，开启学生的心智，收到良好的作文教学效果。

此类游戏作文还有"踩影子""拷贝不走样""贴鼻子""藏猫猫"等，都能让学生痛痛快快地大玩一把，然后下笔成文。

第二，表演式活动。这类活动是让学生在课堂上扮演不同的角色，体验不同人物的内心世界，在交流互动中有所领悟，并用文字表达出来。具体方式有个人独立表演式、双人合作表演式、多人合作表演式。

比如，在"妈妈的爱"体验作文中，让学生分两拨，先后扮演妈妈、孩子两个不同角色，让学生在母子俩的矛盾冲突中理解妈妈的内心世界，体会沟通的重要意义，同时也体验妈妈工作的艰辛。通过这一课，学生进一步认识到妈妈的平凡与伟大。

此类作文选择性很广，可以让学生去表演书中的情节，也可以设定特定的情境，或让学生扮演自己欣赏的名人，等等。

第三，竞赛式活动。通过举行特定比赛，带动课堂气氛，激发学生创作欲望。具体方式可以多种多样，学生可以写比赛的一个片段，可以写自己参与的过程，也可以写其他同学的表现或者赛后感想，等等。

比如，"左手夹豆"比赛，比一比在限定时间内谁用左手夹豆最多。在这个过程中不单单比赛者参与其中，其他学生也会成为拉拉队，参与比赛。这样的作文写成后往往激烈紧凑，精彩绝伦。

这类作文往往并不限于课堂中，具有很强的灵活性。教师还可以根据本校甚至校外举行的竞赛来进行教学。如校运动会、班级拔河比赛等，都可以成为很好的素材。

第四，连写式活动。它是指学生围绕一定话题，一人一句或几句地连续说或写，最后形成有一定内容的文字材料的学习性写作，也叫"接龙作文"或"接龙续句"。具体方式有表演连写式，即先看表演后连说或连写；看图连写式，即先看图后连说或连写；读文连写式，即先读一段文字，然后再连说或连写；想象连说式，即由一个人说一句开头的话，其他的人围绕句意展开想象，逐人逐句连续地说或写下去。

比如，我们可以以希区柯克经典科幻小说里的一句名句："世界上只有你一个人，突然响了一声敲门声，接下来会发生什么事?"作为开头续说这个故事，每人只能说一句。这样能激发学生的奇思异想，最后得到的故事一定天马行空，充满创造性。

第五，交际式活动。人际交往是一项十分重要的能力，交际口才与作文训练密切相关。在社交中学作文，帮助学生克服社交的紧张和焦虑，是很有意义的语文实践活动，也可以有效帮助学生在作文中真正做到"吾手写吾口"。

以"和陌生人说话"为体验作文题目，带领学生到城市广场，要求每个学生找2~3位陌生人，交谈5分钟以上。第一次解散后，大多数学生可能都无法完成任务。于是教师召集学生进行辅导，帮助学生分析谈话对象，研究交流话题，指导接近技巧。经过辅导，学生基本上都克服了紧张、羞怯，顺利完成了交谈任务。在此基础上，要求学生写成《和陌生人说话》一文。结果，学生把自己的心理变化过程写得细致入微，作文质量普遍较好。

第六，探究式活动。选择实验作文的题材，放手让每个学生动手去操作实验，亲自破解科学之谜。科学知识在小学生心目中是高尚而神秘的，动手去实验对于他们来说是件很兴奋的事，这样写出来的作文条理比较清楚，描写也比较具体。

如教材中提到过蚂蚁的判断力很强，教师就可以试着让学生用蚂蚁、棉线、糖等材料去做实验。实验过程中引导学生细心观察，验证结果，这样，就不难写成探究性作文《蚂蚁的智商有多高》。

语文课本中有不少科学小品语言精练、说理透彻，我们可以在教学后，让学生亲自去实验，这些都是很好的探究性作文主题。

活动式作文的基本流程是什么样的呢?

从教学理念的高度看，过去的教学是一种"知—行"模式，但现代教学理论特别是新课程理念强调，要将其更改为"行—知"模式。也就是说，不要先说太多的道理，而是先令其做，做了，有感性认识了，再从理论上深化。

活动式作文教学就是主张"先活动（游戏），再作文"或者"活动（游戏）和作文交替进行"的动态教学模式。先是学生参与丰富多彩、妙趣横生的活动，学生的体验感受丰富了，便会有感而发，倾情而作，之后教师再相机指导，即先"写"后"教"。教师的责任是给学生提供一个能够"张扬和开发学生的创造意识与实践能力"的教学现场。

每一次训练设计均贴近和符合学生的经验与情感需要，尽量做到把作文知识化为一个个元素渗到活动中并演示出来。让学生在玩中学，在学中乐，轻松获得写作技巧，使他们的思维习惯、观察能力、语言功底在活动中得到持续不断的锻炼。让作文成为师生的"乐事""趣事"乃至"享受"。

活动式作文教学的基本流程如下。

活动准备。学生课前收集有关资料、信息，了解活动的规则、要求等知识。同时准备好有关材料、器物及工具，以保证活动顺利进行。

激情导入。教师要善于运用语言艺术，或设置悬念，或引发争论……以趣味性的语言激起学生好奇、探究的心理和愿望，从而保证学生一开始就以饱满的热情投入活动。

预设结果。要求学生预先设想活动的结果。学生根据各自的想象、推理、判断，纷纷发表不同见解。同学们各抒己见，兴趣被激发，大脑处于高度兴奋状态，引发出最佳思维，也为后面活动的展开做了很好的铺垫。

活动验证。开展活动，让事实说话。学生兴致勃勃，人人动手，演示出活动的结果。这是活动的主体部分，一定要引导学生仔细观察。关键的地方，可以放慢节奏，或做出特殊标记，以引起学生注意。

引导探究。针对学生提出活动的问题，适时引导学生利用学过的课文、有关的资料以及身边师生所掌握的信息，去寻找答案。这是培养学生进行研究性学习的极好机会，也是训练学生如何利用学习资源的大好时机，这将对学生的未来学习产生深远影响。

舒畅表达。学生全身心投入活动，真实感受活动的每一刻，情趣盎然，思维活跃，有话可说，有话要说，觉得不吐不快，说起来滔滔不绝。这时候趁热打铁，写起文章来自然得心应手，下笔如有神。

评价修改。活动式作文教学评价应从学生作文兴趣、作文态度、作文习惯、真实的情感体验、表达的个性化等方面，综合考查学生作文水平的发展状况。尤其要重视对写作材料活动过程的评价，重视对作文修改的评价。

总之，组织学生开展丰富多彩的活动，引导学生接触社会，深入生活实际，观察分析周围的人和事物，就能使学生作文言之有物，言之有序，言之有味，言之有情，言之有理。

教学示例

有趣的"○"

一、导入"○"（圆）的话题，猜一猜

师：今天我们一起上一节语文活动课。谁来把题目读一下？

生：有趣的圆。

师：有没有想把它读成别的？

生：有趣的"o"。英语字母中的"o"。

生：有趣的零，数学中的零。

生：有趣的圈。

生：有趣的洞。

师：把它看成洞，可以吗？

生（齐）：可以。

师：最初的时候，我们有同学把它读成有趣的"圆"。（展示PPT动画——一个小小的"○"）

师：当这个圆不断放大，甚至超出屏幕，你还可以把它想象成什么？

生：呼啦圈。

生：月亮。

师：是圆月还是……

生：圆月。

师：也可以叫做满月。

生：还可以是地球。

生：太阳。

师：说明圆是无边无际，变化多端的。我们每天就生活在这些圆中，也无时无刻不被这些圆影响着。

二、观察"○"（圆）的外表，说一说

师：昨天我让同学们画一张跟圆有关的图画或者带一些与圆相关的小饰品，有没有准备？

生（齐）：有！

师：先放在课桌柜里。你要是想介绍就拿出来。咱们先保持点神秘感。

生：大家看，我画的是一个泰迪熊，圆圆的脑袋周围画了很多圆的物品。比如棒棒糖，是不是感觉很甜呀？（众笑）上面还有我最喜欢吃的水果：苹果、西瓜、桃子……

师：那旁边的这个是什么呢？

生：这旁边还画了一朵很香很香的太阳花。虽然只是个半圆，但这样是不是有一点点的神秘感？（部分学生小声说"向日葵"）

师：我乍一看，和其他孩子的感觉是一样的，它更像向日葵。

生：校长，我也画了一幅画。

师：那你也说说吧。

生：我画的是地球，地球带给我们很多的资源，可有些人却破坏了自己的家园，我要向他们倡导环保。而且我还画了一只眼睛，眼睛能够发现美，也能创造美。所以我觉得眼睛很重要，希望同学们不要总是玩电脑，要学会保护眼睛。此外，我还画了一艘飞碟。现在很多人想登上浩瀚的宇宙，我希望以后能够乘坐这样的飞碟到浩瀚的宇宙去探索。

师：我觉得他说得非常好的一点就是要爱护眼睛。眼睛最圆的部分是眼珠。保护视力，这是很好的。你看你画了这么多，待会儿小练笔的时候你把它写下来好吗？

生：好的。

师：你说。

生：校长，我带的东西是一个圆柱体。

师：拿出来看看。

生：您看，这是一个手电筒，它不仅是一个圆柱体，还能发出圆形的光。

师（手捧电筒）：首先她说这是一个圆柱体，这是在形容它的外形。接着她还说了它的作用。

生：可以照亮黑暗的地方。

师：还有没有？

生：其实我认为这个物品还有另一个含义，就是让那些孤独的孩子见到光明便重生希望。

师：她还赋予了它更深层的含义。那么从外表来看，你们还发现它有什么特质吗？

生：颜色是蓝的！

师：对，还有呢？你摸摸看！

生：铝合金或者不锈钢的。

师：看来男孩子的确对材质比较熟悉。是啊，在观察这个物品的时候，我们可以从它的外形、色彩……

生：结构。

师：对，还有材质，包括作用等方面去了解，是吗？不错，调动了各个感官啦。

生：我想介绍的是大队部的徽章。徽章是圆形的，里面还包含了我们的校徽，也是圆形的。如果把校徽看作是雏鹰，那么外面的大圆就是地球。我希望我们不要做一只囚鸟，而是做一只展翅翱翔的雏鹰，去探索浩瀚的宇宙。

师：看来你已经研究透了我们的校徽，我们就像是一只雏鹰在地平线上飞翔。所以，老师提出"梦从坪洲飞翔"（齐声说）。

师：还有没有同学带来一些新奇一点的物品？

生：我带来的这个东西看起来不像个圆，但也是由很多圆形组成的。它上面刻着"澳门"两个字，是一个朋友送给我的。我觉得它能够象征着澳门朋友对我们的欢迎。

师：它其实代表着你们之间的友谊。

生：我介绍的是我自己画的一幅画。上面画着的是英语的"o"和数学的"0"，以及语文的感叹号、省略号。

生：我带来的物品是一个胶纸。它由三个圆组成，外面一个，中间一个，还有里面一个。它可以帮我们粘贴东西。

师：刚才我看到很多小朋友带的东西还不止这几样，有苹果、橘子等一些吃的。那么从同学们介绍自己带来的物品时可以看到，一般观察饰品的时候要从哪几个方面入手？

生：形状、颜色、材质、作用、含义。

三、展示"〇"（圆）的作品，赏一赏

师：现在老师想带你们欣赏一下别人是怎样用生动的语言形容它的，好不好？请你读。

生："荷叶圆圆水里浮，镜子圆圆墙上挂，月亮圆圆天上嵌，脸蛋圆圆镜中显。"

师：给点掌声！有什么感觉？

生：我觉得圆真奇妙，可以在天上，也可以在墙上，还可以在地上。生活中处处都有圆，它真是我们的好朋友。

师：他读懂了圆无处不在，无时无刻不在影响着我们。还有谁补充？你听我读：荷叶圆圆，镜子圆圆，月亮圆圆……圆圆是什么词？

生：叠词。

师：用了这么多的叠词，有什么感觉？

生：我觉得充满了童趣。

师：而且还朗朗上口。你能仿照这样的句式，说说你们身边有关于圆的物品吗？

生：手表圆圆手里戴。

师：挺好。

生：足球圆圆地上滚。

生：太阳圆圆天上挂。

生：队徽圆圆身上带。

师：可能换成"队徽圆圆胸前挂"更好。

生：手镯圆圆手上戴

生：硬币圆圆处处用。

生：眼珠圆圆眼里转。（众笑）

师：如果把这几句话连起来，是不是你们自己创作的儿歌呢？

生（齐）：是！

师：再看看这首小诗，我们大家小声读一读，好吗？

生："当你变成了风扇，清凉便常常陪伴我们的左右。当你变成了头盔，安全便走近了我们的身边。当你变成了轮胎，人类便向前走了一大步。你就是默默无闻，辛劳工作的圆。"

师："你就是默默无闻，辛劳工作的圆"这个"你"指的是谁？

生：圆。

师：那么在这首小诗里，具体指什么？

生：风扇、头盔、轮胎。

师：这是一种什么样的写法？

生：比喻、排比。

师：上一首儿歌，读起来让人觉得充满童趣，朗朗上口，那么这首诗歌给你什么样的感觉呢？

生：读了这首诗，我觉得我很感动，因为我们从来都忽视圆，认为它只是一个形状而已。但是我们从来没有想过，圆为我们奉献了这么多，如果没有圆，很难想象我们这个世界会变成什么样子。

师：对，你说得太好了。如果世界上没有圆，没有太阳，没有月亮，难以想象我们将是一个什么样的生活状态。

生：我认为刚才的儿歌的确很童趣，而这首诗则被作者赋予了很多的感情。我刚刚想起了一句话，不知道能不能说？

师：当然可以。

生：当你变成了眼睛，人类才能发现更多的美。

师：不错，还有没有同学可以仿照她这样说几句？

生：当你变成了地球，我们才得以生存。

生：当你变成了象棋，课间便充满了欢快。

生：当你变成了时钟，我们才知道了时间的流逝。

师：能不能再加一句，让我们懂得了……

生：珍惜时间。

生：当你变成了鸡蛋，才哺育出那么多的生命。

生：当你变成了灯泡，才能驱赶黑暗。

生：当你变成了苹果，人类才充满活力。（众笑）

师：你是不是喜欢吃苹果补充能量，觉得充满活力啊？（众笑）

生：是的！

生：当你变成了水车，水才能源源不断地流动。

师：像这首诗歌，用了排比的句式。比喻的手法不仅仅写了圆的作用，还赋予了圆生命的意义。再往下看。这是什么词？

生：广告词。

师：请一个男孩子读。

生："引领进步之道——米其林轮胎。"

师：你读懂了吗？

生：因为有了轮胎，人类的文明进步了一大步。

师：非常好。你看这则广告词，表面虽然没有点到圆，却让人联想到与圆有关的物品，这就是广告词的奥妙。你能仿照它说一个句子吗？

（现场鸦雀无声）

师：确实有难度。

师：老师在《语文活动课》这本书中设计了84个活动课，到六年级的时候有一个活动课是专门讲广告词设计的。现在你们还没有悟到，先不讲。但是，你们要清楚一点——广告词语言非常简洁，但意蕴却非常深刻。现在暂时想不到，一会儿写的时候，你有兴趣就写下来，可不可以？

生：可以。

师：刚才我们欣赏了描写圆的几种表达方式，你们喜欢哪一种？

生：我喜欢第一种儿歌的表达方式，它运用了叠词，充满了童趣。

生：我喜欢广告词。因为它简洁、干脆利落，让人一下子记住了物品的形象。

师：你能现场说一句吗？

生：刻不容缓——手表。

师：不错，这个广告词是让人抓住时间。

生：我喜欢诗歌，因为诗歌是中国博大精深的文化，反映出深刻的情感和文化精粹。

生：我也喜欢儿歌，因为它看起来稚嫩，读起来却不稚嫩，给人一种莫名其妙的可亲感，让人觉得很可爱。

师：莫名其妙的可亲感，就是说儿歌已经流到你的心田里去了，能不能换成"沁人心脾"？说明它跟你产生了共鸣，儿歌或者诗歌要写好是很不容易的。

生：我也喜欢第二首，我和那位同学有共鸣。诗歌很优美，创作者在其中赋予了深刻的情感。

师：对，给人一种诗情画意的感觉，还运用了很多修辞手法：比喻、拟人、夸张、排比……

四、挖掘"○"（圆）的元素，写一写

师：老师昨晚也写了一小段，不是儿歌、诗歌和广告词，而是一种说明的方法，想不想看看？

生：想。

师：（出示《1元硬币的故事》）这是一枚1元硬币，铝合金材质，呈铝白色。用手一摸，它的正反两面除了图案部分，其余部分都十分光滑。硬币的正面写着"中国人民银行"和"1元"的字样。它的下方印着"2010"，我想，它应该是2010年诞生的第五套币种吧！硬币的反面上方刻有汉语拼音字母"ZHONGGUOREN-MINYINHANG"，中间有一朵盛开的菊花，让我不由自主地想起陈毅元帅的一首诗《秋菊》："秋菊能傲霜，风霜重重恶。本性能耐寒，风霜其奈何？"我拿起硬币轻轻一咬，哇，还挺坚韧！你们知道吗？1元硬币的直径25毫米，厚度是1.85毫米，重6.1克。掂一掂，还真是有点分量呢？觉得怎么样？

生：行！

师：就这么小小的1元硬币，老师写出了差不多两百字的说明文。如果要完善硬币的故事，你觉得还可以写什么？

生：写怎么诞生的，它的历史。

生：我觉得校长您可以延伸菊花的含义。

师：有道理。

生：您还可以写硬币的作用。

生：我认为还可以用硬币引出民国的大洋、晚清时代的铜板。

师：你知识面真广。

生：校长，我觉得您可以把硬币和其他币种联系起来。比如古代的铜板、元宝……

师：你见过古代的铜板是什么样的吗？

生：见过，古代的硬币，外圆内方。

师：方圆结合是古代的核心文化。

生：校长，我觉得您先从硬币联想到为什么我们国家要这样创造硬币，并且用一些诗句或者好词好句赞美硬币为人类带来的一切。

师：好的，现在你们可以用诗歌、儿歌，广告语或者说明文的形式，为你最喜欢的与圆有关的饰品或者作品写一段话，看看你们是不是比老师写得更好一些。

师：谁愿意到黑板上去写？

生：我愿意。（板书作品）

师：我们来看看，这位同学写的"它可以让你其乐无穷——象棋"。有谁想把它变得更生动？

生：可以把"它"改成"他"，更生动。把"棋"改为"其"。

师：现在很多语言学家都不主张用谐音字，但是用"他"是可以的，显得更生动了。还有哪个小组的同学可以上来分享。

生：当你变成了硬币，你就不愁吃穿。当你变成了太阳，便可以赶走黑暗。

生：当时钟走进我们的身边，我们才发现时间的珍贵。当中秋的月亮走近我们的身边，我们才懂得了家人团聚的可贵。当眼球走进我们的身边，我们才发现了世界的美丽。

师：她这个排比句不错的，有一点可以修改一下。

生：我认为"当眼球走进我们的身边"可以改为"当眼球附在我们的身上。"（众笑）

生：改为"嵌"字更好。

师：对了，她自己就改对了，并且她第一个用的是进来的"进"，第二个是靠近的"近"。说明她在用字上还是有所思考的。

生：如果你变成了圆，你想要变成什么呢？我想变成一个灯泡，虽然它早已过时，不像其他物品那么有趣，但它可以照亮黑暗，关注孤独。

师：用"关注"好，还是换成什么别的词比较好？

生：赶走。

师：赶走？还是排遣？这个词可能大家不熟悉，以后我们慢慢会用到。你主要想表达什么？

生：虽然有些圆比较丑陋，但是对人类有许多用处。

师：时间关系，不一一品读了。下课有时间再交流好吗？

五、拓展"〇"（圆）的内涵，品一品

师：通过圆，我们能感受到圆的有趣，在中国的历史上，圆还赋予了更多的内涵。这是什么？（出示国徽 PPT）

生：国徽。

师：我们国家 56 个民族，用国徽代表什么？

生：团结。

师：对，上面是五星。说明各民族人民团结在我们的党、我们的祖国周围。（展示奥运五环 PPT）

生：这是奥运五环。

师：有什么含义呢？

生：代表五洲紧紧相扣。

师：五环是体育语言，我们一看到它就想起五大洲。我们的竞技不仅要赛出成绩，还要赛出友谊。（展示 PPT）

生：圆桌会议。大的圆桌会议，是不分强国弱国的。这又意味着什么？

生：圆桌会议象征着各个国家没有种族歧视，没有强弱之分，每个国家都是平等的，没有不公平的待遇。

师：说得真好！掌声鼓励！所以圆的含义非常丰富，象征着团结、友谊、平等以及人们对美好生活的向往。其实我们每个人都是一个圆，圆内是已知，圆外是未知。你要了解更多未知的世界，就要不断阅读，这样自己才会成为一个大大的圆。

六、透过"〇"（圆）的世界，练一练

师：今天星期五，是快乐周五，平时都有配方课程。今天我们了解圆，观察圆，读了圆，品了圆。放学后想不想回家做一些与圆有关的事情？

生：想！

师：第一个是查找资料，了解圆的其他寓意。第二个是根据我们今天学的关于圆的知识，制作一份"×××的圆"的手抄报，介绍"圆"的趣味故事。简单吗？

生：简单！

师：你们说简单，其实说明你们真不简单。祝每一个同学有一个圆满的童年。下课！

执教活动式作文"有趣的'○'"

【课评】"张者开也"，张云鹰老师的开放式语文教学名副其实。它是对长期以来传统语文行为的破局，是对诸多教学迷雾的破解。她以开放的心态，开放的形式，展开势如破竹式的开放式教学研究实践，在"有趣的'○'"一课中，得到了很好的体现。"○"不再是一个僵化的图案，它有时可以像句号般小巧玲珑，有时可以跳出视野，变成一个置身于浩瀚宇宙的巨大星球。它的千变万化来源于学生的生活体验，更来源于一场破除常规的想象接力。张云鹰老师从一个"趣"字入手，借助富有童趣的儿歌、散发情趣的诗歌、饶有奇趣的广告词、独具风趣的故事性说明文等载体深入浅出地展现了"圆"灵动的形态变化。学生不仅学会了用多种角度、多个感官观察物体，还能缘文释道，屡屡说出"有些圆虽丑陋，也能造福人类""圆很普通，乃至人们常常忽略它，可它却无私地服务人类"等颇具深意的句子，悟出"外圆内方"的禅意。毋庸置疑，在这个师生共同打造的"○"的世界里，"○"的立体外形和它在中国古代以及世界语言中所承担的团结、友谊、平等的文化含义在这轻松愉悦、趣味横生的气氛中渐渐浮出水面。课后，张老师建议学生用"×××的圆"为题设计一份手抄报，又一次激起了孩子们探索"○"的兴趣，可谓"一石激起千层浪"。

（点评：教研员唐宝成）

【课评】"有趣的'○'"这一课是张云鹰老师开放式语文活动课程的典范之作。此课，以"○"为话题，以"趣"为支点，引导学生从生活体验出发进行联想与想象。教师从图片到实物，再从实物到联想，引导学生从多角度、多感官进行观察与联想，于是，"○"不再僵化为某一个概念，"○"可以是"0"，可以是"o"，可以小到身边的小物件，也可以大到浩渺宇宙的巨大星球，更重要的是，学生充满灵性的想象："○"是观察世界的眼睛，是孤独者的天窗；"○"是校徽，是学生梦开始的地方；"○"是地球，是保护环境原始意识的培养。课堂上，学生从生活走向广袤的世界，从身边事物走向人文关怀，这正是开放式教育的开放之处——思维的开放、情感的开放。

开放并不代表无序。张老师紧紧抓住语文之脉，借助富有童趣的儿歌、散发情趣的诗歌、饶有奇趣的广告词、独具风趣的故事性说明文等载体深入浅出地展现了"圆"灵动的形态变化，多种表达方式的运用，引领学生走进语文的世界，张弛有度，自然生动。毋庸置疑，在这个师生共同打造的"○"的世界里，处处充满生活的情趣，又彰显语文的魅力。整节课，语文与活动浑然天成，形象思维与理性思考使课堂灵性飞扬，是一节让学生思维自由开放、生命自由成长的语文活动课。

（点评：作文专家吴立岗教授）

（四）日记式

培养写作能力需要广泛的阅读积累、丰富的生活积累和真实的感受积累，还需要长期的作文实践。只有积累到位，学生才能厚积薄发，易于动笔，乐于表达。写日记，就是学生积累、运用语言的一条重要途径。

小学生作文能力的障碍主要表现在"言之无物"。一方面是他们没有仔细观察生活，另一方面是他们虽然观察了，但是没有及时记录下来，时间一长，自然也就淡忘了。俗话说"好记性不如烂笔头"，不记录，不勤于练笔，当然也谈不上提高表达了。生活是作文的源泉，生活之源不绝，作文之树才能常青。因此，教师要培养学生练就一双慧眼，具有善于主动发现身边事物的意识，学会愉快地观察生活、体验生活、感受生活。只有这样，才能让学生提起笔来文思如泉涌。

1. 日记式作文的概念与内涵

日记式作文是指教师引导学生仔细观察周围的人、事、景和物等，把所见所闻、所思所想，通过记叙、描写、说明、议论、抒情等方式在日记中加以表达，并逐步养成细观察、勤思考、多练笔的好习惯。

日记的内容包罗万象，可以写人，可以记事，可以状物，可以抒情。从春天的姹紫嫣红、夏天的蛙声一片到秋天的稻花香里、冬天的白雪皑皑；从夏夜星空的繁星点点，到热闹的菜市场、路边的小摊，甚至周围人的音容笑貌、喜怒哀乐，人的起居饮食、学习工作等，这些都可以是日记的内容。所以，日记提倡"生活即作文"，学生在日记中能写自己所见，想自己所想，抒自己情怀，具有求真求实的作用。

日记的方式灵活、自由，不受时间、空间的限制，相对于其他形式的作文教学更自由、更开放、更贴近生活，更易将口头语言变成书面语言。日记还能促使学生的作文更趋主动，更富创造性，为学生所接受、所喜爱。因此，日记是小学阶段完成写作训练任务的有效手段，是学生练笔的重要途径。

2. 日记式教学的现实意义

第一，积累丰富的写作素材。素材来源于生活实践。让学生写日记，记录下他们的生活，正是为他们的写作积累素材。平时班级、学校开展的活动，如体育节、文化节、科技节等，课堂教学中的实验、小制作、剧本表演、班队会等都可以作为日记的素材。学生生活中的点滴小事，如课间活动、放学路上结伴而行、周末小区里一起玩耍等也可以作为日记的素材。教师还可以有针对性地布置安排，有意给学生安排一些课余日记任务，诸如《金鱼有情感吗?》《吃辣椒》《大扫除》……这些题材都源于学生的生活。当学生用笔在记录生活时，他们对于生活的认识和体验也会一步步加深下去。

素材来源于世间万物。一年四季的自然景物、自然现象，诸如鸟兽虫鱼、花草树木、蔬菜瓜果……都可以成为学生写作的对象。关键在于教师要做有心人，因势利导，因地制宜，及时指导、点拨。一场雾、一阵雨、一声春雷……都能激起学生的创作激情；一条小金鱼、一只小狗、一只小猫……都是学生笔下的最爱；同学、老师、朋友……都是学生写不完的话题；争吵、和好、帮助……都是学生常见的生活插曲。每日一篇，每周一记，"拳不离手，曲不离口"，常常练笔，日积月累，学生练就了下笔成文的本领。

第二，提高学生的阅读感悟能力。语言规范生动，思想内涵丰富，文质兼美是学生学习语言及写作技巧的优秀范本。因此，在平时的课堂教学中，教师可以以课例作为信息资源，指导学生认识课文作者是如何来表现生活、表达真情实感的。在学习课文的基础上，教师可以布置学生课后摘录相关的文章或片段，当然还可以用课上学到的知识来对文章进行恰当的点评。

教师可以将这一作业要求也列入日记的内容，并引导学生从文章的选材、描写方法等角度对自己所摘录的内容做出正确的评价。另外，在学习课文后安排一些小练笔，在日记本上写一写。小练笔的内容简短，选材角度小，思维空间大，学生易于驾驭，写起来也得心应手。如"精彩篇章，仿写片段""移花接木，摘录重组""读文感受，随手笔录""欣赏古诗，尝试改写""大胆想象，续编故事"……这些丰富多彩的随文练笔，既发展了学生的语言和思维，也培养了学生的想象力和创造力。

以上作文训练途径，均可以付诸日记。通过日记载体，教师既检阅了学生的课文学习效果，又探知了他们是否从学习中有所感悟。例如学了《乌塔》以后，有个学生在日记中这样写道："读着课文，眼前仿佛浮现出乌塔正和文章作者交谈的情景。我看到了她见到大千世界时那惊喜的样子，还有她迷路时向警察求救的场面。读着读着，我又是多么羡慕她能有这份自由呀，想起平时在家里，我就是父母的掌上明珠，什么事都是父母替我包办了，他们从不给我单独外出锻炼的机会，我感觉自己就像是一只笼子里的鸟儿。我真想大声对父母说：'给我自由，给我一片属于自己的天地吧……'"字里行间，真情流露，谁会说这位学生没有领会到课文的深刻内涵？

通过写日记、周记的训练，学生的观察能力、分析能力、判断能力等逐步提升。伴随其写作过程，学生的内心在震撼、在交流、在思索，久而久之，感悟理解能力也能得到了提高。

第三，完善学生的人格品质。写日记的过程，既是真实反映现实生活，又是作者明辨是非、完善人格的过程。记下一篇日记，不仅仅是完成几百字文章那么简单，它可以启迪智慧，提升审美，感悟生活，品味人生，激发创新。

当代教育改革家魏书生指导学生写日记，并谓之"道德长跑"。他外出讲课时多次诚恳地建议青年教师和学生坚持每天写日记。他认为，第一，日记能使我们记住自己做过的事，见过的人，用过的物，记住自己的经验教训。常翻一翻自己写的日记，人就容易记住自己，有忠于真善美的一面。第二，写日记有利于改变自我，超越自我。很少有人劝诫自己狭隘、损人利己、消极、懒惰，正常的人一般都在日记中劝自己、鼓励自己要宽厚，要帮助人，要积极，要勤奋。这发自内心的劝说鼓励，同外界的劝说鼓励相比，作用更大。第三，写日记能磨炼人的毅力。写一篇日记容易，坚持下来难。特别是时间紧、任务重的时候，再坚持写日记就更难，而一旦坚持住了便产生了心理惯性，产生欲罢不能的感觉。第四，写日记有备忘录的功能。长期积累，能提高对社会的认识，解决重大历史问题。例如，红军长征行程两万五千里就是从日记记载中计算出来的。

第四，日记式教学的操作方法。写日记对小学生来说，是引发其作文兴趣的一种极好的练笔方式。写日记能提高学生的写话能力，训练观察力，发挥其想象力，培养创造意识，形成合作交流的学习氛围。

那么，怎样指导小学生写好日记呢？我认为应该从以下几方面着手。

一是激发学生写日记的兴趣。兴趣是最好的老师。学生一旦对写日记有了兴趣，写作难的大问题就解决了不少。在具体做法上，可以采用以下方法培养学生的兴趣。

明确目的，培养兴趣。教师要向学生讲清写日记的重要性，对学生进行长远的教育，使学生认清日记的收益是多方面的。如它可以帮助学生养成勤动笔的良好习惯，同时，日记还是写作材料和语言词汇的储备仓库。库存多，写作时自然会滔滔不绝，促进作文水平的提高。另外，写日记是对自己品质、毅力、恒心与耐心的锻炼，是一种"道德长跑"。学生认识了写日记的重要性，就会积极主动地写，并形成一种习惯，习惯又迁移转化为能力，写作水平自然会提高。

着眼指导，培养兴趣。教师要指导学生在写上下功夫，让学生掌握写日记的方法。开始时，只要学生动笔写就行，教师从中发现问题予以指导。接下来要求日记必须有一个明确的中心，对于一天发生的事要有选择性地写，这就是在指导学生如何选材立意。在写的内容上，教师要告诉学生，日记离不开对人、事、物、景的描写以及由此而产生的看法。写人，要细心观察，抓住特征写感想，要侧重于对人、事的看法和评价。日记方法掌握了，兴趣也就来了，久而久之，便形成一种稳定的写作兴趣，即养成了良好的写作习惯。

遵循原则，培养兴趣。在引导学生写日记的过程中，教师要始终遵循一个循序渐进的原则。开始要求低，等到后来，无论字数、语句，还是立意、标准都要逐渐提高，直到一篇日记就是一篇作文。有时，还可以限时间写日记，使写的日记由量变到质变。学生尝到了成功的喜悦，写日记的劲头就更大了。

激励为主，培养兴趣。在日记的批阅上，教师要以激励为主，充分调动学生的作文热情和兴趣。在批阅学生日记时，可以实行"宽容政策"，尽量发掘学生日记中的积极因素，注意发现平时写作水平较弱的学生日记中的闪光之处，哪怕一个词、一句话，只要用得好，就要予以肯定、表扬。如果学生在自己的本子上经常能看到"你又进步了!""相信你能行!""你还会进步的!"等激励性的评语，写日记的积极性将得到充分调动，再也不会把写日记当成一种负担了。

二是指导学生写日记的形式。学生怕写日记，主要原因就是觉得没有东西可写。他们不知道什么东西可写，总以为日记的内容是很难找的。其实，日记内容非常丰富，无处不在，是层出不穷的。我们可以引导学生从日常生活中最简单的东西记起，从自己记起。

观察日记。观察日记就是对日常生活进行经常性的细致观察所做的记录，它可以一日一记，也可以数日一记。可以写一个人、一件事、一样物品、一个活动，也可以只写一个侧面、一个场景、一个细节。可以写成一篇完整的文章，也可以只写一个片段，没有开头和结尾，非常灵活。坚持写观察日记，可以使学生了解生活、了解社会；可以让学生积累素材，丰富写作内容；可以提高观察能力、分析能力和文字表达能力；还可以培养写作兴趣。观察日记侧重的是学生对生活某些细节的观察和思考。要写好观察日记，首要的是勉励学生做好生活的有心人，时时注重培养学生"发现美的眼睛"。对平时遇见的事，哪怕是每天起床叠被这类小事，也要仔细观察，练习写作。鼓励学生将"看到别人没有看到的，说出别人没有说出的"融进观察日记，鼓励并指导学生抓住事物特征多角度观察，达到"横看成岭侧成峰"的境界：对静态事物要部分观察，对动态事物要分阶段观察，对景点可用移步换景或改变视觉角度进行观察，从而将观察日记写出新意、写出活力。

剪贴日记。剪贴日记就是把自己喜爱的图片、卡片、照片等贴在日记本上，并按图意写一句或一段完整的话，这种形式又新鲜又有乐趣。此外，还可以鼓励学生将报纸、杂志、书中报道的重大的、有意义的、社会反响强烈的事情剪贴在日记本上，然后在下面写上自己的思考。

气候日记。气候日记就是把每天的天气、温度、风力、风向和新出现的自然现象记下来，并写一写在这些天气的影响下发生了哪些事情，尤其是值得回味的事情。

通过写气候日记，能够有效培养学生对生活的感受和品味，提升审美能力、鉴赏能力和积累素材的能力。

摘录日记。摘录日记不同于剪贴日记。剪贴日记主要是剪贴一些图片、卡通或是一些重要的消息，再谈谈自己的想法。而摘录日记主要是把看到或读到的名人语录、格言、座右铭或写人写物的优美词句摘录下来，并联系自己的生活实际谈感受、写体会。虽然都有录的过程，但录的对象不同，摘录日记的感想和体会要深刻得多。通过这样的形式，可以丰富学生的语言，增加学生的积累，培养学生敏锐的分析问题和把握问题的能力。

评论日记。评论日记重在两方面：一方面是事实，另一方面就是作者的评价。一方面，我们要引导学生把看到的、听到的有价值的信息记下来，写社会上新近发生的重大的、有意义的、社会反响强烈的事情；另一方面，抒发个人的想法和见解，引入适当的评论。当然，我们可以通过多种途径，如专题报告、演讲、讨论、辩论、参观访问、社会调查等，引导学生关注社会生活，唤起学生的社会责任感。让学生常写这种日记，不但可以训练思维，积累素材，还可以陶冶情操，开阔视野。

学习日记。学习日记就是把课本上学到的、课外阅读中读到的印象较深的语句或心得体会记下来。例如，学了《争吵》就可以让学生联系自己写写与同学发生的难忘的事；学习了散文《和时间赛跑》，可以让学生写一篇读后感，题目自拟，以此来让学生懂得珍惜时间，好好学习；学习了"世界童话之王"安徒生的《卖火柴的小女孩》，让学生以"我与卖火柴的小女孩比童年"为题写一篇文章，让学生懂得珍惜今天的幸福生活……

活动日记。中小学生经常参加社会实践活动，或军训，或参观，或秋游……在这些活动中能够得到不同的收获与体会。而且学生对于活动，几乎都有十二分的兴趣与热情，这就是兴奋点。如果我们很好地把握住这些兴奋点，引导学生回忆其过程和感受，再抓住其要点叙述，展示出来的就不是活动日记这么简单的内容了。以活动日记为载体，承载的是活动中的酸甜苦辣，学生的喜怒哀乐和童真童趣。

实验日记。能够参加实验，不管是个体的还是集体的行为，学生都是感兴趣的，乐在其中。养一次花，绝不仅仅只是栽种、管理与赏花那么几个过程，其间融进了小作者的期盼，注入了小作者的爱心与执着；做一次小制作，也不是只有折、剪、贴那么几个动作，其中有着小作者独特的构思，独立的审美情趣。这一切，正是我们所需要的。

心得日记。心得日记就是把自己对现实生活的思考、看法，以及自己在学习、生活中的感受记下来。写心得日记应该注意哪些问题呢？首先要精读原文或是看清事件、把握中心。因为只有把书读懂、读透，把事件看懂、看透，才能心有所得。其次要选好角度，突出重点。我们读一篇文章或是分析一件事，体会和感想往往很多，最要紧的是选好角度，写对自己启发最大、感受最深的内容，不要面面俱到。抓住主要的一两个要点来写，才能做到重点突出。如写《桥》一文的体会和感想，就可抓住"老汉尽职尽责"这一点，再列举社会上的正反事例或对照自己的不足来写，这样文章的重点就突出了。最后要联系实际，写法得当。写体会和感想，要防止写成介绍某篇文章或是写成故事梗概、内容提要，要把重点放在写心得体会上，特别是联系自己的实际，写出自己的真实感想或体会。

三是引导学生有效批改和总结。学生的日记是否真实地记载了事件，是否真切地抒发了自己的情感，是否叙述清楚……这些情况教师都要通过及时的批改和总结，才能激发学生写日记的热情。

精批细改，互动交流。如果学生每天只是为日记而日记，放任自流，那么日记将毫无意义和价值。所以，我们坚持的一贯原则是教师得精批细改学生的每篇日记，尤其是刚开始练笔时，能面批的尽量当面批改，不能面批的务必要通过批语与学生交流，把日记在内容、语言表达、思想等方面存在的问题及时反馈给学生，让他们了解自己日记的不足，争取在下一次日记中改进。通过交流做学生的亲密朋友，写切合实际的评语，学生就会感受到教师对他的那份温暖，增加写日记的热情。

着眼内容，及时总结。日记是一种很好的写作方式，但是我们不提倡每天都写，如果强调每天写，可能会流于形式。周一贯老师曾经举过一位学生写日记的案例。这位学生是怎么写的呢？

"今天老师要求我们写一篇日记，要求100字，我已经写了10个字了，还有90个字就要写完了，我终于写到70个字了，还有30个字……最后，我终于完成100个字了，我好开心啊！"

由此可见，写日记虽然是一种很好的方式，但如果确实没东西可写，那可能就变成了一种负担。有一个学生晚上睡觉时突然爬起来写作。他妈妈问他，为什么三更半夜起床写文章？他说，老师说了如果有灵感就要马上把它记下来，这样的人才有可能成为作家。

无论让学生写哪种形式的日记，不能只满足于字数和篇数，一定要对内容进行及时总结，才能达到预期的效果。总结的方法是多种多样的，可口头总结、可书面总结、或是学生自我总结，等等。

编印小报，保持热情。编印小报虽然是形式，但是展示的却是有着闪光点的作文。对于小作者来说，编印小报不是发表自己作文那么简单的事。小报呈现的是小作者的心血，是小作者的劳动成果，更是他今后写作的信心和动力。相对于写作能力较差的学生来说，这是一份可模仿学习的小报。这份小报能激励他们只要努力，只要进步，就能得到别人的肯定、赞扬与欣赏。这就在无形之中激发了学生的一种追求、一种奋进。

总之，精心指导和勤于笔耕所换来的将是一篇篇佳作。提升日记的质量，再进一步融入记人叙事、议论抒情，学生的作文水平将提高到一个新的层面。

（五）话题式

生活即课堂，作文的真正内涵在于说自己所闻，记自己所见，写自己所想。话题式作文属于开放式范式的一种，重在激活记忆素材，激发学生浮想联翩，碰撞作文的思维火花。

叶圣陶先生说过，生活如泉源，文章如溪水，泉源丰富而不枯竭，溪水自然会活泼地流个不停歇。现在的学生一般不缺生活阅历，也不怯于分享所见所闻，但是缺少从丰富多彩的生活中提炼可深入研究的话题进行写作的能力。因此，作文教学在内容方面不能仅限于课本，而应树立"大课堂观"，与生活的外延相连，走进学生的视野，从学生最熟悉的事物和生活场景中选取作文话题。

1. 话题式作文的概念与内涵

话题式作文指的是用一段提示语指明写作范围，启发思考，激活想象的一种命题或半命题的作文形式。话题式作文的实质是鼓励创新，让学生围绕同一谈话中心，从不同角度、不同立场或联想自身的经历、体验陈述自己的观点。这是一种既开放又有所限制的命题形式。

所谓话题，就是谈话的中心，就是引发谈话的源头，如某句名言、某个故事、某则新闻、某项成果、某部电视剧等，所有这些都可以作为话题来引发人们的联想和议论。可见，由某个设想好的话题引出的作文就是话题作文，这个话题就是作文所要谈及的内容范围。话题好比一个圆的圆心，从圆心到圆周上的任何一点连起来的线都可视为一个话题作文的写作角度。话题作文的内容是很宽泛的，再加上体裁不限，自由度就更大了。

比如，"减负"是目前的一个热门话题，它可以引出人们无数的见解，以此作为话题来引发人们的联想、议论和抒情。

需要强调的是，话题是一个词语或一个短句，这一点与词语式命题很相似。不过这个话题并不一定用作作文的题目，这就使作文有相当大的自由度。给话题命题，大都有一个引言，这一点与给材料命题又很相似，不过这段引言的用意不是为了做出限制，而只是个引子，提供一点启发。话题作文命题的基本特征是开放。

2. 话题式作文的内在价值

话题式作文可以让学生充分打开记忆的仓库，写他们的经历、体验、感受、看法和信念，也可以抒写心得、纵论古今，还可以浮想联翩、构思故事、编写寓言，等等。但所思、所写、所论必须在话题涉及的范围之内。

话题式作文就是要求作者写自己熟悉的文体、熟悉的生活或材料，充分调动联想与想象，表达自己真实的思想感情。话题式作文给了学生充足的空间，一方面解放了学生的束缚，让他们能够真正施展自己的写作才华，放开手脚抒写佳作；另一方面会使部分学生忽视审题，任意而为，放弃对话题式作文做过细分析，因而也不乏庸作。在引发联想和想象方面，话题式作文的引言与材料作文的材料有相通之处，二者都拥有值得开发的宝藏。

话题式作文鼓励开放、发散学生的思维，有利于学生创造性思维的形成。事实上，话题式作文最能体现作文的开放性特征。

3. 话题式作文的形式

第一，无材料式。无材料式话题作文是直接写出话题的题目，不做任何提示，要求学生围绕此话题写作。

比如，"这也是课堂"，严格来说这属于文体不限的命题作文，可供选材的范围极为宽泛，但也可以说是在题目上做了严格限制的话题式作文，这从作文的提示语中也可看出端倪：

走进网络、拥抱自然、关注热点、研究课题、参加竞赛、服务社会、善待他人、学做家务……生活处处是课堂。这些多姿多彩的课堂能开阔视野，增长才干；能锻炼体魄，磨炼意志；能使心灵得到净化，智能得到开发……请以"这也是课堂"为标题，写一篇文章。

又如，请以"书"为话题，写一篇不少于400字的文章。注意：①"书"这个话题的范围是很宽泛的，作文主要内容只要与"书"相关，都符合要求；②文体不限，可以记叙经历，讲述故事，抒发感情，发表议论，展开想象等；③题目自拟。

第二，有材料式。提示式话题作文的要求中有提示语，是拟题目者陈述的一段话，这一段话不是材料，它的作用是把学生引到"话题"上。

比如，"脸"是大家熟悉的字眼，其内涵是丰富的，我们常会想起与"脸"有关的情境，思考与"脸"有关的问题。请以"脸"为话题，写一篇文章。

又如，阅读文字，根据要求作文。水有水的性格——灵动，山有山的性情——沉稳。水的灵动给人以智慧，山的沉稳教人以敦厚。然而，灵动的海水却常年保持着一色的蔚蓝，沉稳的大山却在四季中变化出不同的色彩。请以"水的灵动，山的沉稳"为题写一篇作文。注意：话题包括两个方面，可以只写一个方面，也可以兼写两个方面，立意自定，文体自选，题目自拟。

第三，图画式。这类话题作文的话题源于材料又不拘泥于材料，由材料引发又可以不切入材料。这类题目除话题外，一般还会提供文字、图画材料。

比如：

下面两幅图可以给人以丰富的联想或感悟，写成一篇500字左右的文章。

我规范，我稳定，我周长短，我面积大……

我新颖，我多变，我周长长，我面积小

要求：联想与感悟都要与本图有关，立意自定，文体自选。

这类作文又分为两种：一种是同一材料，题目提供几个话题，任学生从中选择一个作文；另一种是提供两种材料，分别设计一个话题，要求学生从两题中任选一题作文。

4. 话题式作文的基本步骤

话题式作文写作的五大步骤为认真审题、打开思路、确立主题、选材选择、文体选择。话题式作文在选材、立意和文体方面限制较少，写作空间很大，但不能因此而忽视审题，否则也会出现跑题的失误。

第一，认真审题。审题应从三方面进行：审话题、审材料（提示语）、审要求。审话题要审清话题给定的写作范围，也就是审清话题的内涵和限制。如果话题是一个词语，就要审清它的本义和引申义。审材料（提示语）要审清它所提供的信息及寓意。

第二，打开思路。思路的打开对写好话题式作文至关重要，因为它是进行话题式作文的一个重要步骤。教师一般可以从以下四个角度打开学生思路，它们分别是时间角度、空间角度、对象角度和因果关系角度。

第三，确立主题。主题是文章的灵魂，由于话题式作文的特点是自主立意，所谓"立意"，也就是确定一篇文章的中心。一篇文章若没有了中心，就像一个人没有了思想，没有了灵魂，徒有一具躯壳；就像一艘驶入大海的航船，失去了舵，终究会迷失方向。一篇文章的中心，就像一条串起珍珠的项链一样重要，我们所选择的材料，都必须围绕中心，为中心服务。

第三，材料选择。作文选材的合适与否直接关系到文章的表达是否准确鲜明，选材的方法有同类联想和逆向思维。话题式作文的写作空间较大，因此可以选择不同的文体表现同一个作文话题。

教学示例

《微型影评》

教学目的

1. 让学生了解什么是影评，初步学习微型影评的写法；培养学生基本的审美能力、评价能力和审美情趣以及处理信息的能力。

2. 初步掌握记叙、描写、议论、抒情等多种手法在影评写作中的综合运用。

教学重点

影评写法的指导。

教学难点

影评角度的确定。

教学准备

搜集相关影评资料。

教学过程

课前引言：谁能告诉大家，课余时间你们都有哪些兴趣爱好？

一、评莫言，铺垫激趣

提问：最近，国内外媒体和社会公众都在关注一个焦点，他也成了全中国令人瞩目的人物，你知道他是谁吗？

莫言先生是"诺贝尔文学奖"中国第一人，听到这个消息，你有什么感受？你对他了解多少？

叙述：莫言中篇小说《红高粱家族》曾荣获第四届全国中篇优秀小说奖，据此小说改编的电影《红高粱》为中国电影夺得了第一个世界冠军级大奖——柏林国际电影节金熊奖。它是中国电影史上的高峰，也是中国艺术史上的高峰。翻译莫言小说的美籍作家坦言，这次莫言之所以获诺贝尔文学奖与当年这部电影走向世界舞台密不可分。

提问：有没有人看过电影《红高粱》？

叙述：它充分地表达了影片对原始生命力的赞美与崇拜。本片一个显著的特点就是大胆使用了红色：红衣裳、红盖头、红轿子、红高粱、红高粱酒以及红色的太阳。

二、聊影视，选择角度

1. 轻松自由聊影视

提问：你们看过哪些电影或者电视剧？哪一部让你记忆犹新？请用一句或者几句话简要说一说。

教师适时板书：主题、人物、情节、细节、语言、演技、音乐、场面、道具……

提问：聊了这么多，能用自己的话讲一讲，什么是电影吗？

　　点拨一：电影是以现代科技为手段，以画面与声音为媒介，在运动着的时间和空间里创造银幕形象，反映现实生活和思想感情的一种艺术。

　　点拨二：电影的诞生给人一种很大的冲击，它把一个固定的影像活动了起来，复制了我们的生活，这也是我们喜欢电影的一个最根本的原因。所以说，电影超越了照相和绘画的功能。

　　点拨三：2010年暑假，我曾经去过亚洲的一个国家，到了以后我非常震惊，因为那里不允许照相，更不可以拿摄影机拍摄，当时我就想如果能拍下来，等到时代前进和变化以后，这些影像资料多么珍贵呀。

　　2. 比较教学显重点

　　提问：平时我们读到好书，就会尝试着写一些读后感，一般的读后感是怎样写的？

　　那么，当我们看到好电影、好电视，也会有很多的感触，你有没有写作的冲动？其实写观后感跟读后感的整体思路是基本相似的。

　　a. 写一下电影或电视的梗概，提炼你想写的重点；

　　b. 对整个影视情节列举一两处重点阐述；

　　c. 概括总结。

　　教师小结

　　因为今天我们是第一次写影评，只要求大家用一句或者几句比较短小精悍的话对影视作品的某个方面进行评价，这就叫"微型影评"（板书）。这节课我们就着重进行"微型影评"的训练。

　　三、展微评，渗透写法

　　出示微评一：电影《功夫熊猫》，一部高质量的表现中国元素、反映美国故事的好莱坞动画片。它帅气的动作设计、可爱的形象设计、诙谐的语言设计，将中西方文化完美地融合到了一起（背景音乐、背景建筑都很中国，师傅的说话内容、语气和神态都符合华语动作片高手的设计）。

　　出示微评二：缺水的西北荒漠、贫穷的山村、清贫而热心的老师、活泼的孩子、勤劳朴实的农家妇女，所有一切都是那么典型。但它用一种诗意的表达为我们展现了物质的贫乏和精神的充实，看过之后，你不因他们的困苦而绝望，而是在轻快的配乐、逗人发笑的场景中让人看到了希望。这就是电影《上学路上》。

出示微评三：电视剧《三国演义》深有感触的就是一个"义"字。如关羽的"义"盖云天、赵云的忠肝"义"胆、诸葛亮用一生诠释了"义"的真谛……如果没有"义"的存在，哪有三国鼎立的时代？义——三画一字，简简单单，寓意深刻。三国演义，义贯三国，失去了义，就失去了三国的精彩；失去了义，三国就没有意义；失去了义，三国就再也演不起来。

小结：影片中值得评论的方面很多，比如，影片中人物形象、故事情节、演员的表演技巧、背景音乐，甚至其中的某一镜头、一个场面、一个细节、一个眼神、一个道具，都可纳入我们评论的范围。微型影评就是要选抓住其中一个方面，选取一个角度，阐述一个观点，以小见大，以微见著，反映影片的精髓。

四、忆影视，尝试写作

1. 选择印象最深刻的一部电影或者电视剧（**剧情片、战争片、喜剧片、科幻片、动作片、魔幻片或动画片等**）选取一个角度，写一个短小的评论。

2. 学生作文，教师巡回指导。

3. 师生欣赏、评议。

五、荐电影，开放训练

1. 推荐电影作文练习。当今电影发展娱乐性、商业化趋势较为严重，欣赏电影就像选择书籍一样，一定要注重它的艺术价值。

a. 国产儿童电影排行榜：《自古英雄出少年》《上学路上》《城南旧事》。

b. 外国经典电影：《博物馆惊魂》《零下八度》《别碰我的童年》。

c. 文学作品改编：《狐狸和孩子》《雾都孤儿》《绿野仙踪》。

结合其中一部电影，写一个微型影评并张贴在板报栏内。

2. 利用黑板报介绍电影知识，在读书笔记中增设影评栏目。

板书设计

微型影评

角度独特：主题、人物、情节、场面、细节、语言音乐、演技……

（主题鲜明、见解新颖、表达生动、行文流畅……）

附：电视剧《亮剑》

1. 人物有看头：李云龙——（精神气质）演得出神入化，没有文化的草莽英雄，但重情重义、敢打敢拼，天才指挥员。赵刚——投笔从戎，投身革命。楚云飞——第一次正面人性化、个性化表现国民党军官。

2. 独特的影调：抗战前——青灰色调，充满杀气；抗战后——土黄色调，充满怀旧情怀。

3. 节奏的把握控制：前三集环环相扣，主要人物和主要矛盾都一一呈现出来。

4. 缺点或不足：有些台词太长（小说文字阅读是可以的）佩服李幼斌背台词的功力。小说风格冷峻，电视剧比较煽情。

执教话题式作文"微型影评"

（六）读写结合式

读写结合，相得益彰；读写分离，两败俱伤。这是多年来广大语文教师达成的共识。它形象地说明了阅读和作文间的关系密不可分。

写是表达的一种手段，"情以物迁，辞以情发。"读也可以靠写来促进，当学生有了读的基础，把阅读感知的形象和记忆中的表象衔接起来，进行沟通、变化和组合，就能创造出新形象。当学生对一篇文章有了初步的构思，再去阅读，广泛搜集有关材料，丰富文章的内容，寻求启发和借鉴，就能够去更好地创造和写作。

这样以写促读，以读促写，才能发展学生的分析能力和思维创造能力。因此，在作文教学中，既不能强调写而忽视了读，也不能强调读而忽视了写，读写紧密结合才能有效地提高作文水平。

新编教材的许多课文为我们提供了较好的练笔机会。因此，我们在语文教学中，一方面要加强阅读教学，另一方面要加强读写渗透、读写结合。

1. 在阅读教学中渗透写作方法

教师在阅读教学中要引导学生学作文者观察事物、分析事物、遣词造句、连句成段、连段成篇的作文方法。在作文教学时，抓住课文阅读这个契机，引导学生把阅读中的作文方法和技巧运用到作文中去。

第一，仿修辞。一篇文章要写得生动形象，必须要运用一些恰当的修辞手法。所以在理解课文时，要趁机指导学生怎样把文章写得更美。

如《匆匆》这篇优美的散文中有很多比喻句，我们可以引导学生用"仿佛""宛如""像"等说话，让他们明白什么是比喻句，用比喻句有什么好处和怎样比喻。

第二，仿结构。第一种是并列结构，指将事物分成几个方面来写。如《索溪峪的"野"》中第二、第三、第四、第五自然段之间就是这种构段方式，它从几个不同方面写了索溪峪的美景，使学生懂得同时介绍事物几个方面的时候，可采用并列结构。指导学生练习写《校园一角》《我们一家人》等片段，让学生在具体的作文实践中加深对这种结构的认识。

第二种是总分结构，由总述和分述两层构成。《北大荒的秋天》一文中第四自然段，作者以一句"原野热闹非凡"总起，然后从三方面来加以描写，先是"成片大豆笑得哗啦"，接着是"挺拔的高粱乐呵呵开演唱会"，最后是"榛树叶子红得似一团火"，既写出了原野的热闹，又写出了北大荒秋天丰收的景象和人们喜获丰收的心情。指导学生仿写时，教师可出示总述部分，让学生围绕总起句写分述部分。

第三种是连续结构，指段中的几层意思是按照先后顺序一层接着一层写的，这也是小学生必须掌握的一种结构，在作文中经常用到。《小狮子爱尔莎》《捞铁牛》等课文中都有典型的连续结构段，在学生理解课文的情况下，可紧扣学生的学习生活，以《学骑自行车》《炒青菜》《擦窗户》等为题，安排仿写训练。

第三，仿详略。通过阅读教学，让学生知道写文章要有详有略，有主有次，详略得当，层次分明。重点的、突出主题的部分要详细写，其余部分略写。《少年闰土》一文中"看瓜刺猹""雪地捕鸟"写得比较具体，"看跳鱼儿""拾贝壳"则一笔带过，这就叫有详有略。学了本文后，我们可以让学生围绕"春游""学骑车"等与生活实际联系紧密的事件进行仿写。除此之外，仿立意、仿选材、仿顺序、仿动作描写……都是阅读教学中值得我们学习的作文方法。

2. 紧扣阅读教材随机仿写

第一，仿标题。《秋天的怀念》看似是对秋天的怀念，其实怀念的是母亲，那作者为什么不写《对母亲的怀念》呢？通过对比可以感受到，《秋天的怀念》既交代了和故事息息相关的季节背景，又奠定了文章的基调。秋天，是多思而又多愁的季节，容易让人陷入回忆，而此时的回忆往往又有些哀伤，而《对母亲的怀念》缺少这种感染力，显得太直白。所以，当我们写怀念人的文章时，就可以借助与人物有关联的季节、事物来拟题。

课文的标题有着多种形式：对比式，如《"精彩极了"和"糟糕透了"》；悬念式，如《大瀑布的葬礼》《山中访友》；写作对象标题式，如《挑山工》《珍珠鸟》；线索式，如《荔枝》《梅花魂》；内容概括式，如《窃读记》《晏子使楚》；点睛式，如《索溪峪的"野"》《再见了，亲人》；寓意式，如《金色的鱼钩》《金色的脚印》；关键词句式，如《别饿坏了那匹马》《只有一个地球》……教师可以引导学生仿照课文标题的拟订方法进行标题训练。

第二，仿形式。把一些片段相似的内容摘录到一起，让学生借鉴。如《荷花》中"我觉得自己也仿佛是一朵荷花，穿着雪白的衣裳，站在阳光里……"《草原》中"在这种境界里既使人惊叹，又叫人舒服，既愿久立四望，又想坐下来低吟一首奇丽的小诗"。这两句都是表达作者在欣赏到美景后不能自已，陷入遐想而让人感到情意绵绵。教师提醒学生：当你被美景陶醉时，也可以借用这种形式来表示内心的惬意。

学习了《桂林山水》中"漓江的水真静啊，静得……漓江的水真清啊，清得……漓江的水真绿啊，绿得……"学生读得朗朗上口，感觉那么亲切、逼真，展现了一种和谐的自然美。于是，教师告诉学生：当你以后遇到一个场面（景或物）时，也可以试着用排比、拟人、比喻等手法去描绘，一定会收到让你惊喜的效果。

第三，仿表达。如《青海湖，梦幻般的湖》中有这样一个排比句："我曾经领略过西湖的妩媚、东湖的清丽、南湖的辽阔以及鄱阳湖的帆影、玄武湖的桨声……可是此时，我却被青海湖的质朴所震慑了，原先那些华丽的感慨被大自然的魅力推翻了。"这段话和《桂林山水》中的"我浏览过……欣赏过……却从没有见过……"表达方式相似，都是通过对比的形式来突出眼前的美景，是最具心灵震慑力的，告诉学生这种表达方式我们可以模仿。

第四，仿中心。以《跳水》一文为例，这篇文章重点是赞美船长的冷静、机智、果断，但通篇几乎是写孩子和猴子之间的事，只在最后寥寥几笔写了船长。当时就有学生提出，为什么作者这样安排笔墨？通过讨论，大家体会到前面的描写正是为了凸显船长的形象而埋下的伏笔，在最危急关头，船长像电影里的英雄大侠一样凌空出现，化险为夷，让读者高悬的心终于落地。虽然"英雄大侠"又马上"绝尘而去"，却已经留给人鲜明的形象。我们可以顺势告诉学生，前面的描写就叫铺垫，你们可以用这种方式来表现中心人物。

第五，仿立意。《第一次抱母亲》让我们感动于母亲背负的"重担"与母亲体重的强烈对比中体现出的"伟大的母爱"。《生命生命》《假如给我三天光明》等一篇篇课文，引领着学生去辩证地看待生命。通过设计与人物对话、写读后感等形式，使学生"情动于中而形于言"，学生的理解、感悟如涓涓细流不断地倾泻于笔端。又如老舍的《养花》写的就是平时养花的一些心得体会，读起来亲切温暖，尤其是结尾的一句"有喜有忧，有笑有泪，有花有果，有香有色，既需劳动，又长见识，这就是养花的乐趣"，让文章寓意深刻，发人深思。《窃读记》写的是作者小时候怀着一颗惴惴不安的心到书店读而不买的故事，我们读懂了作者酷爱读书的情怀，其敏感而单纯的心灵，引起了我们的共鸣。而另一个爱读书的少年的经历却不相同，他遇到的摊主是一个残疾人，他以"别饿坏了那匹马"的名义友善地呵护着男孩的自尊心和求知欲。当我们读完《别饿坏了那匹马》的时候，似乎正分享着人性中最美的阳光。

台湾作家林清玄从农人种桃花心木想到"不只是树，人也是一样，在不确定中生活的人，能比较经得起生活的考验，会锻炼出一颗独立自主的心。在不确定中，就能学会把很少的养分转化为巨大的能量，努力生长。"这种高远的立意值得学生在作文中学习。

第六，仿选材。一般来说，选材要典型、新颖、真实，要能很好地体现文章的思想。如《我的伯父鲁迅先生》这篇文章，其主旨是赞颂鲁迅先生"为自己想得少，为别人想得多"的高贵品质。作者围绕这一主题选取了"读《水浒传》""碰壁""救黄包车夫""关心女佣阿三"等事例，其中救助黄包车车夫写得很具体，对刻画鲁迅先生的品质起了至关重要的作用。教师可以以此篇课文的讲授为契机，对学生进行选材训练。《晏子使楚》这一课为彰显晏子的能言善辩、机智沉着，按时间先后顺序选取了进城门、辩人才、论水土三个事例，故事各有侧重，关键时刻晏子总能凭自己的机智冷静和卓越的辩才跳出楚王设计的圈套，且让楚王自讨没趣，突出了晏子的形象。这种选材的角度也是教师应当引导学生学习的。

第七，仿抒发真情实感。课文中有无数颂扬人间真情的故事，如《搭石》《给予是快乐的》《胜似亲人》等一篇篇感人至深的文章，教师可引导学生通过文中的一句话、一个动作的描写，甚至一个眼神的描绘，去体会怎样表达真情，表达真爱。同时还要学会由课文内容去了解发生在身边的类似动人故事，并把事情经过写清楚，最好还能写出感受。

3. 在学习和借鉴中以读促写

语文教材都是文质兼美的名篇，不仅蕴含着丰富的思想感情，而且有着恰当的表达方式。因此，在教学中可以让学生边读边借鉴，学习将文章的语言转化为自己的语言。

第一，借鉴词语、内容仿写。借词语就是引导学生运用一类或一组词进行创造性的写句、写段练习。如教学《鸟的天堂》一课时，让学生用"有的……有的……有的……也有的……"的句式写上一段话，并要求尽量运用课文中的词语，如"应接不暇""不可计数"。这种练笔往往在几分钟内即可完成，即便是学习困难的学生也能写得有模有样。借内容即从课文的思想内容入手，引导学生联系自己的生活经验，写自己的真实感受，达到读写相结合。

第二，展开想象，尝试创写。读写结合的创造，主要是指内容、形式的创造。中、高年级就应该把创新作为读写结合的支点，鼓励学生在学习课文形式的基础上选择新颖的、独具特色的内容来创写，鼓励学生在写作内容上的求异思维，从而力求在写作训练中反映出学生的个性色彩和创造精神。如学完《鸟的天堂》一课后，教师让学生思考：如果让你来写，你会怎样描写这美丽的天堂？让学生根据自己的想象去写一个片段，或者画画，或者写诗，还可以编歌吟唱或编写童谣，等等。看似简单的一次小练笔，却能有意识地让学生不拘形式、自由表达，使之能够写出与众不同的作文，写出自己的特色。在这样的作文中，学生表现出的创造性十分令人惊讶。

语文教材为学生提供了丰富的写作体裁，有诗歌、说明文、课本剧、童话、散文，给学生建构了一个广泛的想象、练笔空间。如学习说明文《太阳》这一课时，学生可以用诗歌、散文、传说去叙说自己心中的太阳、月亮、大地；读《燕子专列》

时，学生趣味浓厚，学完课本剧《抗击暴风雪》《燕子得救了》之后，作文《爱的温度》也呼之欲出；学了《雅鲁藏布大峡谷》，学生又搜集了大量关于世界奇观的资料，写了《走进天山》《荷兰与海》《古巴比伦空中花园历险记》等作文。学生的兴奋、快乐溢于言表，想象的翅膀自由翱翔，就会写出文字不凡的创新作文。

另外，课本中有许多古诗词，语言高度凝练，有广阔的想象空间。教师可运用多种教学手段，打开学生感情的闸门，让学生通过想象描绘出全诗或部分诗句的优美意境，使诗中的人和事物形象具体化。适时地诱导学生完成一篇主旨与诗文相同，或内容与诗文相同，但体裁、人称等截然不同的作文，完成对诗文的改写，用一种创新的形式对诗文进行诠释，融理解、想象、表达、创造为一体。如教学《春日》时，教师围绕"赞美春天，乐观向上"的主题，抓住诗句富有特征的景物，让学生展开想象写一段话。这样，朱熹笔下的明媚春光、百花争春的场面跃然纸上，同时，学生也被作者那喜春、赞春的情绪所感染，仿佛自己在大自然中放松心情，领略春色，抒发情怀，作文一蹴而就，品尝到了创作的乐趣。

第三，发挥想象，填补空白。有的作者在作品创作中留有空白，使文章在故事情节上有所跳跃，语言叙述中有所省略，给学生的想象留下了空间，这不仅能激发学生的创作兴趣，而且能使学生的想象力和语言表达能力得到提高。如《穷人》这篇课文，桑娜收留西蒙的孩子后，生活会是怎样的呢？教师让学生大胆想象，合理地去展现故事情节，为文章写下后续。许多学生在写的过程中，对穷人的艰辛有了进一步的理解，对桑娜和她丈夫的品质有了更深的体会。

又如，《半截蜡烛》《小木偶的故事》《跨越海峡的生命桥》等课文，教师可以依据文中给出的环境、情节、人物，引导学生进行故事续尾、扩写、改写、切换角色等富有个性新意的作文创作。这些练习不仅能激发学生的创作兴趣，而且能使学生的想象力和语言表达能力得到提高。

第四，以写促读，相得益彰。多年的开放式语文教学实践与研究，让我们深深地体会到写作对阅读的促进作用是不可估量的，带着写作目的去阅读更能读出一番新天地。

读前先写，赏文做比。在学习课文之前，教师先布置一些类似的作文，让学生根据已有的水平先试写。教师根据学生练笔完成情况，结合读写训练点，在阅读教学中有针对性地引导学生深入研读语言文字，在切身的对比中感受作者语言的表现力，构思的精妙处，结构的层次性等，这样做既可合理地使用教材，又可联系学生的实际需要，能够科学有效地实现读写结合。比如，在学习《颐和园》之前，教师让学生去参观学校的文化一条街，然后请他们把自己的所见、所闻、所想真实地表达出来。因为有了课前的写，学生在学文的对比过程中，学会了怎样写游记，怎样分清详略，怎样锤炼语言文字，还学会了写导游词。

又如，在学《一个小村庄的故事》一文时，教师挑选了"山清水秀""天空湛蓝""空气甜润"这几个四字词语，让学生写头脑中出现的场面或自己的感受。每个学生都有着属于自己的内心天地，他们用各种不同的方式解读着这些词语，用不同的语言诠释自己的发现。

学习课文时教师可引导他们真正走进文本，用心去感悟、对照，课堂时空得以延伸，从而建构起良好的读写背景。有形课堂学习结束的同时，意味着无形课堂学习的开始，学生进而创作出《我想对乡亲们说》《保护环境，从我做起》等多篇发自肺腑的读后感。

课前初读，即兴练笔。这种策略适用于易使学生产生不同观点的文章，教师可以从多元观点的交织中导入新课，也可以让生成的矛盾思想贯穿教学过程，顺学而导，最后达成对文字本真的认识。对于学生而言是以写促读，以读促写。

比如，在了解了学生对《荔枝》《麻雀》的初读感受后，教师是这样开课的："学习了《荔枝》《麻雀》，有人感悟到母亲的无私奉献，有人感悟到生命成长过程的不容易，有人感悟到母亲的浓浓爱抚，有人感悟到要学习回报母亲的爱。"在这两课的教学中，教师就以学生初读的感受深入文本，与学生展开讨论：你是从哪些描写中感受到的？还有不同的理解吗？你最想说些什么？……学生在此学习过程中可以积累语言，学会表达，最终感悟到文本的真正内涵。

在这"一感一学一悟"的基础上，教师不失时机地引导学生写《妈妈，我想对您说》《××，我想对您说》这样的训练，改变了以往学生的写作思维和角度。许多学生能从另一个角度去思考问题，并通过巧妙布局，使作文闪现人性的光辉，既熏陶了自己的思想，又温暖了别人。把作文与课文的人文性和工具性有机地结合起来，何乐而不为？

教师还可以布置学生读"无字书"——生活在开阔学生视野的同时，提高作文训练的有效性，让笔下的人物、事物栩栩如生。

在全国"中小学写作教学卓越名师颁奖典礼"上做专题报告

（七）网络式

网络式作文教学是以学生为中心，教师只是作文教学活动的组织者、指导者、帮助者和促进者。网络式作文教学要突出情境、协作、会话等基本要素。它不仅可以使学生对当前写作内容所反映的事物性质、规律以及该事物与其他事物之间的内在联系有比较深刻、透彻的理解，还能在大脑中形成长期储存的认知结构。

1. 网络式作文的基本概念与内涵

网络式作文其实就是以网络为写作平台并借助网络进行作文活动的一种新型作文方式。它一方面遵照了开放式作文的教学理念，另一方面又体现了作文教学的发展趋势和改革动向。它不但具有开放、自主、合作和创新的特点，而且还具有资源丰富、方法灵活、途径多样、方便快捷等优势。

网络式作文借助互联网无限虚拟的空间，既能为学生提供多样化的写作素材，又能极大激发学生的写作兴趣，提高其作文能力。网络式作文具有无限的发展空间和极大的发展前景。

2. 网络式作文顺应时代的要求

传统的作文教学在当今这个资讯发达的社会越来越显现出诸多弊端。首先，传统的作文教学把学生完全封闭在教材内，与丰富的信息资源和现实环境完全隔离。

整个教学过程以教师的指导为主，学生成了被动的写作者，不论作文能力高低，全部在统一的命题下写作，造成了"写作个性被抹杀"和"写作思维被禁锢"的状况，严重影响了学生写作的兴趣和写作积极性。其次，传统作文教学因其封闭的教学模式，不利于学生的交流与合作，不利于学生汲取他人和资讯的长处与优势。作者很难得到同伴、教师及他人的建议和帮助，完全囿于个人的狭小思维空间中。久而久之，势必造成"闭门造车"的被动局面，让作文成为学生最头疼的事。最后，传统的作文教学不能给学生提供丰富的资源和获得信息的多维渠道，不能给学生更直接、更便利、更形象、更立体、更多样的写作信息，也不利于学生积累和嫁接写作素材，容易造成"巧妇难为无米之炊"的不良局面，致使学生错误地认为写作就是胡编乱造。

由此，网络式作文的诞生顺应了时代发展的要求和客观现实的需要，显示出无比巨大的优势。这种优势不仅存在于对传统作文教学弊端的改革，更存在于对传统教学模式的扬弃。因此，网络式作文促进了信息技术与作文教学的全方位整合，打破了原有的教学模式，极大地提高了学生的写作积极性，使得学生在网络的辅助下能够充满情趣地进行作文。

把网络作为作文的平台，有助于学生选取多样化的素材并可与同伴进行广泛的合作与交流，使其个性得以张扬，创造性得以发挥，创新性得以体现。同时使学生逐步走向开放、民主的作文态势，不断地扩展思维领域，开阔思维视野，从而想写、会写并写好文章。可见，把网络引入作文对于学生来讲如鱼得水，为实现充满个性化的创新型作文教学范式以及大幅度、大面积地提高学生的写作水平奠定了坚实的基础。

3. 网络式作文教学的程序和方法

网络式作文教学虽然在教学时空、题材以及与网络的整合程度等方面与其他作文教学存在一定差异，但教学操作的模式方法也有规律可循，基本程序也有自身的特征。我们经过反复实践和不断摸索，归纳总结如下。

第一，创设情境，明确写作内容。利用网络、多媒体等技术手段，为学生创设一个真实、生动、丰富的写作背景和作文情境，展示丰富多彩的现实世界，并以此启发教学，使学生产生写作的需要。同时又促使师生间产生不同层面的交流、互动，形成合作学习的关系。通过情境活动，使学生明确写作的任务、内容、方法和途径，产生写作的欲望，驱动学习者进行自主写作。

第二，在线写作，了解基本步骤。在课堂教学环境下，网络式作文教学包括以下教学环节：创设情境—上网查询—在线构思—在线写作—交流评改—拓展运用。其教学的基本步骤如下。

（1）提取写作材料。根据作文的写作要求，引导学生通过网络查阅、收集相关资料。这些资料可以是直接供写作活动所需的素材，也可以是对写作有启发意义的范文。其基本步骤是：①引导学生对作文任务进行审题，提取中心词，确定关键词；②用关键词上网搜索，并从中选择适当的网址；③进入相关网址，下载有效信息。为了提高学生上网查阅信息的效率，教师在课前应浏览相关网站，对学生上网的路径、信息的有效性等情况做到心中有数，以便学生在学习时给予及时、有效的帮助，避免学生出现信息迷航的情况或查到垃圾信息。

（2）呈现音频元素。典型的音响效果材料形象地展示在学生面前，会给学生留下较深刻的印象。音响素材不受时空限制，根据学生的需要，音响教材可以反复再现，这样有利于强化学生的印象，提高效果。适当的音响教材进入课堂，可丰富教学内容，给学生带来欢乐。学生在听听、想想、说说中调节了学习节奏，活跃了课堂气氛，减少了学习的心理压力。对于发展学生的观察能力、思维能力、表达能力有着明显的作用。

（3）收集创作资源。网络为我们查阅资料提供了便利。在线选择、收集资料或是为了探究某个问题，为了能充分准确生动地表达自己的思想，需要学习者掌握比较充分的相关资料。通过网络查阅、收集到的相关资料，可以是与写作任务有关的背景资料，可以是他人的学习成果，可以是文字资料，也可以是图片影视资料。

（4）选择教学方式。一是自主学习和协作学习。教师在课前根据网络作文设计好形象生动的两种学习方式，即自主学习和协作学习。自主学习就是指学生在了解作文结构后自定步骤和进度进行独立自主的写作，其间要根据作文要求，认真观察、充分想象、人机会话、电脑写作，使自己的学习能力得到充分发展。协作学习就是指学生在作文活动过程中，与他人合作，所得作文被系统地存储在数据库里供大家学习、评价以及参考。

二是自我检测和同伴互助。教师要求学生首先将收集到的资料进行整理、分析、研究，形成自己的观点，在此基础上构建表述自己观点的文章结构。其次是利用电脑进行在线写作，把自己的思想外化为文字。最后利用网络交流的便利性，向老师或其他人请教某些疑惑的问题，也可以和同伴一起开展同伴互助式的学习活动。

三是借鉴其他信息。教师指导学生从网上下载信息，并交流获取的信息和获取信息的方法，讨论哪些信息是有效的以及如何运用这些信息，在此基础上确立和明晰作文的思路。同时让学生进一步认识到网络具有强大的通信功能，如电子公告板、聊天室、电子邮件、新闻组、IP 电话等讨论形式，为学生的讨论提供了充分的空间。

（5）提供交流网址。网络中，各种类型的资源都非常丰富，为学生提供相关网址以便选择是我们教师应尽的责任。学生可借助网络新闻、网络文章或他人的网络空间来建立自己的资料包、网页、素材基地，从而为自己的作文建立一个素材仓库，并且不断充实和更新，作文时才能取之不尽、用之不竭。

（6）寻找规律，掌握方法要素。按作文知识模块将作文指导方法分为三个阶段，即准备阶段、写作阶段和修改阶段。其中，准备阶段包括积累、审题、立意和选材四个部分；写作阶段包括联想、想象、描写和表达四个部分；修改阶段包括语言、段落、线索和手法四个部分。网络作文也不例外。

第一是准备阶段。

积累，是动笔之前所做的对于写作素材的聚集，是写作成功的最基础准备。其实，作文就是写生活。因此，作文者必须在生活这一节点上认真下功夫。关心、了解、发现、寻觅、感受，大脑中采集的自然与社会的信息越多，写作素材就越丰富。而哪里才是最丰富的呢？那就是网络。它包罗万象，无所不有。凡是与学生写作有关的材料都可以在网络上找到，而且形式多样、种类繁多。

学生一旦投身到网络中就如同鱼儿游入大海，不仅天地宽了，而且其乐无穷。网络可以全方位化、立体化、多样化、形象化地为学生包装写作材料，它是一个无穷大的作文仓库，是一个丰富多彩的社会缩影，是一个游刃有余的写作舞台，它取之不尽、用之不竭，是学生积累素材的最佳去处。在使用过程中，教师一定要要求学生善加选用，切忌抄袭。

传统的积累方法除了筛选生活外，就是在书本中圈点勾画、眉批旁批、摘抄剪贴、记读书笔记或日记随笔等，既显得笨重又使学生感到烦琐，而且还不利于操作。时间一长，学生就会觉得厌烦，甚至拒绝积累。如果借助于网络，情况就大不一样了。我们可以指导学生通过网络链接的方法把相关的材料剪辑到一起，并按照一定方式进行排列组合，然后建立资料包存储起来，等到用时可以分门别类地去查找，也可以制成动画、电影等音像资料随时视听，既不耽误时间又节省力气，还给人以直观的感受，真可谓"一石三鸟"。

积累还可通过微信、微博、信箱等方式搭建交流平台，广泛吸取他人关于此方面的素材，也可听取他人（最主要的是教师）关于素材使用的建议。这样一来，作文就不只是某个学生的个体行为，而是集思广益的合作行为。

审题。审题是文章成败关键的一步。它的基本任务就是要正确地把握命题人的意图，全面准确地理解题目的要求，弄清作文的内容、范围和重点，掌握入题角度，明确立意，确定文体，构造作文的基本框架。无论是哪种形式的命题，都要认真审读、反复推敲，尽量准确把握住题目的内涵和外延，找到最佳突破口，从而正确掌握写作的基本方向。

审题过程中可以找一些年龄相仿、智力水平接近的人建立交流群，在交流群里进行交流探讨，尽量把文题放大，寻求最大的可能性，求同存异，最后确定写作方向，达到"横看成岭侧成峰，远近高低各不同"的效果。

传统的审题方法之一是语法分析法，主要针对命题作文，通过分析题目的语法结构，找到题眼并结合题眼确定写作思路。这就存在着一个"仁者见仁、智者见智"的问题。一个人的思路毕竟是有限的，想法也许是偏激的，弄不好就会影响写作方向，导致偏题或离题的现象出现。如果拿到网络上，在相关论坛上发布帖子，广泛征求他人意见，就会收到事半功倍的效果。

传统的审题方法之二是补全题目法，主要针对半命题作文，通过联想和想象把已经给出的半个命题补充完整，然后再按照语法分析法进行。由于个人的想象力单薄，易造成思路单一。在网络上就容易了，可把半个命题当作一个话题发到网上的交流平台上，听一听不同人的建议，回过头来再结合自己的想法，从而确定一个独特的、新颖的内容并将之补充进去，可以使下一步的语法分析法更从容、更得手。

传统的审题方法之三是材料分析法。主要是通过分析特定的材料来确定写作中心。这需要对材料进行全面科学的分析，从而确定文章的主旨。这种方法很显然会受到作文者能力水平、知识层面、素养深浅的影响，一旦受限就会影响文章质量。在这种情况下，我们可以借助网络的帮助，利用前面所说的方法寻求并创设最佳立意。

传统的审题方法之四是看图分析法。主要是结合图画来分析立意。这比材料分析法还要难，因为在分析图画时要考虑多种要素，一旦有所丢失，就会犯下"只见树木，不见森林"的错误。同样一幅图画，大人或小孩、男人或女人的看法都不会相同，因而同样适合到网络上寻求帮助，确定最佳方案。

立意。著名学者金秉文曾说，文以意为主，辞以达意而已。也有人说，意犹帅也，无帅之兵，谓之乌合。这其中的"意"和"帅"就是文章的中心思想，而所谓的立意，就是确立文章的主旨，从而在行文中写出自己的见解，表达出自己的人生感受。如前所说，一个人的分析能力毕竟是有限的，在网络上寻求大家的帮助，听取他人的建议，会更容易找到最佳立意，突破传统的一意孤行的做法，但在这个过程中必须注意的是要对他人意见有所辨识，第一不能轻信滥用，第二不能简单抄袭。

传统的立意方法之一是以小见大。用小事情或平凡的现象来反映社会热点，体现社会的进步、观念的更新以及生活的变化。一个人的接触层面往往较窄，难以展现一个时代和整个社会的变迁，即便选择了很好的素材，反映出来的生活也可能是狭窄的。要想打破这个局面，可以通过网络拓宽视野，看看他人对于时代和社会的变化有怎样的独特见解和认识，把它们吸收过来，与自己的认识互补互用，这样就可能真正实现以小见大的立意要求。

传统的立意方法之二是多角度立意，通过对作文题目或材料的分析，在不同的认识中找到最佳的立意。由于我们在切分角度时可能会受到单一思维的影响，角度划分不够统一或明确，在寻找最佳立意时就可能犯下盲目的错误，进而影响写作。此时，我们可以把作文题目或材料放到网上，与他人共同讨论划分方法，并从中确定适当的立意。

传统的立意方法之三是"反弹琵琶"，通过逆向思维寻求最佳的立意渠道，从而收到独辟蹊径、出人意料的效果。就这一点来说，学生可能由于个性不同各有各的独特见解，但通过这种方法可以尽可能多地听取他人的意见，这样会使学生受益匪浅。

传统的立意方法之四是说自己想说的话，通过内心的呼声来呼吁他人改变社会的不良风气。广泛征求别人对作文者的意见与评价，根据他人的评价判断自己的想法是否能得到他人的认同。

　　立意还可以通过建立微信群、QQ群、网络论坛等平台，多渠道寻找合作伙伴，充分采纳他人的意见，不仅对于写文章有帮助，对于整体创作水平的提高也有相当大的支持作用。经常和他人交流、探讨，可以促进学生对世界、人生、时代、社会的认识，从而形成其独特的人生观、价值观、时代观。可见，进行网络交流不仅有益于写作，也有益于学生的成长和进步。

　　古人云，情动而辞发，只要能点燃学生情感的火苗，就不愁没有文采作文的出现。多媒体特有的直观、形象的特点，更能创设真实、热烈的教学氛围，更容易将学生引入其中，激起情感的涟漪，点燃创作的欲望。

　　如在写观后感这类文章时，多媒体就能充分发挥作用。以观《宝莲灯》有感为例，在对故事情节有了一定了解后，学生的感受是写作的难点。小学生对画面的理解和分析能力是在观察与思考的过程中形成的。我们可以针对学生感兴趣的内容反复播放，面对定格、放大的主题景物，学生不仅获得了生活的再现，还丰富了对作文材料的选择，明确了对重点片段的把握，收获了事物动静态的观察与描写等写作方法的熏陶与引导，从而能够更为深刻地理解电影的主题。

　　选材。选材就是在占有材料的基础上根据主体表达的需要选择、运用并组织材料的过程。凡是可用于文章写作的客观事物和事理都可看作被选的对象。就写作而言，只有材料典型、新颖、精当，文章的创作才有成功的可能，可见材料是文章必备的物质基础。如果缺少了这个物质基础，观点再鲜明、再新颖、再正确、再深刻，都会因空洞无物而使读者印象不深。所以说，选材是写作的一个重要环节。

　　选材的要求，一方面是围绕主题选取典型材料，另一方面是所选材料要主次分明，详略得当。从选材的原则来看，材料要具有真实性、典型性和新颖性。

　　学生在作文过程中的选材环节也可以拿到网络上来，以争取到更大的帮助，从而使自己在作文时选择到恰当、充实的材料。借用他人材料无可厚非，但切记尊重他人劳动，避免抄袭。

　　传统的选择材料的方法之一是着眼于普通人、平凡事，捕捉其闪光点。就这一点来说，一个人的生活阅历可能不足以用来取舍，这就有必要到网络上去"嫁接"他人的材料，拿来为自己所用。如果在网络上有自己的材料包，就会更加得心应手。这两个渠道都可以在很大程度上弥补学生作文材料不足的问题。

　　传统的选择材料的方法之二是着眼于当代生活和社会热点，进行主流创作。这种方法受制于作文者的认识水平、道德水平、是非观念。在这一点上，网络为作文者提供了更为广阔的认识空间。通过网络交流不断地交换思想，提高认识水平，是帮助作文者提高立意水平，进而提高选材水平的一个重要渠道。

传统的选择材料的方法之三是事理结合。根据自己对事物的认识选择最有利于表达自己观点的材料。这种方法取决于自己的观念是否先进，道德水准是否高尚，思想认识是否创新，但这又是不能以自己作为参照物的，把这些放到网络上去，经过大家的审议评判筛选出的材料会更有说服力。可见，这也是离不开网络帮助的。

选材还可借助网络新闻、网络文章或他人的网络空间来建立自己的资料包、网页、素材基地，从而为自己的写作建立一个素材仓库，并且不断充实和更新，使之在自身作文时能够取之不尽，用之不竭。

第二是写作阶段。

这是完成写作的关键，也是重中之重的一个环节。俗话说，看花容易绣花难。也许我们准备了很多，看了很多，但怎样把它们运用到自己的写作中才是关键，运用水平的高低才能真正体现出写作水平的高低。

联想。所谓联想，就是由当前的某一事物联想到另一事物，或由甲观念想起乙观念的心理过程，从而促使作文者在更广阔的领域里挖掘材料，构思文章。就写作而言，由此事物想到彼事物，可以丰富材料；由进步的联想到落后的，可以加深思索；由具体的联想到抽象的，可以拓宽思路；由现象联想到本质，可以深化理解。可见，联想作为一种构思方法，有助于提炼和深化主题，有助于运用"他山之石"托物言志，有助于进行比喻论证和类比论证，是形成表达技巧的关键一步。

既然是联想，个人的空间就没有网络的空间大。网络虽然是虚拟的，但可以看成是广阔社会的缩影，它可以连接古今，也可以纵横中外，具有多种多样的联想渠道，有助于我们调动思维器官，丰富写作内涵。

传统的联想方式有两种，一种是串联式，一种是辐射式。两种方式从不同角度决定了联想的方向。

串联式，是以一个事物为开头随即联想到第二个、第三个直至第 N 个。这种方式是顺着一条线索联系起来的，将相关的、相似的材料串联起来，从中揭示主题，形成一篇文章。如果只限于个人，就会显得闭塞。如果运用网络，就会无限扩展。一个人的联想只是一条线，N 个人的联想就是 N 条线，如果再组合起来，就是无穷尽。可见，网络对于联想的运用是其他途径所不能代替的。

辐射式，是以一个具体事物为中心，所有的联想都从这里发出，环绕这一点形成辐射状态的思维活动。如果只限于个人，就会显得狭小。如果运用网络，就可无限扩大。一个人的辐射联想，只是一个点；N个人的辐射联想，就是N个点。按照集合的观念，借助网络展开辐射联想，就会以点带面，丰富写作空间，其妙处自是不言而喻的。

由于联想的独特方式，教师在指导学生作文的过程中可以运用任何一种网络媒介，只要能够坚持就一定能够拓宽学生的思维空间，培养学生的联想能力。具体做法如下。一是把某些景物制成多媒体课件，让学生进行联想。如看到圆，可以想到中秋明月，进而想到家人团聚，想到卫国戍边、不能享受家人团聚之乐的边防战士。看到蓝色，就想到大海、想到冷静、想到理性，这样逐渐养成联想的习惯，想象力自然丰富。二是设计场景，训练学生的联想能力。可从电视里截取一个片段去掉原来的声音，让学生根据人物动作、表情联想发生了什么事。如从某电视剧中截取这么一个片段：外面突然下起了瓢泼大雨，一个小男孩拿着雨伞站在门外。让学生根据这个片段进行设想，学生的答案生动活泼，精彩纷呈：①这个小男孩是班级的值日生，看到下雨，想起教室的窗户没有关，于是拿起雨伞准备去学校；②妈妈正要去上班，还没走多远就下起了大雨，小男孩赶紧拿出雨伞等待妈妈回来取……三是听音乐或歌曲讲故事，以震撼心灵的音乐激发学生的联想。如听了《一个真实的故事》这首歌曲后，让学生借助联想写一篇记叙文，具体描述小女孩是如何救丹顶鹤的。

想象。想象是人脑对记忆中的表象进行改造并创造新形象的过程，具有"思接千载，视通万里"的功效，无论是对阅读还是对写作都具有重要作用。就写作而言，通过想象可以将生活中的感受和思考串联起来，开拓思路，推动构思，也可以突破现实生活的限制，丰富表现内容和手段，塑造生动新颖的艺术形象。

想象这种手段，最适合运用到网络中。比方说，我们可以把头脑中的某一个抽象概念运用到网络上，用动漫的手段形象地展现出来。然后，再按照网络上的这个画面进行写作，既形象直观，又有很强的可操作性。也可以把我们头脑中的某个情节制成动画，在审视的过程中，按照写作的需要进行不断修改，从而使心里想的和画面展现出来的形象能够有机结合，进而形成完整的写作思路，内外贯通，一气呵成。可见，运用网络进行想象，可以收到意想不到的效果。

传统的想象方法之一是人物合成法。即同向合成与异向合成，也就是鲁迅所说的"杂取种种合成一个"。可以借助于网络搜索不同的人物形象，在比较分析中，综合出自己想要的人物形象。

传统的想象方法之二是选取"模特儿"法。就是说把生活中的原型完全地搬进来，成为作品中的人物。这种方法在网络上可通过虚拟人物形象的方法和生活原型进行比较，在保持人物原有性格的基础上，进行艺术化的处理，从而活化出自己想要的人物形象。

传统的想象方法之三是情节转借法。就是把别人的故事情节转借到自己的作品中来。这种方法也很适用于网络操作，只要把相关的写作材料收集到一起，找准一个切入点，把他人的情节构造法借鉴过来，再配以自己构造的事件，就可形成一个叙事系统。但要注意，切不可简单照搬，一定要有自己的再创造，否则会有抄袭之嫌。

传统的想象方法之四是引出主题法。这是一种形象化的艺术手法，可以增强文章的感染力，又显得含蓄别致。在网络上，可采取蒙太奇手法对人物形象进行定格，并进行艺术描摹，通过细节展示的办法揭示出文章的主题。

想象主要是运用网络的搜索、剪切、动画、虚拟等手段，再造艺术形象，从而丰富自己的写作手段。

描写。描写是文学作品中经常使用的一种表达方式，是指运用形象的语言对人物、事件、环境的形态、特征做具体的、生动的描摹与刻画，使读者对描写对象产生真切、具体的感受，并在心中形成鲜明可感的印象。描写不同于叙述。叙述着眼于交代和介绍，重在总体概括和过程说明，而描写则着眼于刻画和描摹，重在表现细微之处，形成具体的形象，使人对客观事物有具体的感受并引起想象和联想，唤起情感体验。

网络给予描写的手段更加丰富。比如，我们要描写一朵花的开放过程，就可以在网上虚拟一朵花，通过动漫来把握它的过程，既形象又立体，还能调动我们的联想和想象，从而更好地完成写作。

传统的描写方法有三种：一是工笔和白描；二是直接描写和间接描写；三是静态描写和动态描写。无论哪种描写，我们都可以通过网络搜索和定格的办法，观察事物的不同状态，然后根据写作的需要，或工笔或白描，或直接或间接，或动态或静态。各得其所，各尽其妙。

表达。文章不论写人、叙事、描景、状物，还是说理、抒情、言志，都需要借助一定的表达方式，使人从中感受到义、理、情、趣，除了对生活认真观察、积累、体验、感悟、挖掘、提炼外，还要能够根据表达内容和中心的需要，能用、会用、巧用多种表达方式，并使之相映成趣、相得益彰。表现在网络上，主要是参考他人的意见来完善自己的表达。

传统的表达方法之一是在重点处添加描写。网络作文教学可教会学生把自己的文章发到网络上，把自己拿不准的地方提出来，看看别人有何建议，合适的我们就学习采纳。

传统的表达方法之二是议论为记叙画龙点睛。可以让学生把文章中的记叙部分贴到网页上，征求他人建议，对于那些宝贵的意见，我们可以学习借鉴。

传统的表达方法之三是借抒情建构文章主体。让学生把文章发到网络上，学习借鉴他人的抒情方式，充实自己的文章，建构文章骨架。

传统的表达方法之四是综合多种表达方式，使文章精彩纷呈。让学生把文章贴到网页上，把自己在文章中综合运用表达方式的地方用不同的颜色标记出来，以求得他人的评判或指点。

教师可用具有强烈视觉效果的课件将例文重点片段展示出来，借助多媒体充分地引起学生的注意，激发表达欲望。例如，指导学生写《美丽的家乡》，教师首先利用多媒体课件播放多幅反映家乡特色的图片，配上《谁不说俺家乡好》《故乡情》等抒情歌曲，情景交融之中启发学生思维、激发联想，使学生迸发热爱家乡的情感，从而使其产生描写家乡的欲望。以《桂林山水》为范例，引导学生边回忆，边展示，归纳出"抓住事物特点，运用'总—分—总'结构，采用对比、比喻等手法抒发感情"的写作方法。在这里，例文只是一个台阶，起到了帮助学生"跳一跳摘到果子"的作用。而多媒体等于给了学生一根拐杖，降低了写作难度，为学生创造出有利的心理条件，让学生主动投入写作之中。

教师还可以借助电教媒体传授方法，让学生自由表达。

首先是分清主次，突出重点地表达。利用音像教材能够克服学生作文时主次不分、详略不当的缺点。录像能够对重点部分进行定格、放大，引起学生高度的注意，并在头脑中留下鲜明而深刻的印象。比如，教学"美丽的学校"时展示各专用教室画面，让学生选择其中一两处做重点描述。在学生重点讲解时，再将所讲画面放大，做到主次分明、详略得当。

其次是厘清结构，井然有序地表达。大多数教师经常组织学生开展活动，帮助他们积累写作素材。还有教师在学校组织大型活动后也往往要求学生写出一两篇文章。但是，学生在事后写作这些题材时往往言之无物，远不如玩时开心和尽兴。如在上"庆六一游园活动"作文课时教师把活动录像放给学生看，通过追忆、联想，他们的思维一下子活跃起来了，能够根据画面厘清起因、经过、结果，明白当时做了什么，自己的动作、神情和心情是什么样的。有了这些再现，学生滔滔不绝地议论开来。

最后是开阔视野，拓宽思路地表达。学生写作，写来写去就这么一点东西，很少有新的内容。此时，教师要引导学生开阔视野，拓宽思路。如要求写观察作文：写一种自己熟悉的小动物，抓住特点，写出其外形、生活习性等。我们不妨事先让学生观察动物，了解它们的外形。在他们能够比较有条理地叙说的基础上，可以继续引导："大自然中活泼可爱的动物多着呢，不信你瞧！"点击课件，十几种常见的动物出现在屏幕上。孩子们看着这么多可爱的动物，个个情绪高昂，教师再趁机问："有你们喜欢的动物吗？想不想把你最喜欢的动物给大家介绍介绍呢？"然后，教师再因势利导，要求学生按刚才观察动物的方法仔细观察，认真组织语言，介绍自己喜爱的动物。鲜明生动的画面一下子就将学生的视线、思维紧紧地凝聚在小小的屏幕上，学生想说的欲望被最大限度地激发出来。

第三是修改阶段。

这一阶段也叫成稿阶段，是在作文大体成型的基础上进行局部修改。对于主旨、材料不再做更大的改动，只是对语言、段落、线索和表现手法进行适当的改动，使文章文质兼美。这种修改在网络上主要是通过交流的手段，结合他人的修改意见和方案，对文章做最后的"手术"。

首先，借助材料，培养自改能力。叶圣陶先生认为给学生改作文，最有效的办法是当面改。当面改可以提笔就改，也可以跟学生共同念文稿，遇到要改的地方就向学生提出问题，如"这儿怎么样""这儿说清楚了没有"之类的。利用投影教学信息反馈快、面批范围广，易进行对比评讲。

其次，师生共改，集思广益。在教学中，可以将作文评改方式由纸上转到电教媒体中，评改方式由针对个人转向面对集体。具体做法可以是学生写完文章后，教师浏览，并按训练重点和作文要求，选择反映共性问题的好、中、差作文数篇，投影在屏幕上。集中全班学生的注意力，教师教鞭所指之处，或教师示范改，或师生评议作者改，或学生多人接力改，等等，方式灵活。无论是肯定作文的成功之处，还是纠正有代表性的错误，均能做到视听结合、集体受益。同时，教师又能节省大量批改时间，可谓事半功倍。

最后，发挥多媒体的优势。多媒体手段的应用，大大优化了作文教学的过程，是作文教学实现低耗、高效的又一途径。然而需要注意的是，多媒体计算机并不是万能的，各种媒体都有一定的适应性和局限性。这就要从教学的实际出发，一要对媒体特征做出认真分析、正确选择，努力发挥媒体的特长；二要精心组合多种媒体，尽可能取长补短，从而优化作文课堂教学；三要正确把握时机，运用适时适量，以免喧宾夺主，弄巧成拙。

总之，在小学作文教学中，根据课堂特点有效地开发多媒体资源，必将突破课堂内外的限制，有效联系学生的生活实际，使课堂焕发更多的活力，让作文教学插上多媒体这一神奇的翅膀，展翅高飞。

网络是虚拟空间，学生在借助网络进行作文时，最大的弊端就在于很难进行真实的情感交流，久而久之会造成性格孤僻、不善言谈、闭塞狭隘的后果。我们可以建立学习小组，通过几个人在网络上的共同合作，在保证获得网络优势的同时，也不失同学间的情感交流。在这一点上，教师要充当导演的角色，起到情感沟通的作用。同时，也可以借助网络上的图像或典型资料适当地对学生进行情感熏陶，以保证学生情感的交流，让他们在运用先进技术的同时，也能够体会到情感世界带给他们的温暖。

（八）推理式

推理就是从一个或几个判断得出另外一个判断的思维形式。推理由前提和结论两个部分组成，前提是推理所依据的判断，结论是由推理得出的另一个判断。由推理延伸到推理式作文，是小学作文一种新的尝试。

1. 推理式作文的概念

推理式作文是由一个或几个已知的内容或素材，推导延伸出另一个未知内容的思维过程。它是把推理演绎的过程以文字的形式表达出来，使推理过程更加生动化、形象化，使其更具人文性和文学性的过程，同时也是富有逻辑与想象力综合的文字体现。

2. 推理式作文的意义

众所周知，思维过程中运用符号表征系统对客观事物所做出的反应是通过分析、综合、抽象、概括、判断、推理以及联想、想象（包括再造想象和创造想象）等不同的心理加工方式而实现的。把这种思维方式的内容整理记录下来，集结成篇，既有利于培养学生自我思考和独立分析的能力，又有利于提高语言文字的逻辑运用能力。在作文教学中，如果能遵循推理的原则，按照推理的思路，采用一定的方法进行大胆推想，文章一定会鲜活而灵动，并富有独特的美。

3. 推理式作文的类型

推理来源于生活，同时又具有一定的逻辑性。因此，推理的内容只是对生活原型进行加工与重组，必须有据可靠，不能任性而为，推理要讲究一定的方法。一般来说，我们可以从以下几个角度进行。

第一，实物推理。实物推理作文是根据生活中的实物特点，推测来源、过程、发展以及意义的推理文章。

由此及彼的推理。就是由一个事物想到另一个事物。比如杨朔的《荔枝蜜》一文中，作者就由辛勤工作的蜜蜂联想到辛勤劳动的农民，非常自然，不仅使文章内容丰富，而且使主旨得到了升华。

由果到因的推理。世上没有无源之水，无本之木，万事皆有因果渊源。福尔摩斯正是由于利用因果推想，才屡破奇案，成为风靡全球的神探。

超越现实的推理。所谓幻想，是指对尚未实现的事物进行的构想。正是因为这种事物尚未实现，才能引起人们的兴趣，文章也是一样。郭沫若《银杏树》中对银杏树的奇思妙想和推理，不知引起多少读者的向往。在推理作文教学中，我们可以鼓励和引导学生随心所欲地运用身边的任何一个实物，推测其由来的详细过程、具体作用及其所包含的情感等，在发展学生思维的同时，锻炼其作文能力。

第二，图片推理。图片推理是指通过对各种图片的观察，追溯原因，推测过程而形成的文章推理。

图片推理首先要对图片有所展示，并要在展示过程中观察整堂课中学生的情绪、行为反应，以及学生的学习反馈，促使学生积极参与、主动思考。同时，教师还要给予适当指导，教会学生观察，理解图片上的相关细节。

其次是看清图的意思后去分析，根据所提供的画面，分析推理事件所蕴含的中心和意义。大框架把握以后，就要通过画面的细微部分分析推理画面人物与事件的关系、人物的表情、动作等细节。

最后通过合理的联想和想象，把事件补充完整。一个静止的画面，远远不能表达一件事情的全部内涵，联想要着重依据画面所提供的情节来具体展开，要合乎逻辑，并能与图呼应。

第三，科学推理。科学推理就是联系事物以后的发展，运用科技进步的观点来看待事物的变化，以实践的方式来予以验证，描写成功与失败的过程。它注重过程描述。科学探究不仅涉及逻辑推理和实验活动，同时还是一个充满创造性思维的过程。科学推理作文是学生在原有认识水平的基础上结合生活实际，推测事物发展的前景。这样有利于学生形成发散思维，促进想象力的发展。

我们可以在现实生活的基础上，让学生畅所欲言，集思广益，从中提炼出有关科学发展的观点和特性，激发学生推想的兴趣和欲望，进而推动学生更加深入地理解事物发展的全过程，形成宽阔的视野。曾有一位学生在文章的开头展开了大胆的推理想象："一位科学家终于发明了一部能穿越时空的手机。"这样以这种高科技产品作为前提，就使之后发生的与历史人物的对话显得非常自然——文章以记者采访的形式，让李白畅谈了自己创作诗歌《赠汪伦》的过程和写"桃花潭水深千尺，不及汪伦送我情"时的心情。小作者这样安排符合常理，读起来毫无牵强之感。文章的结尾又以信号不好为由收束全文，看到这里，相信很多人都会发出会心的微笑，这便是非常典型的科学推理作文。

第四，空白推理。空白推理也称续写，简单地说，就是接续原文的上文写出下文，把原文中残缺的内容补充完整。续写属于条件作文，一般是给定原文的开头部分，要求续写出主体和结尾部分，或者给定原文的开头和主体部分，要求写出文章的结尾部分，从而使文章成为结构完整、前后连贯、表达清晰、思想集中、主题鲜明的有机统一体。

首先，进行空白推理要仔细阅读原文。续写前必须对原文认真阅读，力争完整透彻地理解原文所表达的主要意思，全面分析原文的构成要素，摸清原文的内容、中心和写作思路。以全局的目光审视分析并掌握原文作者的思想倾向、情感指向和思路走向，再对原文的情节、细节进行适当补充。

其次，教师要引导学生展开合理的联想和想象。续写作文虽有一定的限制，但我们可以在限制中求自由，发挥联想和想象，沿着原文的思路写下去。只有张开联想和想象的翅膀，才能进行由此及彼、由表及里、由近及远的联系，才能把原文的情节和自己的生活经验联系起来，并在已知条件的约束下写出符合要求的文章。

最后，要注意同时兼顾续写文的完整性和延伸性。所谓完整性，是说续写文与原文应保持一致、相互联系，共同组成一篇文气贯通的文章。所谓延伸性，是说续写时应在领悟原文的基础上进行补充延伸。

比如，我们教《月光曲》这篇课文时讲述了贝多芬创作《月光曲》的故事。文章最后一句话是："他飞奔回客店，花了一夜工夫，把刚才弹的曲子——《月光曲》记录了下来。"那么，贝多芬飞奔回客店以后，在创作这首曲子的过程中，他想到了什么？眼前浮现了怎样的画面？他是怎么记录他跟盲姑娘用音乐沟通交流的？在月光下看到波光粼粼的大海，课文没有任何交代，我们就可以要求学生为它补白。再如，《穷人》一课文章的结尾是"桑娜把两个孩子抱回了家……"桑娜抱回孩子以后发生了什么样的故事呢？就可以尝试着合情合理地续写完整故事。

第五，故事接龙推理。此类作文推理形式属于小学普及性质的、教师可以广泛参与的教学形式。通过前者的叙述，后者把故事富有逻辑地接叙下去，最后由学生形成书面文字，这是班级同学共同参与、进行集体作文的一种方式。接龙规则是让学生发挥丰富的想象力，顺着前一位同学的叙述把故事接下去。故事情节要求生动有趣，内容健康向上。

如在班级中，依据学生心目中崇尚的美好品质和超自然的能力，创造出一个具有神奇魔力的人物——奇奇。由每个学生编写一次奇奇的历险，在故事中充分展示他高超的本领和崇高的品质，之后汇集组成别具特色的《奇奇大历险》。

（九）下水文式

苏霍姆林斯基说过，作文低效的主要原因就是教师自己不会写作文。小学生天

我在中小学教师国家级培训计划中主讲"开放式习作教学"

真幼稚，有着很强的"尚师性"。如果教师率先垂范，动手、动口作文，给学生抛砖引玉，使其打开想象的闸门，拓宽作文的思路。学生在模仿、学习老师的同时，有可能爱屋及乌地爱上作文，爱上语文。作家沈从文就是一个很好的践行者，他每布置一个题目，就从各个角度先写几篇下水文，给学生潜移默化的示范和影响。可见，下水文式作文教学至关重要。

1. 下水文式概念的由来与内涵

刘国正先生说，你要教会学生写文章，自己要先乐于和善于写文章，教起来才能左右逢源。犹如游泳教员自己要专于游泳，钢琴教师自己要精于弹琴，这其中的道理是很简单的。他还说："但看我们的老一辈语文教育家，无一不是文章能手，他们的教学艺术和文章艺术是相辅相成、水乳交融的。如果在不久的将来，从我们语文教师的队伍中涌现出一大批文章能手，很值得我们为此开一个庆祝会，因为这正是提高作文教学质量，乃至提高整个语文教学质量的一项基本建设。"

刘国正先生呼吁教师自己要写文章，其间就包括写下水文。"要学游泳，必须下水；要教运动员游泳，教练必先下水示范。""下水文"一词也就由此产生。

下水文指的是教师在教学中，要求学生练习的作文，教师自己必须面对同一个题目或同一个内容，亲自动手写文章。下水文的写作，尤其是小学语文教师的下水文，必须站在儿童的角度，用孩子的口吻来作文，有时还被称作"范例式下水文"。

下水文式指导包括三种方式：教师备课时所写、在课堂上与学生同时写、学生作文后再写。

2. 下水文式作文的地位与作用

传统的作文教学是"君子动口不动手",一个题目抛给学生,教师隔靴搔痒地说上几句,然后学生书写。甚至,我们还有不少教师认为只讲不写有这样几种理由:一是认为作文是学生的事,自己没有必要写学生的文章;二是认为教学事务缠身,无暇顾及;三是认为下水文是小儿科,自己要写就写论文,能见之于报纸杂志;四是认为作文教学大可不必如此大动干戈,小题大做。因为有如此的认识和指导,就很容易使学生思路狭隘,行文滞涩,从心底厌恶作文。

叶圣陶先生曾说,语文教师教学作文,要是老师自己经常动动笔,就能更有效地指导和帮助学生。因为教师只有通过亲身实践才会体会写作的甘苦和困难,才能获得感性认识,发现问题,有效地指导学生作文。同时,教师写下水文这本身就具有榜样和示范作用,能激发学生的好奇心和写作欲望。

我们也一直认为,如果一个语文老师不会写作,就像音乐老师不会唱歌,体育老师不会竞技、不会运动,美术老师不会画画,那是多么可怕和难以想象的事。实践证明,下水文式作文指导好处很多:一是下水文有利于提高语文教师的基本素质;二是写下水文有利于激发学生的写作兴趣,调动写作的积极性,增强师生之间的感情;三是写下水文有利于促进阅读教学,拓展学生的知识面;四是下水文有利于指导作文讲评,能够使教师迅速抓住要害,增强评改的针对性。

从某种角度上来讲,下水文指导打破了以往教师只指导不示例的模式,体现了作文指导的开放性。

3. 下水文式作文指导的操作方法

写下水文,最终的目的在于引导学生、激发学生。所以,教师也必须明确写下水文的要求:要符合语文课程标准和教材对作文的要求,不能脱离学生的接受能力;要反映学生生活,注意发现和选择美好的事物;要有儿童情趣,选材要新,立意要新,构思要新;尽可能用学生的心理、语言和语气去写,这样便于学生把握和模仿。

写前下水。在写作前下水,可以启发学生弄清作文的具体要求。比如,我们在阅读课中学了《乡下人家》这篇课文,要求学生学作文者如何抓住特点生动描写场面的方法,写一篇学生熟悉的生活画面。为了防止学生盲目照搬《乡下人家》的画面,我把去"中国第一雪乡"的所见所感写成散文《雪之悟》读给学生听。后来,学生写出了《乡下的竹林》《海天一色》等非常出色的文章。

写中下水。在写作过程中下水，可以帮助学生解决作文中的具体困难，给学生一个样本，激发学生的作文热情与兴趣，能够做到作文有物可写，有材可用。比如，一次我上"美丽的校园"作文指导课，发现学生的语言过于空洞，缺乏细节描写，便随即当场下笔成文。

我漫步在深圳市宝安区坪洲小学校园里，有俯拾不完的美丽。"让每面墙说话""让每处景育人""让校园成为无声的诗，立体的画"的美好追求，形成了各楼层各角落独特而又多元的"童真童趣、雅致诗意"的文化气息。它体现了现代元素与传统元素的完美结合，彰显了人文与现代自然和谐的"开放式教育"灵魂，诠释了"天人合一"的理想境界。

眼前的石凳、石桌、石棋盘，精致的白色花纹雕栏，丰富多彩的天花板图案……这里是校园大堂与楼梯的一隅，是孩子们读书学习的另一块天地。它散发着中国传统石牌的素雅、古朴之美，给人一种自然、舒畅的艺术感受。

课间，孩子们三五成群地来到这里，或两军对垒在楚河与汉界"厮杀"；或手捧一本好书细细品读——唐诗宋词开胸襟，诸子百家明礼义；或依栏远望，"正德楼""正言楼"映入眼帘，"智慧门""幸福桥"美不胜收……青青校园流光溢彩，曲径通幽书写着雅韵流芳。孩子们永远是这里的小主人，特长在这里展现，国学在这里延伸，文化在这里传承。试想越来越多的孩子怀揣梦想走进这里，置身于艺术的山野溪涧，尽情抒写自己的梦想，奋发向上，那是何等的弥足珍贵！

写后下水。引导学生突破作文中的难点，正视作文中的问题，进而修改。如一位教师指导学生完成一篇写人的记叙文，要求学生回忆生活中给自己留下深刻印象的人，能在头脑中再现其音容笑貌、言行举止并学习运用动作、语言、外貌等描写方法，写出人物某一方面的特点。

当然，下水文式作文指导于师于生确实大有益处，确实是作文教学的一条成功经验，但是在运用下水文式作文指导的方法上目前还存在一些问题：有的教师将下水文当范文让学生盲目仿写，结果是严重地束缚了学生思维的发展，不但没开放，反而将学生引入死胡同；有些教师自身作文能力有限，下水文写得粗制滥造，对学生不仅起不到示范作用，反而在某种程度上影响了学生的作文兴趣和作文能力的提高；还有的自己写不出来，从网络上下载，同样收不到好的效果。

基于这些问题，我们教师要正确认识到下水文的作用和意义，不能图形式开放而开放。此外，写下水文也是教师的一项基本功，我们要广泛阅读，多方涉猎，充实自我，给学生树立一个儒雅型、知识型教师形象，激发学生强烈的求知欲和创作欲。

三、开放式语文活动课程

课程是实现教育目标的手段，是全面发展学生身心的重要途径。活动课程是指在学科课程以外，通过有计划、有组织的安排让学生参加活动，增长感性知识的显性课程。小学语文活动课作为语文学科课程的重要补充形式，对实现小学语文教学目标、促进学生人文素质的整体提高起着举足轻重的作用。它的整个活动过程都发挥了学生主体性这一基本思想，其主要目的是在语言实践的活动中，增强学生主体意识、发展学生主体能力、塑造学生主体人格、尊重学生兴趣和爱好。

因此，我们在开展开放式语文教育实践时，把如何创新语文活动课程，进一步发展学生创新精神和实践能力作为基础教育课程改革与开放式语文教学实验的又一突破口，进行了较全面、多层次的深入研究和探讨。众所周知，长期以来我们的语文教改实验进行得轰轰烈烈却收效甚微，个中原因固然很多，但一味执着于教法改革而很少从课程方面去探索是一个重要原因。

语文教学只有在空间上从课堂延伸到儿童的生活领域，在形式上从单纯的字、词、句、段、落、篇章的讲读训练拓展为结合情境的综合性学习，将语文课程改革与教学改革内在结合起来，为教师赋权增能，语文改革才能见成效。从根本上说，我们所急需的并不是修修补补的方法论改造，而是要着眼于对整个语文课程和课堂教学生态的返璞归真式的改造。

我曾经设计过 84 节语文活动课教学，从低到高由易到难，极大地培养了学生听、说、读、写的综合能力。语文活动课教学也是师生特别喜欢的一种教学新形式。下面从一年级到六年级，各提供一个我的教学案例。

（一）一年级：儿歌演唱会

【活动目的】

通过儿歌朗诵，激发学生的阅读兴趣，培养学生的朗读能力，进而丰富生活，陶冶情操。

【活动准备】

1. 到图书室为每位学生借一本《365夜儿歌》，每位学生从中选一首自己喜爱的儿歌背下来，参加儿歌演唱会，教会《青蛙》歌。

2. 将学生分成四组，要求每组分别有两个学生准备描写动物的儿歌，其余的不做要求。

3. 将《拍手歌》用电脑出示。做好两顶小青蛙头饰。

【活动过程】

1. 朗诵儿歌导入，激趣

朗读《孙悟空打妖怪》，导入新课。

教师领：唐僧骑马咚那个咚，后面跟着个孙悟空。

学生合：孙悟空，跑得快，后面跟着个猪八戒。

……

大家喜欢这些儿歌吗？儿歌是专为儿童创作的，特别适合儿童吟唱，读起来也朗朗上口。

2. 出示《拍手歌》，练习背诵

（1）看拼音，熟读儿歌，想：这首儿歌告诉了我们什么？

（2）按拍手节奏背诵儿歌。

（3）边对拍边背诵儿歌。

《拍手歌》

你拍一，我拍一，天天上操一二一。

你拍二，我拍二，身边要带小手绢。

你拍三，我拍三，经常洗澡把衣换。

你拍四，我拍四，消灭苍蝇和蚊子。

你拍五，我拍五，有痰不要随地吐。

我给国际小朋友讲中国儿歌

你拍六，我拍六，瓜皮果壳别乱丢。

你拍七，我拍七，唱歌跳舞真欢喜。

你拍八，我拍八，勤剪指甲常刷牙。

你拍九，我拍九，饭前便后要洗手。

你拍十，我拍十，脏的东西不要吃。

你也拍，我也拍，噼噼啪啪噼噼啪。

3. 朗读描写动物的儿歌

过渡：儿歌不仅被我们少年儿童喜爱，连动物们也非常喜爱，所以我们在这里召开儿歌演唱会；它们也想来参加，大家欢迎吗？

（1）出示动物图片，朗读一首描写某种动物的儿歌。

（2）请出这种小动物，和自己交朋友。

参考儿歌《365 夜儿歌》。

小小鸭子 P17　　　骑马到新疆 P13　　　小母鸡 P451

咪咪猫 P45　　　懒猫 P48　　　鸽咕咕 P60

小黄狗 P50　　　熊猫 P432　　　猴老哥 P450

4. 举行"小青蛙儿歌朗读比赛"

（1）唱《青蛙》歌。

（2）比赛开始。（以小组的形式开展比赛，看哪组的儿歌多）

（3）评议发奖，给优胜者颁发小青蛙头饰。

【活动总结】

人之初，听的是儿歌，唱的是儿歌。人是从儿歌开始走进艺术之宫的。它是一只百灵鸟，给我们快乐，给我们享受，让我们尽情歌唱吧！

（二）二年级：夸夸自己的姓

【活动目的】

1. 通过活动，拓宽学生的视野，培养学生查找资料的能力，激发学生对历史知识的兴趣。

2. 通过活动，培养学生说一段话的能力，并把讲话内容由激发学生对本家族姓氏的热爱扩展为对祖国的热爱。

【活动准备】

1. 班级集体阅读《百家姓》。

2. 学生查找本家姓史、名人、历史记录等相关资料。

【活动过程】

1. 谈话激趣

师：同学们，我们每个人都有各自的姓名，孩子都随父亲的姓，辈辈相传，历史悠久，就有了"同姓为一家"的说法，每个小朋友因此有了一个庞大的家庭，请大家齐读《百家姓》，找出与自己同姓的同学坐在一起吧！

2. 比比姓史

师：现在看来，有的姓人多，有的姓人少，这源于各自的姓史。请交流一下你们查找的姓史资料，我们在这里讲一讲自己家族姓氏的光荣史吧！

（学生交流材料，找出姓氏出处等内容）

我在"名师会客厅"分享活动课教学经验

小张：在今天，我们姓"张"的可真是大姓了。据统计，中国现在姓张的人最多了！就连咱班还有很多人姓张呢！五代时，后晋大夫解张很有名望，人们就以他的名为姓，从此使用了中国第一大姓——张！

小赵："赵钱孙李"百家姓以我们"赵"姓开篇，可见我们姓史之悠久！传说颛顼帝后裔造父为周穆王驾车，被封在"赵"这个地方，子孙就以这个地方为姓。所以说我们赵姓乃是万姓之长！

3. 夸夸本家

师：翻开历史名人录，我们会惊喜地看到自己本家在历史上做过的贡献，那就让我们"各展所集"，夸一夸本家的贡献吧！

小李：李是大姓，名人历代辈出——战国有助秦始皇灭六国的秦相李斯，汉武帝时有"飞将军"李广，隋朝有筑赵州桥巧匠李春，唐朝有贤君李世民，大诗人李白、李贺、李商隐，宋代女词人李清照，明代大医学家李时珍，现代有体操王子李宁……李家人才辈出，数不胜数。

小鲁：听爸爸说我们鲁家也出了不少名人，比如木匠师鲁班，《水浒传》里的倒拔垂杨柳的鲁智深……将来我也要争当名人，为家族争光。

【活动总结】

师：通过这节课，我们了解到各种姓氏家族的名人有很多，贡献也很大，正因为各姓氏人的齐心协力，才有了祖国大家庭的繁荣富强！希望同学们以家庭姓氏为荣，并选取自己姓氏中的一位名人做榜样，争取像他们一样为祖国增光添彩。

（三）三年级：古诗快乐营

【活动目的】

1. 通过积累、揣摩、领悟、运用古诗，使学生受到语言和文化滋养，夯实文化功底。

2. 了解古代诗人的奇闻轶事，感受古人的文化内涵及人格魅力。

3. 培养学生观察力、分析力、动手能力以及团结协作精神。

【活动准备】

1. 多媒体课件。

2. 复习学过的古诗。

3. 搜集古代诗人的奇闻逸事，可用影片、图片、小故事、小品、课本剧等形式表现。

4. 将学生分成红、黄、蓝、绿四个方阵，每组选出一名学生扮演李白、杜甫、杜牧、王维等著名诗人做评委。

【活动过程】

一、设置情境导入

1. 师：同学们，古诗快乐营今天正式启动了。红、黄、蓝、绿四个方阵的同学们，你们准备好了吗？

2. 生：准备好了。（学生高呼口号："古诗快乐营，欢乐大家庭！"）

3. 师：今天我们请来了四位著名的大诗人，他们将担当我们的特邀嘉宾及裁判，欢迎他们！（扮演李白、杜甫、杜牧、王维的四位同学一起上场，抱拳鞠躬，并自我介绍。红、黄、蓝、绿四个小组各背诵一首他们所写的古诗后嘉宾落座）

师：现在我们开始较量——感诗情，悟画意。看看四个组谁能闯关成功。

二、进入活动过程

（一）第一关——诗情画景（必答题）

1. 播放课件：瀑布飞流直下，水光四溢……

李白：请红组的同学说说，这些画面表现的是哪首诗的内容？

生：李白的《望庐山瀑布》。（集体背诵，李白抚须做赞许状，同意过关）

2. 播放课件：春雨淅淅沥沥，滋润着大地……

杜甫：请黄组的同学说一说，这些画面表现的是哪首诗的内容？

生：杜甫的《春夜喜雨》。（集体背诵，杜甫竖起大拇指做赞许状，同意过关）

3. 播放课件：秋天枫叶红得似火，游人云集，停轿观看美景。

杜牧：请蓝组的同学说一说，这些画面表现的是哪首诗的内容？

生：杜牧的《山行》。（集体背诵，杜牧点头称赞，同意过关）

4. 播放课件：空谷幽山，人闲月静，山鸟时鸣。

王维：请绿组的同学说一说，这些画面表现的是哪首诗的内容？

生：王维的《鸟鸣涧》。（集体背诵，王维抱拳称赞，同意过关）

（二）第二关——画中有诗，诗中有画（抢答题）

说说这些画表现了哪首诗的诗意？

1. 课件出示图片：烈日炎炎，农民在酷暑下耕作，汗流浃背。请生抢答。（李绅的《悯农》一、二均可）请答对的同学上台背诵，并给相应的组加十分。

2. 课件出示图片：蓝天白云倒映在清波碧水之中，一群白鹅引颈长歌。请生抢答。（骆宾王的《咏鹅》）请答对同学上台背诵，并给相应的组加十分。

3. 课件出示图片：黄鹂、翠柳、白鹭、雪山、大船等。请生抢答。（杜甫的《绝句》）请答对的同学上台背诵，并给相应的组加十分。

4. 课件出示图片：一名古代的女子在相思树下低头抚豆沉思。请生抢答。（王维的《相思》）请答对的同学上台背诵，并给相应的组加十分。

5. 课件再出示图片，配上音乐，让学生在情景交融中吟诵诗句。

（1）深秋的夜晚，银白色的月光洒落在床上，地上好像落了一层薄薄的冰霜。抬头望着天空中的明月，低头思念故乡。

（李白《静夜思》：床前明月光，疑是地上霜。举头望明月，低头思故乡。）

（2）原野上的草长得很茂盛，春天繁茂，秋天干枯。野火烧不尽枯草，来年春风一吹，新草又萌生了。

（白居易《赋得古原草送别》：离离原上草，一岁一枯荣。野火烧不尽，春风吹又生。）

（三）第三关——古诗接龙

1. 全体同学按座位进行"蛇"形古诗接龙。

2. 吟诵的诗句，可以是学过的，也可以是没学过的，要求情感真切，韵味十足，承接流畅。

3. 师：刚才同学们朗诵得真好，相信每一组的同学都已充分地理解了古诗。现在请每一组的同学根据抽到的古诗内容合作完成一幅画。看哪一组的画最能充分地表现诗句。

4. 用视频展示仪展示学生作品，请四位诗人进行评分，分别给各组打分。

（四）第四关——触景生情（视听题）

1. 请每一小组派一个代表上台抽签。

2. 根据抽签内容播放课件：春天的景色。

师：春天的美景使你想起了哪些古诗？（学生背有关春天的古诗，如《春草》《春夜喜雨》《春思》《春怨》，等等。可一人背一首，一人背多首，三分钟内完成）

3. 根据抽签内容播放课件：好友分别。

师：好友分别使你想起了哪些古诗？请你们组的同学背出来。（学生背与好友分别有关的古诗，如《赠汪伦》《易水送别》《送孟浩然之广陵》等，可一人背一首，一人背多首，三分钟内完成）

4. 根据抽签内容播放课件：大漠战场。

师：大漠、孤烟、沙场、战死的白骨使你想起了哪些古诗？请你们组的同学背出来。（学生背与好友分别有关的古诗，如《浪淘沙》《马》《从军行》，等等。可一人背一首，一人背多首，三分钟内完成）

5. 根据抽签内容播放课件：《思乡曲》。

师：《思乡曲》使你想起了哪些古诗？请你们组的同学背出来。（学生背与好友分别有关的古诗，如《忆江南》《渡桑干》《春夜洛城闻笛》，等等。可一人背一首，一人背多首，三分钟内完成）

6. 请裁判们分别打分，每背诵一首加十分，并祝贺各组同学。

（五）第五关——心有灵犀（抢答题）

1. 教师讲解此关闯关规则：每抢答对一条加 10 分。

2. 方案一：课件出示古诗题目，学生抢答背诵诗句。（如《过零丁洋》《寻隐者不遇》《晓出净慈寺送林子方》《嫦娥》《赠内人》等。）

3. 方案二：课件出示古诗诗句，学生朗读并说出下一句。（如九曲黄河万里沙，＿＿＿＿＿＿＿＿。菱透浮萍绿锦池，＿＿＿＿＿＿＿。莫以今时宠，＿＿＿＿＿＿。江雨霏霏江草齐，＿＿＿＿＿＿＿。宫女如花满春殿，＿＿＿＿＿＿＿。昨夜秋风入汉关，＿＿＿＿＿＿＿。）

4. 方案三：课件出示诗句，学生说出这首诗的作者和题目。（如"三春白雪归青冢，万里黄河绕黑山。"出自柳中庸的《征人怨》。）

（六）第六关——新朋老友（发散题）

1. 每组派同学上台讲一个古代诗人的奇闻逸事，每讲一个小故事加 10 分，多讲多加。并请当场的四位诗人验证是否有此事并给予加分。

2. 请每组派几位同学上台演一个古代诗人的小故事，看谁演得好，给予加分。

3. 请每组抽签，抽到某位诗人就背诵这位诗人的诗句，背得越多加分越多。

（七）第七关——好词佳句齐齐唱

1. 师：今天我们的最后一场较量——好词佳句齐齐唱。

开放式活动教学课堂

2. 课件播放《金缕衣》《清明》《登乐游原》《暮江吟》《滁州西涧》《枫桥夜泊》《大林寺桃花》《早发白帝城》《山居秋暝》……学生边读边唱。

3. 配乐诗朗诵《将进酒》，由学生激情演绎。

三、激励性活动总结

今天的古诗欢乐营充分体现了同学们团结互助的合作精神，相信通过今天的活动，同学们一定更加喜爱我们的古诗了。希望大家认真学习，积累更多的优秀古诗。

（四）四年级：语言"美容院"

【活动目的】

1. 让学生认识修辞犹如语言的"美容师"，可以帮助我们锤炼、修饰语言。

2. 通过学习修辞，提高学生鉴赏语言的能力，熟练掌握几种常用修辞手法的运用。

【活动提示】

语言美容的程序与方法。

程序	方法
第一阶段：基础性美容；	（1）单项知识必答赛；
第二阶段：提高性美容；	（2）多项修饰抢答赛；
第三阶段：发展性美容。	（3）综合提高，举办故事会。

【活动准备】

1. 以班级为单位将学生分成四个组，每组抽 4 人组成代表队参赛，分别以红、黄、蓝、绿队冠名。

2. 布置会场。

①悬挂"语言美容院大赛"横幅；

②各代表队分坐在主席台的前方两侧呈弧形；

③准备抢答器和记分牌。

【活动过程】

第一阶段：激发兴趣，引入活动。

你知道美容师是干什么的？那语言美容师又是谁呢？今天，老师将带大家去认识他们。

第二阶段：语言美容知识必答。

1. 主持人首先宣布比赛规则。必答题每队共 8 道，答对加 10 分，答错不给分，也不扣分。代表队答不出的题目可由观众举手回答。必答题各代表队交叉进行。

2. 主持人出示必答题示例，并选出每个句子运用了哪一种或几种修辞手法。

(1) 满天星星像无数珍珠撒在碧玉盘里。（比喻、拟人、夸张、排比）

(2) 激光是最快的刀。（比喻、拟人、夸张、排比）

(3) 朝阳柔和地抚摸着一望无际的土地。（比喻、拟人、夸张、排比）

(4) 巴掌大一块地方，怎么容得下这么多人！（比喻、拟人、夸张、排比）

(5) 漓江的水真静啊，静得让你感觉不到它在流动；漓江的水真清啊，清得可以看见江底的沙石；漓江的水真绿啊，绿得仿佛那是一块无瑕的翡翠。（比喻、拟人、夸张、排比）

(6) 说出下列诗句加横线的词语运用的修辞方法。

A. 桃花潭水深千尺　　B. 二月春风似剪刀。

C. 不知细叶谁裁出？　　D. 岂在多杀伤？

(7) 选择恰当的词语填空。

①停车（　）爱枫林晚，霜叶红（　）二月花。

A. 停　B. 泊　C. 坐　D. 靠　E. 于

②老麻雀用自己的身躯（　）着小麻雀。

A. 保护　B. 遮挡　C. 掩护　D. 保卫

（8）请根据主持人提供的上一名句，对出下一名句。

①飞流直下三千尺，＿＿＿＿＿＿＿＿。

②碧玉妆成一树高，＿＿＿＿＿＿＿＿。

③少年不努力，＿＿＿＿＿＿＿＿。

3. 第二阶段活动结束后统计各队的得分，活动再进入第三阶段活动。

第三阶段：语言美容知识抢答。

1. 抢答设计 20 分题，主持人依次出示每一道题，代表队抢答错误后不能再抢答，可由旁听的同学举手抢答。

2. 主持人出示抢答题。

（1）"人们像鱼儿在惊涛骇浪中挣扎。"请仿照这一比喻句用上下面的词语分别各说一句比喻句。

①似——　　　　　　②仿佛——

（2）"不劳动，连棵花也养不活，这难道不是真理吗？"这句话用了什么修辞手法？

（3）下面诗句各包含了什么修辞方法？

①两个黄鹂鸣翠柳，一行白鹭上青天。

②飞流直下三千尺，疑是银河落九天。

③不知细叶谁裁出，二月春风似剪刀。

（4）"没有那人两只手，这里还不是一片荒坡吗？"将这句话改成陈述句。

（5）"要学好语文，得下苦功夫。"将这一句改成双重否定句。

（6）"他把好些衣服放在草地上。"将这一句改成"被"字句。

（7）"歇后语"由前面的比喻部分和后面的解说部分组成，说出下列歇后语的后一部分。

①黄鼠狼给鸡拜年——

②擀面杖吹火——

③茶壶里装汤圆——

3. 第三阶段抢答结束后，主持人公布各队得分，活动随即进入第四阶段。

第四阶段：语言美容故事会。

1. 宣布故事会竞赛规则。

每个代表队四人均上台讲一个语言美容小故事，讲完故事后要提出故事中包含有关语言美容的一个小问题，由其他代表队抢答。以上讲故事、提问题、抢答为一个程序。在安排时各代表队可交叉进行。评议组按 10 分制给第一个讲故事者评分，主要标准是：讲的是否为语言美容故事，所提问题是否妥当，讲述是否流畅。

2. 语言美容故事及提问示例。

优伶的智慧

古代的优伶，即以乐舞戏谑为业的艺人，其中的"俳优"相当于今天的滑稽演员。他们诙谐的语言，戏谑的神情常常逗得人捧腹大笑。《史记·滑稽列传》中有这么一段趣闻。

楚庄王有养马癖好，对马爱护备至，用枣仁肉做饲料，还为马做衣、盖房、造床，结果马却"肥死"。楚庄王如丧考妣，备了棺木，要群臣以大夫的礼节为马吊丧、下葬。群臣个个极力劝阻。不料庄王一意孤行，声称谁再敢为葬马的事上谏，一律杀头！正在这节骨眼上，一个优伶听说此事，赶紧冲进大殿，二话不说，仰天号啕大哭，向庄王说："大王啊，这是你宠爱的马呀！凭着我们堂堂楚国，您要做什么事情都能办到，现在，这么尊贵的马您只用大夫的礼节来埋葬，太轻了。我请求您用国王的礼节举行隆重的丧仪吧！"一番话，使全场的人瞠目结舌，紧接着大殿内便发出一阵笑声，连庄王也笑得前俯后仰。当然，葬马一事被制止了。

提问：上面优伶的劝谏主要用了什么修辞方法？

初三的月牙

黄婉，东汉桓帝的大臣黄琼的孙子。

有一年的正月初一，东汉的京都洛阳发生日食，大白天突然天色昏暗。过后，当权的皇太后要大臣黄琼禀报日食的情况，黄琼写道："京城洛阳一带，日食得厉害……"皇太后看了非常生气，责备黄琼对日食情况写得不明确，要他重写。

黄琼见太后非常生气，心里就很焦急。当时还没有偏食、环食、全食记录日食的科学用语，如何写清楚日食厉害的程度，黄琼感到为难。

孙子黄婉，年纪虽小，却很聪明，就对爷爷说："我记得这天日食最厉害的时候，剩下的日头像初三、初四的月牙一样。您这样写不就清楚了吗？"

黄琼一听，顿时脸露笑容，他将小孙子的话写了上去，送给皇太后，皇太后真满意了。

提问：黄婉是用什么方法把日食最厉害的情形说清楚的？

3. 语言美容知识系列大赛在经过这个阶段的比赛后宣布比赛结束，根据评议组统计各队的得分，按由高到低的顺序发冠、亚、季军奖，可以特别给冠军得主颁发"语言美容院一级美容师"证书。

【备用材料】

1. 说出下列句子运用的修辞手法。

（1）东风来了，春天的脚步近了。

（2）四周很静，清新的空气充满整个大地，皎洁的月光普照着辽阔的原野。天空中闪闪发光的星星，陪伴着月亮妈妈。

（3）那艳丽的映山红，粉红色的野玫瑰，黄白相间的金银花，紫色的刺槐花……一串串，一丛丛，花色耀眼，香气扑鼻。

（4）一团团枫叶在微风中摇摆着，像一朵朵红霞，又像一堆堆烈火，把雨后的山村装点得分外妖娆。

2. 要求用修辞的方法把下面的句子说得更富感染力（不改变原意）。

（1）小鸟在树上鸣叫，声音很动听。（用拟人法）

（2）师傅讲的声音很大。（用夸张法）

（3）山峰矗立在面前。（用比喻法）

（4）没有那两只手，这里是一片荒坡。（用反问法）

（5）寒风吹在脸上很痛。（用夸张法）

3. 按要求变换句式。

（1）我们打败了敌人。

改成"把字句"：＿＿＿＿＿＿＿＿＿＿＿＿＿＿＿

改成"被字句"：＿＿＿＿＿＿＿＿＿＿＿＿＿＿＿

（2）他会不会讲故事？

改成肯定句：＿＿＿＿＿＿＿＿＿＿＿＿＿＿＿

改成否定句：＿＿＿＿＿＿＿＿＿＿＿＿＿＿＿

（3）请你把钢笔借给我用一下。

改祈使句：＿＿＿＿＿＿＿＿＿＿＿＿＿＿＿

4. 说出歇后语的后一半。

（1）周瑜打黄盖——＿＿＿＿＿＿＿＿＿＿＿＿＿

（2）老鼠过街——＿＿＿＿＿＿＿＿＿＿＿＿＿＿＿

（3）哑巴吃黄连——＿＿＿＿＿＿＿＿＿＿＿＿＿＿

第五阶段：延伸性活动总结。

同学们可在课外继续收集整理语言美容方面的例句，可以是课本中的，也可以是课外阅读物中的，还可以收集语言美容故事，条件许可时，把这些故事编写成一本《语言美容故事集》。

我执教的一堂开放式语文活动教学课

（五）五年级：学做广告

【活动目标】

1. 知道做广告的目的、意义和作用。初步学会根据广告特点、要求去设计和表演广告，培养商品交易和市场竞争的意识，确立全心全意为消费者服务的思想。

2. 通过对产品的介绍，对广告词语的设计，增强做广告的兴趣，锻炼和提高学生说话、表演的能力。

【活动准备】

1. 课前布置学生观看电视广告，了解广告内容和展示形式，同时到工厂、商店进行调查，从广告商标中了解商品的性能和作用。

2. 要求学生课外收集一则广告，熟悉广告语言的设计。

3. 准备电视机、放像机、抢答器各一台，每位学生自备小商品一件。

4. 准备活动评分表（见表 3-1）。

表 3-1　准备活动评分表

得分　项目 组别	小组表演赛					设计广告比赛		总分
	1	2	3	4	5	一句话广告设计	指定物品设计	
第一组								
第二组								
第三组								

【活动过程】

一、设置情境导入，激发活动兴趣

1. 精选学生喜闻乐见、趣味性强、语言生动形象的两个电视广告，组织学生观看。

2. 学生各抒己见，从语言、表演、画面等方面谈电视中的广告节目。

二、简介广告类型，了解广告特点

主持人甲（教师）：同学们，现在只要一打开电视，就可以看到丰富多彩的广告。广告是为了某种特定的需要，通过一定形式的媒介物，公开而广泛地向社会传递信息的一种手段，也是一种语言艺术。

主持人乙（学生）：是啊，视觉广告主要以文字、图案以及实物，通过平面、立体或兼而有之的形式介绍产品，传递信息。

主持人甲（教师）：听觉广告主要以声音传播商品信息，以声音吸引观众，它的声音结构由语音、音乐、音响三要素构成。通过语音介绍商品的形象、性质、功能等方面，通过音乐、音响渲染气势，增强真实感，强化宣传效果。

主持人乙（学生）：还有一种电视广告，它是以画面和声音相结合的广告形式，通过画面介绍商品的全部或局部形象，辅以语音、音响对商品进行全方位的介绍。这种形式能化静态为动态，化隐性为显性，生动形象，使人印象深刻。

三、利用激励机制，创设主体参与情境

1. 小组广告用语表演比赛。

（1）模仿表演：分组表达各人收集的广告词，突出个体表现力。

（2）自创表演：小组推荐一人参加比赛，鼓励大胆创新意识。

2. 一句话广告用语设计比赛。

主持人甲（教师）：刚才各组进行了激烈的比赛，韵味无穷，富有新意。新颖生动的广告画面往往使人过目不忘，丰富的语言艺术又能给人以美的享受。

主持人乙（学生）：下面我们进行一句话广告设计比赛。现在我给出广告词的上句，由各组选出五位选手抢答下句，答得快而准确的可按得分标准计入小组分。

（1）人靠衣妆（美靠亮荘）（亮荘化妆品广告）

（2）工友工友（木工之友）（山东威海木工机械厂广告）

（3）太阳最红（长虹最亲）（长虹红太阳电视机广告）

（4）金利来领带（男人的世界）（金利来服装公司广告）

（5）东西南北中（好酒在张弓）（酒的广告）

（6）美的空调（美的享受）（美的空调广告）

（7）家家有真宝（餐餐味道好）（调味品广告）

（8）喝了娃哈哈（吃饭就是香）（娃哈哈口服液广告）

（9）千里之行（始于足下）（鞋店广告）

（10）吸烟（等于慢性自杀）（戒烟广告）

四、指定物品，设计广告

根据学生拿出自己调查的商品进行汇报设计。

1. 给某一种食品设计广告。

2. 给某一用品设计广告。

3. 给某一车型设计广告。

4. 为某一家用电器设计广告。

例如：

主持人甲（学生）：现在，我为大家介绍济南轻骑摩托制造公司，它是我国生产摩托车的大型骨干企业，这个厂引进日本"铃木"设备，生产轻骑"铃木"牌摩托车，其中"K90—A"型和"木兰50型"摩托车均为部优产品并获轻工产品优质奖。我代表总经理×××（学生姓名），祝君踏上轻骑，马到成功。

主持人乙（学生）：看，"505神功元气袋"的表演队来了！

女：早啊，王大爷，您也散步呢？

男：哎，活动活动。

女：哟，您老气色可真好。

男：多亏了"505神功元气袋"，带着它，我多年的胃病和哮喘病都不犯了。

女：听说它还得过50项大奖呢。

男：对，它对很多病都有医疗作用，对身体具有保健作用。

合："505"是您贴身的保健医生。

主持人甲（教师）：同学们，刚才大家的广告设计很好，广告的语言可采用拟人、比喻、夸张、对偶等修辞手法，通俗易记，朗朗上口，令人难忘。

五、总结反馈内化，体验成功愉悦

1. 主持人宣布本次活动优胜者。

2. 同学之间互送小商品，并要求进行广告设计。

3. 提醒学生在今后的生活中，多留意各类广告，感受广告语言的魅力，提高语言表达、思维和赏析能力。

我在全国活动课程建设论坛中分享教学经验

（六）六年级：新闻发布会

【活动目的】

1. 引导学生走进社会，了解并收集新闻，培养学生整理信息的能力，使其进一步了解和掌握有关新闻写作方面的知识。

2. 通过组织发布新闻和评议新闻的活动，提高学生口语交际能力。

3. 通过交流、评议，激励学生关心国内外大事和身边小事，激发学生热爱生活、关注生活的思想感情。

【活动准备】

1. 向学生介绍有关新闻报道的知识。（见**备用材料1**）

2. 在班级公告栏上张贴报道校内外新闻时事的文章，以供参考。

3. 让学生通过多种途径（报刊、电视、广播、网络等）收集国际、国内新闻，或通过调查、访问等形式了解周围最近发生的事情，归纳整理成新闻稿，提醒学生注意从小事中挖掘。

4. 剪辑好中央电视台少儿频道新闻播报的视频资料。

5. 打印好学校广播站招聘新闻播报员的公告。

6. 印制好"新闻发布会"评分表。（见**备用材料2**）

【活动过程】

一、创设情境，明确要求

1. 最近，我们学校广播站准备招聘一批新闻播报员。新闻播报员，就是把小记者采访到的新闻通过广播、电视向大家宣传的人。

（**出示招聘公告**）

看了这则公告，同学们有什么想问的吗？

2. 现在，我们就来举行一个"新闻发布会"，评选出班级的最佳"新闻播报员"推荐给学校广播站。（**板书课题：新闻发布会**）

3. 展示：中央电视台少儿频道新闻播报节目中，一则大多数学生知道的新闻播报视频。

4. 明确新闻播报的要求。

（1）评一评刚才的新闻播报。（引导学生从表达的声音、表情、态度到内容的选择及事情的叙述顺序等方面进行评价）

（2）师生小结：播报新闻必须做到大方有礼、信息正确、条理清楚、吐字清晰、选材新颖等，观众也要认真倾听。

二、多向互动，赛中演练

1. 尝试交际，初步感受。

指名学生讲述自己课前收集的新闻或新鲜事，教师点评。

2. 组内交际，推选代表。

小组初赛：四人为一小组，每个组员轮流将自己搜集的新闻或新鲜事，讲述给其他成员听，组长组织大家有秩序地倾听，共同评选代表参加全班交流。教师巡视指导。

3. 播报演练，评选优秀。

老师宣布活动要求：选手积极参赛，听众认真倾听，积极提出有价值的问题，公正地评选出"最佳新闻播报员""最佳小记者""最佳评委""好新闻"若干。

（1）每组推荐的代表轮流上台播报新闻。

（2）其他同学既是评委又是小记者，在每一则新闻播报完毕之后，老师有意识地指导学生提修改建议，提出没听明白的地方，咨询播报的方法等。老师适时点拨、引导，并组织学生互评、自评。

（3）参赛选手夸夸自己。

（4）活动评奖。

A."最佳新闻播报员"

根据"播报是否大方有礼、信息正确、条理清楚、吐字清晰、选材新颖"等要求进行评选。

B."最佳评委"

根据"评价是否公平公正、态度诚恳、以理服人"等要求进行评选。

C."最佳小记者"

根据"是否态度大方有礼、表达条理清楚、提问抓住问题关键"等要求进行评选。

D."好新闻"

根据新闻发布会上你听到的新闻是否精彩、内容是否新颖来进行评选。

4. 适时采访，组织颁奖。

（1）"最佳新闻播报员""最佳小记者""最佳评委"答记者（其他同学）问。

（如：获奖时的心情是怎样的？比赛的收获是什么？）

（2）评委为获奖者颁奖，并进行表扬激励。

三、学以致用，拓展延伸

1. 今天我们班举行了"新闻发布会"，这可是咱们班的新鲜事，谁能对这件事

进行现场播报？（学生在老师的指导下共同完成，说清楚时间、地点、人物、事情的经过和结果）

2. 把所说的内容按新闻稿的形式写下来，就是一篇标准的新闻播报稿了。

四、活动总结，加深认识

师：同学们，今天我们的新闻发布会上大家都很积极，我们作为新世纪的建设者，就应该做到家事、国事、天下事事事关心，以后我们会经常召开这样的新闻发布会，希望大家都可以在这样的学习环境中提高自己的能力。

布置延伸性作业

1. 班级成立"新闻报道小组"，成员从此次活动中选出。

2. 将获奖的新闻报道稿张贴在板报里，或者向有关报刊、电台编辑部、校园电视台推荐，以调动学生新闻写作的积极性。

3. 利用班会课或读报时间开展"一分钟新闻发布会"，进一步巩固学生的新闻写作知识，培养学生的口头表达能力。

4. 安排学生每天晚上收看电视新闻，以增长见识、开阔视野，提高新闻写作水平。

备用材料1：新闻报道的知识

1. 新闻的性质。

新闻是关于最近所发生的新鲜而重要的事实报道或述评。新闻分为广义和狭义两种：广义的包括消息、通讯、特写；狭义的只包括消息。我们所要学习的新闻只指消息。

新闻（消息）的特点：（1）真实准确性；（2）思想性和指导性；（3）短小精悍；（4）迅速及时。

新闻的五要素：时间、地点、人物、事件、结果。

新闻的结构：标题、导语、主体、背景、结语，其中标题、导语、主体是必不可少的。

2. 新闻的一般写作知识。

（1）新闻的标题分为主标、引标、副标，组合有四种形式。

①完全式。例：运用各种形式抓好校纪校风建设（引）

深圳市中小学生积极向上（主）

六年来道德犯罪率为零（副）

②引主式。例：我国水利史上最雄伟的截流工程（引）

葛洲坝腰折大江工程揭幕（主）

③主副式。例：非国在南非大选中获胜（主）

姆贝基成为南非第二位黑人总统（副）

④主题式。例：中国"入世"（主）

（2）标题的基本要求。

①要准解地概括和点出主题，切忌题文不符；要简明生动活泼。

②导语：指消息开头的一段话。它的作用是将核心内容告诉读者，吸引读者往下看。导语可分为叙述式、提问式、引句式、结论式、描写式和观感式。（举例可从报纸中选取）

向学生发布校园新闻

③主体：是主语报道内容的具体展开，它在新闻中起双重作用：既对导语提出的事实加以放大和形象化，使事实更清楚，又对导语做补充，使内容更丰富，更具有深度和广度。

（3）主体的写作要求。

①环绕导语，扣紧主题，或补充或说明。

②主体内容必须扎实。

③主体事实要叙述清楚，层次分明。

备用材料2（见表3-2）

表3-2　"新闻发布会"评分表

得分 项目 姓名	写作					讲演			总分	名次
	主题 (10)	选材 (10)	标题 (10)	导语 (10)	主体 (10)	态度 (10)	声音 (10)	仪表 (10)		

四、开放式配方课程

作为学校教育核心的课程目标，毫无疑问就是要促进每一个学生多元智能的发展，"配方课程"就是着眼于开发每一个学生的多元智能的首创。我们经过八年的研究与探索，已将"配方课程"纳入整个学校的课程计划中。它打破了原有学科教学的封闭状态，把学生置于一个动态、开放的学习环境中，为学生提供了多元、综合学习的机会，其最终目标应是让学生在不同的配方课程中开发自身的多元智能，真正成为个性健全发展的人。

正如顾明远先生所说，"配方课程"不仅需要教育界的开放——把学校打开、把课堂打开、把课程打开，同样重要的是社会方方面面对教育的参与和支持，使教育突破内在封闭的圆。只有全社会都树立起正确的教育观、人才观、智能观，都参与到教育的改革发展中来，才能真正地实现让所有孩子"成长得更好"的课程梦、教育梦。

我和我的团队共开发了95项"配方课程"，按照多元智能理论，将其划分为八大课型，下面将提供每一类课程的概述及其一个案例。

（一）语言发展课程

苏霍姆林斯基说，每一个儿童就其天资来说，都是"诗人"，只要在教学方法和内容上"打开创作的源泉"，就能使得诗人的琴弦发出美妙的乐声。每个人的语言能力与生俱来，但是后天如何开发、如何提升是我们思考的内容。

语言智能，主要是指有效地运用口头语言及文字的能力，即听、说、读、写能力，表现为个人能够顺利而高效地利用语言描述事件、表达思想并与人交流的能力。语言智能并不局限于简单意义层面的读写，也不局限于零散的技能，它是一种在不同场合中表达自己与人交流的能力。一个人除了要成为一名出色的作者、读者之外，还应当成为一名出色的演讲者、聆听者。这种智能在作家、演说家、记者、编辑、节目主持人、播音员、律师等职业有更加突出的表现。

基于开放式教育和多元智能理论，语言发展课程旨在让学生通过真实而有意义的活动，发展听、说、读、写的技能，全面构建语言智能，促进学生语言能力的发展与提高。语言发展类课程包括"雏鹰文学社""电影欣赏""故事王国""金话筒""孔子小学堂""朗诵与主持""名著之旅""奇妙绘本之旅""趣笔英花""趣味剪贴画""诗歌大观园""作文天地""英文少儿歌曲表演""英语故事演讲""英语话剧""英语趣配音""英语写作"等课程。

这些课程略有相同，但各有侧重。我们也希望这些课程和活动，为教师在综合考虑儿童兴趣、爱好和品味的基础上设计语言活动提供一些开放、灵活的思路。比如，"电影欣赏"课程将影视资源与语文教学整合，利用影视练听说、促阅读、练写作——在欣赏之余，鼓励学生写出自己的真实感受，引导学生创作独具特色的影评。"英语话剧"则充分利用了学生喜欢表演的天性，表演大大增加了他们体验语言交流的乐趣，学习如何使用适当的语言进行交往，能够大胆、清楚地表达自己的想法和感受，发展语言表达和思维能力。

在这类课程中，我们重点培养学生有创意地讲故事的能力。比如，在讲述时运用想象力和创造力编写故事情节，刻画人物形象和心理，描述场景和人物态度以及对话的兴趣及与此相关的能力。我们还有意识地培养学生巧妙地运用书面语，并表现出文学鉴赏的兴趣，写真话，抒真情，开放地进行书面表达。

案例——奇妙的绘本之旅

课程名称：奇妙的绘本之旅

课程类型：语言发展课程

开发教师：张嘉静　钟　艳

学习对象：小学 1～4 年级学生

学习时间：每周 2 课时

一、课程背景

绘本起源于 17 世纪的欧洲，它不仅可以拓展为讲故事的方式学知识，而且可以培养多元智能。21 世纪，绘本阅读已经成了全世界儿童阅读的时尚。

绘本是一个适合学生综合性学习的载体。对于小朋友来说，好看的图画可以抓住他们的眼球，引发他们阅读的兴趣，而儿童绘本中简单的文字和好看的画面构成一个个小故事，这些故事里藏着许多道理，可以起到润物细无声的教育作用。绘本中的图画往往会用一些夸张的手法，里面的线条、符号都可以给学生很大的想象空间。

在小学阶段开设绘本阅读与创作课程可以训练学生的听、说、读、写和创编能力，还能激发学生想象、配音、表演、美术制作等能力。绘本阅读与创作除了可以向美术学科打通外，还可以向英语、生物、科学、心理等多学科打通，借助于开放式教学强大理论支撑，我们将充分发挥和挖掘绘本的价值。

二、课程目标

（一）知识目标

1. 阅读、欣赏国内外知名绘本，广泛了解各种主题、各种风格的绘本。

2. 了解绘本的基本构成，即封面、书名页、内页和封底等，了解、关注绘本颜色、构图等基本知识。

3. 了解自己制作绘本的基本流程，包括构思故事、分配段落、角色造型、分镜图、草图、画线稿、上色等。

（二）能力目标

1. 通过广泛的阅读、理解各种类型的绘本，由此提升阅读能力。

2. 在阅读绘本以后，做续编、补白等写作训练，提升学生"写"的能力。

3. 在阅读绘本过程中，通过预测绘本故事发展、读绘本中有意义的图片、续编绘本、制作绘本的拓展手工、制作绘本等过程，提升色彩审美能力，丰富想象力和创造力。

4. 在制作绘本的拓展手工的基础上，能够运用所学知识，发挥想象力，制作属于自己的绘本，由此提升动手能力。

（三）情感目标

1. 学生能通过阅读，体会到喜悦、安全和满足。

2. 从阅读绘本中体会到阅读的乐趣，由此增加阅读兴趣，从而培养良好的阅读习惯。

3. 享受自己制作绘本作品的成就感，由此树立自信心，树立热爱阅读、崇尚艺术的人生观。

三、课程内容

绘本阅读与创作课开展以来，我们虽然在申报配方课程时，安排了每周的课程内容，但经过实际实施和经验积累，我们进行了修改和整合，遵循循序渐进的原则，在原本每周固定的两个绘本的赏读、一个绘本的精读及精读后创编绘本的基础上，我们又增加了制作绘本封面、书名页、封底等模仿创作练习，还有阅读绘本后制作与绘本有关的手工制品的动手练习。最重要的是，我们在学习绘本阅读与创作的第二个学期的课程中，重点引入如何制作绘本的课程设计，包括构思故事、分配段落、角色造型、分镜图、草图、画线稿、上色等步骤的教学。初步形成具有我校特色的绘本课程的框架。

（一）课程内容主体框架

"奇妙的绘本之旅"课程内容主体框架见表3-3。

表 3-3 "奇妙的绘本之旅"课程内容主体框架

课程内容	具体内容
绘本欣赏	每周课前欣赏两本绘本，教师演读，或者学生讲读
精讲绘本	续编绘本
	模仿创作绘本封面、书名页、封底
	动手制作手工书
	制作与精读绘本有关的手工制品

续表

课程内容	具体内容
创作绘本	构思故事
	分配段落
	角色造型
	分镜图
	草图
	上色

（二）课程资源包

我们收集了 500 本以上中外经典绘本 PPT，以下是其中一小部分。

隋唐和游戏院的故事（10册）　POLO历险记　布鲁姆博士搞不懂　大塌狗　菲菲生气了　胡萝卜种子
不一样的卡梅拉（10册）　阿利的红斗篷　布鲁姆博士住了住　袋鼠日记　疯狂星期二　花婆婆
花格子大象艾玛（10册）　阿文的小毯子　布鲁姆博士去游泳　胆小的老鼠　父亲和女儿　灌物礼物
可爱的鼠小弟（12册）　爱的奇妙滋味　猜猜我有多爱你　当她睡不着的时候　狮子拾到一个狗狗　滑稽的美餐
玛蒂娜系列故事（1、2辑共12册）　爱笑的牛　彩虹的尽头　德沃夫爷爷的森林小屋　歌唱爷爷　环游世界做苹果派
米莉茉莉丛书双语系列第1辑（6册）　爱哭的绿色　彩红色的花　等一会儿爱丽　给儿童讲故事——着凉　灰猫咪的小饭桐们
米莉茉莉丛书双语系列第2辑（6册）　爱心树　彩色的乌鸦　彩红色古古乐　根本就不脏乱　活了100万次的猫
米莉茉莉丛书双语系列第3辑（6册）　安娜的新大衣　吃书的孤狸　第五个　公主的月亮　火焰
米莉茉莉丛书双语系列第4辑（6册）　奥菲利亚的影子剧院　丑小鸭　点　咕噜牛　机器人心里的蓝鸟
米莉茉莉丛书双语系列第5辑（6册）　奥莉薇　出走的花布偶　冬天的温妮　蜗蜗爷爷的秘诀　几米《微笑的鱼》
米莉茉莉丛书双语系列第6辑（6册）　巴巴爸爸回到地球　春节的故事　动物地才不应该穿衣服　海底的秘密以及大卫·威斯纳　几米《躲巴》
米莉茉莉丛书双语系列第7辑（6册）　巴特恩的裁缝梦　打预瞌的怪兽　肚子里有个火车站　海马先生　加油鸣嘎哥哥
米莉茉莉丛书双语系列第8辑（6册）　爱过土来瞰过子　大大行，我也行　鳄鱼爱上长颈鹿.jsp　汉娜的惊喜　家长会
牛皮圈字的危险卡（5册）　笨拙的螃蟹　大风　鳄鱼怕怕　好脏的哈利　今天运气怎么这么好
斯凯瑞金色童书第3辑（3册）　鼻孔的故事　大野丫氯思蕾　儿童经典故事——我们的头脑　好饿的毛毛虫　棕鱼
躲猫猫农场（4册）　被排王子和泰迪熊　大卫，不可以　儿童经典故事——血的故事　好饿的小蛇　警官巴克尔和警犬富万鹿
小蜜蜂绘本（4册）　别让鸽子开巴士（英文版）　大卫惹麻烦　儿童经典故事——雨靴里的麻雀　好的奇的乔治去野餐　巨人与春天
小兔汤姆成长的烦恼（1、2辑共12册）　不是我的错　大卫上学去　发脾气大叫的妈妈　和爸爸一起散步　卡夫卡变虫记
小熊宝宝绘本（12册缺5、11、12）　不要睡觉，赛莉　大象楹貌　番茄　和甘伯伯去游河　开往远方的列车
小熊比尔和爸爸的故事（7册）　不要再哭了，赛莱　大猩猩　反正　荷花镇的早市　凯，航行！
小熊和最好的爸爸（7册）　布雷格的龙卷风　大棕熊的秘密　房子　呼吸的空气
幸福的种子（绘本30册）　　　飞机

中外经典绘本部分展示图

（三）精讲课程设计

"奇妙的绘本之旅"精讲课程设计见表 3-4。

表 3-4　"奇妙的绘本之旅"精讲课程设计

第1、2课时	第3、4课时	第5、6课时	第7、8课时	第9、10课时	第11、12课时
《我妈妈》	《我爸爸》	《小猪变形记》（＊制作手工）	《鸭子骑车记》	《爱心树》	《我有友情要出租》
第13、14课时	第15、16课时	第17、18课时	第19、20课时	第21、22课时	第23、24课时

《小真的长头发》	《云朵面包》	《大卫不可以》（＊制作手工）	《阴天有时下肉丸》	《蚯蚓日记》	《鳄鱼怕怕 牙医怕怕》（＊制作手工）

以上所示的绘本配方课程的框架，随着学生接触绘本的加深，逐步加大挑战，特别是在第二学期，在每周固定欣赏两个绘本的基础上，专门在每节课渗透创作绘本的各个步骤，如构思故事、分配段落、角色造型等，要求在课程学习结束后，每个学生制作完成一本属于自己的绘本。

四、课程实施

每周2个课时的教学中，首先与学生一起阅读欣赏两个绘本。这两个绘本的选择是按照教师的推荐、学生的兴趣和身边发生的事情等方面有目的地挑选的，其目的是激发学生阅读绘本的兴趣，扩大学生的阅读广度等。

而精读绘本也基本按照表3-4的计划实施，我们还在备课、收集和积累的基础上，制作了精读绘本的校本教材，涵盖了《我妈妈》《小猪变形记》等12个精读绘本的教学设计，里面包括每个精读绘本的扩展方向、续编要求等。借此，把我们的经验沉淀下来，同时也方便学生学习和其他教师借鉴。

绘本《我妈妈》

一、赏读封面，猜想故事，了解作者

二、读文赏图

1. 这是我妈妈，我妈妈是怎么样？（引导学生说话）

2. 为什么说妈妈是厨师？引导学生看图说话。并学习运用句式"因为我妈妈（　　），所以（　　）"说话。

3. 为什么说妈妈是杂技演员？为什么妈妈是大力士？

4. 你们觉得作者安东尼的妈妈怎么样？夸夸她？

5. 为什么妈妈变成了大狮子？为什么妈妈变成了好心的仙子？（用类似的问题引导学生观察剩下部分的绘本画面）

三、语言训练

1. 我妈妈像蝴蝶一样美丽，还像沙发一样舒适。

2. 我妈妈像猫咪一样温柔，有时候，又像犀牛一样强。引导学生用"我妈妈像

（　　）一样（　　）"说话。

四、写绘创作

拿起你桌上的纸和笔，像作者安东尼那样画出妈妈的特点，并写上一两句话。

创作绘本，在我们前两年的教学中是没有的。之前我们一味地让学生去创作自己的绘本，学生很迷茫，甚至我们教师自身也没办法给出如何创作绘本的指导方法。为了解决这个问题，我们阅读了很多有关绘本的书籍，最终在方素珍，也就是在绘本界被称为"花婆婆"的方老师的《创意玩绘本》中找到很多指导方法和灵感。所以，在学生接触绘本课一个学期以后，第二个学期，我们每节课引进一个创作绘本，分步骤学习，同时学生也在分步骤学习中慢慢完成自己的绘本创作。从构思故事开始，到给写好的故事分配好段落，再到帮角色造型，设计分镜图，完成初步的草图，形成画线稿，到最后的上色，一个步骤一个步骤地让学生参与一本绘本的诞生。

在学校统筹规划下，我们采取全校走班制，每位学生每周五下午拥有 2 个课时的美好时光。如此固定的时间，让我们课程开展的有序、有计划，循序渐进，教师和学生都很受益。

五、课程评价

（一）日常评价（占总成绩 60%）

通过学生学习态度、课内表现和反应进行评价，给出成绩，随机评分（见表 3-5）。

表 3-5 "奇妙的绘本之旅"课程评价表

	五星级	四星级	三星级	二星级
阅读能力	喜欢阅读绘本，能自己读懂文字和图画表达的意思	喜欢阅读绘本，在老师的引导下读懂文字和图画表达的意思	喜欢阅读绘本，能读懂文字的意思，对于图画中隐藏的意思还有一些不明白	喜欢阅读绘本，但是对绘本的意思还有一些模糊
想象力	能够结合生活实际发挥想象续编、自编绘本，想象丰富、合理	在老师和同学的启发下能想象到绘本以外的东西，但想象不是特别丰富	在阅读的基础下也能想象出一些内容，但是画面不是特别完整	很少能发挥自己的想象
表达能力	声音洪亮，富有感情，内容完整，喜欢表达	声音洪亮，内容完整，喜欢表达	声音洪亮，敢于表达，但是内容很少	声音和内容欠缺
创作能力	喜欢创作绘本，色彩搭配合理，内容丰富	喜欢创作绘本，色彩丰富，但内容不够丰富	喜欢创作绘本，色彩和内容都不够丰富	喜欢创作绘本，但是色彩、画面、内容都欠缺

（二）期末评价（占总成绩 40%）

对学生作品进行评价的标准见表 3-6。

表 3-6 对学生作品进行评价的标准

	五星级	四星级	三星级	二星级
想象力	作品很多，有创意，有内容，用绘本讲述一个道理	作品很多，有创意，内容欠丰富	作品很多，作品以模仿为主，但内容也很丰富	作品少，一学期少于 3 份，内容也不够丰富
创作能力	图文并茂，画面感强	图文能够结合，但整体画面感稍差	图画与文字基本能结合	图画较差，文字内容也不够丰富

（二）数学逻辑课程

多元智能之父霍华德·加德纳在长期的研究中发现，在大学心理学术界中，逻辑分析思维能力在思维种类中受到很高的重视，而其中的数学逻辑思维能力更是重

绘本课程"邯郸学步"

中之重。因为这种思维智能是可以累积和变化的，充分发展这种能力是可持续性终身学习的强有力基石。我们设计的开放式数学活动课程，选材充分尊重学生的差异、本能与兴趣，赋予每个学生主体性发展的广阔天地。学生在积极参与课程的过程中通过动手、动脑，去看、去摆、去算、去想，调动分析、综合与推理的能力，激发自己发现问题和解决问题的潜能，从而促进数学逻辑思维能力的发展。

逻辑—数学智能主要包括数学逻辑推理能力、科学分析能力、处理连锁时间的推理能力和识别图表及数字能力。针对这些不同类型的能力，我们开发的数学逻辑课程主要包含两大类型：棋类课程与开放式数学活动课程。

在棋类课程中，我们选取了国际跳棋、国际象棋、围棋、中国象棋四种，学生在动手操作棋子的过程中加速大脑发育，刺激逻辑—数学智能发展。学习棋类规则改变固化的思维方式，提高计算能力，同时培养全新的逻辑思维方式，使思维的敏捷性得到提升。沟通空间智能与逻辑—数学智能，感知不同文化背景下的逻辑和数学活动，在数学、艺术、体育三体合一中发展逻辑—数学智能。

开放式数学活动课程包含"魔方世界""玩转数学""智力七巧板""神奇的记忆力"等课程。这里既有比较简单的典型数学活动经验类课程，如"四宫格""算24点"；也有处理比较复杂数学关系类课程，如"数学思维导图""数学思维体操"；另外还有过程导向、目标导向明确的各种综合数学活动课程，如"数学游戏""趣味数学"等。每个分课程在教学安排中都遵循"由简单到复杂，由具体到抽象，由低级到高级"的认知规律,创设一个个让学生主动探索与构建的平台,从而形成数学思想。

数序逻辑课程遵循四个规律:(1)一切从实际出发,遵循学生发展的规律,最大程度发挥学生的主体性;(2)实践性、整体性、趣味性原则;(3)激励性原则;(4)师生在课程的实施过程中及时反思与更新的原则。

在数学逻辑课程中,师生借助教具、学具和自我开发的教材,培养学生估算意识,借此培养数感。熟练加、减、乘、除的计算方法,学会算24点,学会数独,发展运用数字处理信息的能力。掌握棋类规则,发现空间模型并运用模型,熟练地运用古代数学玩具(九连环、孔明锁、数棋……),感知不同文化背景下的逻辑与数学能力。借用数学语言、画图、列表等方式,生成并运用策略解决问题,关注数学知识之间的联系与区别,培养学生的逻辑推理能力。

案例——智力七巧板

课程名称:智力七巧板

课程类型:数学逻辑课程

开发教师:张丽明　钟晓英　张　丹

学习对象:小学1～3年级学生

学习时间:每周2课时

一、课程背景

现代智力七巧板为学习工具,首先根据七巧板已拼好的图形进行模仿训练,激发孩子的学习兴趣;然后是看图组拼;再是观察身边实物或根据所提供的文字内容进行组拼;而后举一反三、一图多拼,对同一个图形的多种拼法和一个图形进行细微调整,得到另一图形;最后自由创作。整个过程从模仿到思考最后到创作。

本课程首先通过自己的动手实践,找到组拼规律,总结组拼规则,提高学生观察能力;其次"按图分解"即出示形象图—组拼—瞬间提示—二次组拼—二次瞬间提示—再次组拼—口述组拼过程,培养学生空间想象力、瞬间记忆力和良好的口头表达能力;接着"观察创造"即观察身边的景物,学生进行观察找出特征并抽象出主要模型,再组拼,这一过程是一个建模的过程,培养学生的想象力和创造力,同时对学生的抽象思维能力的提高有很大的促进作用。

二、课程目标

1. 让学生了解祖国传统文化的悠久历史和深厚的文化底蕴，知道七巧板的演变发展历史。

2. 通过本课程的活动让学生对七巧板有具体的认识。了解七巧板的拼摆方法和技巧。提高学生动手动脑能力，激发学生的科学兴趣和创新意识，提升其科学素质和培养审美观。

三、课程内容

本课程的实施主要由以下几项实践活动组成。

1. "按图分解"活动

"按图分解"主要是指导学生把一些图案解剖成七巧板，更加熟悉七巧板的几何关系，掌握最佳的拼图技巧，了解"智力七巧板"的结构，为以后的创新活动打下坚实的基础。

学生在对各种图形模仿、反复组拼后，在班级里组织即兴比赛。看谁先正确地完成拼图，最先拼出者奖励一块美画板，让学生用美画板上的七巧板画出拼图，并画出每个拼图的分解线。同时，安排两星期的课余时间来让学生自行拼装、互相探讨、摸索规律。

2. "专题设计"活动

"专题设计"可以极大地激发学生的想象力和创造力，启迪他们的创新意识。学生通过按图分解已经开始学会运用逆向思维解决各种难题。教师会引导学生设计飞机、汽车，并把设计的拼图画下来，在同一时间内设计多的优先胜出，推荐参加年级组比赛。然后安排三周课余时间让学生设计动物、植物、人物、日常用品、体育运动，培养学生丰富的想象力和创新意识。

（1）分类：让学生将拼过的图形按照事物种类进行分类，提示学生把基本图形分成动物类、植物类、人物类、文字类、数字类、交通工具类、生活用品类、学习用具类等。

（2）设计：在分类的基础上，教师可以任选一类作为专题，让学生自由想象，自行组拼，进行专题设计。比如，以动物为例，在小鹿、小白兔的基础上，要求他们再拼出1～2种其他动物的图形，必须注意形似、神似（如小马、小鸭等）。

（3）表述：根据我们的经验，同学们都能拼出1～2种动物的图形，关键是要表述，也就是说，他们怎样对拼出的动物进行命名，然后再简单叙述一下这种动物的习性。这时候我们就可以体会到学生丰富的想象力。

（4）比较：让学生了解七巧板是怎样表现具体形象的，以便他们更好地用七巧板来观察生活。

（5）表现：教师可以出示实物图，让学生用七巧板拼，也可以要求他们拼一拼上学路上看到的、电视里看到的、书本中学到的等，以此来创造出新的图形。比较—表现的过程实际上也是观察创造的过程。

3."观察创造"活动

让学生欣赏动画，引导学生进行观察，分析结构，将所看到的事物抽象化，并用七巧板将其拼装出来。学生拼出各式各样、栩栩如生的图案，接着请两名同学到黑板前表演"问好""批评教育"等情景，让学生将看到的情景用七巧板拼出，并用美画板画出来。充分培养了学生的观察创造能力。

（1）"想象创作"活动。

用已学的成语、成语故事，用七巧板组拼出一幅画面，解释该成语表达的意思、意境。

（2）"多副组合"创造。

引导学生进行多副智力七巧板的综合创造活动。引导学生背诵古诗，如《小儿垂钓》《黄鹤楼送孟浩然之广陵》《赠汪伦》《寻隐者不遇》等诗词，再让学生分组进行组拼，要求学生神似即可，鼓励创新。

总而言之，本课程通过以上几项活动使学生的综合运用能力、空间想象能力和抽象思维能力在愉快的活动中得到潜移默化的提高，培养了他们的团队协作精神。

四、课程实施

1.充分准备，提高活动的效率。

2.通过丰富的活动内容、新颖的活动方式和魅力来吸引学生。

3.训练使学生做到拼搭迅速，技巧熟练。

4.按由易到难的顺序，分别进行指导训练，帮助学生掌握拼搭的技巧。

五、课程评价

本活动为1～3年级学生的七巧板活动。1～3年级学生以形象思维为主，爱说、爱动，注意力难以长时间集中。在活动中只有教师不断向学生提出明确的、有系统的分工要求，在小组学习中，其合作学习的效率才能不断得到提高。

课程评价的主要形式：

（1）自评（20分）。

（2）学生评价（20分）。

（3）教师评价（60分）。

（三）空间创意课堂

每一种智能代表着一种不同于其他智能的独特思考模式，然而它们却非独立运作，而是同时并存、相互补充、统一运作的，这些智能通常以复杂的方式共同起作用，我们在教学中应有意识地培养这些智能。为此，我们设立了关于视觉空间的各种艺术课程。

空间创意课程为发掘每一位学生的天赋打开了一个新的视野。那么，在教学实践中如何更好地发掘学生这些潜在的智能，使得学生的空间创意天赋能得到更充分的展现，获得更大的成功呢？为学生提供直接用于激发其某种智能的素材可能并不是最主要的，而设计出一些让学生感到有意义的课程来激发他们的智能，才是最重要的。

空间创意的18门课程都是围绕发展视觉空间素养来开展的，并将视觉空间理念带入趣味性、逻辑性、空间性、游戏性的思维创作活动中，包括"创意线描""剪纸""版画""绘本""泥塑""3D智造师""编织小课堂""魔方世界""影视小课堂"等。

我们以学科打通为核心，以提高学生创造力为切入点，激发学生的创新思维和创作热情。如手工课上，学生在作品的设计中，在有趣的动手过程中，能轻松地认识事物的特性，提高认知能力，促进手脑的协调发展，提升观察力；如绘画课上，学生在实践操作的过程中，将艺术、历史、自然科学等学科综合运用并加以升华，是他们观察力和创造力的展示；如3D课上，运用平面空间、立体空间、多维空间之间的转换构建或重构平面或立体的物体，通过自己的双手将自己的想象变成具体成果。

在空间创意教学中，除了在课堂教学中应用多元智能理论，还要树立灵活多样的多元评价观，通过多渠道、多形式，在多种不同的学习情景下进行评价。评价的导向作用或者说"指挥棒"的作用是不言而喻的。我们要特别关注学生在学习过程中的参与意识、合作精神、审美情趣、学习态度、创新能力等，使每个学生都能看到自己的进步和闪光点，从而树立起学习信心，并能在原有的基础上得到提高。

空间创意课程重在促进学生视觉的敏感性和准确性，对空间关系的把握，视觉、听觉、触觉等多器官协同参与信息筛选，准确地感知视觉世界，重造视觉体验，能把所感知到的形象表现出来。学会运用平面空间、立体空间（三维）、多维空间之间的转换构建或重构平面或立体的物体，有效地感知事物的整体，发展学生思维的形象性，培养学生的想象力。

案例——创意版画

课程名称：创意版画

课程类型：空间创意课程

开发教师：余　琦

学习对象：小学 3～6 年级学生

学习时间：每周 2 课时

一、课程背景

版画是中国美术的一个重要门类。古代版画主要是指木刻，也有少数铜版刻和套色漏印。独特的刀味与木味使它在中国文化艺术史上具有独立的艺术价值与地位。

版画教育是一门趣味性、创造性、知识性和时间性极强的艺术，学生在实践操作的过程中，特别是刀刻与印制过程将艺术、历史、自然科学等学科进行了综合运用并加以升华。版画的独特性决定了它具有认识功能、教育功能和审美功能，创新是版画发展的永恒主题和本质内涵。因此，版画教育是对学生进行审美教育、创新教育与师生互动协作进取的动手能力教育，是促进学生全面发展的有效途径与方式。

制作版画的过程，是学生通过自己的双手将自己想象变成具体成果的过程，这是学生所学知识的展示，是他们观察力和创造力的展示。尽管他们的作品并不完美，但正是这种不完美培养了学生的动手能力和创造精神。在这过程中，每一位学生都将终身受益，为他们今后在各行各业成就自己的事业奠定重要的基础。许多实践证明，版画教育是素质教育非常有效的载体之一。因此，开展本课题研究，具有现实和长远的意义。

二、课程目标

（一）知识与能力

1. 系统学习和掌握版画制作的各种表现手法和方法，了解制作版画造型艺术的基本技巧。

2. 动手搜集版画历史、搜集民间版画制品的相关资料，学习前人的知识文化遗产。

（二）过程与方法

1. 学生亲自动手制作版画作品，动手写作，交流感受和心得体会，学生在制作版画的过程中，掌握动手刻的方法，培养做的能力。

2. 在规范有序的造型训练中能够运用所学知识，在阶段学习中使学生的创新思维和动手能力有所提升，帮助学生树立自信心。

（三）情感态度与价值观

1. 增强学生对不同地区、不同时代版画文化含义的领会，体会中国版画文化的深刻内涵。

2. 通过对版画创新思维训练，培养学生热爱版画艺术、关注版画历史发展和艺术为社会所带来的巨大贡献。

3. 树立热爱艺术、崇尚艺术的科学观和人生观。

三、课程内容

版画教学开展以来，我们一直在实践中摸索与探寻，逐步形成了如下内容设置。

以上所示的"创意版画"配方课程，根据学生年龄段的不同和知识水平的差异安排相应的教学内容，目标、难度、要求和内容的侧重点逐级增加，以版画的制作方法为例，低年级侧重让学生了解版画的历史；中、高年级以上侧重于画稿、运刀、印制等内容，进行随意创作，单元内容安排则以引导创新和感受文化为主。

四、课程实施

（一）确定实施研究步骤

美术科组的成员共同商讨研究课题的主题，在确定主课题的方向后，搜集相关文献资料与理论学习，制订课题设计方案和目标，建立科学的研究方法和步骤。

（二）合理调整课程设置

小学版画课程设置应遵循儿童的认知规律，体现新课程美术教学的人文主义倾

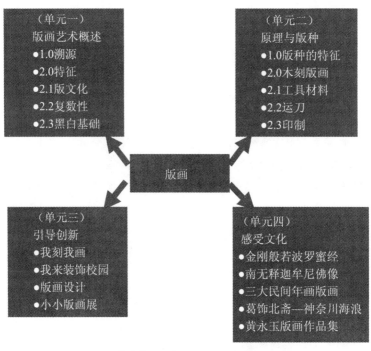

（单元一）
版画艺术概述
●1.0溯源
●2.0特征
●2.1版文化
●2.2复数性
●2.3黑白基础

（单元二）
原理与版种
●1.0版种的特征
●2.0木刻版画
●2.1工具材料
●2.2运刀
●2.3印制

版画

（单元三）
引导创新
●我刻我画
●我来装饰校园
●版画设计
●小小版画展

（单元四）
感受文化
●金刚般若波罗蜜经
●南无释迦牟尼佛像
●三大民间年画版画
●葛饰北斋—神奈川海浪
●黄永玉版画作品集

"创意版画"配方课程内容

向，以艺术能力和人文素养的培养为价值取向，注重学生综合能力的发展，使儿童对物体的感知既有量的扩展又有质的提升。因此，提高版画课堂教学的效率与质量，必须要对儿童版画教学的内涵、课堂版画教学的方法和目的有一个清晰的认识，从而找到科学的、可操作性的教学模式。经过我们反复试教和不断思考，我们将版画教学设计为以下三个教育主题。

1. 感受文化，陶冶情操

中国的版画是中国民族文化的象征之一，在几千年的上层文化和市井文化中都能找到它的身影。但是，历史的变迁和物质经济的飞速发展，导致大多数人疏远版画文化，这种社会意识直接影响到了学生，可见我们教师任重而道远。学生对版画文化的疏远不是因为失去兴趣，而是缺乏环境和相应的指导。我们坚信那些经过历史洗礼的古代瑰宝，只要教师能够创设情境，拨开历史的迷雾，认真地进行讲解与分析，学生定会被深深吸引，一起被带进绚丽多彩的版画文化中。

基于这样的认识，我们美术科组的教师利用校园文化建设，以版画装饰校园的方式营造出一种浓厚的校园版画文化氛围，并且广泛搜集版画文化资料，未来将自编适于学生接受的版画欣赏教材，对学生进行版画文化的熏陶。

2. 体验版画，其乐无穷

如果说绘画是人们和生活对话的产物，那么版画将是人与木版交流时所留下的刀语痕迹。学生们对版画的制作或许懂得不多，但让他们去刻木版，对他们来说是件惬意的事，每一位创造中的儿童都与创造性艺术家一样，是在创造一个他自己的世界，以一种使自己快乐的新方式重新安排他世界里的东西，并赋予它们极深的感情。

这种造型游戏，是融造型与游戏为一体的美术活动，在这个游戏中学生自由发挥创意，表达自己的感受。让学生自己感受版画的魅力，才能激发学生创造出蕴含他们内心情感生命的版画作品来。

3. 引导创新，艺塑童心

版画课教学中，如果局限于某种技巧的学习或对某种创作对象的单一模仿，不利于扩大学生的视野，有违儿童本身的创造天性，限制学生形象思维、想象力和动手创造能力的发展，抹杀学生独特的感受力和个性化的表现力。学生创造什么东西并不重要，重要的是怎样去创造，怎样按照自己的感觉创造一种新的形象，体现各自独特的个性，以此来促进大家积极主动地去学习。

以上三个主题的内容在技能方面是由浅入深、循序渐进的，这三个主题内容在各年级段是重复出现的，只是难点和侧重点上要求不同，因为各个主题也要有一个由浅入深、由表及里的过程，这样一来，将每个年级段组合到一起的同一主题又是一个完整的体系。所以我们在课程安排上要螺旋上升，交叉出现，递进式地展开教学。

（三）课时安排

为了体现课程的多元性，我们还调整了课程表，将国家课程、地方课程和配方课程做了统一安排，在按国家教育部门的规定开足开齐美术课程外，还适当安排了版画配方课程的内容，每周开展一次配方课程活动（**2 课时**）。既培养了学生的美术技能，又激发了学生的兴趣，扩大了学生的美术视野；既没有加重学生的课业负担，又保证配方课程的具体落实，努力使配方课程成为国家课程和地方课程的有力补充

我在深圳市广播电视台898频道介绍"配方课程"

及有效的延伸。

五、课程评价

1. 评价类型：日常学生评价、5☆评价法。

2. 评价方式：自评、互评、师评、家长评相结合。

3. 主要评价等级：采用5☆评价法。(1☆为基本合格；2☆为合格；3☆为良；4☆为好；5☆为优)

4. 具体评价方案

(1) 日常学生评价

课堂学习记录：记录学生学习态度，课内表现和反应。

平时表现：根据课内学生实际情况，进行评价，给出成绩。

不定期进行学生版画制作比赛，展示学生优秀版画作品。

(2) 5☆评价法（附5☆评价表）

自评部分：20%（自我评价，为自己的作品打分）。

小组部分：20%（小组间互相打分）。

教师部分：30%。

家长部分：30%。

每学期评选出两名明星学员。

（四）运动健康课程

现代教育制度形成以来，体育教学一直是学校教育的重要手段和学校课程体系的重要内容。课程的科学化倾向和学科中心倾向日益加强，增强体质和传授技能逐渐成为学校体育教育的主要目的，在实践中甚至成为唯一的目的。早期学校体育指向受教育者的人格完善逐渐变为主要指向受教育者的身体完善。现代人越来越重视生命质量和生活质量，人们越来越清楚地认识到体育运动是提高人生命质量和生活质量的重要基础与保证，体育运动在现代社会中的独特作用和重要性日益突出。体育课程作为素质教育重要组成部分的性质也越来越明显。

促进学生全面发展和健康成长是学校体育教育的根本目的，青少年学生在校学习期间，也正是他们身体发育和成长的关键时期。因此，为了保证和促进学生的健康，必须对学生进行体育教育和其他有关教育，这是学校教育的重要内容之一。但是，增进健康并不是体育的唯一功能，因而也不是体育课程的唯一目标。作为学校教育的重要组成部分，体育课程的另一项重要任务是促进学生的全面发展。从体育课程的角度看，学生的全面发展当然首先是指学生健康水平的提高，同时也包括通过体育课程的学习促进学生思想意识、情感意志和道德品质方面的发展。在这个意义上，体育是顶级的挑战，是不懈的创新，是高峰的体验，是拼搏的意志，是文化的积淀，是个性的张扬，是精神的力量。

体育教育要树立健康第一的思想，切实加强体育工作，使学生掌握基本运动技能，养成终身体育意识和坚持锻炼的良好习惯。因此，我们学校在开放式教育的背景下，开设了以体育教师特长为主线的配方课程来补充日常教学的缺陷。开设的配方课程包括田径、健美操、武术、跆拳道、篮球、乒乓球、跳绳、太极拳、瑜伽等课程。

这些课程与其他文化课不同，它们是一种技能性的课程。这就是说，体育课程学习的结果主要不是体现在认知性知识的积累和深化上，而是表现在体能的增强、技能的掌握和行为态度等的改变上。这决定了体育课程教学的主要手段，是以活动性游戏和各种运动方法构成的身体练习。在体育学习的过程中，每个学生既是学习的主体，同时也是学习的手段和对象。没有身体力行，体育学习就无法进行，体育学习的效果是通过学生自身身体和行为的变化表现出来的。在体育学习中当然也有知识的学习和道德品质的教育，但这些也主要是在运动实践过程中完成的。正如霍华德·加德纳的著作《智能的结构》一书中"身体—动觉智能"章节里提出的：运动员过人的优美姿势、力量、速度、准确性以及集体合作的能力，不仅为运动员本人提供了快乐的源泉，而且还为无数的观众提供了娱乐、刺激与放松身心的手段。这是体育课程的最大特征。

我们重在培养学生运动认知能力，包括对身体形态、身体机能、身体素质、身体适应环境的认知，如何掌握锻炼身体的知识和方法，能表现出可以通过身体活动来感知、塑造自己，做到以身体为本，实现体魄康健、激情丰沛、智慧非凡。同时增强学生体能，即增加学生机体心血管系统、呼吸系统和肌肉工作的耐久力的改造，不断发展学生的基本活动能力、增强学生身体体能使其全面协调发展。运动的本质是要培养学生坚强的意志能力，通过支配自己的行动并在行动时自觉克服困难。团结协作也是体育竞赛成功的基础，个人和集体只有依靠团结的力量，才能发挥最大效应，积极参加集体活动，增强学生的团结协作能力，进而产生协同效应。在篮球、足球、排球的运动中团队合作更能凸显凝聚集体的力量。

案例——气韵太极拳

课程名称：气韵太极拳

课程类型：运动健康课程

开发教师：钟晓辉

学习对象：小学 4～6 年级学生

学习时间：每周 2 课时

一、课程背景

气韵太极拳课程是一项男女生兼收的修身养性、内外兼修的拳种课程。"24 式太极拳"也叫"简化太极拳"，它是国家体育运动委员会（现为国家体育总局）于1956 年组织太极拳专家汲取杨氏太极拳精华编改而成的。其内容精炼，动作规范，易学易练，能充分体现太极拳的运动特点。

为推进立德树人，全面实施素质教育，主动应对未来经济社会发展新挑战，本课程为进一步提升深圳市中小学生综合素养提出了以下要求。

1. 品德素养提升：坚定理想信念、弘扬传统美德、培养文明行为、传承深圳精神。

2. 身心素养提升：增强学生体质、促进心理健康、培育健全人格。

3. 学习素养提升：培养学习兴趣、提升学习能力、养成学习习惯。

4. 审美素养提升：提升审美品位、丰富美育形式、营造艺术氛围等。

基于以上背景，提出太极拳课程，以期提高学生综合素质，培养学生良好的品德、身心健康、学习能力、审美等核心素养。

二、课程目标

（一）知识目标

1. 掌握太极拳套路的基本理论。

2. 了解太极拳进攻、防守的基本理论。

3. 了解太极拳的传统养生知识。

（二）能力目标

1. 运用所学的太极拳套路进行自身的体育锻炼，成为终身锻炼的一项技能。

2. 运用所学知识指导初学者进行太极拳练习。

3. 运用太极拳文化提升观赏太极拳比赛的能力。

4. 提高人体的灵活性和对意外情况的应变自卫能力。

（三）情感目标

1. 培养尊师重道、讲理守信、宽以待人、严于律己等高尚的道德情操。

2. 培养顽强拼搏的竞争意识和积极进取的创新能力。

3. 养成终身参加体育锻炼的意识和习惯。

三、课程内容

1. 了解太极文化的起源和历史变迁。

2. 了解中国传统哲学并正确地思考人生。

3. 了解太极拳的基础理论知识；练习简化太极拳。

具体课时安排见表 3-7。

表 3-7　"气韵太极拳"课时安排表

第 1～2 课时：理论课（气韵太极拳简介）
第 3～4 课时：01. 起势　　02. 左右野马分鬃
第 5～6 课时：03. 白鹤亮翅　　04. 左右搂膝拗步
第 7～8 课时：05. 手挥琵琶　　06. 左右倒卷肱
第 9～10 课时：07. 左揽雀尾　　08. 右揽雀尾
第 11～12 课时：09. 单鞭　　10. 云手　　11. 单鞭
第 13～14 课时：12. 高探马　　13. 右蹬脚　　14. 双峰贯耳
第 15～16 课时：15. 转身左蹬脚　　16. 左下势独立
第 17～18 课时：17. 右下势独立　　18. 左右穿梭
第 19～20 课时：19. 海底针　　20. 闪通臂
第 21～22 课时：21. 转身搬拦捶　　22. 如封似闭
第 23～24 课时：23. 十字手　　24. 收势

四、课程实施

（一）分为三个阶段进行

第一阶段：学习普及阶段。

本阶段的主要任务是要在学生中全面普及、开展太极拳教学工作，到本阶段结束，学生要掌握太极拳 28 式的基本动作和套路。

第二阶段：开展太极拳展演比赛活动。

开展太极拳展演和比赛活动，充分调动学生的积极性和兴趣，让学生体验到学习的成就，在太极拳那一招一式丰满圆润、绵延不绝、刚柔并济和绵长柔缓的特色中感受到学习的成功和快乐。

第三阶段：巩固提高阶段。

本阶段的主要任务一是充分利用太极拳课积极组织学生强化训练，促使学生能够熟练掌握太极拳基本动作。二是及时发现学生太极拳演练中存在的问题，对不规范的动作进行纠正，促使学生掌握正确的技术动作。从本阶段开始，建立长效机制，组织学生利用课间操或下午的课外活动时间进行太极拳集中演练。

（二）学习方式

1. 理论学习式：以教师讲授为主，让学生了解太极文化的起源和历史变迁；了解中国传统哲学并学会思考人生；了解太极拳的基础理论知识和演练太极拳要注意的事项及口诀要领。

2. 互助合作式：学习较好的学生在课下和同学进行一对一的帮助，让学生掌握更熟练，也增进学生间友谊。

（三）教学方式

主要采用教师演练、学生互帮等方式。教师在具体的教学过程中，灵活掌握教学的进度。

五、课程评价

对学习简化太极拳建立一种客观、合理、准确、全面的评价新模式，评价更注重学生的学习过程和参与情况，课程评价采用理论与实践相结合、过程性评价和终结性评价相结合的方法，重实践、重过程，采用5☆评价标准进行学生自评和教师评价。

1. 对学生是否积极参与，上武术课是否严肃认真、努力训练，所学武术动作及技术、技能掌握的程度进行评价。

2. 对学生学习态度与行为进行评价，主要看学生学武术的态度以及在练习中的行为表现。

3. 对学生的创新意识和学习进步程度进行评价，主要看每一个学生在原来的基础上经过自己创造性的学习，对所学的动作和套路的掌握和提高的幅度。

4. 对学生交往和合作精神进行评价，主要看学生在学练中能否和同学相互学习，虚心学习。

5. 武术技术水平的评价要对所学动作、套路，从动作规格、劲力、精神、节奏、风格等多方面进行五星评价。

附：5☆评价表

（☆☆☆☆☆——风格　☆☆☆☆——出格　☆☆☆——升格　☆☆——合格　☆——入格）

（一）自评参照表

"气韵太极拳"课程自评参照表见表3-8。

表3-8 "气韵太极拳"课程自评参照表

等级内容	☆☆☆☆☆	☆☆☆☆	☆☆☆
动作技能	动作方法正确，姿态舒展大方	动作方法基本正确，姿态不够舒展	动作方法不正确，姿态不舒展
学习态度	有信心、不怕失败不怕苦、用心学练	想学但基础差，不严格要求自己	不能正确对待自己，遇到困难后退缩
心理素质	有勇气、敢于战胜自己、知难而进	较有勇气，但自信心不够	优柔胆怯、害怕失败
合作意识能力	能和同学一起完成动作，礼让谦虚	有时能和同学一起完成动作，稍有自私，但能互助	和同学合作意识差
自练自评能力	没有教师指导能自己练习，能对自己进行评价，看练结合，坚持练习	没有教师指导能和同学一起进行练习，能对同学的动作正确与否进行评价	自练、互练能力较差，看完后不会反思、评估

（二）5☆评价参照表

"气韵太极拳"课程5☆评价参照见表3-9。

表3-9 "气韵太极拳"课程5☆评价参照表

内容 等级 〳 标题	简化24式太极拳评价标准
☆☆☆☆☆	套路熟练，姿态大方，动作规范，精神饱满，刚柔相济，手眼相随，动作与音乐配合自然
☆☆☆☆	套路熟练，姿态大方，动作较规范，精神饱满、用力较好，动作与音乐配合一致
☆☆☆	套路基本熟练，姿态较好，动作基本规范，力度一般
☆☆	不能完成套路，动作松懈

（五）音乐艺术课程

音乐的本质功能是审美，音乐教育属审美教育。我们开展音乐类配方课程的价值在于为学生提供类型丰富、风格多样的音乐审美体验，使学生充分体验蕴含于音乐形式中的美和丰富的情感，从而与之产生强烈的情感共鸣，达到陶冶情操、启迪智慧的作用。

音乐的审美体验必须通过具体的音乐实践活动才能获得，只有让学生亲自参与到聆听、歌唱、演奏、肢体律动、舞蹈等实践活动中，才能使学生形成对音乐的感受、理解、表现、创造等能力。因此，我们在课程菜单中开设了管乐、民乐、手风琴、尤克里里、打击乐、合唱、拉丁舞、民族舞、少儿舞蹈、快板等课程项目，其目的是给学生提供丰富多样的音乐实践机会。这些课程的开展为学生提供了表达个人情感的途径，因为一个学生音乐实践的机会越多，对音乐的审美感受就越丰富，自我表达的欲望就越强烈，创造的动力也就越强，个性也会越鲜明。同时，根据加德纳多元智能理论中提出的音乐智能主要表现为个人对音乐节奏、音调、音色和旋律的敏感以及通过作曲、演奏、歌唱、肢体表现等表达音乐的能力。所以我们鼓励学生多参与学校的音乐类配方课程以达到训练其音乐智能方面的能力。

音乐类的课程在很多时候都是群体性的，比如齐唱、合唱、重奏、齐奏、合奏、群舞等，这些群体性参与强的课程都必须相互配合，这个配合的过程就是以音乐为纽带的人际交往过程，学生在这个过程中，养成共同参与的群体意识和互相尊重的合作精神。

此外，配方课程跟专业团队有不同之处，专业团队是由教师们选择的"高精尖"学生组成的，学生接受教师选择；配方课程是只要学生喜欢，他们就可以报名参加，学生挑选项目，也相当于间接地挑选教师，其中包括那些基础差、先天乐感不好的学生。在这种自由选择的文化中，学生没有受太多成绩、名次、展演、竞赛的影响，教师因没有受太多功利、排名的束缚，因此其教学过程不拘泥于"必须要整齐划一""不允许有任何瑕疵"的标准。整个教与学的过程相对轻松和谐，学生也更乐于体验，其特点与个性会受到更多的关注、包容与接纳。这是一种适合学生发展的教育，而不是挑选适合教育的学生，这才是真正的以人为本。

也许配方课程中学生的天赋、水平会有较大差异，大家只是基于"我喜欢""我有兴趣"而聚到一起，这对于实施教学的课程主持人来说，教学活动要根据学生的基本水平设计，充分考虑学生个体间的差异，将学生对课程的感受与活动的参与性放在最重要的位置，为每个学生提供适当的学习内容，并采取灵活有效的教学方法和方式，这才是真正的因材施教。

我们在此课程中立足于多元智能理论，以审美教育为核心，培养学生的音乐感悟能力，形成对不同音乐形式的认知；培养音乐审美能力，对音乐艺术美感的体验、感悟、沟通、交流，对音乐艺术的兴趣与爱好，在音乐的实践中，思考、探寻、创造音乐的美；培养音乐表达与创造能力，能正确演唱、弹奏、表演相应的音乐艺术作品，具备一定的音乐技能，能创作简单的艺术作品，让每一个学生在音乐的学习中体验成功、享受快乐！

案例——快板

课程名称：快板

课程类型：音乐艺术课程

开发教师：李锦辉 程 渊 杜 敏

学习对象：小学 1～6 年级学生

学习时间：每周 2 课时

一、课程背景

曲艺是中华民族文化的瑰宝，蕴含着语言、情感、认知、思维、审美、创造等多方面的教育价值。快板这种诵说曲艺形式，用七块竹板伴奏，用普通话表演，有极强的群众性和娱乐性，极易引起好奇心强、天性爱模仿的少儿的兴趣，很适合少儿表演。但遗憾的是儿童快板教育尚未引起足够的重视，现行的少儿教师口语和语言教材中，中国传统的曲艺教育内容缺失。当我们在找寻年轻人不再喜欢戏曲、曲艺的原因时，是否应该想到这些年轻人还在幼年的时候，艺术教育为他们做了些什么？只有民族的才是世界的，曲艺是传统文化的重要组成部分，体现了中华民族传统的价值观和审美观，曲艺应从娃娃抓起，快板应从娃娃抓起，一代代传承下去。对少儿进行快板启蒙教育，是弘扬民族文化的一条有效途径，是植根散叶式的爱国教育，能从根本上培养少儿热爱祖国的情感。快板还开发了少儿语言种类，为少儿多途径表达提供了可能。

自 2016 年起，坪洲小学开设了快板配方课，让本校热爱快板的同学可以亲身体验到传统艺术的魅力，通过轻松愉悦的快板节目传递小学生道德行为规范、生活小常识等朴素价值观，从小树立学生爱国、爱校、爱家的精神，同时也为本校的文艺活动增加了一项精彩的语言类节目，并且还能有效地培养学生语言表达能力。

二、课程目标

快板讲究吐字归音、用气发声，气运丹田，要"有劲""有味""有韵"，演唱用本嗓，进入人物就要"声音化装"，要求声音"高而不宣""低而不软"，就是声音高要洪亮优美，让人爱听；声音低也要让人听得清清楚楚。要达到这样准确生动的语言水平，就要经常进行绕口令、口腔操、练嗓、练气的基本功训练，这些训练对于正处于语言发展关键期的少儿来说是非常重要的，是在为形成卓越的口才打下坚实的基础。

快板一人一台戏，一个人要塑造多个角色，在表演时要有丰富的表情、眼神、身段、手势，这些当众表演的态势语技巧稍稍内收一些，用于日常交流时的表达，也必然使少儿日常交往的语言能力充满生动形象的魅力，有利于培养少儿的个性气质。

三、课程内容

（一）节奏感的训练

快板是由七块竹板结合在一起的打击乐器，击打起来清脆悦耳，上下翻飞，花点连接，让观众耳目一新。所有的说口都要在快板的节奏之中，讲究"心板"，能有效锻炼少儿的节奏感，使少儿的整个身心都陶醉在节奏的美感中。节奏感的形成，对于一个人的意义是极其深远的。郭沫若先生说："本来宇宙间的事物没有一样是没有节奏的。譬如寒往则暑来，暑往则寒来，寒暑相推，四时代序，这便是时令上的节奏；又譬如高而为山陵，低而为溪谷，陵谷相间，岭脉蜿蜒，这便是地壳上的节奏。宇宙内的东西没有一样是死的，就因为都有一种节奏（可以说就是生命）在里面流贯着。"现代的社会飞速发展，只有善于调整自身的节奏，才能游刃有余地徜徉在时代的节奏里，获得成功。而快板恰好能锻炼学生这种又要顾说演、又要顾打板的一心二用的综合节奏能力。

（二）开发少儿的右脑

少儿一手持由两块大板构成的"大板"（也叫"大扡"），一手拿着由五块小板组成的"节子"，两手的打法不同，却要在统一的节奏中。这是全脑潜能开发、感觉统合训练的极好方法。儿童进行快板表演需要不断提高左右脑、手、嘴的协调性，真应了那句"心灵则手巧"。尤其是右脑的开发，因为打法最丰富的"节子"板是由左手控制的。调查显示，95％以上的人仅仅使用了大脑的一半，即左脑。为什么会出现这种现象呢？这主要是和人类的生活习惯有关，人类总是习惯用右手使用工具，而使左脑每天都受到不同程度的刺激，再加上语言中枢、逻辑分析、数字处理、记忆等，都由左脑处理，所以造成左脑满负荷运转。而打快板恰好弥补了这一不足，右脑支配左半身，控制左手运动，反过来，左手、左半身器官的运动也刺激右脑。像打快板这样有意识地调动左手，特别是左手指的运动，对大脑皮层产生良性刺激是开发右脑的有效方法。另外，打快板能使手腕更加灵活，因为打快板时用得最多的是手腕。手腕灵活对写字、绘画、弹奏都有直接的益处。

（三）各年级训练内容与要求

各年级"快板"课程内容与要求见表3-10。

表3-10 "快板"课程内容与要求

年级	内容	要求
初级 （1～2年级）	快板的基本打法，大板、小板的组合	身体协调力的训练
		在不断克服自我、突破自我、提升自我中增强学习的自信心
		基本点的掌握要娴熟，"掂点儿、晃点儿、组合点儿、数来宝点儿"等
		传统的戏曲身段练习，不仅要知其然，更要知其所以然
		表演时两只手的节奏不同，但是在不同的节奏中要求合拍，左右脑的配合显得异常重要，有"左手画方，右手画圆"之妙
		运用游戏竞赛的方式提高学生的反应能力
		培养学生对"打击乐"的审美能力，培养其艺术兴趣
中级 （3～4年级）	经典传统作品练习，完整"开场板"	经典的传统作品通常都可以用现代语言、现代思维表达，由此增加学生对传统故事的欣赏能力
		从传统作品中可以学到中华民族永恒不变的智慧精华
		经典段子从少儿时期开始学习，达到"童子功"的目的，可以跟随学生一生，并指导其行为方向
		现今全国范围内快板的打法分为三个流派："王、高、李"，任本配方课的教师都属于李派（李润杰），李派也属于三大流派中最适合演出的，能培养学生随学随演的能力，增强学生快板表演的观赏性

年级	内容	要求
高级 （5～6年级）	"花点儿"教学，原创作品练习	以成品作品为主，让学生学有所成
		"花点儿"是快板练习中的一块儿宝藏，极大增添了表演的魅力，让人在眼花缭乱的竹板间真正欣赏到"打击乐"的美妙
		原创作品中通常以贴近小学生生活的内容为主，略带些讽刺性手法，使作品不会让人觉得枯燥
		为班级学员量身写作，更符合学生的个人特点
		宣扬现代教育理念，体现学校的精神风貌

（四）课程设计的基本要素

快板书"有人""有事"，少儿理解了、想象到了，才能获得真实细腻的内心感受，才能真讲、真听、真看、真感觉，才能当众生动表演，才能吸引人、感染人。快板表演能发展少儿的理解力、想象力和感受力。快板表演要求心快、嘴快、眼快，长期的快板训练和表演，能使少儿思维敏捷、反应快、观察细腻、说话的条理性强。少儿不断记忆快板词，记忆能力得到不断提高。对于少儿来说，记忆不是负担，而是一种需要，幼年时期的记忆训练，对以后的学习很有帮助，因为小学低年级的功课以背诵为主。我们从少儿阶段就开始学习快板等语言表演的学生在入学后的成绩来看，大多数学生的成绩在95～100分。语言的早期开发对以后上学很有影响。尤其是对语文等文科功课的学习，有着更加直接的帮助。常言说："熟读唐诗三百首，不会作诗也会吟。"少儿能当众打快板表演那么多优秀文艺作品，用词、造句、文章的篇章结构等优点也会渐渐地烂熟于心，怎么能不提升分析理解、造句作文等听、说、读、写的语文能力呢？

四、课程实施

（一）多元智能，充分体现开放式教育理念

《幼儿园教育指导纲要（试行）》指出，艺术活动的特性符合幼儿的思维水平和认知特点。快板教育必将有效促进少儿的全面发展，在锻炼少儿语言能力的同时，发展少儿的多元智能。快板是开放性的语言表演创造活动，有利于发展八种智能中的语言智能、身体—动觉智能、人际智能、音乐智能、空间智能、自我认知和观察智能。所以在快板教学过程中应该不仅仅局限于"快板"一类教学内容，应充分利用姊妹艺术的优势，辅助快板教学。

（二）由浅到深，兴趣引导专业

初期少儿快板应有鲜明的少儿特色，初期训练应该顺应少儿的身心发展规律和学习特点，采用"玩快板"的游戏式教学方式，让少儿在玩中轻松学会快板表演。少儿诵说曲艺启蒙教育的所有形式，都应该依据少儿的气息、声音、理解、表现等特点，选择、改编、创编适当的少儿曲艺作品，教师应循序渐进地组织和引导少儿游戏、欣赏、模仿、表演，逐步提高少儿对各种诵说曲艺艺术的感受力和表现力。

（三）学生人员的稳定，教学内容的升级

学习快板表演是一个长期的过程，初期以兴趣引导为主，后期就得侧重锻炼学生的耐心、恒心。这样便能为发展少儿的综合素质打下良好的基础。快板学习对学生将来的发展会有很大的帮助。少儿阶段的素质教育将成为永久的记忆、一生的爱好，有高雅爱好的人是幸福的。艺无止境，快板是千百年传承下来的"打击乐"，拥有着无数先辈的智慧和心血。教师应该从中挑选出优质的、经典的、符合当下社会核心价值观的作品，当作基本功让学生坚持长期练习。并且随着课程的深入，任课教师为学生"量身定做"出原创作品。

五、课程评价

"快板"课程期末评价见表3-11。

表3-11 "快板"课程期末评价表

项目	内容	评价指数（0～10）
1	我喜欢这门课程	
2	我能在这门课程中向别人表达我的看法	
3	我觉得通过这门课程中我体会到了打击乐的魅力	
4	参加这门课程让我对自己越来越有信心	
5	在活动中，我乐意与他人分享我的经验	
6	我觉得通过这门课，大家更加喜欢上台表演了	
7	我觉得通过这门课程，我的身体协调性越来越好	
8	我喜欢老师对待我们的态度和方式	
小计	累加以上评价指数的和	
我的建议	我认为这门课可以改进的是：	

（六）自然探究课程

人是从大自然中走出来的。长期远离大自然，我们的很多天赋与灵感甚至生存智慧都会日渐衰退。因此，效法自然、回归自然，应是教育的一种大智慧。从这个意义上说，在体验自然中成长是学生走向健康人生的活动保障。

自然探究智能是人具有观察自然界中的各种事物、辨认并分类物体且能洞悉自然或人造系统的能力，包括对社会的探索和自然的探索两个方面。具有自然探究智能特质的孩子，在生活中会呈现出敏锐的观察力与强烈的好奇心，对事物有特别的分类、辨别和记忆的方式。比如，喜欢动物的学生，除了自己饲养动物之外，可能也会时时阅读与动物相关的书籍，或是从电视上学习动物新知，能力强的学生，对于动物的分类能够举一反三，对动物的习性也了如指掌。

当然，并不是每个学生对自然界都充满了高度的兴趣与认知力，有的只停留在基本喜欢的层次上，并不会刻意做研究。不过培养学生认识自然、接触自然，在我们越来越都市化的当今社会中是极有必要的。因为人类本是自然界的一员，只有了解并体会到自然界生生不息的力量，才会真正懂得重视生命、珍惜生命。

这里介绍的自然探究课程是想告诉儿童满足好奇、探究世界的方法是丰富多彩的。例如，在种植植物时，他们就在发展提问、检验假设和解决问题的能力。自然探究课程中包括"百草韵""耕作之乐""科学小百科""小小化学家""巧手绘地图""创客机器人""创意机器人""车辆航空模型"。这里的所有课程都围绕一个中心，即激发儿童的好奇心，鼓励他们用新的方法来探索周围世界，让儿童感到学习不是死记硬背，而是思考、验证，是主动探究而不是被动接受，是创造而不是模仿。

我们设计的课程是向儿童展示观察、实验、分类、解决问题以及求证过程的乐趣，启迪他们对科学的向往。在讲授课程时，我们重点突出观察能力的培养，用一种或多种感官仔细观察物体，了解其物理特性，经常注意周围环境的变化（如长出的新叶、树上的虫子、细微的季节变化等），表现出用绘画、序列卡或其他方法做观察记录的兴趣。我们也强调假设和检验能力，要求学生在观察的基础上进行预测，提出"如果……就……"一类的问题，并学习解释事物，能进行简单的实验，检验自己及他人的假设（例如，将大大小小的石头投到水中看看是否有的沉得快些，用颜料代替水浇植物看看有什么现象等）。我们更重视创新能力的挖掘，鼓励学生提出有别于常规或常人思路的见解，利用现有的知识和物质，改进或创造新的事物，并能从学科领域或客观的社会生活中确定研究的主题。

案例——百草韵

课程名称：百草韵

课程类型：自然探究课程

开发教师：梁伟棠

学习对象：小学 1～6 年级学生

学习时间：每周 2 课时

一、课程背景

中国是中草药的发源地，目前中国药用植物大约有 12000 种，这是其他国家所不具备的，在中药资源上我们占据垄断优势。中华民族中医药文化更是源远流长。古代先贤对中草药和中医药学的深入探索、研究和总结，使得中草药得到了最广泛的认同与应用。

中草药课程是传承民族文化、普及中草药知识的科学启蒙课程。中草药课程将细心呵护儿童与生俱来的好奇心和求知欲，引领他们学习中草药知识，帮助他们体验探究中草药知识的过程和方法，培养他们收集、处理和利用信息的能力，丰富他们的童年生活，发展他们的个性，开发他们的创造潜能，促进他们全面和谐、终身持续的发展。

二、课程目标

通过中草药校本课程的学习，使学生知道与中草药相关的浅显知识，并能够在日常生活中进行运用；了解常见中草药采集、加工、保管的基本方法；保持和发展对祖国传统文化进行传承和发扬的兴趣；亲近自然、欣赏自然、珍爱生命，积极参与资源和环境的保护，关心中草药利用技术的新发展。

（一）知识与能力

1. 通过"百草韵"课程的学习，让学生能初步了解生活中常见的一些中草药相关知识。

2. 通过学习能辨识一些常见的中草药，并知道常见中草药的属性。

3. 了解中医名家的励志故事。

（二）过程与方法

1. 通过阅读如《本草纲目》等相关书籍，了解相关中草药知识。

2. 通过网络资料的查询，学习收集整理资料的方法。

3. 通过阅读、分享相关中医名家故事，了解中医名家的成长历程。

（三）情感态度与价值观

1. 通过学习中草药知识，培养学生热爱祖国中医文化的情感。

2. 通过中医名家故事的分享，学习中医名家的励志精神，培养学生刻苦学习的精神。

三、课程内容

"百草韵"课程进行为期一学年的学习，分别学习常见中草药、学习与分享中医名家故事、简单中性中医药方的调配，让学生形成初步的中医药知识。

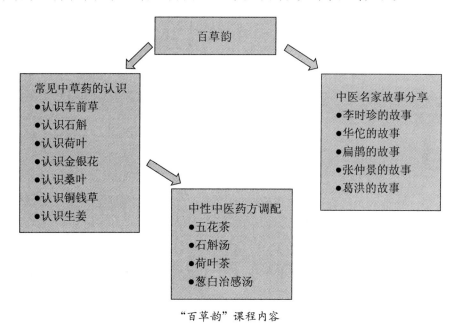

"百草韵"课程内容

四、课程实施

（一）坚持学生自主学习为主

鼓励学生利用书籍资料，借助图书馆、网络资源自主学习相关中医药知识，利用课堂进行学习分享，充分调动学生的学习积极性。

（二）注重合作交流与分享

利用课堂、通过手抄报等多种形式分享活动，使学生正确认识中医药知识。学生的分享交流又能让他们在课堂中充分展现自我，不断增强学习的兴趣。

（三）学习方式多元化

通过写一写中草药植株，画一画中草药图鉴，背一背中草药诗歌，拓展学生的思维，促进学生学习激情的调动，保障课堂教学实效。

（四）不断提高学习效果

进行简单中草药的调配，让学生掌握简单的治病验方；让学生不断获得学习的成功感；培养学生励志学习中医药知识的信心。

五、课程评价

（一）评价形式

把结果评价和过程评价、定性评价和定量评价结合起来。对学生的学习以"出勤率＋课堂汇报＋汇报作品评分"等几个方面的总体情况来进行测评。

（二）评价内容

1. 日常评价

（1）课堂学习记录：记录学生学习态度、课内表现和反应。

（2）平时表现：根据课内学生实际情况进行评价，给出成绩，随机评分。

2. 阶段性评价

（1）学生互评：学生对专题进行汇报，同学进行打分。

（2）教师评价：教师对学生汇报进行评分。

3. 期末评价

（1）自评部分：20分（自我评价，为自己的汇报作品打分）。

（2）互评部分：20分（同伴之间互相打分）。

（3）教师评价部分：30分。

（4）家长评价部分：30分。

（七）内省存在智能课程

内省智能是明了了自己的内心世界与内在情感，并能有效运用这种自我认识能力指导自己行为的一种认知能力。它令人们对自身以及学习过程进行反思，并使之规划和指导自己的人生。具有较高的内省智能的人能深入地探索自己的内心世界，对自我有一个真实、准确、全面的认识，能较好地分辨自己的心理状态，理解自我的内在情感，有自律倾向以及较强的自尊心，并根据对自我的了解来调节自己的行为。

存在智能，是对人生和宇宙终极状态的思考。其核心能力是在广袤无垠的宇宙中为自己定位的能力，也是在人类的生活环境中与存在相关的能力，如在探索生命的价值、死亡的意义、个人肉体和内心世界的最终命运时，在被人所爱或全身心沉浸在艺术中获得刻骨铭心的感受时，为自己的存在定位的能力。人类在思考这些问题时所表现出的敏感性和能力，就是存在智能。

加德纳教授说："在各种文化背景下生活的人类，都创造了自己各自宗教的、神秘的、超自然的以及哲学的体系，来处理有关存在的问题。"在现代的社会里，除宗教以外，人类还从美学、哲学、科学等各种角度，说明自己对存在问题的思考。

公元前 5 世纪，古希腊医生希波克拉底的看法是，人体内有四种体液（即血液、黏液、黄胆汁、黑胆汁），每种体液所占比例的不同决定了人的气质差异。雷蒙德通过词汇学的方法，发现大约有五种特质可以涵盖人格描述的所有方面。大五人格（OCEAN），也被称之为人格的海洋，可以通过 NEO-PI-R 评定。而在日本，当地人把一切问题归因于同一因素——血型。此外，原始的巴比伦人根据星象运行制成四季的星座历，期望以它来占卜和预测国家和人民的命运。其实这种占卜的方法跟中国古代的紫微斗数有异曲同工之妙，都是根据被占卜者和星体运行的关系，占算出其一生的各方面运程。因为古代人类发觉宇宙中日月星辰的运行影响着万物兴衰，甚至人的命运。人们依天象变化而求生存，天灾是无法抗拒的，从而造成了人类的宿命感。

在哲学领域，西方的海德格尔提出了"人的存在就是他的本质"，萨特则进一步提出"存在先于本质"的论断，更加强调存在的主观性，意思就是海德格尔提出的人的选择是极为自由和自觉的。

在中国，《易经》是哲学之源，它凝缩地展示了"存在"的哲学意味，以自然之变化阐述人生、社会之变化。道家曰："道可道，非常道；名可名，非常名。无名，天地之始；有名，万物之母。""道生一，一生二，二生三，三生万物。"易有太极，是生两仪，两仪生四象，四象生八卦，八卦定吉凶，吉凶生大业。故世间万物的关系都可以归结为"阴阳"，阳为主动力，阴为被动力。人生而有生辰八字、五行属性、生肖年月，孕育了人的天性，预示了人的命运。在八卦中，乾卦代表父，坤卦代表母，其余六卦各代表家中三男三女，界定了不同角色的特点。其中，六十四卦中的第一卦，乾卦乃天下第一卦，六道爻辞展示了人生的六个不同阶段的历程，一直为易学家们津津乐道。

由于"自省智能""存在智能"皆属于二分之一的智能，且二者相互联系，故本书在此处合二为一，运用在本章的课程中。比如，"周易小讲堂"的教学目标定为四点：①学生通过学习《易经》起源与象征物的知识，促进他们对生活、大自然与社会的观察，引导他们感悟万物变化的规律，以科学与人文的方法探索宇宙万物，从中学习人与自然、人与社会、人与自我的相处之道。②通过学习体会《易经》卦辞、爻辞的核心价值观，使学生养成自省的习惯，树立正确的人生观、价值观、世界观以及交友观。③通过"周易与风水""周易与占卜""周易与棋艺""周易与军事""周易与中医"等几个专题学习与生活、自然相连接，提高学生的联想能力、反思能力、概括能力、搜集信息的能力与创新能力。④以学习《易经》为契机，了解中华文明的发展史，逐渐建立完善的历史观。

"心理学小课堂"中，按照不同年龄段的心理特点，开展团体拓展游戏、观看心理剧、赏析心理电影、进行团体辅导等，帮助低年级学生适应学校生活，对集体产生归属感；帮助中年级的学生了解自我、体验情绪并表达情绪、培养对不同社会角色的适应力；帮助高年级学生发展内省智能。

除此之外，绘画、文学、戏剧等艺术领域中，能体现人的情感与对生命思索的表现形式，均是内省存在智能的体现形式之一。

案例——周易小讲堂

课程名称：周易小讲堂
课程类型：内省存在智能

开发教师：叶素珊　陈桂茹

学习对象：小学 5～6 年级学生

学习时间：每周 2 课时

一、课程背景

《易经》是中华文化的根，是中国进入文明社会的重要标志。它不但是最早的文明典籍，同时也对中国的道教、儒家、中医、文字、数术、哲学、民俗、军事、武术等产生了重要影响，是世界上传承非常完整、绵延不绝的文化活化石。由于坪洲小学的校训来源于《易经》，学校的文化建设中也包含了"八卦图"，这些资源对学生亲近、了解《易经》有先天的优势，因此把《易经》引入课堂也变成了顺理成章的事。在小学阶段学习《易经》，并非"揠苗助长"学习高深莫测的哲学，而是将《易经》与生活、大自然与社会打通，让学生体察《易经》无处不在的价值，并在中华博大精深的文化熏陶下，走向破除蒙昧、精神丰盈、三观正确的圆满人生。

二、课程目标

"周易小讲堂"课程的目标设置如下。

1. 通过学习《易经》的知识，促进学生对生活、大自然与社会的观察，引导学生感悟万物变化的规律，学习人与自然、人与社会、人与自我的相处之道。

2. 通过学习体会《易经》的核心价值观，使学生树立正确的人生观、价值观、世界观以及交友观。

3. 通过《易经》与生活的连接，提高学生的联想能力、反思能力、概括能力、搜集信息的能力与创新能力。

4. 以学习《易经》为契机，了解"四书五经"，进而产生对中国传统文化与哲学渊源的探索热情。

三、课程内容

（一）课的类型及功能

如何定义"周易小讲堂"呢？"讲"是引子，"用"是目的。因此，此课既包含了对《易经》基础知识的讲解，又包含《易经》在生活不同方面的呈现与运用。是"讲"与"玩"结合的趣味国学课程。

（二）各阶段具体内容

"周易小讲堂"课程知识学习与自习见表3-12。

表3-12 "周易小讲堂"课程知识学习与自习

时间	框架	内容	教师活动	学生活动
第一周	基础知识学习与自习	介绍《易经》起源与演变及其历史文化意义	PPT讲解	观看，聆听
第二周		介绍《易经》及入门知识，观看《傅佩荣解〈周易〉》视频	PPT讲解与播放视频	观看，聆听
第三周		认识八卦及其象征物，介绍《说卦传》	列表分类，现场观摩	理解，背诵
第四周		学习卦例，比如卦象、卦辞、象辞、象辞、爻辞等	以乾卦为例讲解	学习，默写
第五周		背诵卦序歌，了解卦与卦之间的关系，比如"互卦""覆卦""变卦"等	PPT讲解	观看，聆听
第六周		图解上经三十卦，了解卦的基本含义。重点结合校训理解"蒙卦""同人卦"	PPT讲解	观看，聆听
第七周		图解下经三十四卦，重点学习"困"卦，了解如何面对逆境	PPT讲解	观看，聆听
第八周		自习其中一卦，并尝试借注释解读	聆听，指导	自学，讲解
第九周	周易与风水	了解六大风水之城的建筑秘密（上），如新疆伊犁八卦城——特克斯等	讨论	讨论
第十周		了解六大风水之城的建筑秘密（下），如北京、深圳等	讨论	讨论
第十一周		了解建筑学的易经文化，如《故宫》	观看纪录片	观看，聆听
第十二周	周易与排列	学习古代军事中易经思想的运用原理，如诸葛亮的八卦阵等	展示原文，图文解读	观看，聆听
第十三周		了解围棋中易经思想的运用	下棋	下棋
第十四周		学习武术中易经思想的运用，例如八卦掌、太极拳	演习太极拳	学习，模仿
第十五周		学习数学"数独"游戏中易经思想的运用	数独游戏	数独游戏

续表

时间	框架	内容	教师活动	学生活动
第十六周	周易与占卜	学习铜钱占卜及画卦	铜钱占卜	铜钱占卜
第十七周		学习解卦，说卦	铜钱占卜	铜钱占卜
第十八周		借助日晷学习五行、天干、地支等与八卦的关联及其变化规律	观看日晷	观摩
第十九周		学习八字测算方法	测算八字	测算八字
第二十周	周易与中医	了解《黄帝内经》片段，介绍易经思想在中医中的运用	PPT讲解	观看，聆听
第二十一周		认识脸部、手掌、身体中各器脏对应的五行位置及功能	现场观看	现场观看
第二十二周		学习判别病理的基本方法及处理措施，认识常用中草药的功能	请中医讲解	聆听

（三）课程设计基本要素

根据学生的年龄特点和实际情况，教师设计讲学方案。一个方案里包括框架结构、课题名称、适用对象、设计理念、教学目标、场地设计、课前准备、展示工具、课堂反馈等。

四、课程实施

（一）充分利用教师资源

授课人员以语文教师为主，也可邀请家长群体中的军事学家、建筑学家、棋艺大家以及中医参与，使课程更加专业、深刻；教学形式可以是观看视频、PPT，也可以是学生自己探索、展示以及通过活动（下棋、数独游戏、占卜等）进行；教学地点可以是办公室、八卦园、家里、中医馆等室内或室外、校外等场地。

（二）注意事项

本课程集讲解与活动为一体，在德、智、体、美、劳等方面均有涉及，因此实施过程中要注意以下事项。

1.讲解要简明，框架要清晰。

《易经》的原文对于小学生而言，艰深而晦涩。在前期基本知识讲解时，要梳理出清晰的脉络，从关键词或者重点句入手，由浅入深，环环相扣。宁愿讲得浅一点，也不要故弄玄虚。

2. 生活运用广，资源利用好。

结合《易经》在道教、儒家、中医、文字、数术、哲学、民俗、军事、武术等方面的广泛运用，最大限度地开发与学生生活相近的文化资源。必要时，可以邀请相关的专家做特邀嘉宾，甚至去相关的场地实地考察。

3. 教师要主导，学生做主体。

《易经》入门知识主要靠教师做主导，但在生活运用方面以及活动方面，可大胆交给学生。如果学生接受水平较高，那么可以进一步调动起他们探究《易经》的积极性，出一本《小学生读〈易经〉》的读本。

五、课程评价

本课程的评价功能与一般学科课程评价的功能是有一定区别的。

（一）评价原则

1. 以促进健全人格发展为重点。这一原则是指评价要以促进学生健全人格的发展为宗旨，在评价中，要以人为中心，要挖掘积极因素促进学生个性的完善和成熟。

2. 注重体验分享。这一原则是指在评价中，通过引导学生广泛交流彼此在活动中的感受和经验，相互交换意见和看法，将每一个人的收获变为大家的共同精神财富。

3. 以学生自我评价为主。这一原则是指在评价过程中，教师应引导学生自主地开展评价，培养其自我认识的自觉性，并提高其独立的分析能力。

4. 采取模糊评价。这一原则要求评价对学生应以鼓励为主，激发每个学生的上进心，调动其自我教育的积极性。评价方法以模糊评价为主，不宜采用精确记分的方法去评价学生。

5. 尊重学生差异性。这一原则是指根据学生的年龄特点和个人发展水平来加以掌握，从实际出发，讲究实效。

（二）评价方法

1. 教学活动评价

配方课程是根据学生的天性与特长以及期待进行"配方"。因此，教师要注重学生反馈，经常与其他教师交流，善于总结反思，不断改进与提高。

（1）注重学生的反馈与活动记录。在每节课后，教师多与学生交流，如让学生谈谈："这次活动（**这节课**），你听懂了多少？还存有哪些疑惑？""你还想知道什么？""你最想研究哪一方面的内容？"教师做好每次活动记录，及时发现问题，以便调整活动内容，改变教学方法。

（2）及时反思，及时改进。课后，教师可以针对活动过程中出现的问题进行自我分析，思考改进的措施，并写下来。也可以请其他教师来现场讲解，或者旁听、观察，课后进行研讨，提出建议，来帮助自己改进课程设计。

2. 学生活动评价

（1）整理笔记，画思维导图。在基础知识讲解部分，有许多需要做笔记的地方。整理笔记，是对知识的再次梳理。化繁为简，画成思维导图有利于学生形成结构化记忆。

（2）写随笔。学生平时上完课后，可以写随笔，传到网上与老师、同学进行分享，这样不仅可以促进学生与学生、学生与教师之间的交流和沟通，还可使学生学会自主性评价，同时促进学生自我教育能力的形成。

（3）做活动资料集《小学生读〈易经〉》。学生有不少自学、搜集资料及展示的环节，也有亲身活动的部分。将每次展示的课件以及活动的照片收集起来，做成活动资料集有利于体现学生学习的质量与真实水平。

（4）课程期末评价表。为了能使评价更客观、更全面、更有可感性，我们制定了一份期末评价表，见表3-13（**学生评价**）。

表3-13　"周易小讲堂"期末评价表

项目	内容	评价指数（0～10）
1	我喜欢这门课程	
2	我能在这门课程中感受到中华文化的博大精深	
3	通过这门课程我产生了学习中华文化的强烈兴趣	
4	在课堂上，我乐意与他人分享我的思考与经验	
5	在家里，我愿意和亲朋好友谈论学习的心得	
6	我觉得通过这门课，我对大自然有了敬畏之感	

续表

项目	内容	评价指数（0~10）
7	我觉得通过这门课，我对生活充满好奇与热情	
8	我觉得通过这门课，我更懂得如何自处	
9	我觉得通过这门课，我更懂得如何与他人相处	
10	我喜欢老师上课的形式	
小计	累加以上评价指数的和	
我的建议	我认为这门课可以改进的地方是：	

我给广东省校长培训班主讲"周易文化"

（八）生活交际课程

深圳市在《关于进一步提升中小学生综合素养的指导意见》中提出："要培养学生的生活素养，让学生学会生活，提高学生生存能力，懂得利用身边事物创造更好的生活。"传统的应试教育往往只注重智力培养，学生在课堂内学习积累了大量的学科理论知识，却不懂得正确认识和处理人际关系，这使得当代青少年的生活自理能力缺乏锻炼和体验，对于自我和他人的知觉和理解力较弱。因此，本部分的课程主要是为促进学生社会生活能力的发展和发掘他们的人际智能而设计的。

开放式教育的本质是思维的开放，教育不应当是局限在书本上的教育，更应当是到生活中去的教育；教育不应当是局限在语、数、英、音、体、美等专业知识技能上的教育，更应当要有了解自我，了解他人的"以人为本"和处理人际关系的教育。所以本部分课程全部源于生活，向生活开放，让学生学会在生活中发现问题、思考问题从而解决问题。在课程创设出生活体验的情境里，我们会发展学生的反思能力、观察能力和交际技能等，让学生学会感受生活、动手创造生活。

世界著名教育心理学家霍华德·加德纳在《智能的结构》中指出，人际智能是指能够有效地理解别人与自己的关系，以及与人交往的能力，具体包括四大要素：①组织能力，包括群体动员与协调能力。②协商能力，指仲裁与排解纷争能力。③分析能力，指能够敏锐察知他人的情感动向与想法，易与他人建立密切关系的能力。④人际联系，指对他人表现出关心，善解人意，适于团体合作的能力。

我们注意到人际智能受社会文化的影响较大，对于来自不同文化背景的人，其人际智能的表现形式可能并不相同甚至有很大差异。我们很容易理解，来自不同文化背景的人，他们的空间智能或身体—动觉智能形式很易于统一，并易于做出比较，而他们的人际智能却很难用同一个标准来加以比较或评价。因此我们认为儿童在了解自己和了解他人之前，应当先对不同的社会生活文化背景有所认识，如本部分课程中的"西方礼仪""民俗小讲堂""趣味历史"等课程的设计就是为学生提供开放的多元化的生活文化视角，让他们更好地感知文化背景中的社会角色的自我认同。

人际智能培养，是在特定文化背景下进行的一个长期的教育和学习过程。我们在不同课程环境中培养和增强学生智能有不同的侧重方法。一是情境式，这种模式侧重于表现学生个性，促进学生进行自我认识和自我发展。教师通过创设游戏和情景模拟供学生探究社会角色和社会情景，教师在学生游戏的过程中，来研究他们和他人合作的方式和处理关系的能力，如"西方礼仪"课中的"我是小绅士""今天我当家"等活动。二是文化熏陶式，这种模式侧重于文化认识和促进学生人格发展。运用电影或文学作品为学生提供观察和推测的窗口来思考和理解人类的行为。当教师引导学生思考艺术作品中的角色行为时，这些行为往往显示出比现实生活更夸张、更典型的行为动机，这为学生提供了一种更简单也容易引起兴趣的途径去发展他们的人际智能，如"趣味历史""民俗小讲堂"等课程，用这种方式能更好地体现课程内容。三是体验式，这种模式侧重发挥学生的创造性和提高动手能力。我们知道，反复实践是习得能力的最好方式。如"茶之韵""美食烹饪""生活小妙招"这种类型的课程，直接解决了学生生活中遇到的问题，通过实际操作和体验来指导学生学习动手创造生活的能力，提高他们的生活质量。

案例——美食烹饪

课程名称：美食烹饪

课程类型：生活交际课程

开发教师：沈晓燕　周喜芬

学习对象：小学 4～5 年级学生

学习时间：每周 2 课时

一、课程背景

随着生活水平的提高，一直作为西方国家主食之一的烘焙食品进入我国后发展迅速。如今，烘焙食品已经成为都市人生活消费必需品中越来越重要的组成部分。据权威调查显示：近几年，烘焙食品市场每年以近 20％的速度稳步递增，而且随着人们生活水平的提高，生活节奏的加快，烘焙食品的需求还在进一步增大，已成为城市消费者的生活必需品之一。

烘焙能激发学生动手实践的兴趣。现代家庭中，一部分学生欠缺一定的生活自理能力。通过学习烹饪，既能了解饮食文化的传播和发展，又能激发学生动手实践的兴趣，提高对健康品质生活的追求。

基于这些问题，我们提出了将烹饪校本课程纳入学生培养目标，特别是把"会生活"作为一个特色目标来培养，目的就是要培养学生的生活能力、动手操作能力，提高学生的生活质量，提升学生的审美情操。

二、教学目标

（一）知识与能力

1. 了解中外的烹饪历史。

2. 了解中西饮食文化的差异。

3. 熟练掌握烘焙类、面点类、西点类美食的做法方法和技巧。

4. 掌握烹饪、平衡膳食及营养的合理搭配等方面的基本知识。

（二）过程与方法

1. 引导学生在仿中学，在学中创，培养学生的操作能力与创新意识。

2. 引导学生在生活中学习，在活动中学会生活，加深对自我能动性的认识和体验，建立责任感，培养自主学习、主动学习的志趣和情感。

3. 引导学生在做中学，在学中做，在活动中综合运用所学知识和技能，获得多方面的直接体验，培养理论联系实际的能力。

（三）情感态度与价值观

1. 体验学习烹饪的快乐，努力展示自我。

2. 训练、操作的过程中潜移默化养成自觉遵守的规则。

3. 通过训练，纠正急躁和优柔寡断的不良性情，增强积极进取精神。

三、课程内容

第一部分：了解中西方的饮食文化。

1. 了解中国面点类的起源与文化。

2. 了解西方烘焙类美食的文化。

3. 了解中方八大菜系的特点。

4. 了解西方美食的礼仪文化。

5. 中国传统节日与美食的渊源。

第二部分：观看美食类纪录片。

1.《舌尖上的中国》。

2.《中国美食探秘》。

3.《味道》。

第三部分：烹饪的基本技能。

1. 走进超市和菜市场

（1）认识和了解各种烘焙类工具，详细阅读其使用说明。

（2）认识各种调味品及使用途径。

（3）认识各种副食品及半成品，包括蛋挞皮、比萨皮等。

2. 认识和区分各种工具

（1）参观学校食堂，了解冰冻、盥洗区。

（2）了解各种烹饪设备的使用方法与技巧，包括电磁炉、电饭锅、电烤箱等。

（3）掌握各种工具的使用方法与技巧，包括打蛋器、电子秤、量杯、蛋黄分离器、裱花袋（嘴）、擀面杖等。

3. 搭配技巧

(1) 烘焙类的食品搭配（水果、干果类）。

(2) 肉馅的制作与搭配（各种饺子馅的搭配）。

(3) 寿司的制作与搭配（色彩与口味的搭配）。

(4) 叉烧的制作与搭配（腌制的手法与方法）。

(5) 汤圆的制作与搭配（汤圆馅的制作）。

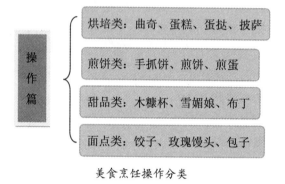

美食烹饪操作分类

四、课程实施

（一）基本原则

本课程以演练结合的方式授课，在实施过程中必须坚持实践性与创造性相结合的原则。

1. 实践性原则。在"美食烹饪"校本课程的实施过程中，教师要让所有的学生都参与进来，进行实际练习和操作，让学生学习真正的烹饪技巧。具体实施过程主要是：展示制作流程—挑选材料和工具—区分各种材料和工具的使用—称量材料—老师演示—学生操作—小组独立操作—独立制作成品—成品展示—师评与互评。

2. 创造性原则。在"美食烹饪"校本课程的实施过程中，注意培养学生的竞争意识，发挥学生的个性特长，激励学生创造意识，培养创新能力。具体实施过程中，激励学生小组合作时可以根据材料属性来更改配方，抑或在造型时发挥灵感。以烹育人，乐在"烹"中。

3. 合作性原则。在整个过程中，学生都要相互合作，分工明确，共同完成某一项烹饪任务。任务完成后，小组要合作完成清洗任务。让学生在整个过程中体验创作新作品的喜悦，也感悟劳动的辛苦。

（二）注意事项

1. 用水、用电安全。烹饪过程中，涉及电磁炉、电烤箱等电器的使用，还有刀具的使用，因此在活动中，要提醒学生用水、用电、防滑等安全意识。

2. 食材的新鲜安全。在烹饪过程中，要注意食材的保鲜。同时，采购地点要选取可信赖的商场和超市。

3. 个人卫生。在烹饪过程中，要注意保持个人卫生。要穿戴厨师服，头发要盘起收进厨师帽；要戴好口罩；接触食物和工具前，一定要彻底清洗双手，并且不能随意触碰其他地方；烹饪完成，要彻底清洗所有工具，保持干燥；所有工具要存放在固定的位置，保持卫生。

五、课程评价

（一）评价方式

形成性评价与总结性评价结合，以"5☆"为依据考核学生在日常教学中的实际操作能力及创新技能。

（二）评价方法

1. 日常学生评价

根据学生在日常学习中的考勤、烹饪操作、清洗、着装等表现考评。

2. 阶段性评价

（1）作品评价：对学生每一次完成的作品进行综合评价。

（2）组间评价：由小组长考核，对小组成员课堂表现进行评价。

（3）竞赛评价：对学生合作完成的作品进行评比。

3. 总结性评价

每学期末对学生进行总结性评价，每个学生完成一份满意的作品，设计一桌美食，邀请学校领导和家长参与评价。

评价分四部分：自评部分、互评部分、师评部分、家长评部分。

自评部分：20分（自我评价，为自己的作品打分）。

互评部分：20分（同伴之间互相打分）。

教师评价部分：30分。

家长评价部分：30分。

社会反响

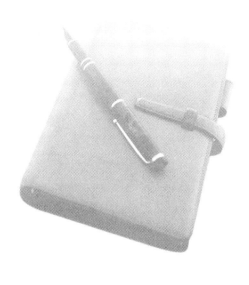

一、朱小蔓：可贵的创新探索

当今社会正在发生前所未有的大变迁，尤其是处于改革开放前沿的深圳，城市化进程的急剧加快，使以人为本、科学发展、和谐社会的主题日益凸显。相伴而来的教育问题，如学校的城市化变革、校际均衡发展、校本教师科研与培训、学校德育生活化与社会化、网络时代学校文化精神重建等问题，作为时代性新课题和经济发达地区社会进步与发展过程中必然出现的新课题，严肃地摆在我们一线广大教育工作者和科研工作者面前。我们只有认真地、科学地、尽快地回答，只有深入地、持续地、创新地研究，才有望切实推进学校素质教育的均衡发展和人才培养模式的变革。

张云鹰是一位思维活跃、善于学习、勇于探索、敢于创新的专家型校长。我与她有过数次接触，也阅读过她写的文章，尤其是《为和谐社会培养现代城市人》一文，令人深省。她率先提出"培养现代城市人"的教育理念，并且一直带领着全校师生在理论和实践上执着地进行探索。仅仅三年多的时间，一所原属农村、基础较差的小学，很快转变为一所被政府、社会、家庭以及教育界共同认可的省一级优质学校，一所融入城市新文化的小学。我相信这是先进的教育思想与创新性实践结合的力量所致，是云鹰校长倾心教育实践研究的智慧之果。

实践之树是常青的。《教育智慧与学校创新——一名小学校长的教育践行》系统地反映了她在西乡中心小学卓有成效的理论思考和实践探索。全书以探索培养现代城市人为主题，以探讨社会变迁、文化冲突与教育转型问题为主线，以教师专业化发展特别是提升教学科研能力为第一战略，对城市化进程中的小学教育基本问题，如办学模式变革、开放课堂教学、推进课程改革、学校德育创新、启动科学教育、开发网络科技、丰润学校文化、优质教育资源整合、打造学校特色与品牌等，都进行了深入的思考，其中不乏创造性的观点和宝贵经验。全书生动地记录了一所农村小学的现代变迁、透视出当代中国教育改革与发展的轨迹、提出许多值得人深度思考的问题。我认为它是一项来自第一线的鲜活的教育科研成果，因为研究者的研究动机在于立足学校、主动适应社会发展需要，在于以教育研究促进教育工作，提高办学质量。这样的研究态度和研究方式是非常值得肯定的，也应当在一线教师和校长中大力提倡。

近几年来，人们对深化素质教育问题存在许多的困惑，到底素质教育是一种理念还是一种可以推进的改革行动？今日社会到底需要什么样的道德教育，培养什么样的人才算实现了教育目标？到底办什么样的学校才叫人民满意的学校？在新的条件下，我们如何认识和体现以人为本、均衡发展、资源建设、校本科研等？云鹰的这本著作以自己的行动和经验给出了大量有说服力的回答。如将培养现代城市人作为转型学校改革的方向，把现代城市人的人文与科学素养具体化为素质教育的核心内容；以大力提升教师的整体素质作为打造学校品质的根本；有计划、有策略地加强学校文化建设；营造回归生命、生活、社会的道德教育，积极探索新时期的德育机制，在校园建设"西小电视台"，凸显网络时代文化特征；大力推进科学教育、国学教育、信息技术教育、绿色教育、生命教育、开放教育等，都使人们十分信服地看到实施素质教育的巨大潜力和创造力，从而对素质教育本土化的发展前景抱乐观态度。

朱小蔓 教授参观我们的泥塑课程

学术贵在创新，创新需要智慧。教育研究作为一种实践性很强的学术，它的创新必须立足于社会实际对教育发展的需要。我多次讲道，如今的教育知识生产方式正在发生重大变革，教育学术研究已经不再是大学、科研机构的专利，大学教授和科研人员必须深入基层、深入课堂、深入具体的教育实践中去，向实践学习、向一线教育工作者学习，只有进行扎根性研究，才能生产出现实教育改革与发展所需要的科研成果，才能体现学术研究的创新活力。教育研究又是人文性很强的研究，其中许多的研究课题其实是与研究主体的精神状态、人格品质相关的。云鹰校长的研究，给了我们很多启示。

（朱小蔓，著名教育家，北京师范大学教授、博士生导师，南京师范大学原副校长，原中央教育科学研究所所长兼党委书记，联合国教科文组织国际农村教育研究与培训中心原主任，中国陶行知研究会原会长。）

二、袁振国：不断成长中的开放式教育

教育的发展，既要遵循最基本的人才成长规律，也要适应时代发展需要。在经济全球化时代，要培养全面发展、具有开放视野和开放精神的新世纪人才。在这样的大背景下，传统教育如何进行大刀阔斧的革新来满足社会和时代的需要？对于这样一个重大命题，张云鹰校长经过多年的教育实践和思考，给出了一个答案——开放式教育。

诚然，如张云鹰校长所说，当下各种各样的教育口号和流派层出不穷，风起云涌。衡量这些思想和流派是否科学、是否有价值，最根本的还要看它们是否符合人的发展规律，是否对人的成长有真正的推动作用。张云鹰校长提出的"开放式教育"，以马克思主义关于人的全面发展学说为理论基础，与加德纳的多元智能理论一脉相承，也很好地体现了陶行知先生所提倡的"教育即社会""教育即生活""教育即成长"的理念。

2015年5月，深圳市第六次党代会上明确提出，要加快构建创新型开放式现代城市教育体系。这一提法与张云鹰校长的"开放式教育"理念不谋而合。由此，我们不得不佩服张校长先进的教育洞察力和前瞻性。我们欣喜地看到"开放式教育"鲜明的"地缘性"：它的酝酿与实践，离不开深圳这座改革开放之城，也离不开中国的具体国情。深圳是中国改革开放的前沿阵地和窗口，外向型的经济、多元的文化、年轻的市民以及充满活力和创新的社会环境，使它成为中国开放城市之一。

本书信奉的理念是学校教育不仅应该对学生的升学考试负责，更要对学生的终身幸福负责，要为学生的幸福人生奠定一个坚实的基础。基于这样的信念，她致力于把封闭的教育、应试的教育改造成开放的教育、全面的教育即培养全面和谐发展的人的教育。

　　书中一切围绕开放而展开。作者认为，开放式教育包括教育信息空间和沟通渠道多元化，教育功能纵深化，教育方法多样化，教育技术手段科学化，教育评价个性化，师生关系民主化。开放式教育是公平的，是面向全体学生的，是学生主体自主选择的。这种开放式教育的内容和模式，既是一种思想、一种理论，又是一种课程、一种活动。它是从满足现代社会建设和学生身心发展需要的整合观点出发，将教育目标指向培养和谐的、具有国际视野和现代科学文化素质的都市人，是培育公民社会的一个最有效的途径。学校要优质地服务个体、家庭、社会发展的要求，就要从未来和人的需要角度出发，去规划今天的教育。

袁振国教授参观坪洲小学

　　张云鹰校长在深圳城市化、现代化、国际化的社会转型过程中，在"开放式教育研究"系统中，关注点始终在"人"，提出"培养现代都市文化人"的教育理念，形成的"开放式语文教学"已辐射全国，创造性构建并组织实施教师专业发展"三格层次、三环道路、三维空间"的三·三制，精心打造"读书的女人最美""洲际视野""配方课程""领袖训练营""潜在天才培养"等文化品牌，带领一所新建的学校在城市化进程中实施"开放式管理""开放式德育""开放式课程""开放式教学""开放式手段""开放式评价""开放式文化"，使之在短短的几年时间里成为一所被政府、社会、家庭以及教育界认可的优质学校，市民家门口最满意的学校，一所融入城市新文化的知名小学。因为有了"开放式教育智慧""开放式教育支撑""开放式教育定位""开放式教育新人""开放式教育观念"，她所在的学校、课堂、课程发生了静悄悄的变革，师生面貌也因此产生了深刻的变化。

教育理念、概念的提出，仅仅是向前迈了一小步，没有长时间的实践和不断地总结、提炼、完善，是难以形成让人信服又具有可复制性的实践经验的。张云鹰校长的可贵之处是她数十年如一日始终探索、践行"开放式教育"，并且通过不断的学习思考来完善其理论体系和实践路径。《开放式教育》一书的修订完善和再版，就是她孜孜不倦探索的最佳证明。当然，开放式教育还需要不断探究、思考，还需要各方面的关心、扶持。同时我也希望"开放式教育"在全国开花结果。

（袁振国，著名教育学者，现任国家教育体制改革领导小组办公室副主任，国家教育咨询委员会秘书长。曾任华东师范大学教育学系主任、教授，北京大学、浙江大学、复旦大学兼职教授。）

三、王跃文：我所认识的张云鹰

教育界知名人士张云鹰是我的溆浦同乡，也是我的朋友。

湘地山水美，湘人嗜辣、肯干，做什么都有股子韧劲儿。我与云鹰交往数十载，彼此都十分了解。她虽已移居深圳20余年，但她身上依然保留着湘妹子的禀赋，襟怀高远，奋斗不止。用湘方言说，她是很"霸蛮"的。她一直都那么活力满满，对生命、对未知、对所从事的教育事业满怀热情。她自从选择了自己热爱的教育职业，就从未有所懈怠，更不生半丝悔意。她把这份热爱化作永不枯竭的动力源泉，像阳光一样明亮耀眼，照耀着她所喜爱的一切事物。平心而论，她的人生经历是相当曲折的，她为事业的拼搏亦是相当艰辛的，但她留给我的印象总是那么阳光。

云鹰的身世很让人感慨。她三岁时被养父母从长沙抱到溆浦养育，至今不知道自己生身父母姓甚名谁，这是人生的隐痛，但她在养父、养母面前始终是很孝顺的。云鹰对此的坦然与豁达，让我敬佩，正如她自己所说："我觉得人在这个世界上走一遭，其实就是把自己几十年的人生，走得愉快一点，走得有追求一些，做点自己想做的事情就好。所以我从哪里来，要到哪里去，倒不是最重要的事情了。"

云鹰的乐观和大气，以及追求事业的执着，为很多男子所不及。这也是她今天取得如此成就的原因。云鹰，正像她的名字所示，恰如一只翱翔于云天的鹰，目光比常人高远。早在 20 世纪 80 年代，她就开始在她的教育良田上实验：用 5 年的时间完成小学 6 年的任务，并把她的小学生一直送到初中。其中教育教学过程中的艰辛我是无法体会的。那时候，很多人的观念并没有及时跟上改革开放的节拍，惯性和积习让他们或者徘徊观望，或者故步自封。我也是师范院校毕业的，但因"弃教从文"，所以我无法想象在当时较闭塞的环境中，云鹰能有如此实验的想法，且实验结果甚好让她成了当地教育界的名人，这是难能可贵的。

1997 年，正值香港回归，云鹰去了改革开放的前沿阵地——深圳。她的选择看似机缘巧合，或者有些误打误撞，其实从生命中不为人知的隐秘来看，又是必然的。她的开拓精神、她的果敢勇气、她的创新胆略都和深圳这座城市的气质非常契合。可以说中国教育未来的改革，需要的也是她身上的这种品质。

深圳是块可以做到人尽其才的事业开拓地。云鹰的才华在这里有了发展空间，她身上湘人那种踏实能干的作风也得到了肯定。但她走过的路也并不是平坦、顺畅的，这其中的故事她在这本书里讲得生动至极，叫人读来不免感叹唏嘘。

云鹰走过的路并不是步步轻松的，有时候她的步履也十分艰难，但她总能举重若轻，尽量把身上的包袱减到最轻。当年迫使她从溆浦县调到怀化地区教育局，又从怀化走向深圳的原因说起来一言难尽，是"孔雀东南飞"也好，是家庭变故也罢。但在我看来很简单：她是一只鹰，命运就是要远走高飞。当然，这是我的文学化表述。说得理性些，其实是一个具有开放思维品格的人和逼仄的人文环境不适应。忍耐或是出走，云鹰的选择肯定是出走。

初到深圳时，云鹰对自己的前途并没有宏观的、长远的规划。她知道那里有很多新创办的民办学校，即使再不济，一所学校一所学校教下来，自己的教育人生也能走完。所以，在最坏的打算下，做最好的事业，也未尝不可。何况有些人身上的光芒，在任何时候、任何环境下，都会散发出来。

深圳是座开放包容的城市，有机会让她的开放式教育思维一步步完善，一点点成熟，她的教育之路越走越宽。鲜花掌声之外的她，依然是一副热情饱满的样子，

著名作家王跃文惠赠我书法

她有更多的事情要做，有更多的心愿要完成。

自然有一年四季的轮换，而我总觉得云鹰的世界里只有生机盎然的春天，永远都在萌发新的念头，做新的事情，拓展新的领域。

云鹰出版过《开放式教育》《开放式阅读教学》《开放式活动课程》等书，印象最深的是她写的一篇散文《阅读美国城市》，见解理性而深刻，气象开阔。我那时候就想，也许云鹰出版一本她个人成长经历书，会比这篇文章更精彩。

我和云鹰都在各自的城市忙碌着，但每每有相见的机会彼此都不愿错过，要么在湘江边小聚，要么去深圳看看她美丽的校园。记得2017年1月，我到深圳出差，正值长篇小说《爱历元年》刚出版。我给云鹰赠书时，她问我要一幅字。我写了几幅，她毫不犹豫地挑选了"建安诗骨，蓬莱文章"，她说自己很喜欢李白"蓬莱文章建安骨"一句，更喜欢当年诗人的豪情怡兴、神思飞跃。我想，她骨子里是个诗人。

云天之上，有鹰翱翔。我会一直默默地祝福云鹰，愿她越飞越高远。

（王跃文，当代作家。现任湖南省作家协会主席、党组副书记，中国作协主席团委员。）

四、许作佳：张云鹰为何"超级特别"

《师资建设》刊载了广东名师张云鹰的优秀事迹，并由英语编辑室将其翻译成英文张贴在网站上加以报道，她的事迹迅速引起了世界各地读者的强烈反响。一位来自波兰华沙的读者 Karola 在浏览了她的事迹后，情不自禁发表感叹："超级、特别漂亮！（Super extra Beautiful!）"可见，伴随着张云鹰的"超级特别"，她的事迹已经得到了国际友人的关注，并且得到了大家的认同。那么究竟是哪些因素使她"超级特别"呢？

云天翔鹰，扬帆西海。再一次浏览张云鹰的学校管理创新写实，仿佛面前站立着一个漂亮而又浑身散发着自强不息精神的女强人，仿佛看到了平凡岗位上的教育家。的确，张云鹰身上具备了未来教育家的素质，仔细阅读她的事迹，就更加印证了这一点。

在我们看来，要成为一个教育家首先得是一个实践家。从担任西乡中心小学校长以后，张云鹰这个名字已享誉深圳，甚至在全国都有一群她的崇拜者。她把"科研、创新、开拓校长"作为自己的定位，把"争创省内一流、国内知名的现代化学校"作为学校发展的愿景，并且为此矢志不移。愿景清晰，目标明确，她犹如一只蓄势待发的雄鹰，目光朝着理想的彼岸，坚定不可动摇。明确了方向，关键还在于执行，智者与愚者的区别就在于此。张云鹰以身作则，显示了她强有力的执行力。创建学校制度的时候，她深知时间的宝贵，学校不可一日无纲。于是，她毅然决定放弃暑假个人外出休假的机会，利用时间充分调研、潜心思考，结果为学校的管理和教师的岗位职责，制定了明确的方案和细则。学校教师为之感动。在张云鹰的引领下，教师们形成了厚重的教育使命感、激越的教育情怀、强有力的执行力并享受到职业的幸福感，学校荣誉自然不在话下。

实践能引起人的思考，从实践中反思、总结经验才能成为一个思想家，而这也是未来教育家的必经之路。在校本规划的时候，张云鹰就已经在积极努力地思考，她决定把"培养现代城市人"作为全面实施素质教育、推进基础教育改革的一项综合性校本研究课题。通过她那富有创造性的思维，她把"城市人"界定为"有德行、有智慧、有活力、有情趣、有气质的城市公民",提出了"教育一个学生,带动一个家庭,辐射一个社区"的开放教育模式。这一育人理念得到了各级教育专家的高度评价,被认为将"启动一场城市文化建设的教育观念革新"。张云鹰用实际行动证明了她成为一个思想家的实力。

要成为一个真正的教育家,得有自己的系统理论,并且还要不断丰富和完善,即教育家还得是一个理论家。张云鹰有自己独特的管理学校的思想:在情感管理方面,她创造了学校教师立体化培训模式;在制度管理方面,她以制度管理与人本管理相结合,缔造了学校生动、和谐的美丽景观;在文化管理方面,她带领建立了以人为本的管理文化、多元价值的课程文化、高效智慧的课堂文化、开放互动的教研文化、和谐发展的培训文化以及儒雅生态的环境文化。结合儒家、法家、道家文化,她总结出了学校管理的三种管理模式:情感管理、制度管理、文化管理,并以此为题撰文发表,影响颇大——这是张云鹰的理论。毫无疑问,张云鹰正在朝着一个理论家的方向迈进。

回过头来,那位外国友人所评价的"超级特别"是否已经清晰可见了呢? 张云鹰是一个教改科研的实践家,也具备了成长为教育家的潜质,与此同时她也正前行在教育家的康庄大道上。她脚下的舞台越来越宽阔,天空也越来越高远……

五、《人民教育》:开放式教育

——指向儿童心灵的解放

在深圳前海湾宝安区,有这样一所学校——

它 2011 年始建,却在 8 年的时间内闻名深圳乃至全国,荣获特区"创新领跑学校""最具变革力学校"等称号;它占地仅 2.1 万平方米,却一步一景,色彩斑斓,文化气息浓厚,特色课程享誉深圳;在这里,教师衣着高雅,精神振奋,学生落落大方,充满活力。

每年有数以千计的专家、教师到访参观,渴望了解、学习深藏在这所小学中的办学秘密。当他们向教职工询问时,得到的答案会是:校长张云鹰。可如果用同样的问题问张云鹰,她的答案却是"开放式教育"。这是她力量与热情的源泉,也是她最宝贵的果实。

"开放式教育"究竟是什么？教育要向哪些方面开放，又该如何开放？开放又为教育带来了哪些清新空气……

（一）"开放式教育"在深圳发芽

深圳，改革开放的前沿阵地。从一个默默无闻的边陲小镇到现代化国际都市，张云鹰的教育梦想在这里发芽。

1997年2月，"全国小学语文优秀教研员"张云鹰从湖南南下深圳，在2003年通过全国公开招聘，成为宝安区西乡中心小学新任校长。

从事多年教学、教研和培训工作，张云鹰终于获得了一块属于自己的教育"试验田"。"只有在校园中，才能真正将教育理想实现。"她想，"如果我当校长，一定会让我的教师有更好的发展。"

但开学第一天的场景着实令她吃惊：清晨的校门口，学生家长穿着拖鞋、睡衣接送学生，学生们衣着邋遢、说脏话……这里真的是深圳吗？

当时，深圳超过100米以上的摩天大楼已有近1000栋，地铁通车里程297千米，拥有近千座公园。从小渔村变为国际大都市，万千转变似乎只是朝夕之间。

教育领域的变革并非如此。它需要思想、观念、体制的全面革新，需要在一届一届的学生中持之以恒地耕耘，更需要不断回应这个快速变化的时代，尤其需要教育者不断思考、学习，打开自身。

2004年，随着深圳宝安、龙岗两区现有的农村人口全部转为市民，深圳成为全国首个"没有农村的城市"，但以产业工人和本地农民为主体的居民，要如何跨越"洗脚上田"和"洗脑进城"之间的鸿沟？开学第一天，这个被外界戏称为"文化沙漠"的城市就向满怀教育理想的张云鹰发问：西乡中心小学要成为一所什么样的学校？它要培养什么样的人？

结合深圳的变化和西乡中心小学"农村小学"的前身，敏锐的张云鹰迅速找到了自己的位置——从适应社会需求的角度看，我们要培养的是"现代都市人"。

"教育一个学生，带动一个家庭，辐射一个社区"，张云鹰把"城市人"界定为"有良好生活习惯和人文素质的城市公民"，对照设定的一条一条标准，从影响教师开始，对学生从最基本的礼仪、礼貌教起，甚至每周末亲自给家长上家庭教育课。

渐渐地，学生、教师变了，校园风貌变了，就连家长也和从前不一样了。

作为育人机构的西乡中心小学自觉承担起社区文化教化功能，也让张云鹰第一次感受到：校园从来都不是也不应该是一个封闭的存在。学校教育是开放的系统，不应该也不可能在完全封闭的状态中寻求自我发展。

学校影响社会，社会哺育着学校。许多年后，张云鹰明白那就是"开放式教育"理想最初的种子。

多年后，这颗种子发芽开花，拥有了更全面的定义——开放式教育，即向四面八方打开，建立起各种有效联系沟通和协调统筹机制，进行立体式教育，让学生在良好生态中健康成长的教育。它通过建构起复杂性思维范式，最终指向儿童心灵的解放。

（二）学生为什么写不好作文？

让我们暂时退回到 2001 年。

教育部印发《基础教育课程改革纲要（试行）》，深圳市基础教育课程改革序幕拉开。2002—2003 年，福田、罗湖、宝安等区相继加入省级课改试验区行列，义务教育阶段课程改革全面展开，深圳 545 所学校参与课改实验，占全市中小学总数的 99%。西乡中心小学自然也在参与之列。

做校长，"看门房"不如"进课堂"，要完成农村学校城市化转型，就必须提高学校的整体管理水平和教学质量，其推进的落点只能是课堂。

为推进学校课改，新官上任的张云鹰先进行了一轮"地毯式"听课，并很快发现了学校教学中的问题：由于学校长期没有主管教学的校长，整体教学质量较低，课程缺乏体系化设置。课堂上，不少教师要么如 20 世纪 80 年代般传统封闭，要么放任式自主学习，盲目探究。

比如，语文教学中的作文，这项最能体现生命活力的内容，苦于不被重视及教学无序等问题，多年来都只是语文教学的附庸和孤岛，受单一评价方式的影响，往往课上了不少，学生写作能力却没有起色。

校长要成为"教学的发言人"，就必须做好教学改革的示范者和引领者。于是，教研员张云鹰亲自上起了语文示范课。

在教师职业生涯的开始，17 岁的张云鹰就曾仔细思考过作文课的问题：学生水平参差不齐，批改作文时很多中学生写出来的作文几乎没有一句话让人能读得通，而且错字连篇，连小学生都不如。

能看的书籍太少，怎么办？初出茅庐的张云鹰干脆带着学生来到田埂上观察：春天来临的最初标志是什么？谁会欣赏大自然的音乐？果园里有什么？稻田里有什么？通过观察和发现，再引领学生进行表达，效果果然很不错。

忆及这个小小的"作文课实验"，再结合多年来的教研理论，张云鹰第一次提出开放的口号。何不再次用"走向田野"般的生命化体验代替繁杂冗长的讲解，改造封闭课堂，打开教学与生活的通道？为了进一步帮助学生"用眼睛去发现，用心灵去体验，用语言去表达"，她又从思维、情感、内容、文体、表达、范式、评价等领域探索开放，学生会写、爱写，兴趣和能力都得到了提高。

开放式作文课一成型，就在语文教学领域引起不小反响。

现场观课后，全国小学语文教学研究会会长、人民教育出版社小语室原主任崔峦感慨："此项教学实验大面积提高了学生的作文水平。开放式作文教学经验取得了明显成效……不论是城市还是农村，东部的还是西部的，沿海的还是内地的，都可以来借鉴。开放式作文教学有很大的推价值，有普遍的适应性。"

以"开放式作文"为起点和圆心，张云鹰和团队向语文教学的其他角落发起探索。他们以"生命化课堂"为理念，构建以"表达"为核心的语文课堂，开放以"活动"为中心的语文课程，逐渐形成"开放式阅读教学""开放式作文教学"和"开放式活动课程"三大理论框架以及特有的儿童观、学习观和教学观。

教学向四面八方打开，"开放"元素从教学组织方式展开，不期然与多年后流行的"翻转课堂"和"学科打通"相遇。"比如我上'月光曲'一课时，就是先听音乐，贝多芬的《月光曲》一开始很轻柔，慢慢地起波澜……然后带领学生从《月光曲》的文字中找到这些对应点，深入理解贝多芬的心情变化。语言课堂向音乐课堂开放，同时也是向生活开放。"张云鹰说。

立体育人，还需要活动课。张云鹰亲自设计从一年级到六年级的 84 个语文活动课，"趣说汉字""古诗词派对"……语文课从来没有这样新鲜有趣。校本教材《新小学语文活动课程设计》的出版，更为学校教学带来了一股生机。短短两年时间，西乡中心小学就被评为"宝安区学科活动课程特色学校"。

之后，张云鹰还相继出版了《开放式阅读教学》《开放式作文教学》《开放式活动课程》《开放式教育》等系列著作。到 2014 年，"开放式语文教学"走向成熟，先后获得 2014 年基础教育国家级教学成果奖二等奖和第八届广东省基础教育教学成果奖一等奖第一名。

（三）课程向学生兴趣开放

2011 年，带着"全国优秀校长""广东省特级教师"的称号，张云鹰离开西乡中心小学，来到初创的坪洲小学。虽然坪洲小学在区直属学校中地域最偏、生源环境最差，但张云鹰依然满怀"用先进的教育理念办平民的学校"的信心。她相信，带着"开放式语文"的成功经验，这所新建学校可以毫无负担地迎接自己开放式课程改革的梦想。

综合考虑育人目标，张云鹰和团队将"开放式课程"落实到国家课程、活动课程、"配方课程"三个层面。

在国家课程层面，"我聚焦'动态实施国家课程'，虽然我们都教一门语文课，但是实施过程不同，通过活动式教学和开放式教学，优质完成国家课程"。从学科核心素养出发，他们为每一门课程设定"一个核心词"，比如语文是"表达"，英语是"运用"，艺术是"审美"，体育是"意志"……再以这些词汇为基础，采用开放式课堂教学对传统课程进行变革，通过学科教学内部的开放、学科之间的开放和学科向生活、社会和自然的开放，真正实现因材施教。

"第二个层面是活动课程，每两周要安排一节，通过活动激发学生兴趣、激活学生大脑，这也是我们的课程特色；而到了提升层面，就是'配方课程'。"张云鹰介绍。

"配方课程"是张云鹰在坪洲小学的"新发明"。2011 年 9 月 12 日，学校建校初期就召开了一场开放式配方课程研讨会，会后教师们达成共识：在实施国家课程的基础上，开发具有学校个性化特色、满足学生需要、充分落实学校培养目标的"开放式配方课程"，让学生有权为自己的未来选择自己感兴趣和有发展空间的课程。

"配方"，其意取自中药配伍，"医生要对症下药，学生也要个性化培养"。而"配方"的来源，还要追溯到霍华德·加德纳多元智能理论的影响。研究中，张云鹰发现加德纳在教育改革实践中十分主张学校成为"学生课程的代理人"，与学生、家长、教师、评估专家一起参与智能的发现和推荐，帮助学生选择适合自己学习方法的课程。

于是，根据国家的培养目标、教师的兴趣爱好、学生的学习需求三个匹配原则，坪洲小学陆续开设了 94 门配方课程，囊括语言发展、数学逻辑、空间创意等多个领域，兼涉八种主要智能发展，课程设置开放了，立体化育人得以贯穿始终。

课程的开设需要教师提出课程目标、内容、实施和评价方案，提交学校课程委员会审查批准；课程动态设置，学生网上自主选课，根据个人爱好和发展综合调整。每周一至周四下午 4 点半后按照年级开展，每周五下午全员走课。那时，整个校园成了"配方"的狂欢海洋。

张云鹰认为，"配方"的可贵之处在于，"它打破了原有学科教学的封闭状态，把学生置于一个动态、开放的学习环境中，为其提供了综合学习机会，从而开发多元智能"。

2017 年，湖南卫视拍摄《小戏骨：红楼梦》，选中坪洲小学在读学生陈舒宜饰演贾元春。采访中，陈舒宜特别提到，是坪洲小学的三门"配方课程"——健美操课、合唱课和英语话剧表演课，为她开启了艺术之门。

普通教师也在开设课程中实现了自我成长。美术教师符秋红的配方课程是青花线描，她因帮助学生在各类器物上描绘传统图样而广受欢迎，为了更好地开展教学教研，她还成立了自己的青花线描名师工作室。

教育方式个性化、教育空间立体化、教育渠道多样化，通过开放，从语文课到数学课、英语课，再到音体美课堂，坪洲小学逐渐形成了一套符合科目特点的开放式课程体系。"开放"不再是小荷才露尖尖角的萌芽，已成长为评价教学和课程的标尺。

（四）管理，向文化开放

在西乡中心小学和坪洲小学，教职工的风貌都相当特别：从新入职的教师到有多年经验的教研组长，再到专门的行政管理人员，都衣着优雅，精神饱满，困扰教师的"职业倦怠"和"七年之痒"，在这里都不成问题。

这支队伍是怎么塑造出来的？张云鹰的管理秘诀就在教学楼天井中的三尊铜像上。建校之初，她就把儒、法、道三家"祖师爷"请到学校做"镇校之宝"，并基于三家思想，逐级演绎"智慧管理"，即情感管理、制度管理和文化管理。

"情感管理要体现'以人为本'的儒家思想，建立以教师文化（我的岗位我负责、我的工作请放心），学生文化（勇于做主、敢于超越）为核心的管理文化。"

2005年，张云鹰曾在《人民教育》上发表《小学教师专业化发展"三三制"》一文，总结专业人才的"三格"层次、"三环道路""三维空间"，作为教师职业发展的框架、通道和目标。依照"三三制"原则，无论是新教师、青年教师还是骨干教师，都被推上"专业发展的轨道"。

张云鹰总是对教师说，"你心里有工作，我心里就有你。""教师不是为校长打工，而是为自己的履历工作。"多年的治校经验让她深刻认识到，教师才是教育的核心。如果每一位教师都能走向自我成长的轨道，学校就能成为一个自我生长的有机体。

无规矩不成方圆，坪洲小学也离不开法家的"制度管理"。初到坪洲小学，张云鹰就发动全体教师参与，共同制定学校五年发展规划，明确提出以"开放式教育"理念为指引，推行"名师治校、质量立校、科研兴校、文化强校"的办学策略。以此制定学校发展的阶段性目标，建立起各项管理制度，汇编出适合学校发展的管理制度专集《方圆广视角》，形成目标管理与制度管理有机结合，"年级负责制"与学科教研组相互协调，党支部、校委会、教代会三者责权明晰的制度框架。

而这一切最终的导向，则是文化管理、"无为而治"的高渺境界。无论是为教师设定"灯塔"与"轨道"，还是为学校设立阶段性目标，令制度内化于日常，虽然不刻意花精力去做管理，但在学校的文化磁场中，每一位教师都能感受到蓬勃的向心力量。

张云鹰常笑谈自己效法孔子，"五十学《易》"。她也得出了一些管理心得："'乾卦'属于领导管理的模式，强调上下一致，表现为统一权威；'坤卦'象征环境管理模式，关键是包容兼顾，舒畅平衡；'震卦'属于创新管理模式，关键是创始初心，激发活力；'艮卦'是变革管路模式，关键是积极变化……每一卦其实都有各自的一种管理思想。"

由此，经过十年的探索，张云鹰将开放式管理的理念定位于"让智慧做主人生"，构建智慧的管理体系，用智慧的教育去开发学生的智慧，用智慧的爱去引领学生自由成长。

（五）开放，回归教育的本源

坪洲小学自觉深入拥抱着中华优秀传统文化。"以'正'治校"的磁场，在"蒙以养正，文明以健"的校训中成为一种具象化的文化表征。二者意为在启蒙教育阶段就要采用正确的方法去培养人走正道，养正气，做正人君子，要用文明的思想强健自己的心灵，将学生塑造成"文明以健"的少年君子。

为此，张云鹰甚至为每一个建筑物赋予"正"的名字——进校门是整顿衣冠的"正己台"，各教学楼分别叫"正德""正言""正心"，还有"正观亭""正气门"……只有心正身正，才能经受未来人生的风浪。坪洲小学要培养的，就是这样"风吹不倒"的人。

书香文化也弥漫于校园的每一角落。除了学生阅读活动，学校还用阅读滋养好教师，每周一下午4点半的"读书沙龙协会"系列分享从不间断，每月坚持给过生日的教师送书已成传统，每年一次大型的"读书的女人最美"专场晚会，年末评选年度教师阅读奖、承担全区教师阅读推广大会……

在坪洲小学校园里散步，你还会被各式各样的新奇事物所吸引：教学楼层外墙色彩各异，天蓝、碧绿被赋予了不同的色彩性格；教学楼间的天井里，地动仪模型与八卦图、"智慧门"相映成趣；长廊上展示着各个国家的文化地标，新开设的岭南学堂古色古香；小花园茂林修竹，一步一景；幽静校园一角，150多种中草药正在默默生长。

置身其中，教师们时常能接收到各式各样的熏陶：服装搭配、读书会、文艺活动……"洲际视野"讲堂里每周都有教师演讲、交流；邀请专家进场，用最前沿的信息活跃教师头脑。

让坪洲小学闻名深圳的"八节"，原本是作为配方课程的展示方式，最终在"活动育人"上找到落脚处。"踏青节""健美节""秀秀节"……每月都有节，每节都有奖，学生们在"节日"中展示着配方课程中的成果，同时互相配合、互相鼓励。以每年9月初的"雏鹰节"为例，学校会为每一个新生进行"朱砂启智"，意味着启蒙教育的开始，继而率领学生和教师在孔子像前进行拜孔仪式，教育过程因此被赋予了特别的仪式感。

"'八节'也分别代表了健康、创新、感恩、学习等价值理念，通过'八节'，我们把活动与德育课程结合在一起，让活动育人具体化，真正体现了学校的全员全程全方位育人，也成就了学校的文化特色。"张云鹰说。

学校没有"围墙"、课程没有"边界"，教学不是"灌输"、儿童就是"儿童"，这就是张云鹰心中开放文化的样子。

学校的围墙被"打破"了，对外接待、参观学习成为学校的常态。无论有多少教师和专家来访，学生都落落大方，上前敬礼叫一声"老师好"；校长随堂听课，教师无须刻意准备，教师之间互相听课评课，开展教研。张云鹰说："我们的课堂没有任何私心，教师科组之间的交流更注重团队精神。毫不保留，心态开放。"

学校环境多元化，教育空间立体化，就像正言楼三层的标语"做一朵有思想的云"所暗示的那样，这朵飘来荡去的"文化"之云已降为甘霖，浸润于校园每个角落。

"因为'开放'，我们看到了学校师生绽放的激情，厚重的责任和无限的可能。'开放'已成为我们追寻教育价值的外在形态和创新内容，'开放'也成为坪洲教育人心中最明亮的灯塔。"张云鹰说道。

"全国开放式作文教学研讨会""全国小学语文阅读教学与提升语文素养研讨会"先后在坪洲小学召开。

而张云鹰本人则花费大量时间读书、思考、写作。她笔耕不辍，出版了多本教育教学专著，兼顾教研、管理和培训，在知识的更新中开放自身，保持头脑和思想的开放。

是的，归根结底，所有的开放都来自思想。

"'莫春者，春服既成，冠者五六人，童子六七人，浴乎沂，风乎舞雩，咏而归。'这不就是最完美的开放式课堂吗？"在采访中，张云鹰情不自禁诵读起孔子的教育理想，而我们也终于从中找到了开放式教育的真意：回归教育的本源。

在新一轮时代变革和教育转型的今天，"开放"也是使教育回归终极目标的必然途径之一。践行开放式教育多年，张云鹰又找到了新的课题，"我们还要争取把社会打开，让学生走进去，给学生更多发展的空间，让教育与自然相连，与生活相连"，朝着"学校有灵魂、教师有思想、学生有主见、家长有信心"的办学梦想前行。

（责任编辑　施久铭）

六、《中国教育报》：以"开放"思维重构小学语文

开放：为封闭的语文打开一片新天地

诚然，探索与建构开放式语文教学针对的是小学语文存在的弊端，张云鹰也非常明确地将这一实践定位于"新课程视野下的行动研究"。"开放"不是凭空造出来的概念，而是义务教育语文课程标准明确提出的理念。"语文课程应该是开放而富有创新活力的。要尽可能满足不同地区、不同学校、不同学生的需求，确立适应时代要求的课程目标，开发与之相适应的课程资源……"她认为这正是小学语文探索开放式教学的指导思想。

通过对新课程的深入学习与理解，她认为语文新课程要培养五种人：一是乐学语文的人，也就是兴趣领先，快乐第一；二是会学语文的人，即学法指导是重中之重；三是具有文化底蕴的人，即积累感悟是关键；四是善于运用语文的人，要学用结合，实践突破；五是具备终身可持续发展素质的人，这就要求语文教学要重视三维目标，重视综合能力的培养。要实现这五种人的培养，语文课堂教学就要将死气沉沉的教师单一讲授式变为快乐、对话、开放、生动和探究的语文课堂。

与所有的教学一样，小学语文也曾是"课堂中心、课本中心、教师中心"，教学内容局限于教科书，教学场所局限于教室，教师是教学的唯一主导。语文教学割断了学习与生活的联系，学语文与用语文成了两张皮，教学费时多而收效低。如何探索语文向自然、向社会、向现实生活开放，拓宽语文教育途径，开发和整合语文课程资源，建构校内外沟通，学科间融合，真正关注学生学习的体验、感悟和情感，关注学生创造潜能开发的语文课程行为，就成了张云鹰思考、研究与实践的方向。"开放"是一种理念，把理念变为行动并不是一件易事。她带着自己的教师团队，从作文教学、阅读教学和活动课程开发三个方向开始进行实践与建构。

重构作文教学：让学生自由表达生命的美好

有人把作文和阅读比作语文教学的一双翅膀，缺一不可。可见作文在语文教学中的重要地位，张云鹰对此认识十分清楚。她说作文是学生语文素养的综合体现，学生言语意识的苏醒和成长，言语技巧的创造与运用，生命情感的宣泄和升华也是

通过作文来实现的。但以往的作文教学却问题不少，她将问题归纳为四个主要方面：一是作文教学不被重视，成为语文教学的附庸和孤岛；二是受考试指挥棒制约，教师教的和学生写的都是应试作文；三是现在的学生多了虚拟世界和网上空间，少了自然、人文生活；四是教学无序，教不得法。在她看来，最根本的原因是语文教学的封闭。以往的语文教学，师生之间、生生之间的关系是封闭的，作文与实践、生活及社会的关系是封闭的，作文与听、说、读之间的关系是封闭的，低、中、高年段之间的关系是封闭的，"写、评、改、赏"等作文过程的各环节之间是封闭的，课堂是封闭的，文体之间也是封闭的。这些封闭的状态不改变，作文教学就免不了在所谓的"技巧""经验"中打转转。怎样把作文变为"让学生用眼睛去发现，用心灵去体验，用语言去表达"呢？最根本的就是要从思想到行为上全面"开放"，寻求思维的变革和写作方式的更新。

那么，如何开放？从哪里开放？经过研究与思考，张云鹰确定了从"思维开放、情感开放、内容开放、表达开放、文体开放、范式开放、评价开放"七大领域进行实践。

"水是什么样子？"五年级学生们听着或徐或疾、或大或小的水声，走进了水的世界。有的说仿佛来到了山前，看见了明如白练的瀑布；有的说好像来到了大海面前，与浪花共舞；有的说一想到水，会有无比宁静的感觉……学生们跳出思维的局限，尽情想象。低年级借助故事图片，高年级借助一些生活场景，充分激活学生的形象思维，这是思维开放的一个小小的侧面。尊重学生思维多样性，允许学生思维上求异、求活、求新，创造平等、和谐、自主、自立的作文氛围，让学生的作文说真话、吐真情、表真心，是思维开放不可缺少的条件。

"一件难忘的事"这个作文题目，在过去很多年，几乎可以从三年级一直写到小学毕业。但因为题目笼统，没有感情色彩，学生往往写得没什么感觉。同样是写事，如果把题目换为"我落泪了……"就能一下子触动学生的心灵。落泪也许是因为伤心、难过、忏悔，也许是含着泪水的笑，学生可以写发生在自己身上的事，也可以写看到的一个场景、听来的一个故事，一个开放的题目也开放了学生的情感。这只是培育与激发学生情感的一个小案例。设置情境激发情感，用评语法激发情感，观察生活积聚情感，精选影视媒介扩展情感视野，这些是开放式作文过程中开放情感的有力抓手。张云鹰认为，在作文的过程中，激发培育学生的情感比传授技巧更重要。减少对学生作文的束缚，多关注学生的心灵，善于捕捉能激起学生内心涟漪的场景和时刻，引导学生随时随地开展句子、片段的练习，由易到难，就能逐渐把学生领入写作的佳境。

编写短信也可以成为学生作文的内容。开放式作文教学主张作文内容向生活开放，生活中的新鲜事、重大事、时尚事都可能成为学生作文的内容。作文还可以以绘画日记、连环画、图文结合的手抄报形式体现，这样的形式联通了学科之间的内容。在阅读教学的过程中，学生进行仿写，可以仿修辞、仿结构、仿详略、仿立意，这样作文的内容与阅读教学就紧密联系在一起了，甚至可以根据课文内容进行续写、改写等。多种开放维度与形式，解决的是学生没有东西可写、没有情感与个性可言的作文窘境。

"我多想，是一只展翅高飞的小鸟，自由自在地在蓝天与白云间飞翔，不像现在，背着沉甸甸的书包走进不愿走进的课堂……"这样的作文，在以往的评价标准中绝对是不合格的，但开放式作文却肯定了学生的自由表达，鼓励学生说真话、表达真情实感、说出真实见解。同时，不过分强调如何开头、如何结尾、如何照应、如何谋篇布局等技巧性的要求，只要求学生写真话、写实话，把真情实感写具体，开放的表达可以鼓励和引导学生自主真实地描绘真人真事、无所顾忌地抒发真情实感。

开放式作文教学没有任何规定，充分尊重学生的写作意愿，为学生提供宽松的写作空间。过去的作文教学十分强调文体意识，小学以记叙文为主，或者学什么文体写什么文体。开放式作文教学主张小学生作文主要是练笔性质，如果让文体界限模糊一些，就可以减轻作文压力，学生就能自由倾吐自己的所见、所闻、所感。比如，六年级学生在学完"草船借箭"一课后，作文练习可以让学生根据兴趣写感受，把课文改编为剧本，也可以以书信的形式表达。"您现在闲来无事，还会写写《后出师表》这类的文章吗？用毛笔写吧？对了，忘了告诉你，现在笔可多了，有钢笔、鹅毛笔、铅笔、蜡笔、水笔、水彩笔、荧光笔……相信你一定会感兴趣的。不过，现在还有人练毛笔字，画国画之类，但毛笔一般已经不用在通信上了。"这是一名学生《给诸葛亮的一封信》的作文片段，读起来很有趣。就是这样一次作文，有的学生给文中的人物写信，有的把课文改编成了剧本，有的写对周瑜这个人物的看法。虽然文体不尽相同，却展现出生命个性的风采。不拘泥于记叙文与教材规定的几种应用文，广告词、儿童诗、童话、寓言、笑话、课本剧、小说等都可引入学生的作文训练。

"猫与老鼠是一对邻居。老鼠住在洞里，而猫呢？住在豪华的别墅里，过着优越的生活，天天大鱼大肉，无忧无虑。于是，老鼠经常要到猫的家里偷东西……"这是一个二年级学生的作文——《猫与老鼠》的片段。整篇作文近 600 字，内容充实、构思精巧，运用了拟人手法，读起来充满意趣。这篇作文，是学生剪贴了一些猫与老鼠的图画，然后根据图画创编的。"剪一剪、贴一贴、说一说、写一写"这是开放式作文专门针对低年级学生构建的剪贴画式作文方法。开放式作文教学根据不同年龄阶段，探索出了不同的作文范式。低年级学生具有童话般的想象，思维具有模仿并简单再现的特点，构建剪贴画式、情境式和活动式的作文范式，以各种方式创设情境，学生置身于情境之中，经历活动体验，就会言之有物，言之有序，言之有味，言之有情，言之有理。中年级学生由于知识面逐渐变得开阔，生活经验也更加丰富，有了一定的创造性思维，日记式、话题式和读写结合式更适合他们。高年级学生认知水平显著提高，获得信息多渠道化，网络式、推理式和下水文的写作范式则为他们提供了方法。多种范式的交替使用，增加了作文教学的生动性和丰富性。

"我觉得这篇作文开头太直接了，好像给妈妈洗脚是母亲节的一个任务一样，有点不好。"这是一个名叫陈战的学生对自己所写的《母亲节的礼物》的自我评价。让学生对自己的作品进行审视与评价，并在此基础上自己进行修改，这样的评价方式体现了自我发展性。而在作文讲评课上，学生可以分组互读互评。在对一名同学的作文《一次意外引发的……》进行相互评价时，同学们抓住了以下几个方面进行评析：人物动作描写突出情况的紧急，小作者的所见、所闻、所感突出了场面的混乱。这样一评，同伴们都明白了，原来场面描写不仅可以描写当时的环境，还可以抓住场面当中的人物动作、语言、内心活动来突出场面特点，同学之间的互相评价原来如此具有启发性。在开放式作文中，不仅是学生自评、互评，家长也会参与评价。教师的评价也倡导运用启发式、鼓励式、商榷式、谈话式的评语，从而体现评价的及时性、激励性、发展性、启发性，发现和挖掘每个学生的潜能，促进其逐级发展，不断超越自我。

重构阅读教学：让学生体会读的乐趣

　　阅读教学是小学语文十分重要的内容，但"怎么读"却是一个值得思考的问题。在认真学习与体会新课程改革、仔细研读语文课程标准的基础上，张云鹰开始重新审视传统的小学语文阅读教学："讲读教学法"一度是阅读教学的主宰，这种教学法是以教师讲授为主，强调教师"讲深讲透"，往往围绕一篇课文的内容做大量的"发胖式"分析，以教材为唯一内容，过早、过多地进行抽象的语言知识学习，脱离具体语言环境进行技巧性的语言文字训练；以教师的思路为主，学生要么被动听讲，要么被动回答问题，不允许有自己的个性化理解。张云鹰认为，传统的阅读教学重讲读轻思考、重结论轻过程、重简单机械训练轻熏陶感染，其结果就是小学语文阅读教学缺乏生气和活力，教学效果费时却低效。

　　阅读教学也必须"开放"，但问题是向哪里开放、怎么开放？向学生内心世界开放，让学生与文本对话、与同学对话、与教师对话；向多彩的生活开放，"让生活的活水不断涌入课堂"；语文内部的开放，打破过去那种听、说、读、写各自为政的状况，使之相互促进。这些开放方向就决定了开放式阅读要注重教学过程，重视学生的主体地位和独特体验与感受。在具体教学过程中，开放式阅读教学的开放首先体现为教学目标体系的开放。除了基本知识、基本技能，过程与方法，情感、态度与价值观三维目标以外，还对低、中、高年级段分别提出了分层次的目标要求，即基础目标、提高目标和拓展目标。这样一个开放的目标体系，就决定了教学内容、教学方法及评价的开放性。

　　"学生 1：我出 b；学生 2：我出 ei；抢答：我们能拼 'bei'。杯子的杯，北京的北，被子的被。"这一生动场景是在开放式阅读的拼音教学课堂上的场景。把拼音字母制成卡片以"打牌游戏"的方式，让学生在快乐的游戏中学习拼音。在识字教学中，教师会带着学生进行"校园一日游"的识字活动，学校的校名、校训及墙上的标语都成了学生认字的材料。在学习了"自选商场"一课后，教师还设计了"走进大街"的开放式识字课，带着学生走到附近的商铺，看看各种店铺的名字，识字与学生的生活紧密相连。除了拼音教学、识字写字教学，开放式阅读教学本着开放的原则，还构建了词语教学、段落教学、篇章教学、整体单元教学的分类教学开放的方法与路径。

　　以开放的教学课型和教学方法将阅读教学引向开放。在教六年级朱自清的作品《匆匆》时，一是要求学生课前查阅资料，如有关作者的文章、影视作品等，了解作者的生平、生活、背景、文品和人品等；二是课堂中学习研究作者的语言风格和思想感情；三是课后阅读作者的代表作品，这是以作者为主线进行的内容延伸。关联性的延伸也是一种方法，如学完《匆匆》，可以延伸阅读《光阴》《明日歌》《今日歌》等相关文章。以人物线索进行延伸、以文体为主线进行延伸、以背景为主线延伸、以单元主题进行延伸，都是开放式阅读教学探索的课型，叫作"窗口型"开放阅读，即把教材内容作为一个向外部开放与延伸的窗口，以文本内容的相关要素为线索来拓展阅读内容。"打井型"阅读教学是侧重教师在课堂上引导学生发现问题、解决问题，引导学生将问题追问到底的开放式阅读课型。"主题型"阅读教学是围绕课文的某一方面或单元的某一方面以主题的方式拓展延伸阅读的一种方式，比如，学习《詹天佑》一课，围绕"铁路"主题可以精选内容，取舍整合。"比较型"阅读教学是把两种或多种文章对照进行阅读，通过辨析异同，发现其中的共性与个性，从而加深理解与认识的一种课型。另外还有"风筝型"阅读教学、"无声型"阅读教学及"慢读型"阅读教学，这些不同的阅读课型，共同的指向是"开放"，拓展了阅读的深度及广度。比如，一位教师还专门设计了"淘气包马小跳"的班级读书会。

　　这些可操作的教学方法能帮助阅读教学进一步走向开放。比如，预习自读教学法，除传统的熟悉课文、认识生字词、找出疑难问题外，还引导学生抓住文本中自己喜欢的某一方面或几个方面进行开放式思考，然后把自己的思考带到课上交流。表达领悟教学法则是针对阅读教学只讲内容不讲表达方法而提出的，表达方法就是作者围绕中心选择材料、组织材料，怎样遣词造句、连句成段、连段成篇的方法。欣赏交流教学法是让学生去感受、理解、欣赏、评价文中的人与物、景与物、情与理，观其言、品其味、悟其神，使阅读成为一种交往与分享，一种精神享受和审美体验。质疑辩论教学法则是教师提出一个有价值的问题，让学生思考，为学生提供质疑、讨论和争辩的机会。另外还有比较联系教学、读写结合教学，这些方法为开放式阅读教学提供了可行的实践路径。

　　小学语文教学专家成尚荣这样评价开放式阅读教学："开放式阅读把语文与世界联结起来了，把语文与内心联结起来了，最终形成新的语文学习共同体。"

开放式活动课程：提升学生综合语言运用能力

　　在深圳市坪洲小学，张云鹰亲自执教了一节四年级的语文课——"有趣的'O'"。这节课以"O"为主题，课上出示关于"O"的课件后，学生就展开了自由联想。比如，语文中的拼音"O"，数学中的"0"，音乐中的休止符……然后引导学生开阔视野，看看生活中和自然界中哪些事物与"O"相似。学生联想到了太阳、圆桌、足球等。在此基础上，让学生利用五颜六色、大小不同的圆形纸，拼出各种有创意、有灵性的小动物，然后说一说自己是怎么设想的，为什么喜欢。最后，让学生分小组根据这些创意编一个小故事。一节语文活动课上，有说、有写、有创意、有交流，体现了极强的综合性与语言实践性。这种课程形态就是语文活动课。

在进行开放式语文教学改革的过程中，张云鹰认识到，如果只从教法方面进行改革，学生的语文能力距课程标准所要求的还是相差甚远。语文教学只有从课堂延伸到学生的生活，从单纯的字、词、句、段、篇章的讲读训练拓展为结合情境的综合性学习，才能真正培养学生的语言综合运用能力。于是，她又开始思考如何从课程的高度考量语文教学，尝试构建不同于语文学科课程的语文活动课程。

翻开《开放式活动课程》一书，从一年级到六年级依次设计了 84 个活动课程。一年级的第一堂活动课是"我上学了"，第二堂活动课是"我爱我家"……每一个年级活动课程都形成了序列。这些活动课程都是根据学生的年龄特点、语文课程标准及教材而设计，有其内在的逻辑性，这些活动课程分为四类：一是常规性语文活动课。如有计划地组织全体学生长期参加某种传统活动。如课外阅读活动，教师可向学生推荐一些好书，在指导学生怎样读书的基础上，指导学生写读书笔记，促进学生阅读，使之持之以恒。每学期可组织读书汇报会，让学生谈读书的收获、体会，促进学生互相交流、互相启发、激发阅读的兴趣。二是实践性语文活动课。包括参观访问、自办小报、报刊剪贴、摄影说明、野外活动、通讯活动、演示实验、制作教具、观看声象、即兴表演、模拟表演、编写童话，等等。三是随机性语文活动课程。指的是结合各阶段的活动及重大节日活动开展的活动课。四是发展性语文活动课。它与语文基础课紧密相连，是基础课的补充和发展。如课本剧表演、电影欣赏、故事王国等。除了活动课程的类型，他们还探索出实施的四种基本模式：欣赏—尝试式，交往—合作式，竞赛—综合式，探索—创新式。张云鹰认为，开放的理念与活动课能够天衣无缝地对接，它架起了语文与生活、社会的桥梁，延长了学生学习语文的长度，也开辟了教、学、做三合一的通道。小学语文专家崔峦认为，这些活动的设计符合小学生的年龄特征，体现了语文学科的特点，贴近了学生的思想与生活。

（作者为《中国教育报》记者　赵小雅）

七、《中国教育报》：半生故事一本书

——张云鹰校长和她的口述史

去年国庆长假，深圳市宝安区坪洲小学校长张云鹰宅在家里伏案写作，写到腿脚麻木，晚上睡觉都会疼醒。然而这还不是最苦的，"最痛苦的是写作的时候思绪纷飞，往事历历在目，再次走进记忆尘封的世界，禁不住泪流满面"。这场景被她所在学校的陈树民老师撞见过一次。那天他去校长家请她审阅一份文件。房门打开，他看到的是一个不同于往常的校长："平时的校长干练、雷厉风行，见过她笑，也见过她生气的样子，但从没有见过她双眼红红、满眼泪水的样子。"陈树民惊讶地站在那里，甚至忘记与校长打招呼。张云鹰勉强笑笑，用手擦擦眼角，说她在写一本书，是自己的故事。当天写的那一段她是流着泪写完的。

2019 年 9 月，这本书以《通往卓越——一个深圳校长的教育人生》之名出版了。教育学者张文质称这是一本自觉之书。对这种口述史的写法，北京师范大学资深教授顾明远颇为赞赏，认为口述史比正史更能反映一个时代的风貌，记录活生生的事实，讲述自己的故事，既能引起同龄人的回忆，又能让年轻人了解历史。

张云鹰在书中用了很大篇幅讲述她的人生故事。"她的人生经历和时代发展密切相连，期间也遭遇了很多不幸，充满了波折与艰辛。她凭着韧性、毅力和坚强的性格，克服了艰难险阻，特别是找到了人生的归宿——对教育的爱，从而走出阴影，走向充满阳光的教育大地。从她朴实深情的娓娓叙述中，不仅看到一个不平常的女子成长的故事，而且也窥探到她从一位普通教师如何成长为一位优秀的实践教育家。"顾明远在为该书所做的序言中写道。

"偷偷地一笑，悄悄地抹把泪"

著名作家王跃文是张云鹰的湖南同乡，他用"霸蛮"形容张云鹰的活力和热情。他说："她选择了自己热爱的教育职业，从未有过懈怠，更不生半丝悔意。平心而论，她的人生经历是相当曲折的，她为事业的拼搏亦是相当艰辛的，但她留给我的印象总是那么明亮。"

天上的彩虹，地上的水，

读书的女人最美最美。

在知识海洋里畅游，

在高尚情趣里陶醉，

在曲折故事里迷恋，

在深邃哲思里升飞，升飞！

…… ……

由坪洲小学女教师演唱的《读书的女人最美》在张云鹰新书发布会上作为开场音乐响起的时候，柔美而激情的歌词伴着磅礴的旋律唤醒了人们的耳朵，尤其那一句"偷偷地一笑，悄悄地抹把泪"如山间小溪蜿蜒而下，牵动了听者内心的情愫。

这首由蒋开儒作词、赵连第作曲、张也原唱的《读书的女人最美》，追踪源头，应该算是为张云鹰的学校量身定制的。2003 年，张云鹰竞聘成为深圳市宝安区西乡街道中心小学校长，她邀词作家蒋开儒为学校写一首校歌，词作家却被她提出的"读书的教师最美"这个口号激发了灵感，创作了《读书的女人最美》这首歌。此后，"读书的女人最美"主题活动成为张云鹰所在学校的文化品牌，无论是在原来的西乡中心小学，还是现在的坪洲小学，每年一次的"读书的女人最美"专题晚会都是一场彰显教师之美、女性之美、读书之美的大聚会，她相信，女性的美是要靠读书滋养的，同时，书是能给人带来力量的。

从教师、教研员到校长，从教 38 年的张云鹰出版过不少专业著作，为什么要写这样一本口述史？

"古人常好自写传略，借以遣兴。我也已过'天命之年'，尝尽人间百味，也常有这样的念头，把自己的经历写下来，希望给读者一些启迪，也给自己和儿孙们一个交代。"她说，她想追溯自己的思想经验是怎样形成的，所以用第一人称自述的形式写下了这本书。

既然是写个人史，就要尊重事实，写出真相，但对于自己颇有些神秘的身世、并不美满的婚姻等私密的事情，要不要暴露在光天化日之下？

"我也有过犹豫。但我又是一个崇尚'为人求真，为学求是'的人，如果这些都隐去，这本书就失去了自传最基本的要素——真实。为此我还专门跟儿子探讨过，他也支持我写，说他能接受。另一方面，我是开放式教育的首创者。如果自己都不能够开放，遮遮掩掩，那是言行不一，跟我研究、探索、实践的教育理念不吻合。"

她说，所以也就释然了，人活一辈子，不要太在意别人的看法。写！

"偷偷地一笑，悄悄地抹把泪"，这句歌词仿佛写的就是从小被抱养，不知生身父母身份的张云鹰；是经历婚姻失败、闺蜜离世的张云鹰；是从湖南小城勇闯大深圳的张云鹰。而全国优秀校长、全国优秀教育工作者、宝安区首个小学特级教师、广东省首个小学语文正高级教师、深圳市首批名校长……这些带着光环的头衔在一本真实的口述史面前全部退隐了，呼之欲出的是一个在变换的生活境遇里笑泪歌哭的女人，是一个在顺流与逆流的职场上拼搏思索的教育者。

"在曲折故事里迷恋"

张云鹰从小居住在向警予故居，就读于警予学校，并且和向警予的后辈相熟。"小时候我甚至梦见过向警予，醒来后非常开心，到处'炫耀'，大家都很羡慕我。"张云鹰喜欢跟别人说这个梦，在书中也写到了这个梦。

她非常欣赏向警予的果敢，她说："向警予短暂而光芒四射的一生，传递给我无穷的精神力量。清醒的认识让她在该做改变的时候从不犹豫且能正确选择，这是她对我影响最大的一点。在我几十年的职业生涯中，'选择'是一个频繁出现的词汇，也是我一步步走到现在的推动力。"

她是3岁左右被抱养的，但养父母对她非常疼爱，为她提供了安全、富足的成长环境。"我父亲家学深厚，能写一手好字，也有比较深的文化底蕴。我从小跟着他写对联、卖对联、读古诗、练写作，说他是我人生中第一个老师，一点也不为过。"

在"中师生涯 幸遇良师"一节中，她写了在芷江师范学校读书时曾经对她说"你叫云鹰，以后当老师也要立大志，像雄鹰一样展翅飞翔"的肖老师；写了对教育学有独特研究的"特级教师"周老师；还写了乡音很浓、遇到难题"讲得很糊涂"的数学韩老师。韩老师是工农兵大学生，虽然课讲得不太好，但待学生极好，像大姐姐一样关心每个同学。尤其令张云鹰感念的是，当初她报考师范，父亲是不同意的，曾经打电话到学校让学校不要录取她。那时韩老师在招生办，接到电话却并没有把她父亲的意思告诉领导，因为她觉得女孩子当老师挺好的。

在"青春正好 同窗情深"一节，张云鹰写了唐玉文、张志媛、王静三位学友，昔日情谊跃然纸上。

带着时代痕迹和人性温暖的故事总是动人的，一些读过这本书的同龄人告诉张云鹰，这本书让他们重新回味改革开放初期，回味那个年代和那个年代的自己。还有一位女老师说，看完书她立刻给丈夫写了一封 3000 多字的信。因为有感于张云鹰的父亲对她的教育，希望自己的丈夫对子女教育更用心。

"我们毕业后一直联系着，先是写信，后是电话、QQ，然后微信。云鹰每年来怀化我们都必须要见面，一起吃饭、出游或探友访亲。我们的友谊四十年没有间断！"芷江师范时的同学张志媛这次也从湖南怀化赶来出席张云鹰的新书发布会，同来的还有师范的老师韩少兰。发布会结束后，张云鹰把她们从宾馆接到家里去住了，并在周末陪她们去逛了海上世界。几个人用怀化方言聊着天，时光里好像都是故事。

"在深邃哲思里升飞"

华东师范大学出版社策划编辑林茶居非常关注教育写作。作为《通往卓越——一个深圳校长的教育人生》的责编，他认为，这本书首先是一个情感文本，以情感推动故事，引发意义；然后才是读者意义上的"故事文本"和学者意义上的"教育学文本"——这就是它与其他教育类著作的最大不同。

"我的人生确实有很多经历，有各种酸甜苦辣。现在看云淡风轻，但当时是很困难、很纠结的。"作为故事的书写者同时也是故事的亲历者，张云鹰这样解析自己——

三十岁出头从湖南怀化地区教科所离职，把年幼的孩子暂留老家，只身来到广东。"我在这边没有任何亲戚朋友。有人不理解，有人替我担心，但我还是勇敢迈出了这一步。我这人有一个特点，那就是凡事先做最坏的打算。如果你能接受最坏的结果，就大胆去做。"

我所理解的"辣"，就是不服输、不甘示弱、敢闯敢试。不管是从湖南到广东来闯荡，还是这些年对开放式教育的探索，都是这种个性使然。而且我很幸运，自己的个性与深圳的城市气质和人文精神还是蛮匹配的。我的所谓"辣"的个性，只是更希望活出自己的样貌和特色，活出自己喜欢的样子。

从某个角度说，"辣"其实也就是真，就是真心、真诚、真意。所以我开玩笑说，我是史湘云和贾探春的联合体。

在语文名师周一贯"容膝斋"的书架上，也立着张云鹰的这本书。"岁月留文不留人。"他感慨道，"对每个人来说，一份绵长相随的回忆，往往可以让我们日趋粗糙的生活变得细腻，在日渐纷繁的事态中，依然多情。如果说，人这半辈子的相遇都是碎片式的'零存'，那么，像张云鹰这样写出自己的教育人生，便是一次有意义的、系统性的'整取'。当我在恭读她的这笔'整取'时，明显地感到她是一位要把'育人'追求大写到底的师者。"

对口述史写作，张文质一直非常重视。他认为，个人所承载的历史本身就可以是当代史，因为个人叙事更真切地表达出时代真实的、丰富的、容易被忽视的细节。口述的方式会带着生命的温度淋漓尽致地把生命的丰富性充分地表达出来，同时，在这种叙事过程中，包含着对自己生命的重新理解和反思。"这种对生命的重新理解，会产生一种自我治疗的功效。这也是口述史的文化功能，它所做的实际上是心灵安顿的工作，而安顿心灵，这是人一生的课题。"

人的一生如草木一秋，留下些生命的印记吧。这也许是张云鹰用这本口述史告诉我们的。

（作者为《中国教育报》记者　王珺）

八、《南方教育时报》：从"三味书屋"到"百草园"

——全国优秀校长张云鹰和她的开放式教育

"草药，在我眼中就是一个个神奇的'小医生'。可爱的蒲公英——'清热'医生；高良姜——'温热'医生；紫苏叶——'解毒'医生。当然，我最喜欢的中草药是萝芙木。它的性格是谦虚的，一般生于丘陵地带的林中或溪边较潮湿的灌木丛中……"

这一段"百草观察笔记"，是深圳市宝安区坪洲小学六（5）班小朋友宁雨希写的。在这座面积仅21600平方米的校园里，有一处全校师生熟悉的"百草园"。园里种植了150多种、超过2000株的中草药植物。它们是学校的宝贝，因为这些植物全部是由该校一到六年级的学生坚持了数年时间一点点培植出来的。他们在家长和老师的带领下，利用寒暑假回到自己的家乡，带回种茎，培出幼苗，再分别移种到学校"百草园"的植物分类区。数百名学生在这个过程中养成了观察和记录研究中草药的习惯。每年暑假结束后的坪洲校园里，一楼大厅和廊间便成了学生从全国各地小心带回的中草药植物大展厅，他们如数家珍地向参观者介绍自己的"研究报告"，学校成了一片欢乐、绿色的海洋。

"'百草园'项目是我校八大开放式配方课程系列中的第七大类——自然探究课程的一部分，是我们学校多年来践行开放式教育的一个典型课程。"坪洲小学校长张云鹰向记者介绍。

"还记得鲁迅先生的名篇《从百草园到三味书屋》吗？"张云鹰说，"在作者童年的百草园中，有清脆的叫天子，有弹琴的蟋蟀，还有紫红的桑葚，酸甜的覆盆子，还有着奇特块根和奇瑰传说的何首乌……这些来自大自然的生命，给作者童年留下了不可磨灭的印记，也揭示出儿童不可压抑的快乐天性。这不仅是一篇回忆散文，还揭示了教育的真谛。我的开放式学校教育，就是为了践行鲁迅先生的这一教诲，努力把学生从传统封闭的课堂中解放出来，让他们走到开放的'百草园'中去！"

（一）

张云鹰，特级教师，正高级教师，全国优秀校长，全国优秀教育工作者。

酝酿和思考开放式教育理念，构建开放式学校课程体系，张云鹰乐此不疲地坚持了 17 年时间。而这 17 年中，全国刚好进入第 8 次基础教育课程改革。新时期的基教课改已站在一个重要的节点上，回溯近 20 年来的课改历程，张云鹰和她的"开放式教育""开放式配方课程"，可以视为基础教育课改的一个缩影。

"课程是教育教学的核心。学生的培养目标、课堂教学、考试评价，乃至教师发展和学校的管理与文化建设，首先都要围绕课程这个轴心来实现，因此教育的改革，一定程度上也可以视作是课程的改革。"张云鹰说。这种对教改的认识，一直伴随她30 多年的教育生涯，虽然期间她的身份不断变化，但她对教改和课程变革创新的体会却不断加深，直到形成今天为同行们称道的"开放式教育"理念框架和"开放式配方课程"体系，被专家称作全国"学校课程变革的 3.0"样本。

张云鹰是一名语文老师。早在 1981 年，她就在当时任教的警予学校开始了全国小学语文重点课题"注音识字，提前读写"的教改实验。5 年的实验班毕业后，在实验班家长的强烈要求下，教育局又决定让她带着实验班的 45 名学生从小学走进中学。她在这里继续她的中小学衔接课程实验的"双轨教学"。对课程变革实验的不断突破，让当时才 27 岁的她很快成为全省颇有影响的、最年轻的地级市专职小学语文教研员。

1997 年，新课程改革在全国渐渐风生水起。受到改革开放热潮的吸引和感染，张云鹰南下深圳，在宝安区沙井镇当了一名普通的教研员。经过课堂调研，她很快感受到原特区外乡镇学校的教育质量与主城区的巨大差距，教师的专业化水平不高，很难适应新课程改革的要求。为此，她提出教研室的五大功能，其中最重要的一条就是研究教材，编写教材，加强课程建设。她希望凭借课程来提高乡镇教育资源效益，推进乡镇教育转型发展。

2000 年，宝安区教育局又把她调到区教育科学研究培训中心，她的身份再一次发生了变化，不仅要进行教研开发，还成了全区 2000 多名教师业务培训的"教头"。三年下来，在学科教研与教师培训之余，她大量阅读夸美纽斯、苏霍姆林斯基、赞科夫、赫尔巴特、陶行知、蔡元培等中外著名教育家的经典著作，开始形成自己"研训一体""研管统一"的研训特色。2002 年，由于对课程与教材的深入理解，她被特邀为人民教育出版社义务教育课程标准实验教科书第四册《教师教学用书》的编写者。

在指导小学语文教师的过程中，张云鹰发现了当时教师教学中一个普遍的浮躁现象：许多教师在没有深入钻研教材的情况下，却热衷于各种教学方法的"创新"，教学手段争相立异标新，课堂上"虚、碎、杂"，表现出一片虚假的繁荣景象。这种情况在其他一些积极推行课程改革的城市也相继出现，甚至一度引起基础教育界的盲目跟风。她马上认识到"这种虚伪美丽的语文课，是新课程实施过程中的形式主义的表现"。为了端正教学改革思想，正确理解新课程改革，她引导教师"读懂教材、超越教材"，及时纠正了不良教学风气的蔓延。

真正让张云鹰思考开放式教育和课程实践问题是在 2003 年。这一年，已做了多年教研与教师培训工作的她，在与全国 1000 多份应聘资料和区教育局优选的 100 多位教育精英的竞争中获胜，成功竞聘到宝安的一所具有百年历史的老校——西乡中心小学校长的职位。在答辩环节，面对专家"你从来没有当过校长"的质疑，她以"我选择，我负责"的勇气，亮出"过去的经验也许正是今天教育改革的阻碍，创新比经验更重要"的观点，提出希望拥有一块自己的"教育实验田"，尝试开展一场在"新课程视野下的行动研究"，完成对一所城乡接合区间的农村学校进行转型的教育实验。

"西乡中心小学是我致力于开放式教育研究和实验的第一站。"张云鹰说。为什么叫作"开放"？为什么不是一个更可以属于个人特色的新名词下的教育理念？她说，来到西乡中心小学之后，她才切身体会到开放式教育的真正含义，以及它完全可以在某一个区域中形成特色教育教学模式的广阔空间。

张云鹰说，来西乡中心小学的第一个学期的开学日，现场的场景给她带来一种深深的触动：参加开学典礼的不少家长穿着睡衣和拖鞋来到会场，有的甚至还光着膀子，学生也蓬头垢面，随处席地而坐……这个场景促使她必须认真直面这样的一个问题：作为一个以开放知名、并且正大步迈入国际化的改革之城，在城市化进程正快速推进时，原特区外的教育该如何打破封闭、落后的城乡二元矛盾突出的"精神时差"？她将学校教育融入现代化城市作为办学的立足点，首次提出"培养现代都市人"的办学目标，迈开了"开放式教育"探索研究的关键一步。

（二）

开放式教育，兴起于20世纪70年代欧美的一些发达国家。它强调以人为本，尊重人的差异性、独特性、创造性，主张发挥人的主体性和促进健全人格发展，迅速成为世界基础教育改革创新的范式之一，不仅成为学术研究的前瞻课题，也成为一些发达国家政府倡导的办学方向，更成为勇于变革的学校的价值追求。

深圳是全国改革开放的先锋城市，频繁、便利的国际交往，使深圳经济社会多个领域的发展与国际上的一些大型城市产生共振，教育也不例外。但与此同时，由于城市的历史太短，城市的建设又日新月异，使教育中"有学上"的民生短板和"上好学"的品质矛盾交织在一起，教育的"开放"价值还未被许多办学者提到思考和办事的日程上来。

张云鹰对此有自己的理解与准备。她认为，开放有先锋的价值，还有原初的意义，更是教育的本源回归。开放教育思想在中国就是主张教育要同自然、生活和社会相融合，如孔子所说的"在梨树之下""杏坛之上"，就是老师、教材、课堂应该走出封闭的物理空间。深圳的教育不能脱离开放城市的特质，要实现"培养现代都市人"的办学目标，就要打开学校的大门。因此，开放式教育不必一开始就是一种高深的学术范式，它可以是"一种思想，一种理论，又是一种课程，一种活动"，完全可以以此作为办学实践的一个基点。

2004年年初，西乡中心小学组织了一次学校所在社区的家庭文化、教育水准的基本摸底调查。在一、三、五年级家庭调查问卷中统计到，40.14%的家长文化程度在高中以下，84.82％的家庭没有阅读书报的习惯，近一半的学生家长从事自由职业或无职业。同年7月，宝安区宣布启动推进城市化计划，全区9个镇撤销镇、村，改建为街道办，深圳自此成为全国首个"无农村城市"。社区的教育文化底色和城区的发展要求，给学校的规划发展提出了新课题。2005年4月，深圳市政府首次向社会公布"城市文明指数"，在这套包括"关爱指数、幸福指数、人文指数、安全指数、诚信指数、环境指数、廉洁指数"等7个一级指标和75个二级指标测评体系的报告中，深圳之前四年的文明指数年均递增率为9.04％，增长率远高于近100年来的世界平均水平（1.5％），创造了世界文明发展史上的奇迹。这个数据和学校面临的现实，让张云鹰意识到加快开放融合和教育转型的紧迫性，同时更坚定了她开放办教育，办"培养全面和谐发展的人的教育"的信心。

"现代城市社会中的中小学不是孤立于经济社会的、仅仅依靠财政拨款来普及九年义务教育的文化孤岛，更不是为了满足孩子上学、升学、考试而盲目进行单纯书本知识灌输的信息中心。"张云鹰说。她为学校系统地制定出开放式教育的发展思路，包括学校的开放式定位、开放式教育管理、开放式品德教育、开放式课程与课堂、开放式教育手段、开放式教育评价以及开放式教育文化建设等。每一项内容她都结合自己多年从事教研的工作经验，全部以课题为导向、以研究实验的形式展开，不断完善、夯实她的开放式教育的理论基础和实践内容。

在培养什么样的现代都市人、为开放式教育的学生进行定位时，张云鹰认真研究了《国家中长期教育改革和发展规划纲要（2010—2020年）》中关于我国基础教育培养目标的相关规定，她意识到新一轮基础教育课程培养目标既关注到了儿童健全人格的和谐发展，又突出强调了创新精神与实践能力的培养，并且注重科学和人文素养以及环境意识、身心素质和终身学习的基础能力培养，既适应新型国家发展的需要，又体现了时代精神和儿童发展的需要。为使学校的培养目标更加具体化，同时结合西乡中心小学的实际，她在全市率先提出了开放式教育学生的"六有"，即"有人格、有主张、有个性、有活力、有情趣、有气质"，以及特别注重学生学习能力培养的"三培"目标。

记者在学校提供的一份关于班主任工作的课题研究项目——"学习困难学生家庭教育指导模式研究与实践"实验资料中看到，2004年，张云鹰曾组织一批班主任深入学困生家庭，探索出一套帮助学生家庭教育实践的指导模式。根据其中对8名个案学生的文明表现、量化道德、情绪心理、智力发展、非智力因素、与父母关系以及奖惩情况等 7 个指标的素质进行前后统计对比可见，大多数家庭的教育失当和误区被纠正之后，孩子们的各项指标都明显提升，表现出全面健康发展的良好态势。学校多年来开展的"家长开放日"活动，每次都吸引一两千名家长主动参与和支持，实现了她"教育一个学生，带动一个家庭，辐射一个社区"的开放办学初衷。

张云鹰在西乡中心小学当了 8 年的校长，为这所带着城市化转型使命的学校带来有目共睹的巨大变化。中央教科所原所长朱小蔓评价说："张云鹰校长率先提出'培养现代都市人'的教育理念，并且一直带领着全校师生在理论和实践上执着地进行探索。仅仅 4 年的时间，一所原属农村、基础较差的小学，很快转变为一所被政府、社会、家庭以及教育界共同认可的省一级优质学校，一所融入城市新文化的小学。我相信这是先进的教育思想与创新性实践结合的力量所致，是云鹰校长倾心教育实践研究的智慧之果。"

（三）

2011 年，张云鹰受命创办区直属学校中地域最偏、生源环境最差，当时校门、操场等都还在修建，师资队伍也没有保障的坪洲小学。

同时开办的还有一所坪洲中学，因种种原因已更名为宝安区第一外国语中学。有领导问她："要不要把学校也一并更名为宝安区第一外国语小学？"她说："为什么要改成外国语小学？相信坪洲不冠上'外国语''实验''附属'的名字，也一定会在不远的将来赢得口碑。"她当晚还写下一副对联：坪筑杏坛传演经史诗云，洲立学府培育才俊雏鹰。

将经过 8 年时间积累的开放式教育经验移植到一所新创的学校，张云鹰有了新的思考和更系统的设计。

创校伊始，她旗帜鲜明地提出"学校有灵魂，教师有思想，学生有主见，家长有信心"的办学目标。除了办学的目标，她还意识到，一所新的学校更需要一开始就打上鲜明的文化标记，这不只是为了提高它的辨识度，还决定它以后的精神面貌。张云鹰认为，它要体现出开放与包纳的胸襟，同时要喻示不断的变易与创新，更须严格遵守教育的内在规律，体现教育的根本任务，学校才会有自己的立校之本。这也正是张云鹰与很多校长重硬件建设轻软件打造的最大不同。

　　张云鹰从传统经典《易经》一书中受到启发。《易经》64 卦中的"蒙"卦，有"启蒙""童蒙养正"的指向；另一个"同人"卦有君子禀性明朗、身体人格强健之意。两卦所包含的喻义准确地概括了开放式教育的精神追求。于是，她将卦中"蒙以养正，文明以健"的两句爻辞作为坪洲的校训，基于"蒙以养正"，从小滋养人间正气；基于"文明以健"，把学生塑造成少年刚健君子。

　　对张云鹰来说，2011 年不仅仅是工作环境的重新创造与调整，更重要的是她对开放式教育理论框架的再搭建和再出发。随着开放式教育定位、开放式教育管理、开放式教育评价、开放式教育文化等一系列"开放模式"的日益成熟，她开始把主要精力放到学校最重要的资源——课程的研究和实验上来，希望借此来探索和丰富开放式教育的实践路径，全面推进开放式教学，对应国家基础教育课程改革的命题要求。

　　"作为校长，我从不以行政管理事务多为借口放弃教学示范性研究，"张云鹰说，"无论角色怎样改变，我始终是一位教师，讲台是我的位置，让生命价值在课堂闪光。"

　　张云鹰本身是一名语文教师。她曾表示，对语文课堂与教学的研究或许才是她的根本研究，30 多年来从未止步。语文教育是民族言语生命与民族文化传承的接力艺术，早从 2008 年开始，她就先后完成小学语文的"开放式作文教学""开放式阅读教学"和"开放式活动课程"的研究与应用，并出版了专著，被专家称作"全国小语界的开放流派"。

　　随着对开放式教育实践与总结思考的不断深入，同时受到哈佛大学教授霍华德·加德纳于 20 世纪 80 年代提出的"多元智能"教育价值理论的影响，张云鹰决定在坪洲启动"开放式配方课程"的课题计划，聚全校之力，构建多学科开放式校本课程，全面推行开放式教学。

　　为什么叫"配方课程"？张云鹰解释说，课程也像中医给人配药方一样，需要"对症"下药，"方"就是开发设计的课程。不同的学生有不同的内在兴趣，而基于学校发展实际的校本课程项目，首先要把本校学生自主发展的权利放在第一位；其次，"配方课程"需要教师和学生的双向"匹配"，教师根据自己的特长开发课程，学生能够自主选课走班，有充分的选择权和自由度来保证发展个性空间。

　　而关于对应各类学科"配方课程"的设计，张云鹰结合自己成功的开放式语文教学的经验，要求每一个学科的老师要把它们"做成真正的课程"，实现完整的课程化，而不是像很多学校的第二课堂或者学生社团的形式开展。"配方课程"要有准入资格，面向老师和家长开放，申报者需要提供课程目标、课程内容、课程评价、招生范围、所需课时、实施保障等，还要发表演说，经过答辩，最后由学校的"配方课程专家委员会"论证评审通过。

"配方课程"完全实行走课制。张云鹰根据学校的建筑布局，把学校的每一个角落都用起来变成生动有趣的"课堂"。比如把一楼公共空间设计成阅读与中西文化专区，二楼为书画专区，三楼为棋艺陶艺专区，四楼为琴艺花艺茶艺专区，五楼为科技专区，体育馆和风雨操场为运动健体专区，书韵园、竹节园、桂香园、兰馨园为动手实验专区等。

学校还着力培养和引进一些明星教师，重点开设一些精品课。以深受学生和家长欢迎的"百草韵"课程为例，学生在老师和家长的带领下，利用每一个寒暑假回到自己的家乡，找到并在学校成功种植出 150 多种中草药植物。他们通过这种走进大自然的课程，知晓了植物"灌木类、水生类、藤本类、乔木类、草木类、菌类"的严格分类，了解了不同类型中草药的药理知识，不少学生对自然科学探索产生了浓厚的兴趣。

在如同一间"大课堂""大教室"的学校里，张云鹰组织开发全体教师和社区资源，用六年的时间一点一点积累开发出语言发展课程、数学逻辑课程、空间创意课程、运动健康课程、音乐艺术课程、生活交际课程、自然探索课程和内省存在课程八大课程体系，开发出对应配方课程 94 项。张云鹰说，很多学校都在做校本课程，而她希望能做得更实一些，并有所突破。"课程领导力是学校领导力的重要方面。没有良好的课程设计与实施，苏霍姆林斯基所说的校长'思想'的领导就会落空。"

张云鹰和她的团队多年来研究和实践的开放式配方课程，突出了课程改革进入深水区的根本任务是立德树人，体现出以培育学生核心素养为根本目标的新一轮课程改革的特色。南京师范大学课程与教学研究院院长、教授张华评价坪洲的配方课程："体现了信息时代学生的发展特点与需求、教育的基本内涵与趋势。"上海教育科学研究院杨四耕教授则称，配方课程是"'文化创生'水平的变革"，达到了"学校课程变革的 3.0 层次"。

（四）

"学校没有'围墙'，教学不是'输灌'，儿童就是'儿童'。"2016 年 11 月 14 日上午，全国首届中小学"推进课程深度变革，提升学校课程品质"课程研讨会在合肥市举行，来自全国各省市 2000 余名校长教师正聚精会神地听来自深圳的一位小学校长的"开放式课程配方"的课改交流讲座。参会的有全国基础教育强省强市——北京、上海、南京、杭州等地的代表，这些教师可谓见过各种世面，但此刻，他们显然仍对这位来自改革开放前沿城市的同行的报告充满好奇：

"一所小学开发出 90 多项可以自由组合搭建的配方课程，都是什么样的课程？"

"每周都开展跨学科的活动课程，光语文一科的活动课就设计出 80 多个内容及课型，是怎么设计出来的？"

"这些课程如何实现跨学科搭配、跨年级教学？"

"为什么叫作开放式课程？开放的边界在哪里？实施效果如何？"

"这么多的校本课程与国家课标是怎么统一起来的？在应试教育成就名校仍是主流路径的今天，你们的开放式课程改革，如何做好小初衔接，如何回应家长和中学的关心和疑虑？"

"作为一名特级教师和优秀校长，除了课程的开放，你还将如何进行开放式管理，开放式评价，并塑造出你们的开放式的学校文化？"

......

这位引起全国教育同行强烈兴趣的深圳校长，正是张云鹰。"开放式教育""开放式配方课程"已成为全国优秀校长张云鹰的主要身份标签。2017 年 11 月 13 日，全国第二届中小学品质课程研讨会在上海举行，她又应邀前往。这些年，张云鹰带着她的"开放"实践报告，大多数的周末时间都被邀请到北京、上海、南京、杭州、重庆、西安、郑州等全国各地的课程交流报告会上，并且几乎每一次都在当地引起热烈讨论和追问，然后是络绎不绝地由各地学校和教育机构带队南下跟校近距离学习观摩。有的来了还不止一次，时间最长的，甚至一待就是三个月之久。据不完全统计，这所远离深圳中心城区的规模并不大的新建小学，已接待慕名而来的全国"取经"者 11000 多人次。纷沓而来的还有教育部和全国知名高校的教育专家和学者。

　　张云鹰所在的深圳市宝安区坪洲小学，还是广东省教育厅在全省特设的中小学校长培训基地、广东省第二师范学院青年教师实训基地，也是近年来业内教师队伍建设与专业发展的交流重地。每年，这里至少要接待 8～10 批来自全省各地、市跟岗轮训的校长和各级名师。数十年来，张云鹰一直坚守在一线课堂，评课、论课，向同行们积极传播她的开放式教育教学理念和办学经验。早在 2004 年，张云鹰就曾提出，"办开放式教育""创开放式学校""开放——一个时代的教育命题；开放式教育——一座城市的名片"。如今，她的这张"城市的名片"，在全省、全国的基础教育界越来越出彩。

　　2015 年 5 月，深圳市第六次党代会明确提出，从深入教育领域综合改革出发，深圳要加快构建创新型、开放式现代城市教育体系。这一目标与定位，与张云鹰的开放式教育理念"不谋而合"。

　　开放式教育的酝酿与实践，也带着深圳作为中国改革开放的前沿阵地和窗口的"地缘性"特色。教育部基础教育课程教材专家柳夕浪总结了张云鹰开放式教育的几个显著特点：第一个就是开放式教育将学校教育融入现代化城市的特点，完全可以成为一座城市的"教育名片"。

　　课程如何开放，开放有没有边界；深圳的教育改革乃至当下整个基础课程的改革，将去向何处、会呈现出何种前景，这是当前许多教育者都在思考的问题。张云鹰 36 年教育人生的实践和总结，给了这些问题一个清晰的答案。

　　张云鹰非常推崇中国教育改革先驱者陶行知先生"学校即社会""教育就是社会改造"的理论。她称，今天的教育日益走向城市化、现代化和国际化，为使我们的教育适应新时代激烈的人才竞争和知识经济对人才培养的需要，为将学校带向一个真实生动的境地，为培养出真正的现代都市人、知识人、文化人，就必须开放地面向这个转型的社会，并根据社会需要设计教育目标，改进教育方法和内容，为学生的幸福和成长"配方"，帮助人向人的生活世界回归。教育和学校课程为未来社会的总趋势而开放，才能同步于开放社会发展的节律，必将为培养出明天开放型的建设人才发挥出重大作用。

　　开放，也许是任何一个追求进取时代的最重要的命题。开放的教育，也必将改革违背儿童成长规律的应试思维和填鸭式课堂，必将回到解放儿童心灵，让学生从封闭和变味的"三味书屋"走向广阔、开放的"百草园"中。相信随着更多的像张云鹰这样数十年如一日热情如火、始终探索、践行开放教育者们的努力，教育事业必将呈现出更多开放的气象。

（作者为《南方教育时报》编辑　黄浩）

九、《校长》：创造家张云鹰

魔力好教师，泼辣教研员

尽管已经离开湖南省溆浦县多年，张云鹰仍然是当地教育界的传奇。

1983 年，年仅 19 岁的她便获得了溆浦县青年教师教学大赛一等奖，获奖理由是——她春雨般的情感，童趣般的率真，让学生无比喜欢与信任。

很快她就被调入当地名校——警予学校，执教中学语文。

不过，自己还像个中学生的张云鹰很快就遭遇挫折。当时初中生的作文水平让她十分头疼，于是调整教学思路狠抓作文练习，来来回回一年时间，竟然收效甚微。她不得不停下脚步寻找原因：原来从小学开始，学生的阅读量有限，阅读面狭窄，由此导致写作基础十分薄弱。

年轻意味着大胆，她回头就向校领导提出申请，下调到小学部执教。

"人往低处走"不计得失的她赢得了校领导的欣赏，一去肩上就被压了担子：出任实验班班主任，开始"注音识字、提前读写"的教改实验。

事实也证明，张云鹰与教改就是"天然的伴侣"。5 年时间里，她记录下了不计其数的实验计划、学生原始档案、测验数据与实验设想。即便初为人母，她也仅仅休息了一个月便回到了课堂，继续实验探索。

其中一个小插曲是，当时张云鹰向校领导提出实验班取消单元测验与排名的建议。校领导不解缘由，她却说，那些学困生越考越没信心，越考越不想学，不如放慢学习进度，减少考试次数与频率，给他们多一点时间夯实已学知识，扩充课外阅读。

改革步子跨得太大，她不得不立下军令状：拿期末成绩说话。校领导勉强答应了。

　　是一种幸运，也是一种必然，实验证明学校对学困生的"等待"是值得的。这个班级最终的毕业统考语文平均分数高达 94.2 分，是怀化地区的第一名。而且，教学进度事实上还超前了：通过重组教材，精心设计，全班用 5 年时间完成了 6 年的教学任务。

　　可以想象，语文名师张云鹰顿时炙手可热。实验班的家长们纷纷给教育局写要求信，请求张云鹰继续执教自己的孩子。教育局也组织专家、家长调研，最终竟然得出一个结论：张老师教学生有魔力。于是领导做出了一个大胆的决定：让张老师带着实验班直接升入中学。

　　于是，溆浦县出现了史无前例的一幕：张云鹰与 45 名学生一同整班进入溆浦第二中学。而为了深化教改，张云鹰又与华东师范大学附属中学联系，开始合作进行中小学衔接实验的"双轨教学"。

　　1991 年 8 月，张云鹰 27 岁，却已是省教学大赛一等奖、地区教学骨干、语文学科带头人了。也正是在这一年，她成为湖南省最年轻的小学语文教研员。

　　27 岁做教研员，肩上扛着 12 个县的教研工作，压力可想而知。张云鹰把孩子全托给了幼儿园，把家务也全部交给了保姆。

　　也许，张云鹰就是一位"村支书"式的教育人——不过，她不是。

　　一上任她就争取领导支持，做了两件新鲜事：创办了一份双月刊杂志——《怀化教育》；建立了一个跨地、县、学校三级的教研网络。

　　这两个平台成为推广引进与自创实验课题的窗口，而且平台化效果可以让她同时进行 12 个实验项目，包括"注提"实验、"集中识字"实验、"六步教学法"实验……每一个实验都成立了核心小组，有方案、有措施、有结论。她甚至整合资源开展了优势互补，把"注音识字"与"童话引路"两个实验合并，在整个湖南省予以推广。

　　这段时间，成为张云鹰大批量出成绩的黄金期。她参与编写了《小学语文参考教案》《小学 69 篇课堂作文指导》等书籍，撰写的论文、指导的公开课，更是获奖频频。

　　望着年纪轻轻"一骑绝尘"的张云鹰，同事们苦笑着给她下了定义：干一样成就一样，工作泼辣，对教育一片痴情。

深圳往事

1997 年 2 月，张云鹰离开湖南，南下深圳。她随身携带的书从《大众哲学》《教育人类学》，变成了极具深圳特色的《华为的世界》《第五项修炼》《在第二级台阶上散步》。

显而易见，这是一个机遇与压力并存的选择。

4 月，她在深圳市宝安区沙井镇上了一堂六年级语文课——"在仙台"，并做了一场专题讲座。台下坐着主管教育的副镇长，听后为之一振："没有想到小学的课还有这样的艺术性和高度！"副镇长当场表态，"沙井今年只招一个人，那就是你张云鹰了！"

就这样，她成为深圳市宝安区沙井镇小学语文教学的"教头"。

然而，喜悦并没有持续多久，她很快意识到这其实是一个"苦差事"。

那时，宝安区的教学质量不容乐观，上上下下都理直气壮地抓分数。张云鹰专门用半个月的时间进行课堂调研，结果发现大多数老师仍然停留在 20 世纪 70 年代的水平，比如一位老师讲解生字，12 个生字可以讲错一半！

为了提高教学质量，她不得已必须使用一些"笨办法"：一所接一所学校地跑，给老师们开讲座，上研讨课，上公开课，有时候竟然要从拼音教学讲起。她还利用双休日的时间，免费给学生们开设"快乐作文"的辅导课，孩子们可以自愿参加。

不过，这并不代表她的教育创新之旅已经中断。沙井的老师们至今仍然难忘张云鹰的"月光曲"一课，堪称素养与知识水乳交融：她使用反刍法，从聆听《月光曲》开始，分析它为什么时而高亢时而轻柔、时而急促时而缓慢；再到文中寻找对应点，从而推演贝多芬在莱茵河畔的小路上散步、听到兄妹的对话、遇见知音盲姑娘这种心情的变化。这种明线与暗线的交织，解开了贝多芬为何走进寻常百姓家的疑问……这样的创新构课思路，是老师们前所未见的。

仅仅一年的时间，张云鹰完全打开了沙井镇教研的局面。1998 年 6 月，宝安区对三年级学生进行统测，沙井镇小学语文成绩竟然前所未有地成为全区第一。

按照教育局领导的原话来说："张云鹰是有功之臣。"

2000 年 8 月，张云鹰被宝安区教育局调往区教育科学研究培训中心，专职小学语文培训教师，直接对接全区 2000 多名语文教师。

这是一个更大的舞台。张云鹰的书架上出现了夸美纽斯、赫尔巴特、苏霍姆林斯基、陶行知、蔡元培等的专著，她希望从阅读中寻找到"在研究中培训，在培训中研究"的办法与策略。

三年时间里，她听课 300 多节，培训的小学语文教师达 20000 多人次，培训教导主任 1000 多人次，开设了"小学语文典型课示例"等专题讲座 42 场……针对课堂普遍存在的问题，结合自己的研究，既要备好教师的培训课，又要做出示范课。

正是这段时间的探索，她形成了后来在全国多地实践推广的"教师培训五大模式"。

链接：教师培训五大模式

信息传输模式：理论讲座＋经验介绍；信息传递＋自学讨论；小型讲座＋主动作业；科研本位＋送教上门。

观察借鉴模式：示范—模仿—变通式；观摩—评论—概括式；录像播放—评点解析—归纳推行式；参观考察—定向研讨—总结提高式。

互动参与模式

任务驱动模式

行动研究模式：研训一体型学习。

凭什么当校长？

2003 年 7 月，深圳市宝安区西乡政府在《中国教育报》上刊登启事，面向全国招聘西乡中心小学校长。其中有一条"硬杠杠"的要求：年龄 40 岁以下。

"上，还是不上？"这一年张云鹰刚好 39 岁。随着年龄的增长，她越来越发现自己渴望有一块完整的"试验田"。

在领导的鼓励下，她毫不犹豫参加了竞聘。结果，在来自全国各地的 100 多位竞聘者中，她笔试第一名，竞聘演讲又博得满堂彩。然而，台下的评委依然并不看好她，在答辩环节抛出来一个问题："张老师，你从未当过校长，何以如此自信，你凭什么当校长？"

张云鹰回答："有时候，过去的教育管理经验也许正是今天教育发展的障碍。有没有当过校长或许不重要，关键是能否在办学思想理念上有所创新。只有创新才有教育个性，才有独到的教育哲学。创新比经验更重要！"

这样的回答，联想到过去的业绩，让人无比信服，答辩环节张云鹰再次获得第一名。2003年8月，张云鹰终于以校长的身份走进西乡中心小学的校园。

不过，与其他新上任者一样，她遇到的第一个问题仍然是：我究竟要办一所怎样的学校，培养出怎样的学生。

那时，沿海地区颇为流行"培养狼性人才"，或是"成功主义"的教育思潮，学校无论大小都热衷"大而全"或是"走向国际化"。

张云鹰的选择是什么呢？

"办学要联系地域环境，实事求是寻找定位。"

事实上就在开学第一天，张云鹰便找到了方向。那天，她好好打扮了一番赶到学校，满怀喜悦之情准备着开学典礼，却看到台下有的家长穿着拖鞋，有的穿着睡衣，还有的只穿着短裤；学生穿的衣服也乱七八糟，有长袖配短裤的、有扣子系错位置的，场面就像个乡下的菜市场。

典礼过后，她久久不能平静，思绪万千。深圳虽然是一座改革之城，但是移民占据人口多数，文化底蕴有限。而宝安区更被称为"乡下"，城市化进程到来，然而"农转非"的市民们从精神上却还没有"进城"。

她意识到学校的定位应该是"培养现代城市人"，并在第二天的教职工大会上提出了自己的想法。不料台下顿时议论纷纷："宝安就在深圳，很快就要城市化，人人都是城市人，为何提出这样的目标？"有的家长甚至说："这个新校长看不起我们农村人呢！"

张云鹰给出了自己的理解："正是因为城市化，农村地区的农民与其子女，不仅要'洗脚上田'，更要'换脑进城'，我们要让这些'准市民'具备城市人的文明素养、社会责任感和生活技能，让他们成为城市化的建设者。"

多年以后，朱小蔓教授认为，西乡中心小学的这个定位，不仅需要勇气，更是开创性的探索。相较学校的封闭、保守与落后，张云鹰的探索目标是由此"打造一所开放式的学校，践行一种开放式的教育"。

2011年8月，张云鹰离开西乡中心小学，成为宝安区坪洲小学创校校长。

与初上任时相比，西乡小学已从一所相对落后的农村学校，发展成为一所远近闻名的特色名校，而新学校坪洲小学也早早因为张云鹰的名气而备受瞩目。这些也让她更加有底气地将"开放式教育"全盘复制在坪洲小学。

记者笔记：什么是开放式教育

开放式教育是一种思想、一种理论，也能衍生出许多种课程、活动，它最早兴起于 20 世纪 70 年代的英国。张云鹰提出开放式教育，源于对"培养现代城市人"教育目标的需求，同时这套做法也具有现代学校普遍价值，可以广为借鉴。

概括地说，开放式教育注重人的和谐发展，关注公平与个性，关注教师的发展。它的内涵可阐述为教育功能作用的纵深化、教育方法的多样化、教育技术手段的科学化、教育评价的个性化、师生关系的民主化等。

校长不说官话了

开放的第一现场，就在校长例会。

张云鹰回忆了自己以往参与过的例会，它们几乎都是一个样子，几张熟悉的中高层干部面孔，一张冰冷的圆桌，内容无非是学习与传达上级文件，各部门轮流汇报工作，布置下一阶段的任务……这样的例会如何能够成为她施展抱负的工具呢？

这当然成为首先改变的环节。第一步，例会的参与者增加了，圆桌旁多了学科组长、年级组长、学生代表、家长代表，甚至还有主管部门的教研员、督学、社会知名人士。

张云鹰的讲话也总是简洁而率真："我就说这么简单的几句，下面大家交流！"她还经常组织大家分享一本自己最近看的书，或阐述一个管理寓言，或讲讲出差时的所见所闻。

刚开始，大家都愣了："这校长怎么不说官话呢，怎么不摆谱呢？"

什么是校务公开？张云鹰渐渐让教师们明白：例会就是为大家而开，大家都是主人翁。她常说一句话："我们在这里是做事的，谋事不谋人。"

因此，坪洲小学的例会上，有时还能见到兄弟学校的同行们，大家一起交流工作经验，研讨教育教学。

冰冷的格局渐渐消融，张云鹰又通过例会进行中层干部培训。中层干部由于身兼教学，往往缺乏管理经验的摸索，可是在例会上，她会直接告诉你"值周校长的要求三部曲""常规工作的三步走"。

有时，她会直接邀请知名校长、专家学者接管她的例会，对管理团队进行专题培训。几年下来，学校通过例会就培养出四位正、副校长，十几位中层干部。

能不能把例会直接转化为主题沙龙或是"诊断时间"呢？张云鹰在她的学校中

每个月都组织一次"论坛式例会"，提前选定主题，让管理团队的教师提前准备，例会时各自公开演讲，接受质疑。而在每周五各行政按照要求听第一、第二节课，再利用第三、第四节课时间，集中到"交流中心"对各学科教师进行教学诊断例会，从校长到各职能部门负责人都要进行教学评价。

张云鹰的做法渐渐让管理团队心领神会，他们纷纷用"以训代会"的形式组织各自部门的工作，"口水话""官话""过场话"在这所学校消失了。

学校管理进一步开放的基础有了。

开放的学校

2011年9月，张云鹰在全新的坪洲小学主持了开学典礼。典礼过后，一位家长走上前来，热情地向她打招呼。张云鹰一看，竟然是原来西乡中心小学一位学生的家长。那位家长说："张校长，您转到哪里来，我们就跟您到哪里来，您是我们孩子的'校长姐姐'。"

校长与家长的感情如此深厚，这在几年前还根本无法想象。

"这里的家长并不太关心孩子的学习，各忙各的事业，孩子将来继承生意，对这样的家长做工作，总是难以做通。"改变家长的观念，在张云鹰那里变成了头等大事。

从很早的时候起，她便是教育圈里的"名嘴"，讲学遍布大江南北。不过，她最最重视的，还是每学年两次的"家长培训"。学校大张旗鼓，张云鹰更是提前一个月磨稿，精挑细选演讲的主题，其中不乏"我的家庭教育观""没有教不好的孩子"等家长们口口相传的"名篇"。

进一步，张云鹰在学校中成立了班级、年级、学校三级家长委员会，学校与家长共同探讨教育问题。利用校长信箱、个人访谈，有意识地听取家长对学校工作的建议。

学校教职工代表大会上也开始出现家长的身影，他们参与探讨诸如"我们理想的好学校好教师""师德标准"这样的话题。课堂教学也向家长随机开放，专题教育活动中的主题词征集、校园文化建设咨询等活动也让家长参与其中。

事实上，学校针对学生的教育与家长也是"配套"的。2004年起，西乡中心小学面向学生与家长共同启动了"八个一"活动，包括阅读一本书、具备一项业余爱好、形成一些做人原则……

　　诸如这样的开放做法能够取得怎样的教育效果呢？张云鹰讲了一个故事：当年，西乡中心小学四（5）班准备开家长会。班主任主动提问学生如何通知家长，孩子们争先恐后地回答："爸爸，开会时不要穿拖鞋。""妈妈，不要穿得太暴露。""爸爸，开会时手机一定要调成静音。"……结果，包括那一次以及之后的家长会，没有一个家长迟到，也听不到手机铃声，每一位家长的穿着都很得体，家长会也开得格外顺利。

　　来到坪洲小学后，"八个一"得以保留，同时在每学年增设了"八节"，每月一节，3月为"踏青节"，4月为"健美节"，5月为"超人节"，6月为"秀秀节"……每一个节日融入一个开放性的教育主题，每一次教育成为一次亲子机遇。

　　除此之外，张云鹰的学校还成立了"开放式教育督导委员会"，邀请中学名师进入小学课堂听课指导；家长也进入学校决策层，致力于学校目标与家长需求的一致。

　　不过，开放的学校敢向孩子们开放吗？

　　链接：张云鹰倡导的六大学校开放

　　开放的管理、开放的培训、开放的德育、开放的课程、开放的教学、开放的文化。即建立开放的教育管理机制，把管理的主动权交给教师；相信学生，让学生不再成为被动的执行者；创设条件让家长参与学校管理。推行培训式、论坛式、诊断式行政例会，实现管理效能的最优化；构建开放的学生评价体系，让学生成为评价的主人。

老师不在，我更可爱

　　张云鹰习惯把每一位学生视为小主人，把相信学生当作常态，每年都会举办一次"少代会"，学生以主人的身份参与学校谋划。而在日常中，一个口号、一个自治会、一个成长本，就可以成为学生自主管理的基本模式。

　　为了方便学生阅读，张云鹰在西乡中心小学、坪洲小学每个楼层都安排布置了开放式书架，学生可以随时自由取阅。不过，初运行一周下来，却丢了50多本书，值日老师很气愤，在升旗礼后的周总结当中竟然高声喊了一句："偷书的人就在你们中间。"

　　这让张校长不能接受，她不相信孩子们真会偷书，况且孩子拿走一本书也不见得是件坏事。于是，她与分管德育工作的唐翠娥老师一合计，一场主题为"文明读者应有哪些行为"的调研思想品德课在全校铺开了。

经过孩子们的讨论，终于真相大白。原来课间 10 分钟很短促，为了记住自己读到哪里了，有的孩子折了角，有的写了名字，有的画了记号；有的孩子上完厕所洗完手就翻书，湿手翻书就把书撕坏了；有的孩子想一口气看完自己喜欢的书，于是就带回家了，但怕别人说自己偷书就不敢当众还书……

那么，"怎么用好、管好、爱护好这些图书呢？"唐翠娥老师把问题再一次交还给孩子们。"竞选图书小卫士""贴上读者规则""给图书包书皮""每个中队管理一个书架"……孩子们七嘴八舌就出了很多点子、办法，图书管理问题就这样迎刃而解了。

在西乡中心小学，有一位名叫唐果的班主任教师即将派往北京师范大学学习，为了保障她离开的这段时间的班级管理，她想出了一个口号——"老师不在，我更可爱"，孩子们也成立了"临时自治委员会"，作为班主任教师不在时的自我管理机构。

同时，为了监督学习任务的落实，唐果老师又与孩子们商量，为每位孩子准备了一个"成长本"：成长本的正面有每天要做的 20 道题目，孩子们自己考自己；背面则是小日记，孩子们可以给老师写"悄悄话"。

等唐果老师学成归来后，她便看到了这样的"悄悄话"："老师，今天没有数学课，我自己做了一些题目；有些同学不听话，不过您不用担心，校长还表扬了我们，我们会更可爱的。"

来到坪洲小学后，张云鹰沿用了西乡中心小学的做法，并且创办了一本《雏鹰展翅》的内部刊物，选登孩子们的作文以及家长的心得体会。

在创刊号上，一位叫代云霄的三年级小女孩写下了自己因为迷恋课外书而未能按照妈妈要求按时完成作业的故事。小女孩写道："妈妈，我知道您关心我，爱护我，其实我并不是不讲信用，我实在抵挡不住课外书的诱惑啊！您以后不要再说我不讲信用了，好吗？"

活泼的话语，发自内心的表白，这样的故事在今天的坪洲小学实在是太多太多了。

我们愿意跟随她!

当学校管理、风气趋于开放,张云鹰开始着手课程与教学的开放。不过,这是一个极其庞大的工程,她意识到必须要发动教师。

事实上,张云鹰一直以来都十分擅长发动教师,在坪洲小学她有一支名声在外的"内阁团队"。

2003年,数学教师唐翠娥通过公开课认识了张云鹰,向她请教数学活动课的设计方案。没有想到的是,张云鹰也正在摸索语文活动课的设计,于是,两人一合计,制订了具体的日程计划,准备合作写作活动课专著。

当时在唐翠娥的眼中,张云鹰是偏学术的,学术专家可能在行动方面比较差。况且,她自己还要独立完成语文活动课的设计。不过,让唐翠娥意外的是,对方不仅按照预先制订的日程计划一丝不苟地交出了文稿,而且还帮助唐翠娥完成了《新小学数学课程设计》。后来,张云鹰出任西乡中心小学校长,主动邀请唐翠娥帮助,唐翠娥也抱定决心跟随,一直跟到坪洲小学。

今天,坪洲小学别具特色的语文、数学、英语活动课已经颇具规模,200多个活动课贯穿小学六年。用业内的话来说:"张云鹰的学校不仅仅善于创新,关键是教师团队在她的带领下做了很多脚踏实地的实事。"

2000—2003年,张云鹰在任区培训教师期间,结识了邹昭文、姚建武、康玉辉、张艳、欧阳海燕、龙慧、吴燕等颇具实力的教师。他们经常聚在一起,总有聊不完的教学话题,抒不完的教学之情,这些性情中人也随她来到了西乡中心小学,来到了坪洲小学。

坪洲小学语文教师王朝辉,至今难忘初到学校工作时张云鹰为他们这些年轻教师上的一堂堂示范课。"早发白帝城""回声""猜猜我是谁"等示范课更称为经典。也正是在张云鹰的指导与要求下,王朝辉从很早的时候便开始探索学生的自主学习、自主管理,根据每个月校长提出的寄语,制定自己班级的开放管理方向。

"她是拿着一本书、一支粉笔走进教室的,以最低的成本,收到了难以想象的效果。"

2004年12月,张云鹰在西乡中心小学六年级的一堂"第一场雪"的公开课上,设计并提出了"五步教学"流程:整体入手、厘清文路;变序教学、读中感悟;品词析句、读写结合;归纳概括、突出训练;介绍背景、画龙点睛。

随时深入课堂，示范课信手拈来，从不因行政管理事务多放弃教学示范性研究……直到今日，张云鹰在每周五仍然会对全校教师"以训代会"，探讨课堂教学。

这样的精神实在难能可贵。面对记者的采访，张云鹰也毫不掩饰自己对课堂的挚爱："我是属于讲台的，即便我是校长。"

2005 年，张云鹰在西乡中心小学开始推行教师专业发展"三三制"。搭建专业人才的"三格层次"，即新教师入格培养，青年教师升格培养，骨干教师风格培养；铺设专业人才的"三环道路"，即教学基本功、教学策略与教学思想；构架专业人才"三维空间"，即学习空间、实践空间、展示空间。

如今，"三三制"已经成为宝安区多所学校的教师专业发展模式。

更为精彩的是，张云鹰每年还会充当一次"读书的女人最美"联欢会的主持人。这项发起于张校长初上任时的活动，一直延续到今天。在这一天，老师们、家长们会精心打扮，披裹盛装，在全区观众面前表演舞蹈、音乐、舞台剧，尽情施展自己的才华。

开展这项活动的初衷，张云鹰解释说："年轻女教师处于恋爱、结婚的年龄阶段，长期住在宿舍，下班之后难免孤独、焦虑、抑郁；许多学生的母亲也独自在家中带养孩子，孩子上学后又无所事事。开展这项活动正是为了提高她们的生活质量。"

坪洲小学舒建梅老师说："我们的校长既是一个才女，也是一位美女；张校长专业引领强，对老师们的生活也足够关心！"

在张云鹰的发动下，西乡中心小学在八年的时间里完成校本开发超过三十册，涵盖出版物、校本教材、校报、校刊、专题片与画册，其中不乏《开放式作文教学》《开放式活动课程》《开放式教育》这样的畅销佳作。

2011 年 12 月，张云鹰在坪洲小学再次发出实施开放性教学的倡议。不难想象的是，学校里的教师们早已跃跃欲试了。

如果小羊得救了呢？

在张云鹰的眼中，今天的语文教育是被"工业化"的，作文沦为考试的附庸，学生们的想象力与好奇心被泯灭了。作为一位语文教师，她曾经最痛苦的事就是学生们学了六年连一篇 400 字的作文也写得词不达意。

她说："要把偌大的世界变成课程，要把丰富多彩的生活引进薄薄的教科书、让学生生活走进教科书、走进课程，如果没有开放的教学，没有把开放的教学落在课程中，学校就是一座孤岛，课堂就是一个狭小的纸盒。"

所以她为开放式教学建立了原则基础，并在作文教学方面为高、中、低年级建立了开放性范式：低年级可以开展剪贴画式、情境式、活动式作文范式；中年级可以开展日记式、话题式、读写结合式作文范式；高年级可以进行网络式、推理式、下水文式作文范式。

一位二年级的学生非常喜欢动画片《猫和老鼠》，他为这部动画片剪了一幅趣味横生的剪贴画，并根据这个画面写了一篇令人忍俊不禁的小故事。这篇文章字里行间满是童趣，剪一剪、贴一贴、说一说、写一写，平时让学生不适的作文教学顿时变得妙趣横生。

在张云鹰提倡的课堂里，强调真情实感，强调生活趣味。一位老师嘴巴里含着龙眼核，神秘兮兮地走进教室，一张口就问："大家猜猜，老师嘴巴里含着什么东西？"同学们顿时精神大振，你一句，他一言：有的说是舌头，有的说是糖，有的说是一个古灵精怪的小宝贝……老师将嘴轻轻一张，龙眼核顺势而出，学生们的心情可谓五花八门——就这样一个简单的场景，几分钟的时间，就有了学生们的日记：《这样的老师》《老师的孩子气》《猜错了》……

这样看似偶然的课堂，是张云鹰与教师们共同研讨、备课，一堂堂得出的结论。张云鹰经常会提出具有开放性意识的构课思路：《狼和小羊》最后一句写道："狼不想再争辩了……说着向小羊扑去。"很多学生不愿意看到这样的结果，有的甚至还会流泪，教师如果抓住时机，引导学生向相反的方向想：小羊得救了。到底小羊是怎么得救的呢？以"侥幸的小羊"为题目，让学生展开想象写一段话……

张云鹰常说："真正的开放，就蕴藏在对引导的深刻理解与把握之中。说到底，它是一种境界，是一个语文教师综合素养的体现。"

今天，坪洲小学开放式教学的探讨已经全面走向了项目化管理。张云鹰通过子课题向教师招标，课题指导小组开展听课、测试等形式加以提炼，并于每学期定期开展课题成果交流，以及评优奖励等手段，先后开展了开放式作文教学、开放式活动教学、开放式阅读教学的研究，逐步构建起了开放的教学课堂文化。

当开放成为课堂的特征，学校教学教研的创新想不活跃也不成了。

（作者为《校长》杂志记者　唐亮）

十、《广东教育》：文化校长的别样风采

"心似白云常自在，海阔翔鹰任东西。"这是张云鹰的独白，也是她的写照。与张云鹰的对话过程中，我们脑海里总是能感到她那种女子中罕有的大气、知性、智慧，说话和做事都是一片响亮之声。

张云鹰在她的校长生涯中，提出了一个典雅的命题："读书的女人最美"。她激励老师们以自己的精神追求与专业发展，去科学地引领学生们的发展。事实上，她自己就是一位沉浸于阅读，执着于研究，著述甚丰的美丽思想者。

她首倡"开放式教育"理念，形成了"开放式语文教学"流派。

她主张"教育一个学生、带动一个家庭、辐射一个社区"，不断丰富学校教育的内涵与质量。

她投身教育科研，提出"培养现代城市人"的教育命题，践行"配方课程"，总是带着一种透视的眼光审视教育问题，不断借以科研的力量引领学校迅跑。

她追求"读书—教书—写书"的教育人生，激励教师尽显人生三部曲，彰显教育智慧和学校创新。

她把向警予作为精神偶像，对事业有着近乎超常的热情，始终保持着一种旺盛的精力和对教育的执着精神。

为了更深刻地理解读懂这位文化校长的教育境界，近日，我们与她展开了一番探寻式对话。我们相信丛林之中，云中之鹰会飞得更远，飞得更高……

张云鹰校长访谈录：

记者：张校长，您倡导的"开放式教育"受到教育界专家学者的普遍关注，产生了积极影响，请您先为我们介绍一下什么是开放式教育吧。

张云鹰：近年来，我一直致力于系统的基础教育研究，陆续在人民教育出版社、教育科学出版社推出了《教育智慧与学校创新》《开放式教育》《开放式作文教学》《开放式活动课程》《开放式阅读教学》等系列专著。

《开放式教育》系统论述了开放式教育的理论构建和实践创新，阐述了开放式教

育的基本内容及其特征，我认为，开放式教育就是"教育信息空间和沟通渠道多元化，教育功能作用纵深化，教育方法多样化，教育技术手段科学化，教育评价个性化，师生关系民主化"。我的《开放式教育》全书十章，主要包括开放式教育管理、开放式品德教育、开放式课程与课堂、开放式教育手段、开放式教育评价、开放式教育文化等，针对每一章还附有教师案例。我认为值得借鉴，很有可读性。教育部主管的《基础教育课程》杂志做了专门推荐。

中国教育科学研究院院长袁振国教授亲自为《开放式教育》作序，评价"开放式教育是公平的，是面向全体学生的，是学生主体自主选择性的。这种开放式教育的内容和模式，既是一种思想、一种理论，又是一种课程、一种活动。它是从满足和谐社会建设和学生身心发展需要的整合观点出发，将教育目标指向培养和谐的、具有国际视野和现代科学文化素质的城市人，是培育公民社会的一个最有效的途径。"深圳市教育局原局长郭雨蓉也以《开放式教育：一座城市的名片》一文赐序。

记者：一张白纸，能画最新、最美的图画。身为坪洲小学创校校长，您将践行怎样的办学理念，培养什么样的人，怎样去培养？能否解读一下你们学校的"一训三风"？

张云鹰：坪洲小学是2011年9月新开办的一所区直属公办小学。对于一所新学校，如果不能在短期内脱颖而出，就会错过黄金发展期，未来发展也将变得举步维艰。

我们根据学校面临的机遇和挑战，科学研制了《坪洲小学首个五年发展规划（2011—2015年）》，确立了"办一所学校有灵魂、教师有思想、学生有主见、家长有信心的实验性、示范性、现代化品牌学校"的办学目标，把"培养有德行、有智慧、有情趣、有气质的文明都市人"作为育人目标。为此，我们深入践行"让智慧做主人生"的办学理念，扎实开展"开放式教育"实验，努力打造"智慧校园"特色。

我们把"蒙以养正、文明以健"作为学校校训。顾明远先生亲笔为我们的校训题字，让我感动不已。宝安区原区委书记鲁毅视察我校时，对我校的校训给予了高度赞赏，并强调："启蒙教育阶段就是要采取正确的教育方法，培养学生走正道，同时也要重视学生的身心健康，要强身健体。"

校风：求真向善、尚礼臻美——真，是自然的灵魂；善，是人性的光芒；礼，是优雅的力量；美，是生命的绽放。真、善、礼、美，是中华民族优秀的传统文化，是全校师生追求的价值取向，也是教育的最高境界。

教风：教起于思、开而弗达——教学，是师生一同成长的生命旅程。教者，慎思明辨，善思乐教，在思中积淀智慧，在教中形成思想；教者，因材施教，启发诱导，似蜂采花酿蜜，如蚕食桑吐丝，引领学生去追寻心中的梦想。

学风：学起于悦、活而有序——学习，是一种需要，一种能力，一种享受。学者，视知识为甘泉，以愉悦为动力，虽知学海无涯，却能泛舟前行；学者，贵在养成良好的学习习惯，活而不乱，张弛有序，方能学有所获，成就多彩人生。

学校首个五年发展规划还明确提出了"名师治校、质量立校、科研兴校、文化强校"的办学方略，倡导"求真向善、尚礼臻美"的校风，崇尚"教起于思、开而弗达"的教风和"学起于悦、活而有序"的学风，塑造个性化的团队文化、教师文化、学生文化、家长文化、课程文化、课堂文化和环境文化。学校同时制订了五年发展阶段性目标，第一年为"规范与合作年"，第二年为"学习与文化年"，第三年为"质量与名师年"，第四年为"创新与发展年"，第五年为"特色与品牌年"。

记者：您有多年教科所工作的经历，对您从事校长工作有什么益处？

张云鹰：我当了整整十年的中小学语文教师和班主任，曾经带过一个"探索中小学衔接教学实验"班，从小学一年级一直送到九年级毕业，由此在湖南省怀化地区产生了一定的影响。1991年8月，怀化地区教委把我调到怀化地区教科所，负责全区12个县（市）的小学语文和思想品德的教科研工作。我着手建立了地、县（市）、学校三级教研网络，主持开展了国家级课题"注提"实验、省级课题"协同教学"实验等12项富有创新的实验课题，有些实验成果在湖南省推广，并荣获全省第三届教改教研成果奖，我本人也被评为"全国小学语文优秀教研员"。1997年年初，我来到深圳市宝安区沙井镇教研室担任副主任，主抓教科研工作；2000年8月，我被调到宝安区教育科学研究培训中心担任小学语文专职培训教师，倡导并组织探索了"研训一体"的教师培训模式，收到显著成效。屈指算来，我从事专职教科研及教师培训工作整整12年。12年的磨砺，使我"科学的思维、严谨的态度、求实的作风、创新的精神"这一鲜明个性更加突出，对我后来从事学校校长工作大有裨益。

2003年秋，我有幸参加全国公开招聘竞聘西乡中心小学校长一职，9月1日开学日，当我看到学生及家长的邋遢着装和无组织、无纪律的自由散漫时，我首先想到的是，要改变这些不合格的准城市人，作为校长的我责无旁贷。改变什么？怎样改变？……一连串的问题摆在面前。问题即课题，对于像我这样长期从事教科研工作的老兵来说，我们总是带着一种透视的眼光审视问题的。后来经过反复思考，我提出了"培养现代城市人"这一极具针对性和现实性的培养目标，倡导通过践行"开放教育"来逐步达成这一目标，于是"培养现代城市人——开放教育实践与研究"这一课题便应运而生，并被深圳市教育科学规划办确定为"十五"重点课题。2009年这一课题圆满结题，我们在结题报告中，对该课题的可持续性和发展性进行了科学阐述，将"培养现代城市人"修订为"培养具有国际视野的现代城市人"，即强调"国际人"内涵和"教育国际化"；根据概念的内涵与外延成反比关系，我们将"开放教育"修订为"开放式教育"，概念外延的缩小更加凸显课题的个性化和可操作性。"培养具有国际视野的现代城市人——开放式教育实践与研究"已成为我们推进教育改革、实施素质教育的校本总课题。在这一总课题下派生出的"开放式语文教学"（分为开放式作文教学、开放式阅读教学和开放式语文活动教学三大板块）已被教育部确定为国家级重点课题，并在2011年4月正式开题。在"开放式语文教学"课题实验的引领下，数学、英语、科学、艺术、体育等学科的"开放式教学"实践与研究也蓬勃开展。与此同时，学校的"开放式管理""开放式德育""开放式评价"等课题研究也稳步推进。

西乡中心小学8年来的校长工作历程，可以说是我人生中最为华丽的一段真真切切的教育科研探究史，期间有疑惑和迷茫，有冥思和躬行，更有快乐和幸福。总之，12年的教科研历练，让我完成了向科研型校长的蜕变；8年的校长平台，支持我借以科研的魅力书写开放式教育的华章。

记者："教育是生活的改造，也是社会的改造。"您觉得教育这个职业对您的生活有哪些改造，您的教育对社会有哪些改造呢？

张云鹰：美国著名教育家杜威曾提出"教育即生活""教育即社会"的理念。我国著名教育家陶行知秉承这一思想，并明确提出："教育就是生活改造，就是社会改造。"我作为一个已从事了30个年头的教育工作者，在教人、化人的同时，更多的是被教育本身感动了、感化了、改造了。因此，也有了我的人生三部曲，即"读书、教书、写书"。我是20世纪60年代的独生子女，当时实属罕见，但我毅然选择了当教师，期间有改行去团委、去妇联工作的机会，也曾去教育电视台干了一年。最终还是离不开三尺讲台、离不开一支粉笔。记得1987年我刚生完孩子，也就仅仅休息了一个月就主动上班，那种对学生的牵挂是难以比拟的。现在想起来都被自己感动。不知这算不算是对我生活的改造。当今是一个物欲横流的时代，教师的职业道德、理想信念、价值标准、行为取向也不可避免地遭遇困惑与挑战。尤其是广东沿海珠三角经济特区以"淘金"为目标的功利主义商业文化价值观占主导地位，使得不少教师的信仰与个性缺失，精神生活单调，日常生活空洞，职业倦怠产生。而我确信自己还是在自觉守护心灵梦想，做终身学习的示范者，读书、写书成了我生活的主旋律；坚守职业道德底线，做教学改革的主体参与者，让自己的生命价值在讲台上闪光；铸造学校精神特区，感受职业生涯的幸福，感受教育人生的快乐。

教育好比是火，火到的地方，必使这地方感受其热，热到极点，便要起火。所谓"星星之火，可以燎原"这就是教育的力量。当然，教育又好比是冰，冰到的地方，必使这地方感受其冷，冷到极点，便要结冰。可见教育也可以使人"冷到心头，冰到魂"。其实，教育和改造社会是一件事，改造社会不从教育入手，便不能改造人的内心；不能改造人的内心，便不是彻底改造社会。由此，如果教育不包含改造社会的使命，便没有目的、没有意义、没有生气。我一直主张"教育一个学生、带动一个家庭、辐射一个社区"，就是对人的改造，对社会的改造。我们开展"访千家"活动、亲子活动、评选书香家庭，评选"优秀爸爸""优秀妈妈"；我们走进社区进行感恩教育、环境教育、法制教育，带学生到社区利用空白墙体，绘制环保节能图画，美化社区环境，等等。这应该都算是对社会的改造吧。

记者：我们知道您为了建设高品质的学校文化，要求作为校长的您自己要有高水准的文化素质，那这么多年来，您是怎样坚持做到每日提升，成为"文化校长"呢？

张云鹰：从一定意义上讲，学校文化就是管理者的文化。也可以说，校长，不仅仅是一个管理者，他（她）是学校文化的符号，是学校先进教育文化的标识，是应该让学校增值的人。有什么样的校长，就有什么样的学校文化。我一直坚持铸造学校文化的精神特区，那么，我自己首先应该成为一个"文化校长"。

我是一个酷爱读书的人。我每天如果不读报、不看书，就会觉得很惶恐，觉得很对不起自己。来深圳16年，我见证了这座城市给怀抱梦想的人鼓舞与动力，创造了无数神话与传奇。但在高效率快节奏的工作、生活里，唯有读书才能让浮躁的内心归于理性与宁静，找到生命的依托。因为读书，自己在课堂上、在生活中，才能"胸藏万汇凭吞吐，笔有千钧任翕张"，才能引经据典，给学生以丰厚的知识和心灵的震撼。生命的长度终归有限，只有靠读书增加生命的宽度和厚度，实现生命价值的高端体验。

我读书不仅读教育类的专业书，还会读文化类、哲理类、企业管理类的书。读了《华为的世界》才领悟到任正非为什么要培养狼性人才；看了《张瑞敏如是说》才明白他的用人之术；《第五项修炼》《卓有成效的管理者》《在第二级台阶上散步》等，对我一个搞业务的人来说无疑拓展了管理之路。我还不定期地跟老师们分享《世界是平的》——井底之蛙要浮出水面了；《曾国藩：成大事的三种力量》——每个人都要提升自己因时而变的自驱力、义无反顾的执行力、拓展大局的领导力；《向解放军学习》——弘扬"三大纪律八项注意"的精气神……只有广泛阅读、汲取文明、丰富修养，才能成为真正意义上的文化人；只有博览群书、博闻广识，才能永葆思维的青春活力。我读书常喜欢摘录，写随笔，当校长几年下来，大大小小的笔记本写了满满16本，数十万字。我总是把读书学习与工作创新结合起来。有的人读了很多书，却没有智慧，智商很高，情商很低。如果读书与工作两张皮，不能学以致用，不能知识迁移，这样的阅读是没有价值、没有意义的。

我以为，带动教师读书首先要让老师们明白为什么而读。我经常跟老师们讲，我们读书，一是为自己而读，它是内在生命的一种自觉、内心深处的个人所需，可以丰富人性，充实底蕴，增加情趣，体验人生；二是为职业而读，教师是传承文明薪火的人，要把读书的精神营养转化成工作能力和综合素质；三是为学生而读，通过阅读把自己打造成一部让学生百读不厌的书。我倡导的"读书的女人最美""导学伙伴""洲际视野"等活动长期坚持开展，逐步成为促进教师专业成长的学校文化品牌。

我提倡以写促读，鼓励教师勤动笔、勤写作，当写作艰难之时，自然是向书本汲取养料之日。这么多年来，我一直坚守"学而后知不足，学而后施于人"，养成了读书、写作、思考的好习惯。我每天写作，星期天、节假日也坚持不辍。今年我不慎摔伤了腿，就是在治疗、休养的两个多月的时间里，我静下心来完成了近三十万字的《开放式阅读教学》书稿。我刚从教不久就给自己定下一个目标，每年要在国家级刊物上发表三篇文章，后来我做到了，并超过预期。有人怀疑会写的不一定会教，不一定会干。但我以为只有干得精彩才会说得精彩、写得精彩。一次我在家睡了一天，感觉很郁闷，毫无意义，发信息告诉我的一个朋友，她居然回复我："睡觉就是最大的收获。"其实我知道她是在安慰我。我即使外出休闲旅行，也免不了写点游记、杂文、随感。《中国教育报》以"唯有阅读才能培养教育家气质"对我进行了专题报道。

最近我常想：我离人生的起点已经很遥远了，但离终点又还有一段距离，如何保持高昂的激情、敏锐的智慧、强健的体魄，做学校师生的精神领袖，说实话，我时时有着一种无形的压力和紧迫感。

当然，一个文化校长要具备的文化素养是多方面的。尤其是小学校长，要起到润物细无声的教育效果不是一朝一夕的事。从外在形象气质、服饰感染的熏陶，到内在精神品质、慎独躬行的养成，任重而道远。可喜的是，通过这些年的努力，我看到了我们的学校、教师、学生以及家长的变化。一次，一个六年级的男孩子，用很欣赏的语言跟我说："校长，您今天穿着这条连衣裙真好看，我要用我今年的压岁钱给我妈妈也买一条。"是啊，其实每个人都生活在自己的衣服里，衣着方式最能表达一个人的生活态度。张爱玲曾说过，人们选择怎样的物质生活，其实是他们内心精神生活的外在投射。

作为学校师生的精神领袖，我认为具有健康的身体和阳光的心态也是十分重要的。有人曾经问我："是什么力量让您始终保持着良好形象和昂扬激情的？"我半开玩笑地告诉他："少吃、少睡、多思考，养心、养性、养身材。"对于阳光心态的修炼，我想起论语中有关颜回的一个故事。孔子夸他的学生："贤哉，回也！一箪食，一瓢饮，在陋巷，人不堪其忧，回也不改其乐。贤哉，回也！"颜回令人感动的地方，并不是他的忍耐，而是他的这种生活态度。在所有人都对这种贫苦生活进行抱怨的时候，颜回却始终保持乐观的心态。只有真正的贤者，才能不被物质生活所累，才能始终保持心境的那份恬淡与安宁。人人都想过上幸福快乐的生活，而幸福快乐只是一种感觉，与贫富无关，同内心相连。我们的眼睛，总是看外界太多，看内心太少。所以，我们应该学会在工作和生活中寻找快乐，更何况，我们从事的是太阳底下最光辉的职业，每天与我们相伴的是花一样的孩子。

记者：我发现您是一位追求崇高精神境界的教育家，读书、写书是您重要的生活方式。但同时作为一个校长，难免陷于繁杂的事务性工作，文山会海式的工作与不倦读书、写书式的精神追求如何交融一体？您又是如何要求您的教师的？

张云鹰： 过奖了！我只是一个普通而平凡的女性校长。这些年来，我既要履行校长职责，又要兼顾教育部、中国教育学会、北京师范大学、广东省教育厅等校长、中小学教师的跟岗培训及外出授课，并且一直坚持在一线不定期地上不同类型的研讨课、观摩课和示范课，内容涉及语文阅读、作文及活动课程，同时我还要严格执行自己设计的读书、写书计划。忙是肯定的，不累也是假的。有时甚至会觉得心口压得喘不过气来，总是被接二连三的事把自己填得满满的。但我还是坚守这种风格，无法改变。那么，我是如何做到忙而不乱，疲而不倦的呢？

第一，计划在先，应对自如。做什么事我都有一个清晰的思路，大到自己的人生规划、学校的"五年""八年"发展愿景，小到做一个讲座、读一本书，写一篇文章，都能有条不紊地谋划好。但往往是计划没有变化快，比如，本来是计划上一节语文公开课的，但突然被要求参加一个座谈会，怎么办？那就必须先参加座谈会，再重新计划上公开课的时间，也可能还会适当调整内容，因为"上公开课"是计划之中的，所以也不至于造成手忙脚乱的无序状态。一直以来，我还坚持在新学年一开学就对教师们做"教师职业生涯规划与专业发展设计""给新教师的二十条建议"等专题讲座，特别强调人生规划与专业发展的重要性。我是谁？我在哪里？我要到哪里去？等等。对于这些人生规划的设计，可避免走弯路，更重要的是让自己有一个长期、近期、短期的发展目标，并脚踏实地去践行，做到今日之事今日毕。长此以往，就能够把握现在，走向明天。

第二，信念不移，永不倦怠。我们选择当教师，选择做教育，其实就选择了一种特定的生活方式：执着、挚爱、奉献。大家常把教师比作蜡烛，照亮了别人燃烧了自己。而我以为，教师自己要有足够的光亮才能照亮他人，如果自己被燃烧掉了，存在的意义也就消失了。也许基于这种信念，我才不为利所惑，不为名所累，面对困难和挫折，面对劳累和疲惫，都视其为一种机遇和挑战，一种愉悦和光荣。因而，常有人问我："你那么忙，要管理学校，要上课，还要读书写作，哪来的时间？"其实，时间对我们每个人都是公平的，关键在于你怎样科学合理地去规划、去运用。我常对我的教师们讲："你的闲暇时间用在哪里，你的成功之处就在哪里。"有人喜欢锻炼，他成了运动健将；有人喜欢旅游，他成了摄影爱好者；有人喜欢打麻将，他成了麻坛高手……而我喜欢读书、写作，自然把别人外出度假、休闲享乐的时间，沉浸在书海中。2007年春节我完成《教育智慧与学校创新》的书稿；2010年国庆长假，我把自己关在家中，足不出户，干粮充饥，完成了《开放式教育》的初稿，结果腿都不能正常行走，晚上睡觉双腿被痛醒，那种感觉真是不言而喻；今年春节，因不慎骨折我躺在病床上又完成了《开放式阅读教学》的初稿。身体的劳累是短暂的，是可以恢复的，内心的愉悦却是永恒的，是弥漫在每个细胞中的。

第三，三种境界，一生追求。我将自己"读书、教书、写书"的人生三部曲，转化成每一个教师对教育事业一生的追求和永远的憧憬。首先是引领教师读书。"让城市因热爱读书而受人尊重"，这是深圳"十大观念"之一。深圳坚持了十余年的"读书月"活动家喻户晓，在全国引起强烈反响。其实，读书应是一种自觉行为，在当下却需要通过行政手段、比赛评比活动倡导读书，事实上是很悲哀的。当然，由于教师工作繁忙，时间有限，主要时间都用在了备课中、课堂上、辅导里……为此，我要求教师必须阅读，推荐《敬业》《理想国》《爱的艺术》《苏霍姆林斯基选集》《爱弥儿》《第56号教室的奇迹》《林清玄散文》等书目，举办读书论坛，交流读书，检查读书笔记。每月一次的"生日送书"成了当月过生日教师的美好期待。尤其是我提出的"读书的女人最美"，它不仅是一句口号，更多的是一种理念、一种行为、一种生活方式，也是我们终身学习的永恒追求。我们还组织教师学英语、看经典话剧、聆听高雅朗诵，促进教师的知识学习走向社会化、生活化与现代化。其次是激励教师教书。面对每一堂课、面对每一个学生都要有黎明般的感觉，让自己生命价值在课堂闪光。最后是鼓励教师写书。理论从实践中来，到实践中去。教学心得、教育感悟只能通过书写的过程才得以升华、梳理、分享与传播。

记者：您"蒙以养正"的校训闪耀着教育回归人性本初之美，然而您也提到现实社会中存在逐利和物质至上论的风气，当您的教育遭遇现实的尴尬时，您如何说服您的师生坚持本真不受诱惑和影响？（请用您所亲历的故事来谈）

张云鹰：长期以来，教育界被人们称为"社会的最后一片净土"，教师被誉为"最纯洁的人"。但是，随着市场经济大潮的推进，我国的社会结构、经济结构以及职业结构都发生了急剧的变化，伴随而来的是全体社会成员的道德观念、心理状态及行为表现呈现多元化发展走势。教师的职业道德、理想信念、价值标准、行为取向也不可避免地遭遇困惑与挑战。尤其是广东沿海珠三角经济特区以"淘金"为目标的功利主义商业文化价值观占主导地位，使得不少教师的信仰与个性缺失、精神生活单调、日常生活空洞、职业倦怠滋生。

　　现在很多教师都是高学历，毕业于名校，像我们学校现在都有清华大学毕业生走进小学课堂的，他们缺的不是专业知识，而是对教育的敬畏。这就需要学校文化的滋养。所以我一直倡导教师心中要有自己崇拜的教育偶像。在我们一次学校教育论坛会上，有一位教师一开口就说："刘德华说……"我们暂且不去评价刘德华说得到底对不对，关键是如果作为教师一张口就是"刘德华说"或"张学友说""小沈阳说"，没有自己教育的精神偶像，那是非常可怕的。因此，我要求我的教师要树立自己的教育偶像。这个偶像可以是古今中外的教育名家，也可以是现代的教育工作者，甚至是我们身边的人。一次在成都讲课，有老师说："张校长，我把您当成我的教育偶像了。""也可以呀！至少比盲目崇拜一些歌星、影星强啊。"我自豪地说。后来我专门做了一本小册子《中外教育名人名言警句集》，其用意是让我们的教师常用大师们的语录熏染自己。

　　"干得好不如嫁得好"崇尚这句话的人大有人在，女教师也不例外。我们学校的一个舞蹈教师因其美貌，毕业一年就赢得了当地亿万富豪家族公子的青睐。见面两次就收获了一辆价值60多万元的豪车。为此，不少年轻未婚女教师羡慕不已，纷纷议论。年轻漂亮嫁入豪门无可厚非，问题是如果将此作为教师的追求就违背了这个职业的道德要求。因此，我抓住这个契机开展"女性情感论坛""让青春在奉献中闪光"等活动，列出"我心目中好丈夫的十条标准""我心目中好妻子的十条标准"，青年教师通过论坛交流、演讲比赛，赛出的是"为自己的履历工作"的道德理念，"道德自律、工作自励"的理想信念，"我的岗位我负责，我的工作请放心"的教师文化。我认为当教师如果纯粹为了挣钱谋生，目光没有超出饭碗的边缘，甚至不劳而获，那么注定一生平庸；当教师不仅为了谋生，还能主动追求专业发展，以身立教，具有较高层次的职业追求，那么就可以称得上是一个享受职业生涯的儒雅者、研究者、幸福者；如果当教师有崇高的理想，这才是我们毕生的追求，人生最高的境界。这样的教师就是一座"精神之山"，一泓"师能之源"，像苏霍姆林斯基、陶行知、斯霞等人就是这样的职业精神典范；像霍懋征、魏书生、李吉林等许多教师都是在用行动坚守教育本真诠释师德、师能的真正内涵。

　　记者：您在教育生涯上的成就和您的切身经历一定有必然的联系吧，那您能谈谈您之前印象最深刻的一些经历吗？

张云鹰：人的一生总有些难以忘怀的记忆，总有些影响自己的重要他人。很多人曾问我，是什么力量让你常常保持一种旺盛的精力和对教育的执着精神。我想那一定是全国第一任妇女部长、革命先烈向警予的英魂感召着我。

1964年，我出生在长沙，三岁那年随母亲来到溆浦，也就是向警予的故乡。庆幸的是我的童年是在向警予的故居长大的。那是一个山清水秀、人杰地灵的地方，就是屈原笔下的"溆怀萦怀，入溆浦余儃徊兮，迷不知吾所如……"向警予1895年出生在当地的一个大地主家庭，排行老九，也叫"九姑"。从小就反对封建旧势力，抵抗父母包办婚姻，就读当时人称"女革命家的摇篮"——周南女校。就此认识了毛泽东、蔡畅和蔡和森。后来在法国勤工俭学时与蔡和森结为夫妻，拍的结婚照上两人就是手捧着一本打开的《资本论》。回国后与毛泽东等一道献身革命。1928年，由于叛徒出卖，在武汉被捕，5月1日，英勇就义。之前，向警予曾回家乡创办了全国第一所男女混合学校，并亲自挨家挨户劝女子"放脚上学"，她也是这个学校的第一任校长、首批教师。后来我上小学就读于此，就在警予故居不远，即现在的警予学校。当年警予提出的校训"自治心、公共心"延续至今，深入我心；警予亲自作词、作曲的校歌，我到今天都不能忘怀："美哉，庐山之下溆水滨……"当年师生唱的《运动歌》："运动运动运动乐，哪怕天寒哪怕地冻，各把精神来振作，筋骨强，血脉活，要使身体都活泼，运动运动运动乐……"也一直传诵至今。1981年，刚刚参加工作的我被分配到一所中学教八年级的语文。为了更快地适应教师的角色，更深入地了解学生，我主动提出调到警予学校，从小学一年级教起，精心重组教材，加大学生阅读量。我教学生用5年的时间学完了6年的功课。在接受湖南怀化地区小学生毕业班统测时，我所带班级学生的阅读能力、写作能力都超过了其他班级，在当地引起不小的轰动。学生家长更是联名向教育局申请，要求我把这个班带到中学。

2008年清明节之际，我回到母校，为警予学校教师上培训课，并制作了鲜花在警予铜像前默哀。警予精神更是激励着警予学校的师生，当我得知学校兴建的一栋教学楼，因资金不够，是每个教师捐赠五万元才得以竣工时，我又一次被震撼了。警予的精神已经深入警予人的灵魂了。2009年，警予学校被评为"全国教育工作先进单位"是当之无愧的。我当年在校时的老校长李惠秀为了警予学校的建设与发展终身未嫁，她曾被评为"全国劳动模范""全国五讲四美先进个人"。这里还成长了好几位全国优秀班主任、全国优秀辅导员、全国优秀教师。

离开警予故乡已经二十多年了，向警予改造社会、破旧布新的革命情怀一直激励着我，像一颗种子在心中发芽、开花、结果。所以我一直觉得，女性就应该像向警予一样，灿烂一生、拼搏一生，活就活得精彩，做就做到最好。

记者：您的教育思想，包括您对向警予精神的传承中多次强调了女性的角色，您是如何以自己的亲身经历诠释"女教育家"的？它有哪些特质，您在其中又有哪些刻骨铭心的酸甜苦辣？

张云鹰：在今天这个呼唤教育家、需要教育家的时代，我们虽不可能在短时间内培养造就出千千万万的教育家，但是我们可以向曾经的教育家看齐。向警予是我国妇女运动的先驱，是追随毛泽东、蔡和森的著名革命家。但在我心里，她更是一位出色的教育家。她创办的全国第一所男女混合学校"警予学校"至今屹立在湖南省湘西溆水河畔，也是我放飞童年、曾经读书、工作过的地方。19世纪20年代她提出的校训"自治心、公共心"一直鞭策我；亲自作词作曲的校歌我到现在依然清晰记得并时常吟唱："美哉，庐山之下溆水滨，我校巍巍矗立当其前……为我女界呀，大放光明！"也许就是这种"为女界大放光明"的情结在我心中挥之不去，使我渴望像警予一样灿烂一生。

2003年8月，39岁的我做了一个改变我教育轨迹的决定：从一个学科研究人员竞聘校长。"张老师，你从来没有当过校长，凭什么来竞争校长？"多么严峻而现实的问题啊！"过去的经验，也许正是今天教育改革的阻碍。创新比经验更重要……"我毫不犹豫地回答。结果，我以笔试、面试第一名的成绩赢得了校长岗位。记得第一次主管领导找我谈话时说："不瞒你说，其实我们真的想要一个男性校长。主要是他们考试成绩差距太大了。"是啊，同样的岗位、同样的角色，女性比男性会付出更多。在一般人看来，女性的成功会打上种种烙印：或许是有强大的靠山，或许是出卖色相与灵魂，或许是不择手段。因此，多年单身的我更加小心翼翼，时刻警惕自己打的永远是一张实力牌。记得我刚当校长点的第一把火就是对一百多名教师重新考核，实行竞争上岗，并定了三项原则：文凭不达标的（当年只要求大专）一律解聘；退休返聘没有专业特长的一律解聘；通过科组业务考核，不符合学校要求的一律解聘。结果，二十多名教职员工联名上访投诉，有的背后威胁，有的找领导说情，有的干脆闹事。面对种种压力和刁难我一一应对，尤其是极个别领导的不解，大有"出师未捷身先死"的意味。但我清醒地认识到教师队伍的优化，是实施新课程的前提，是为当地百姓子女造福的善举。我终于挺过来了，也为后面一系列的教育改革夯实了基础。"这个女校长真厉害！只有她敢这么做。""这个湖南小辣椒是说一不二的。"

近十年的校长经历，身为女性，感慨良多。第一，女性的坚韧多了几分坚守。吴贻芳女士是我十分敬仰的女教育家。1928年，35岁的她就任金陵女子大学第一任校长，也是我国第一个大学女校长。她终身未嫁，在家庭变故的磨炼中养成了正直、坚强的品格。蒋介石和宋美龄曾请她出任中华民国教育部部长，她以一句"我不会做"婉言谢绝。1951年，她却欣然接受任命，当了江苏省教育厅厅长。我想江苏省的教育事业长期走在全国前列，同吴贻芳奠定的基础是分不开的。第二，女性的细腻多了几分唯美。我在警予学校教书时是李惠秀女士当校长，她是全国五讲四美先进个人，湖南省劳动模范，也是终身未嫁。至今我还记得她陪着我到省里参加教学比赛，陪着我们排练节目到凌晨三点……如今我走过了两所学校，到过我学校的人都会说很有味道，很有家的感觉，也许这就是女性的特质吧。第三，女性的"霸道"多了几分自信。女性与生俱来的优柔寡断无疑给管理造成了一些困扰，也不乏一些人乘虚而入。因此，我认为女性校长需要更"维权"一些、"霸道"一些。只要认定是对的，就坚定不移地去做。切忌朝令夕改、人云亦云，被婆婆妈妈的琐碎事乱了阵脚。

作为一名有着30余年经验的教育工作者，我这一辈子也许都不可能成为一名教育家。但是我不仅不会丢掉对教育家精神的追求，还要不断培育自身的"教育家气质"：那就是以哲学思想为精神营养，集"以人为本的儒家思想、制度为先的法家思想、无为而治的道家思想"于一体，形成自身独有的教育家内在气质。

十一、张子恒：永不分手的情人

有时应该感谢造物主的神奇，一个人的诞生与成长，缓慢得毫无察觉，但当你遇见一个远房亲戚，他说："哟！都长这么大了！"的时候，你就会猛然意识到生命的壮大。是的，你身体的各个部位都在不知不觉中变大了数倍，加之脑子发育完全，你简直就是个健康的"大人"了。

　　我的成长，正如所有的生命一样，像是一个奇迹。我小时候，母亲常用桂圆加鸡蛋把我喂肥，很肥，很肥，听他们说就是捏上去软而无骨，特好捏。等我小学二年级时父母离异，我和父亲生活了一年，当时觉得母亲就这么走了，像常人说的"孔雀东南飞"再也不会回来。谁知母亲安排妥当一切后，我便来到了深圳，不经意间成了广东人。那年我上小学四年级，初见母亲还有些陌生。当时，母亲因为从头做起、重新立足，工作忙碌，周末都要给老师上培训课，偶尔也教学生作文，无暇顾及我。我只好摸着石头过河，生活上早早独立。上中学长期住校，独立能力进一步得到锻炼。这些都为现在埋下了大伏笔，独立能力在我出国后发挥了巨大的作用，甚至早期独立所附带的一点点"孤僻冷漠"造就了我一肚子写诗的情怀，实属收获不小。

张云鹰与儿子在莎士比亚故居前合影

　　也许并没有感受过深刻的无微不至，但偶尔还是能尝到母亲的美味炒猪肝。值得一提的是，跟猪有关的菜，母亲都会做。她是拒绝海鲜的，真实枉费了深圳的美味佳肴。如果说母亲这样"不称职"，不够周到，但在物质上，只要是预算以内的，我都可以"胡作非为"，而且我从小就不存在缺零花钱的问题，想买什么就买什么，这算不算一种生活缺失的补偿呢？常听母亲说："一流的母亲做榜样，二流的母亲做家教，三流的母亲做保姆。"我不知道，如果母亲是一个"称职"的母亲会是怎样，那么可能现在的我缺失得更多。

什么叫称职的母亲呢？世界上任何一个学说也没为此下过定义。会洗衣、做饭、打扫卫生如果说是一个母亲的必备条件，在一个单亲家庭里，也许为了工作根本无法顾及这些琐事，况且这些技能只要稍加练习，就会很熟练。如果说打扫一遍屋子需要两小时，工作两小时可以获得一千元，从经济学上讲当然是放弃打扫而去工作，从传统意义上来说这确实不称职，而且陪伴子女的时间会减少，给子女的印象也不同。我想每位母亲都有成功的一面，在家庭或者在事业中，正如鱼和熊掌不可兼得，难以做到两全，即使鱼和熊掌可以一起上餐桌，也有不尽如人意之处。

要我回忆和母亲在一起玩耍开心的时刻实在不多，她是个人意识很强的人。生气吵架的也忘得差不多，母亲是很能容忍我的人，她的朋友都这么说。我将单亲家庭里面的母子关系比喻成"永远不会分手的情侣"。是情侣终究分手、离开对方，永远不分手的情侣是不存在的。与母亲在一起的时候常有摩擦，不见面关系反而非常和谐，我想许多人可能会与我有共鸣。即使吵得再厉害，吵得再惊天动地，也终究不会分手，这无疑是母子关系的羁绊，注意羁绊这词是褒义，钱可以不停地赚，但没了朋友、亲人的羁绊，你活着还有何意义呢？

出国已整整四个年头，"孤单常伴"这样的形容并不非常恰当，只是个人觉得居无定所、心所不定，多年算是有些磨炼，本来也不恋家，终于变得可以独闯天下。所有的事情发展到如今，好像都是我自己的决定，但谁知道母亲是不是"幕后黑手"呢？哈哈！

最后，摘自我出版的《寂寞的街角》（诗集）两首，以表心声。

《冰冷的门》

一扇门

隔着两代人

我在里头

母亲在外头

灯火不懂我为什么哭泣

我只告诉她
沸腾的水可以刺破我的伤心

母亲仍然在外头坐着
我们都在等
谁把这个故事继续流传

《单亲家庭》
我们是永远不会分手的情侣
我们天生在一起
我们用血牵系着对方
用心灵互相交流

我们住在同一间屋子
我们经常共进晚餐
我们用犀利的语言大吵小闹
用时间来打破僵局

别问我是谁
我只是一个男人
别问她是谁
她只是一个女人
我们的爱天长地久
清澈却不见底
别问了，别问我们是谁
我们只是一对母子

（张子恒，伦敦政治经济学院硕士研究生，国信证券股份有限公司经济研究所分析师，投资银行事业部、研究发展部业务经理。此文发表在《小学语文教学·人物》2009 年第 9 期。）

附录·思想索引

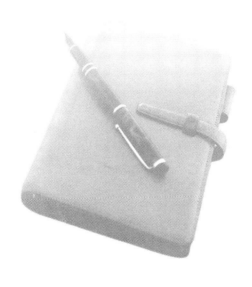

一、张云鹰主要作品发表情况列表
（从 1997 年调入深圳至今）

序号	发表时间	作品名称	作品出处
1	1997 年 1 月	《反刍阅读展开联想——〈月光曲〉教法新探》	《小学语文教学》
2	1998 年 8 月	《用读写课型教〈鲸〉》	《小学语文教学》
3	1998 年 1 月	《实施素质教育　建设教育强区》	《特区教育》
4	1998 年 11 月	《思品课例证的援引》	《小学德育》
5	1998 年 12 月	《在课堂教学中探索主体模式》	《特区教育》
6	1998 年 6 月	《浅谈思想品德课例证的援引》	《小学德育》
7	1999 年 3 月	《"主体教育"的课堂教学实践探析》	《小学语文教学》
8	1999 年 3 月	《"主体教育"课堂教学探析》	《语文教学》
9	1998 年 10 月	《实施素质教育　建设教育强区》	《特区教育》
10	1999 年 7 月	《第十一课"基础训练"指导》	《小学语文教学》
11	1999 年 1 月	《〈长征〉课堂教学设计》	《小学语文教学》
12	1999 年 12 月	《创新"韵语"教改实验推进语文素质教育》	《深圳教育科研》
13	1999 年 12 月	《在课堂教学中探索主体模式》	《特区教育》
14	2000 年 2 月	《减负提效，教研室该做什么》	《宝安日报》
15	2000 年 3 月	《教育是一门启迪学生灵性的艺术》	《深圳特区报》
16	2000 年 4 月	《以信息化促进学校教育优质化》	《宝安信息技术教育探索》
17	2000 年 3 月	《浅谈［韵语］教改实验》	《广东教育》
18	2000 年 7 月	《创新语文活动课程发展学生主体能力》	《小学语文教学》
19	2001 年 2 月	《培养兴趣，训练观察，引导积累，启发想象》	《小学语文教学》
20	2001 年 8 月	《也谈阅读教学中的提问技巧》	《小学语文教学》

序号	发表时间	作品名称	作品出处
21	2001 年 9 月	《坚持整体改革　增强德育实效》	《小学德育》
22	2002 年 4 月	《语文教学与创新人才培养》	《深圳教学研究》
23	2002 年 7 月	《激活创新精神　培养实践能力》	《小学语文教学》
24	2003 年 1 月	《师源性学习障碍探析》	《小学语文教学》
25	2004 年 6 月	《永远的未名湖》	《宝安日报》
26	2004 年 11 月	《取消期中考试能否真正为小学生"减负"?》	《宝安日报》
27	2005 年 1 月	《评课"两要"》	《小学教学研究》
28	2005 年 1 月	《学校教科研的问题与思考》	《教育科研论坛》
29	2005 年 1 月	《我们今天怎样当校长》	《广东教育》
30	2005 年 3 月	《小学教师专业化发展"三三制"》	《中小学教师培训》
31	2005 年 5 月	《新课程背景下的学校管理实践》	《宝安教育探索》
32	2005 年 6 月	《三格架构:人格、升格、风格》	《广东教育》
33	2005 年 6 月	《提高校长素质是关键》	《宝安日报》
34	2005 年 6 月	《有感香港培侨小学学习社群》	《宝安日报》
35	2005 年 6 月	《依托大地是为了飞翔得更远 ——谈小学作文的模式与创新》	《小学语文教学》
36	2005 年 6 月	《浅谈阅读教学中的拓展》	《当代教育科学》
37	2005 年 11 月	《小学教育优质化的思考与行动》	《中外教育研究》
38	2006 年 1 月	《"道"贯始终　乐在其中 ——〈自然之道〉教学设计》	《小学语文教学》
39	2006 年 4 月	《抓住"动"字,强化"纪律" ——〈我的战友邱少云〉教学反思》	《新课程(小学版)》
40	2006 年 5 月	《学校要主动应对农村城市化变革》	《中国教育报》第 6 版
41	2006 年 5 月	《为和谐社会培养现代城市人》	《教育杂志》
42	2006 年 7 月	《备课三"改"》	《小学语文教学》

续表

序号	发表时间	作品名称	作品出处
43	2007 年 3 月	《阅读美国城市》	《教育杂志》
44	2007 年 3 月	《创新校本培训　引领教师幸福成长》	《人民教育》
45	2007 年 8 月	《在"演"中"学"——小学二年级语文综合性学习教学与反思》	《新课程（小学版）》
46	2007 年 8 月	《城市化与城市人的培养——教育与社会化问题专访》	《扬帆西海》（中国文联出版社）
47	2007 年 12 月	《小学作文的范式与创新》	《小学语文教学》
48	2008 年 1 月	《语文教学与创造型人才的培养》	《语文教学通讯》
49	2008 年 2 月	《用国学培育民族精神》	《人民教育》
50	2008 年 4 月	《让"文化"在学校发展中领跑》	《中国教育学刊》
51	2008 年 11 月	《音律 画意诗情：〈月光曲〉教学设计》	《小学语文教学》
52	2009 年 10 月	《校本规划：校长的第一要务》	《人民教育》
53	2009 年 9 月	《开放的视野下一路美景》	《小学语文教学·人物》
54		《"开放式作文教学"的理论与实践活动课：语文课程资源的拓展》	
55		《享受教育智慧》	
56		《活动课——语文课程资源的拓展》	
57		《古诗教学——为学生铺垫人生底色》	
58		《对阅读教学提问艺术的追求》	
59		《〈月光曲〉教学纪实》	
60		《用素净演绎课堂——〈早发白帝城〉教学回放》	
61		《深刻的简单，真实的美——〈第一场雪〉教学实录与评析》	
62		《实效，源于深刻的简单——〈第一场雪〉教后感》	
63		《课文主人公大聚会》	

续表

序号	发表时间	作品名称	作品出处
64		《〈回声〉教学设计》	《小学语文教学·人物》
65		《语言"美容院"》	
66		《学做广告》	
67	2009 年 9 月	《学习，我生活的主旋律》	
68		《对幸福的追求》	
69		《雪之悟》	
70		《雨中的"凤凰"》	
71		《永远的未名湖》	
72	2009 年 9 月	《读〈师说〉有感》	《小学语文教学·人物》
73	2010 年 8 月	《班主任专业成长"三重奏"》	《中国教育学刊》
74	2010 年 8 月	《构建以写作为核心的语文课堂》	《小学语文教学会刊》
75	2010 年 8 月	《"开放式习作教学"的理论与实践活动课：语文课程资源的拓展》	《小学语文教学》
76	2010 年 12 月	《〈乡下人家〉课堂教学实录》	《小学语文教学》
77	2010 年第 17 期	《为了人的心灵解放：我的开放式语文教学观》	《人民教育》
78	2012 年 1 月	《让孩子像野花一样自由生长：我的"开放式语文教学"研究与实践》	《小学教学设计》
79	2012 年 6 月	《"推销我读过的一本书"教学实录》	《小学语文教学设计》
80	2012 年 7 月	《开放式习作教学》	《小学语文教师》
81	2012 年 11 月	《语文教学的"开放"》	《语言文字报》
82	2013 年 1 月	《众里寻他千百度——我的开放式语文教学的探索与实践》	《小学语文教师》
83	2013 年 3 月	《"微型影评"习作教学》	《小学教学设计》
84	2013 年 6 月	《开放式语文教学实践研究》	《中国教育学刊》
85	2013 年 7 月	《行进在教育家的路上》	《基础教育参考》
86	2013 年 9 月	《把评语写成"情书"》	《中国教育报》

序号	发表时间	作品名称	作品出处
87	2013 年 9 月	《配方课程：开放个性发展空间》	《人民教育》
88	2013 年 12 月	《开放式教学是真语文的体现》	《语言文字报》
89	2013 年 12 月	《我这样建设学习型组织》	《校长》
90	2013 年 12 月	《为了人的心灵解放：我的开放式语文教学观》	《南方教育时报》
91	2014 年 1 月	《办一所"有灵魂"的学校》	《未来教育家》
92	2014 年 1 月	《用文字为生活拍照："开放式习作教学"研究与实践》	《小学语文教师》
93	2014 年 7 月	《配方课程：拓展想象与创造的世界》	《南方教育时报》
94	2014 年 5 月	《配方课程：开放个性发展空间》	《人民教育》
95	2014 年 14 期	《践行开放式教育　培养品学兼优学生》	《基础教育参考》
96	2014 年 9 月	《开放管理以"正"治校》	《人民教育》
97	2014 年 9 月	《〈有趣的'O'〉教学实录及评析》	《小学语文教学》
98	2015 年 3 月	《"开放式语文教学"探索性研究》	《宝安教育科研通讯》
99	2015 年 4 月	《传统文化种你心间　伴你找到诗和远方》	《南方都市报》
100	2015 年 8 月	《开放式教育：让智慧做主人生》	《中国教师报》
101	2015 年 11 月	《如何打造教师的精神特区》	《教育时报》
102	2016 年 3 月	《英国基础教育采撷》	《南方教育时报》
103	2016 年 3 月	《校训：蒙以养正，文明以健》	《中国教师报》
104	2016 年 5 月	《"剪贴画式"习作教学谈》	《小学语文教师》
105	2016 年 6 月	《点亮的不仅仅是灯泡——一位小学校长眼中的英国课堂》	《中国教师报》
106	2016 年 10 月	《指向核心素养的"开放式课程"建设》	《南方教育时报》
107	2016 年 11 月	《破译"核心素养"的"开放式语文教学"》	《语文教学通讯》
108	2016 年 11 月	《英国 PISA 成绩背后的东西值得深思》	《人民教育》
109	2016 年 12 月	《践行开放式教育塑造有灵魂学校》	《教育科学研究》

续表

序号	发表时间	作品名称	作品出处
110	2017 年 5 月	《"开放"的力量》	《中小学管理》
111	2017 年 6 月	《办一所有灵魂的学校》	《德育报》
112	2018 年 5 月	《统编本一年级教材教学"四部曲"》	《小学语文教学》
113	2018 年 5 月	《开放式教育：让每一个孩子自由呼吸》	《南方都市报》
114	2018 年第 8 期	《校长要点燃教师梦想，做精神首席》	《人民教育》
115	2019 年 2 月	《"开放式"为学校、课程拆"墙"破"界"》	《中国教育报》
116	2019 年第 6 期	《新时代学校文化重构》	《人民教育》
117	2019 年第 35 期	《国内外阅读教学研究及开放式阅读教学的提出》	《基础教育论坛》
118	2019 年第 5 期	《"开放式教育"背景下的学校美学》	《教师月刊》
119	2020 年第 2 期	《校长职业生涯精进三阶论》	《人民教育》
120	2020 年第 4 期	《谦尊而光　君子有终》	《教师月刊》

二、张云鹰专著及参与编写的作品出版情况列表

序号	发表时间	作品名称	出版社
1	1993 年 11 月	《思想品德》（1—6 册）（乡土教材）	湖南教育出版社
2	1995 年 11 月	《小学 69 篇课堂作文指导》	文心出版社
3	1996 年 1 月	《小学语文教案参考》	湖南教育出版社
4	1997 年 5 月	《小学生作文大王》	湖北教育出版社
5	2000 年 6 月	《80 首古诗词解读》	河南人民出版社
6	2002 年 4 月	语文《教师教学用书》第二册节选	人民教育出版社
7	2003 年 5 月	《神奇的宝安》	广东人民出版社
8	2003 年 5 月	《改革·创新·高效》	新世纪出版社

续表

序号	发表时间	作品名称	出版社
9	2003 年 6 月	《新小学语文活动课程设计》	中山大学出版社
10	2003 年 6 月	《小学语文自主学习与素质检测》	中山大学出版社
11	2008 年 8 月	《教育智慧与学校创新——一名小学校长的教育践行》	人民教育出版社
12	2008 年 10 月	《开放式作文教学》	教育科学出版社
13	2009 年 8 月	《开放性教育》	汕头大学出版社
14	2009 年 9 月	《开放式活动课程》	教育科学出版社
15	2011 年 11 月	《开放式教育》	教育科学出版社
16	2012 年 11 月	《开放式阅读教学》	教育科学出版社
17	2015 年 9 月	《开放式活动课程》（第二版）	教育科学出版社
18	2016 年 3 月	《开放式作文教学》（第二版）	教育科学出版社
19	2016 年 5 月	《开放式教育》（第二版）	教育科学出版社
20	2016 年 7 月	《开放式阅读教学》（第二版）	教育科学出版社
21	2018 年 3 月	《开放式配方课程》	教育科学出版社
22	2019 年 8 月	《通往卓越——一个深圳校长的教育人生》	华东师范大学出版社